共和国通览

李忠杰 ◎ 著

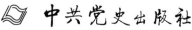
中共党史出版社

图书在版编目（CIP）数据

共和国通览 / 李忠杰著 . -- 北京 : 中共党史出版
社 , 2024.7
　　ISBN 978-7-5098-6556-9

　　Ⅰ . ①共… Ⅱ . ①李… Ⅲ . ①社会主义建设成就—中
国 Ⅳ . ① D619

中国国家版本馆 CIP 数据核字（2024）第 088361 号

书　　名：共和国通览

作　　者：李忠杰

出版发行：**中共党史出版社**

责任编辑：王兵

社　　址：北京市海淀区芙蓉里南街 6 号院 1 号楼　邮编：100080

网　　址：www.dscbs.com

经　　销：新华书店

印　　刷：北京文昌阁彩色印刷有限责任公司

开　　本：710mm×1000mm　1/16

字　　数：418 千字

印　　张：33.5

版　　次：2024 年 7 月第 1 版

印　　次：2024 年 7 月第 1 次印刷

书　　号：ISBN　978-7-5098-6556-9

定　　价：88.00 元

在中华人民共和国成立 75 周年之际，为回顾共和国的历程，展示共和国的形象，总结共和国的经验，增强人们对自己国家的认识和热爱，也便于国际社会读懂中华人民共和国，我将五年前出版的《共和国识别码》和《共和国之路》两书修订再版。《共和国识别码》改名为《共和国通览》。

中国是中华儿女的祖国，中华人民共和国是 1949 年成立的新型的国家政权。在中国，最早的共和国是 1911 年辛亥革命创立的。本书所说的共和国，特指由中国共产党领导创立的中华人民共和国。

中华人民共和国有自己特定的历史、特定的制度、特定的道路、特定的战略、特定的政策、特定的事件、特定的国际地位，等等。这些内容，与其他国家有不少共性，但也有很大的不同。据此，可以把中华人民共和国与其他国家准确地区分开来，凸显鲜明的"中国特色"。这些特色，用数字化时代的语言来说，就是一种特定的"编码"，所以，我把它称为"共和国识别码"。

本书的最大特点，就是借用"识别码"的理念和概念，为中华人民共和国提炼出一系列基本的"识别码"，从"标识""界定"的角度，从与其他国家相区别的角度，准确地描画中华人民共和国的基本面貌，准确地界定中华人民共和国的身份和地位，准确地回溯中华人民共和国 75 年走过的历程，帮助所有的国人读懂自己的国家，也帮助国际社会读懂中华人民共和国。

哪些可以作为共和国的识别码呢？当然可以仁者见仁，智者见智。我根据自己的经历、阅历、认识和研究，选取了中华人民共和国成立 75 年来最具代表性的一些标志、地标、历程、制度、法律、战略、思想、发展、改革、事件、工程、外交、成就等等，作为共和国的"识别码"，计有 300 多个。

这一个个"识别码"，就是一个个小传，一个个故事，一段段过程，一个个领域，一幅幅素描，一个个据以识别、定位的经纬度。汇总起来，就从整体上描画了共和国的基本面貌，展示了共和国的主要成就，构成了中华人民共和国整体性的"识别码"。对于读者来说，读一个，就能基本了解共和国的一个侧面；全部读下来，就能基本了解共和国的全貌，了解中华人民共和国的基本历史。所以，如果要问本书的最大特点和价值是什么，至少我希望是："一书在手，读懂中华人民共和国。"

这次修订，为了与我写的其他一系列著作，如《中国共产党历史通览》等一致起来，将书名改为《共和国通览》，这样，可以使读者一眼就知道本书写的是什么，但基本的内容和写法，仍然是共和国的一个个识别码。

《共和国通览》与《共和国之路》是姊妹篇。《共和国通览》侧重于"界定"，集中反映能够代表、鉴别中华人民共和国的内容；《共和国之路》侧重于"历史"，集中反映中华人民共和国走过的道路、发展的成就。两书涉及的内容都非常广泛，几乎涵盖了所有专业领域，具有很强的知识性、专业性、资料性、典藏性。

正因为如此，本书写作的难度很大。对于每一项内容，我都要梳理清楚它的来龙去脉，提炼出精华，作出简练的描述和介绍，还要给以科学精当的分析和评价。因此，对于每一个"识别码"，每一个专项内容，我都要进行深入的研究。其中当然有很多学术含量。但其学术性，不是以学术研讨来表现，而是蕴含在描述的过程和画龙点睛的评价中。

本书写作的主要依据，是国家法律、党和政府已公开文件、中央机构有关资料、各党政部门所编图书、中共中央党史研究室（现为中共中央党史和文献研究院）所编党史著作、大事记和宣传口径等。法律等文献有所修改的，以修改后的最新规定为准。同时，也参考了其他各种资料。每一个篇目、每一个专题、每一个部分，都是在博采众长的基础上，通过深入具体的研究，作出科学的梳理、分析和评价。其中也吸收了不少各方面的研究成果，但因为不是大段引证，而且限于篇幅，多数未注明出处，所以在此一并向读者和众多的研究者致以衷心的感谢。

特别需要说明一点，由于种种客观原因，我国政府公布的很多数据，主要指大陆情况，而香港、澳门、台湾往往另作特殊处理。日常口语中所说的"我国""全国"，有时也仅指大陆。本书中也会遇到这种情况，某些领域如所有制的演化过程，也仅指大陆。所以，特在此统一强调，无论具体如何表述、如何计算，本书所说的共和国，就是中华人民共和国，中华人民共和国是中国的唯一合法政府和代表。香港、澳门已经回归祖国，台湾是中国领土不可分割的一部分。

两本书的容量已经很大，但在我看来，还是有不少事情应写但没有能够写上，这是比较遗憾的。另外，毕竟是庆祝中华人民共和国成立，政治上需要多一点喜庆的色彩，所以那些曲折、教训的事情，就不能不少写了些，相信读者会理解的。

两书所写内容，我都力求准确、客观、平实，能够将中华人民共和国的历史和现状准确地勾勒出来。当然，这是不容易的。近年来，我在多个场合提出了一个"朦胧史"的概念，意思是说，人类历史本质上是客观的，但后人对其复盘时却总是在不同程度上带上了"朦胧性"。由于各种复杂的原因，后人复盘的历史往往是一种"朦胧史"，不一定很清晰，也不一定很准确。历史工作者的责任，其实就是不断地将"朦胧"转化为"清晰"。通过持续不断的研究，让很多"朦胧"的事情清晰起来。一些事情清晰了，但还会有很多仍处于"朦胧"状态，随着历史的发展，还会不断地产生新的"朦胧"，需要继续加以研究和揭示。这种从"朦胧"向"清晰"转化的过程是永无止境的。所以，对历史、现状，包括对中华人民共和国的历史、现状，作出愈益准确的记载和研究，永远是一个"在路上"的过程。不断加强加深对于共和国历程的记录和研究，也始终是一个"在路上"的任务。

这次修订，主要是增补了五年来党和国家在理论、政策、实践方面的新发展，充实和调整了部分内容。能使用最新数据的，尽量改用最新数据。所有用语和表述，都与最新的规范化政治标准作了对标审核，进一步加以统一和规范。按照党史著作的惯例，人名后面都不加"同志"或职务。

《共和国通览》与《共和国之路》两本书设定的读者面很广。凡是中华人民共和国公民，都可以阅读。而且可以作为工具书放在手边，休闲、聊天、写作、讲课、研究、工作、布置展览、搞新闻报道，给孩子讲点历史、说点故事……都可以查一查。两书形式上有点儿类似辞典，但内容比辞典活跃、具体、生动，可读性强，而且可以长久保存、经常使用。对于外国人来说，读读本书，也能加深对中华人民共和国的了解。如果拿去翻译向世界推介，也是可以的。

>>> 目录

第三章　国家道路和指导思想

第四章 国家制度

第五章 国家政权

第七章 国家战略

第八章 国家精神

第十二章　国家统一

第十三章　国家对外关系

第一章

国家标识

一、国家

要认识和识别中华人民共和国，首先要搞清楚什么是国家。

在中国，秦汉以前，诸侯的封地称为"国"，大夫的封地称为"家"，而天子的统治区域则是"天下"。秦统一中国以后，"国家"遂与"天下"通用。但当时还不知道天下到底有多大，更不知道天下其实是由许许多多国家组成的。

从文字来说，在汉语中，"国"字经历了长期的演化过程。最初是"或"，即"域"的古字。到了周代晚期的金文，外面加了个"囗"（wéi），成"國"，表示地域疆土的范围。后汉出现简化的"国"字，"囗"里一个"王"，突出了王权色彩。魏晋六朝时代，在镜铭刻文里又出现了"囻"字，"囗"里一个"民"，体现了以民为国的思想。近代的"太平天国"，虽是造反，但依然追求王权，所以曾大量使用"国"字。

20世纪50年代中期汉字简化时，统计"国"的异体字有40多种，怎样规范和简化，成为一个需要确定的问题。"国"历史悠久，容易书写，太平天国曾经使用，但其义与人民当家作主的理念相悖。"囻"体现国以民本的理念，也曾在民国时期用过，但过于生僻。于是郭沫若提议，在"国"里面再加一个点，成为"国"，即"囗"里为"玉"，意即"祖国美好如玉"。从此以后，简化汉字通用的就是"国"字了。

"国"字形意，长短皆有。"囗"里含"玉"，表达了赞颂之意。但如果解释为王者腰上携了颗印玺，也未尝不可，依然有王权痕迹。

而繁体的"國"字，则有着丰富的内涵，更体现着国家本义。其中的"或"字，左侧底部一提，原先是一横，指土地；横上为"口"，即为人口、居民；旁边的"戈"，是兵器，指用武力保卫；框起的"囗"，即为边界。这些寓意，恰好构成了现代国家的基本要素。

而且，原先的"戈"，曾经在"口"外，后来被框进了"囗"，这也正符合一个国家的武装力量只能用于保卫国土，而不能越出疆界对外扩张的国际法原则。

到了近现代，人们对国家的认识愈益完整和深刻了。在现代国际舞台上，作为国际法主体的国家，有四个最基本的要素：一是固定的领土，二是定居的居民，三是合法的政府，四是完整的主权。所谓国家，就是指一定地域范围内包含这四大要素的人类社会共同体。

固定的领土，是国家的基本要素。最初主要指居住的土地，但现代包含领土、领海、领空三大方面。或者说，领土本身就包含土地、水域、空域三大方面。

定居的居民，是一个国家政治权力合法性的唯一来源。在确认国籍的情况下，定居的居民即为"公民"。公民不是王权的奴隶，而是国家的主人。

合法的政府，即得到居民认可、合法地掌握着政治权力的国家统治和管理体系。

完整的主权，就是国家独立处理内外事务的最高权力。主权具有明确的排他性，是由建立在人民授权基础上的政府组织行使和代表的。

这样的国家，多数是当地居民的祖居地，所以，这种国家也经常被当成祖国，并时常与祖国通用或混淆。

这种作为一定人们的祖居地和现代国际法主体的国家，内涵比较完整，界定比较清楚，使用比较规范。

过去在政治学里，通常称国家是"一个阶级镇压另一个阶级的工具"。这里的国家，实际上指的是国家的政权体系，而不是国际法意义上的国家，也不是通常所说的"祖国"意义上的人类社会共同体。

人类学意义上的国家，是一定人们的祖居地和生活共同体。政治学意义上的国家，则是一个政权体系。这两种含义有联系，也有差别。既不能分割，也不能混淆。

多年来，我们常常使用 1949 年"建国以来"的表述。这种表述，习惯使然，有其缘由，但没有辨识清楚国家的上述三种含义。中华人民共和国，作为一种新的国家政权体系，是 1949 年建立的；但作为祖居地和国际法主体意义上的"中国"，已有几千年历史，不能说 1949 年才建立。所以，2017 年十九大修改党章时，将原来的"建国以来"全部改为了"新中国成立以来"。这一修改很多人没有注意到，但非常重要。

政治学意义上的国家政权体系，还有管理形式和结构形式的划分。管理形式即指以何种形式实行统治和管理。就此，世界上大致有君主制、君主立宪制、共和制、总统制、内阁制、委员会制等。这些制度形式，可划分为民主与专制两大基本类型。而结构形式，则指国家的整体与部分、中央与地方的关系，如单一制国家或如邦联、联邦制国家，等等。

国家政权体系通常由一国的宪法和有关法律确认，受到国家强制力的维护。各国的历史条件、传统习惯、社会结构、价值观念不同，政权体系也纷繁多样，即使本质相同的国家也有不同的国家形式。

截至 2023 年，世界上有 198 个国家被国际社会普遍承认，其中 193 个为联合国会员国。

二、国名

凡国家，都有国名。国名，即国家的名称。在中国，也从法统的意义上称之为国号。在正式场合，国名一般指国家的官方外交名称。如条约、声明等外交文件，都使用全称。一般场合，则常用简称。也有的国家没有简称。作为国号，主要与前朝相区别。

世界上绝大多数国家的国名都是在历史上逐渐形成的，有其特定的历史渊源和含义。在现代国际舞台上，国名具有排他性，不能多个国家叫同一个名称；国名更具有权威性，国名本身就宣示了一国的主权；至于是否具有稳定性，则比较复杂，一般情况下，国名不以政权名称的变更而改变，但也有一些通过革命、政变、合并、分裂而建立的改变或不改变疆域的新政权，为了表明与前朝的根本性区别，也为自己重起新的国名。

在中国，自古以来就有"国号"的概念，指的是朝代的名称名号。每当朝代更迭之际，新政权都要首先确定自己的国号，用以与前朝相区别，并表明自己的法统地位，如唐朝、宋朝、元朝、明朝、清朝等。这种国号，实际上是一个国家法定统治政权的官方名称，与现代国际社会通称的国名有联系，也有区别。少数国家国名与国号并用，多数国家只用国名。

中国的国名，经历了复杂的历史演化过程。

现在我们所称的中国，是以华夏文明为源泉、中华文化为基础，并以汉族为主体民族的多民族统一国家。

中国，作为在特定广袤区域内存在和发展的人类社会共同体，或者说，作为中华民族的祖居地，是世界四大文明古国（也有其他概括）之一，有着悠久的历史、辽阔的疆域、众多的民族和丰富的文化。中华文明的历史至少已有5000年，还可上溯至8000年或1万年前。距今约 5000 年前，以中原地区为中心，开始出现部落组织，进而形成国家，后历经多次民族交融和朝代更迭，直至形成多民族统一的大一统国家。1911 年辛亥革命后，第一次建立共和政体。1949 年成立了中华人民共和国。

"中国"这个概念的来源和意义比较复杂。一般认为，"中国"一词最早见于西周初年的青铜器"何尊"铭文中的"余其宅兹中国，自之辟民"。而金文之外的先秦文献当中，《尚书》和《诗经》较多出现过"中国"一词。在秦汉、唐宋至元代，"中国"一词在历史文献中频繁出现，最早是指西周京畿地区，后演变为黄河中下游的中原地区，所谓居天地之中者曰中国，而将"中国"以外的区域称为四夷。由于当时还没有严格意义上的国家观念，也不清楚泱泱"中国"之外还有其他什么国家，所以，1912 年以前的历代王朝，都是自称朝代、皇帝、帝号，从来没有一个将"中国"一词长期和稳定地作为自己国家的名称。

与"中国"通用的，还有"华夏""中华""中夏""中原""诸夏""诸华""神州""九州""海内"等代称。

明朝时期，由于对外交流的需要，在官方文献和民间文献中，不时出现"中国"一词，并开始具有了指代国家的含义，但也不是朝廷确定和通用的国家名称。

到了清朝，基本将中国边疆少数民族地区纳入了统一的多民族国家有效治理的范围，同时，也开始与外部的近代意义上的民族国家进行外交活动，传统的"天下"观念被打破。1689 年 9 月签订的《中俄尼布楚条约》，开始在外交文件中使用"中国"一词。该条约称："中国大皇帝钦差分界大臣领侍卫内大臣议政大臣索额图……"这里的"中国"具有了国家的含义。但是，这里的"中国"一词是从俄文、拉丁文和满文翻译过来的，是外国对中国的称呼，而不是清朝的自称。

鸦片战争以后，中国被迫与列强签订了一系列不平等条约，这些条约，无论性质如何，都是国家与国家之间的契约，不能没有正式的国家名称。因此，1842 年签订的《南京条约》，交替出现了"中国"和"大清国"的称谓："兹因大清国大皇帝，大英君主，欲以近来之不和之端解释，息止肇端，为此议定设立永久和约。……且凡系中国人，为英国事被拿监禁受难者，亦加恩释放。"由此，"中国"一词作为统一的多民族政治实体的名称开始使用。有人认为，第一个将"中国"作为国家名称使用的是《南京条约》。

此后，社会上也逐渐有人将中国作为国家名称来使用。有人统计，梁启超从 19 世纪末到 20 世纪初共有约 40 篇论著的标题带有"中国"一词。1907 年，章炳麟在《中华民国解》一文中，也阐述了有关见解。

1911 年，辛亥革命爆发。以孙中山为代表的革命党人，积极考虑"称中国为中华民国"。1912 年 1 月 1 日，中华民国宣告成立，在中国延续了 2000 多年的专制王朝宣告结束。使用"中华民国"，意在强调这个国家政权属于中华所有的民众，而不再属于历史上的某个家族。

从此，"中国"一词有了明确的政治内涵，正式具有了包含各民族在内的历史文化政治主权实体的含义，成为具有近现代国家意义的正式国名，从而，也迅速在社会上和国际上广泛通用。

1949 年，中华人民共和国成立。作为一种新的国家政权体系，中华人民共和国彻底推翻了中华民国的政治统治；但作为中华民族的祖居地，中华人民共和国有着不可割断的历史延续性和继承性。

当时，在研究中华人民共和国的成立事宜时，以董必武为首的起草委员会专门研究了国家名称问题。在最初的组织条例中，考虑到当时东欧国家都是人民民主国家，所以拟将国名定为中华人民民主共和国。毛泽东 6 月 15 日致辞时还高呼："中华人民民主共和国万岁！"

但很多代表觉得，这个名称太长。黄炎培等人建议用"中华人民民主国简称中华民国或中华民主国，将来进入社会主义阶段即可改称中华社会主义民主国"，但有人认为民主与共和都有民主的意思，不必重复。所以最后确定为"中华人民共和国"。

还有人提出，为了方便，可以简称"中华民国"。何香凝认为，中华民国是孙中山先生的革命成果，是用许多烈士的鲜血换来的，如果能照旧使用之，那当然好。但其他很多人认为，中华民国已经被蒋介石弄得不堪言状了，不能再使用。于是最后没有同意使用这个简称。

自此，中华人民共和国成为新的中国的国号，也成为中国在国际社会中的全称和专用官方国名。

三、中华民族

中华民族，是中国 56 个民族的统称，泛指中国境内各族人民以及生活在世界各地的所有华人，是在长期历史演进过程中形成的命运共同体。现已成为一个蕴含国家、民族、地域、文化、历史、心理等多种要素的整个中国的代称。

中国是全国各族人民共同缔造的统一的多民族国家。在漫长的历史进程中，各族人民密切交往、相互依存、交流融合、休戚与共，形成了中华民族多元一体的格局，共同开发了锦绣河山、广袤疆域，共同创造了悠久的历史文化，共同培育了中华民族精神，共同推动了国家发展和社会进步，最终形成了 56 个民族守望相助、手足相亲的中华民族大家庭。

"中华"一词，源自古代华夏民族，地处黄河流域一带，被认为居四方之中，且文化、经济比较繁华，故称中华，后来亦称为中原或中国。"民族"一词，较早在《南齐书》列传之三十五《高逸传·顾欢传》中出现："今诸华士女，民族弗革。"

19世纪末，现代意义上的民族概念从日本传入。1899年，梁启超首先使用了现代的"民族"一词，1902年又率先使用了"中华民族"一词。1905年，梁启超从历史演变的角度分析了中华民族的多元性和混合性，强调"中华民族自始本非一族，实由多民族混合而成"。1907年，著名立宪派代表杨度也使用了"中华民族"一词。

1912年1月1日，孙中山在《中华民国临时大总统宣言书》中宣告："国家之本，在于人民。合汉、满、蒙、回、藏诸地为一国，即合汉、满、蒙、回、藏诸族为一人——是曰民族之统一。"后来他又指出："应该把我们中国所有各民族融化成一个中华民族。……并且要把中华民族造成很文明的民族。"

1927年以后的南京国民政府，按照孙中山的理念，打出"复兴中华民族"的旗号。1927年4月18日的《国民政府定都南京宣言》宣称，要使"中华民族成为自由平等之民族"。由国民政府组织编撰的《绥蒙辑要》，其开篇说明《中华民族》明确表达："中华民族，都是黄帝子孙。因为受封的地点不同，分散各地，年代悠久，又为气候悬殊，交通阻隔，而有风俗习惯之不同，语言口音之歧异，虽有汉满蒙回藏等之名称，如同张王李赵之区别，其实中华民族是整个的，大家好像一家人一样，因为我们中华，原来是一个民族造成的国家。""所以说五族，就是中华民族，就是国族。"

抗日战争期间，面对外敌入侵和民族危机，中华民族的观念得到广泛传播和强化。1935年，《风云儿女》的主题曲《义勇军进行曲》中，"中华民族到了最危险的时候"这一最具震撼力的呼唤，使"中华民族"的观念成为强大的精神力量，激励全体中华儿女奋起投入抗击法西斯侵略的斗争中。

1939 年 12 月，毛泽东在《中国革命和中国共产党》中对"中华民族"作了深刻的论述，表明了"中华民族"是中国各民族的共同称谓，强调了中国是一个多民族的国家，"中华民族"内部各民族一律平等。

中华人民共和国成立后，实行民族区域自治制度和民族平等、共同繁荣的政策。中华民族的发展进入一个新的历史时期。

从 1953 年至 1982 年，在全国范围内开展民族调查，先后确认了汉族以外的 55 个少数民族。现今的中华民族包括汉族、满族、蒙古族、回族、藏族、维吾尔族、苗族、彝族、壮族、布依族、侗族、瑶族、白族、土家族、哈尼族、哈萨克族、傣族、黎族、傈僳族、佤族、畲族、高山族、拉祜族、水族、东乡族、纳西族、景颇族、柯尔克孜族、土族、达斡尔族、仫佬族、羌族、布朗族、撒拉族、毛南族、仡佬族、锡伯族、阿昌族、普米族、朝鲜族、塔吉克族、怒族、乌孜别克族、俄罗斯族、鄂温克族、德昂族、保安族、裕固族、京族、塔塔尔族、独龙族、鄂伦春族、赫哲族、门巴族、珞巴族、基诺族共 56 个民族。此外，尚有少量未经识别的民族。

2021 年 5 月 11 日发布的第七次全国人口普查结果显示，汉族人口为 128631 万人，占 91.11%；各少数民族人口为 12547 万人，占 8.89%。与 2010 年相比，汉族人口增长 4.93%，各少数民族人口增长 10.26%，少数民族人口比重上升 0.40 个百分点。

各民族的人口分布呈现大散居、小聚居、交错杂居的特点。西部 12 个省、自治区、直辖市居住着全国近 70% 的少数民族人口，边疆 9 个省、自治区居住着全国近 60% 的少数民族人口。随着中国经济社会的发展，全国散居地区少数民族人口已超过 3000 万。

各民族拥有自己的语言，同时习用汉语作为共同的语言。55 个少数民族中，回族和满族通用汉语文，其他 53 个民族有本民族语言，有 22 个民族共使用 28 种文字。国家制定了蒙古文、藏文、维吾尔文（哈萨克文、柯尔克孜文）、朝鲜文、彝文和傣文等文字编码字符集、键盘、字模的国家标准。各少数民族同汉族一样，为创造祖国灿烂的文化，为全人类的文明，作出了自己宝贵的贡献。

各民族在分布上交错杂居、文化上兼收并蓄、经济上相互依存、情感上相互亲近，形成了你中有我、我中有你，谁也离不开谁的多元一体格局。中华民族和各民族的关系，是一个大家庭和家庭成员的关系；各民族的关系，是一个大家庭里不同成员的关系。各民族多元一体，是老祖宗留给我们的一笔重要财富，也是我们国家的重要优势。十九大强调要铸牢中华民族共同体意识，加强各民族交往交流交融，促进各民族像石榴籽一样紧紧抱在一起，共同团结奋斗、共同繁荣发展。二十大要求："以铸牢中华民族共同体意识为主线，坚定不移走中国特色解决民族问题的正确道路，坚持和完善民族区域自治制度，加强和改进党的民族工作，全面推进民族团结进步事业。"①

《中华人民共和国宪法》中使用的概念有"中国各族""全国各族""各民族""全国各民族""中华人民共和国各民族"等。2018年 3 月 11 日，十三届全国人大一次会议第三次全体会议表决通过的《中华人民共和国宪法修正案》，将"实现中华民族伟大复兴"作为宪法任务和国家目标写入宪法，从而使"中华民族"的重要概念首次入宪，进一步从根本法的高度为国家认同和国家统一奠定了宪法基础。

中国共产党的初心和使命是为中国人民谋幸福，为中华民族谋复兴。实现中华民族伟大复兴是中国各族人民的共同奋斗目标。二十大

---

① 《习近平著作选读》第一卷，人民出版社 2023 年版，第 33 页。

强调"我们党立志于中华民族千秋伟业",号召"以中国式现代化全面推进中华民族伟大复兴"。①

四、中华人民共和国

1949 年 10 月 1 日,中华人民共和国宣告成立。

"中华",即中国、华夏的意思。"人民"是政治概念,相对于政治上界定的"敌人"而言。在当代中国,人民指全体社会主义劳动者、拥护祖国统一的爱国者和拥护社会主义的爱国者。"共和"一词的英语 republic 来自于拉丁语 respublica(意为人民的公共事务),一般都包含共同享有权力、共同治理的意思。现代意义上的共和,强调所有公民参与国家事务的管理。

按照宪法等权威规定,中华人民共和国是工人阶级领导的、以工农联盟为基础的人民民主专政的社会主义国家。社会主义制度是中华人民共和国的根本制度。中国共产党领导是中国特色社会主义最本质的特征。

中华人民共和国国旗是五星红旗,国歌是《义勇军进行曲》,国徽中间是五星照耀下的天安门,周围是谷穗和齿轮。首都北京。国家代码 CHN。官方语言汉语(通用普通话)。55 个少数民族都通用汉语,但也大都有本民族的语言;有文字的民族 22 个,共使用 28 种文字。

中国位于亚洲东部,太平洋西岸。陆地总面积约 960 万平方公里,大陆海岸线长度约 1.8 万公里,海域总面积约 473 万平方公里。海域分布有大小岛屿 7600 个,其中台湾岛最大(历史上最大的是库页岛),面积 35759 平方公里。陆地同 14 国接壤,与 8 国海上相邻,

---

① 《习近平著作选读》第一卷,人民出版社 2023 年版,第 1、18 页。

是世界国土面积第三大的国家。

中国是四大文明古国之一，有着悠久的历史传统。中国文化源远流长、博大精深、绚烂多彩。传统文化艺术形式有诗词、戏曲、书法、国画等。中国拥有最丰富的世界文化遗产和自然人文景点。

中国长期是世界第一人口大国。根据以 2010 年 11 月 1 日零时为标准时点进行的第六次全国人口普查，全国总人口为 1370536875 人。其中：普查登记的大陆 31 个省、自治区、直辖市和现役军人的人口共 1339724852 人，香港特别行政区人口为 7097600 人，澳门特别行政区人口为 552300 人，台湾地区人口为 23162123 人。截至 2017 年底，中国大陆总人口为 13.9008 亿人，人口密度 144.3 人 / 平方公里。2021 年 5 月 11 日发布的第七次全国人口普查结果显示，普查登记的大陆 31 个省、自治区、直辖市和现役军人的人口共 1411778724 人。根据 2024 年 2 月 29 日《中华人民共和国 2023 年国民经济和社会发展统计公报》，至 2023 年末，全国人口 140967 万人（公报注明：全国人口是指我国大陆 31 个省、自治区、直辖市和现役军人的人口，不包括居住在 31 个省、自治区、直辖市的港澳台居民和外籍人员），比上年末减少 208 万人。

中华人民共和国与英、法、美、俄并为联合国安理会五大常任理事国，还是世界许多国际组织的重要成员。中华人民共和国奉行独立自主的和平外交政策，坚持和平共处五项原则，走和平发展道路，实行互利共赢的开放战略。

中华人民共和国是一个以汉族为主体民族、由 56 个民族构成的统一的多民族国家，第六次全国人口普查表明，汉族人口占总人口的 91.51%。中华人民共和国各民族一律平等。国家保障各少数民族的合法权利和利益，维护和发展各民族的平等团结互助和谐关系。各少数民族聚居的地方实行区域自治。

台湾是中华人民共和国神圣领土的一部分。完成祖国统一大业是包括台湾同胞在内的全中国人民的神圣职责。二十大要求："坚持贯彻新时代党解决台湾问题的总体方略，牢牢把握两岸关系主导权和主动权，坚定不移推进祖国统一大业。"[①]

按照宪法规定，中华人民共和国的一切权力属于人民。人民行使国家权力的机关是全国人民代表大会和地方各级人民代表大会。国务院是国家最高行政机关和国家权力机关的执行机关。人民依照法律规定，通过各种途径和形式，管理国家事务，管理经济和文化事业，管理社会事务。中华人民共和国公民在法律面前一律平等。国家尊重和保障人权。

中华人民共和国经济制度的基础是生产资料的社会主义公有制，即全民所有制和劳动群众集体所有制。二十大党章将按劳分配为主体、多种分配方式并存，社会主义市场经济体制归入到基本经济制度的范畴内，所以，中华人民共和国在社会主义初级阶段，坚持和完善公有制为主体、多种所有制经济共同发展，按劳分配为主体、多种分配方式并存，社会主义市场经济体制等基本经济制度。社会主义的公共财产神圣不可侵犯。公民的合法的私有财产不受侵犯。

中华人民共和国成立后，迅速建立起新的政权体系，开展经济恢复和建设。1953 年开始三大改造，到 1956 年确立了社会主义基本制度，逐步建立起独立的国民经济体系。"文化大革命"结束之后，以十一届三中全会为标志，实行伟大的历史转折，进入了改革开放和社会主义现代化建设新时期，十八大以后进入新时代，逐步开辟了中国特色社会主义道路，形成了中国特色社会主义理论体系，确立了中国特色社会主义制度，发展了中国特色社会主义文化。

经过长期奋斗，特别是改革开放，中国成为世界第二大经济体、

① 《习近平著作选读》第一卷，人民出版社 2023 年版，第 48 页。

世界第一贸易大国、第一大外汇储备国、第一大钢铁生产国、第一大农业国、第一大粮食总产量国、第二大吸引外资国，成为世界上在较长时期内经济增长最快的国家之一。

五、国歌

国歌，是被一个国家的政府和人民确认代表该国政府和人民意志、作为国家象征、固定在国家庆典等重要场合正式演奏演唱的歌曲，是用来表现一个国家民族精神、歌颂和鼓励民族自信和凝聚力的代表性歌曲。

世界上最早有国歌的国家是荷兰。1569 年，荷兰人民高唱《威廉颂》抵抗西班牙统治者。后来，《威廉颂》广泛传唱，深受人民喜爱，最终被定为荷兰国歌。

继荷兰之后，其他国家也相继制定了自己的国歌。这些歌曲，有的是表达爱国情怀的，有的是颂扬某种价值观。美国的国歌是《星条旗之歌》。法国的国歌是《马赛曲》。苏联曾长期把《国际歌》当作国歌。1940 年开始征集新国歌。1944 年由音乐家亚历山德罗夫创作、诗人米哈尔科夫填词的《牢不可破的联盟》入选。1977 年，米哈尔科夫修改歌词，剔除了对斯大林个人崇拜的成分。1991 年苏联解体后，俄罗斯将 19 世纪"俄罗斯音乐之父"格林卡的作品《爱国者之歌》作为国歌。但它没有歌词，曲调也不上口。2000 年，普京认为苏联国歌更有气势和感染力，建议恢复原曲作为俄罗斯国歌。由米哈尔科夫创作的歌词从 150 个预选方案中再次被选中。2001 年 1 月 1 日零时，新国歌《俄罗斯，我们神圣的祖国》正式启用。

中国在清代以前，闭关锁国，也没有国歌。1880 年，曾纪泽提出谱写国歌的建议，并亲自谱写《普天乐》作为"国乐"草案，上呈朝廷，未获批准，仅在海外外交仪式上演奏。1896 年，李鸿章作为外交特使赴欧洲访问，需要在欢迎仪式上演奏国歌，便对王建的一首七绝诗加以改编，配以《茉莉花》古曲，临时作为国歌使用，后来成为清朝对外场合的代国歌，称《李中堂乐》。1911 年 10 月 4 日，清政府"谕旨颁行"了中国历史上第一首国歌《巩金瓯》，由严复作词。

辛亥革命后，南京临时政府征集国歌，确定了一首《五旗共和歌》。1915 年 5 月，袁世凯把一首《中华雄立宇宙间》的歌曲作为国歌。1919 年，北洋政府将《尚书》中的《卿云歌》配上乐曲作为国歌。北伐之后，国民党将 1924 年孙中山对黄埔军校的训词作为国民党党歌。1930 年，许多国民党人提议将该党歌作为国歌。经设立国歌编制研究委员会研究，1937 年 6 月，正式把国民党党歌作为国歌。

1935 年华北事变后，中华民族危在旦夕。中国共产党创办的电影业公司拍摄了一部名为《风云儿女》的电影。其中的主题曲《义勇军进行曲》由田汉作词，聂耳作曲。《风云儿女》放映后，《义勇军进行曲》迅速传遍大江南北，激励着中华儿女走上抗日前线，挽救民族危亡。

1949 年，在筹备建立中华人民共和国过程中，需要制定新的国家标志，为此向全国征集国旗、国徽、国歌。至 8 月 24 日，收到有关国歌的稿件 350 多件。此后又征集一次，至 9 月 21 日，共收到应征国歌的稿件 632 件，歌词 694 首。讨论过程中，对这些歌曲都不尽满意，于是有人主张暂用《义勇军进行曲》代国歌。但因原歌词中有"中华民族到了最危险的时候"等词句，有人主张修改一下。张奚若、梁思成认为这首歌曲是历史性的产物，为保持其完整性，词曲最好不作修改，并举法国的《马赛曲》为例。黄炎培先生也赞成不修改歌词。毛泽东和周恩来赞成"安不忘危"的思想，赞同和支持歌词不改。

1949 年 9 月 27 日,中国人民政治协商会议第一届全体会议一致通过了 4 个决议案,其中之一是:中华人民共和国的国歌正式制定前,以《义勇军进行曲》为国歌。

1949 年 10 月 1 日下午 3 时,在开国大典上,伴随着五星红旗的冉冉升起,《义勇军进行曲》作为国歌第一次在天安门广场响起。

1949 年 11 月 15 日,《人民日报》对国歌作了如下解释:"义勇军进行曲是十余年来在中国广大人民的革命斗争中最流行的歌曲,已经具有历史意义。采用义勇军进行曲为中华人民共和国现时的国歌而不加修改,是为了唤起人民回想祖国创造过程中的艰难忧患,鼓舞人民发扬反抗帝国主义侵略的爱国热情,把革命进行到底。这与苏联人民曾长期以《国际歌》为国歌,法国人民今天仍以马赛曲为国歌的作用是一样的。"

此后 17 年,《义勇军进行曲》作为国歌一直在重大场合唱响。但到"文化大革命"之时,田汉被作为"四条汉子"之一受到迫害,他写的歌词不能再唱,于是国歌只有乐曲而不能唱词了。

1978 年,五届全国人大一次会议通过新的国歌歌词。国歌的作者被注明为"聂耳曲,集体填词"。对新的国歌歌词一直存在不同意见。十一届三中全会后,田汉得到平反。从 1980 年到 1982 年,宪法修改委员会收到大量意见,建议废除 1978 年通过的国歌歌词,恢复 1949 年中国人民政治协商会议第一届全体会议决定的《义勇军进行曲》。同时,建议像全国政协一届一次会议那样,作一个决议把国歌确定下来。

1982 年 12 月 4 日,五届全国人大五次会议通过决定,恢复《义勇军进行曲》为中华人民共和国国歌,撤销本届全国人民代表大会第一次会议 1978 年 3 月 5 日通过的关于中华人民共和国国歌的决定。

2004 年 3 月,十届全国人大二次会议通过的宪法修正案,正式规定"中华人民共和国国歌是《义勇军进行曲》"。

2017年9月1日，十二届全国人大常委会第二十九次会议通过《中华人民共和国国歌法》，规定："国歌是中华人民共和国的象征和标志。""一切公民和组织都应当尊重国歌，维护国歌的尊严。"

六、国旗

国旗，是一个国家政府确定用以代表该国家的旗帜，是国家的象征和标志，它通过一定的样式、色彩和图案反映一个国家的政治特色、历史传统和价值理念。

世界上最早的国旗是丹麦国旗，红底白色十字图案。最有影响的是法国三色旗，红白蓝分别象征平等、自由、博爱。亚非拉大批国家独立后，也都确定了自己的国旗。到目前为止，世界各国（包括未被普遍承认地区）的国旗数量已达到199面。

各国国旗的图案、式样、颜色、比例均由本国宪法规定。各国国旗的颜色主要有红、白、绿、蓝、黄、黑等。红色，象征国家为独立和解放而斗争的精神，也象征先驱者的鲜血，象征勇敢、真诚和热忱以及国家的兴旺发达。白色，象征纯洁和正直，象征对美好未来的希望。绿色，象征吉祥，多数伊斯兰国家的国旗喜欢用绿色，一些地处沙漠的国家向往绿洲，国旗上也用绿色。蓝色，象征海洋、河流和天空。黄色，象征阳光、黄金、资源和财富。

各国国旗上的图案都有一定的含义。美国的星条旗，红白相间的13条横条，原意是代表美国当年的13个州。后来固定了下来，用国旗上的星代表各个州。旗上共有50颗星，代表美国的50个州。鹰和狮是勇敢和力量的象征，埃及、赞比亚、阿尔巴尼亚、玻利维亚、厄瓜多尔等国的国旗都采用雄鹰图案，斯里兰卡等国采用雄狮图案。

按通行的国际关系准则，一国元首或政府首脑在他国领土上访问时，其住所及交通工具上可以悬挂国旗。东道国接待来访的外国元首或政府首脑时，在隆重的欢迎仪式、会议场所、下榻的宾馆、乘坐的汽车上方悬挂对方（或双方）的国旗。召开国际会议，应在会场悬挂各与会国国旗。大使馆、大使官邸及其他外交代表机构的办公地，可悬挂国旗。在建筑物上或在室外悬挂国旗，一般应日出升旗，日落降旗。遇需悬旗致哀，通常的做法是降半旗，即先升至杆顶，再下降至离杆顶相当于杆长 1/3 的地方。

在中国远古时期，旗帜大多数是一个民族或者部落的图腾。后来，在战争中常用旗帜表明双方军队所属的国家或将领，也作为指挥战斗的号令。但由于长期没有形成现代国家的理念，所以，一直没有正式的用以在外交场合展示的国旗。

到晚清，因与外国交往的需要，制作了黄龙旗，代表大清王朝，并开始在全国悬挂。辛亥革命后，采用由红、黄、蓝、白、黑五色横条从上到下依次排列的五色旗，象征五族共和，由赵凤昌设计。1912年 5 月民国临时参议院决定将五色旗定为国旗。北伐战争期间，五色旗、青天白日满地红旗同时使用。1928 年东北易帜后，青天白日满地红旗取代五色旗成为民国国旗。1946 年 12 月 25 日通过的《中华民国宪法》规定："中华民国国旗定为红地，左上角青天白日。"

中华人民共和国的国旗是五星红旗，它是中华人民共和国的象征和标志。

1949 年 6 月 16 日，新政协筹备会决定成立国旗、国徽图案初选委员会，并于当年 7 月 14 日至 8 月 15 日在《人民日报》等报纸上发表征求启事。在中国人民政治协商会议第一届全体会议期间，初选委员会从收到的 3012 幅图案中选了 38 幅印发全体代表讨论。经过反复讨论，选定了上海曾联松设计的"复字三十二号"图案，并作了适当修改。9 月 27 日，政协第一届全体会议的第四项表决通过：中华人民共和国国旗为红地五星旗，象征中国人民大团结。

国旗的红色象征革命，五颗五角星及其相互关系象征共产党领导下的革命人民大团结。五角星用黄色是为了在红地上显出光明，黄色较白色明亮美丽，四颗小五角星各有一尖正对着大星的中心点，表示围绕着一个中心而团结，在形式上也显得紧凑美观。

在 1949 年 10 月 1 日的开国大典上，随着《义勇军进行曲》的雄壮旋律，第一面五星红旗在天安门广场冉冉升起。全场肃立，向国旗行注目礼。

1954 年，《中华人民共和国宪法》第 104 条规定："中华人民共和国国旗是五星红旗。"

1990 年 6 月 28 日，七届全国人大常委会第十四次会议通过了《中华人民共和国国旗法》，并由中华人民共和国主席发布主席令，予以公布，自 1990 年 10 月 1 日起施行。

为维护国旗的尊严，国家发布《国旗》和《国旗颜色标准样品》两项国家标准，规定了国旗的形状、颜色、图案、制版定位、通用尺寸、染色牢度等技术要求，并于 1991 年 12 月 1 日起正式实施。

2009 年 8 月 27 日，十一届全国人大常委会第十次会议将《中华人民共和国国旗法》第十九条修改为："在公共场合故意以焚烧、毁损、涂划、玷污、践踏等方式侮辱中华人民共和国国旗的，依法追究刑事责任；情节较轻的，由公安机关处以十五日以下拘留。"

2020 年 10 月，十三届全国人大常委会第二十二次会议再次对国旗法进行了修改，完善国旗的尺度，增加升挂国旗的场合，规范升旗仪式要求，完善使用国旗志哀相关制度，完善国旗及其图案使用要求，加强国旗宣传教育，明确国旗的监管部门。

根据国旗法，北京天安门广场、新华门；中共中央，全国人大常委会，国务院，中央军委，中央纪委、国家监委，最高人民法院，最高人民检察院；全国政协；外交部；出境入境的机场、港口、火车站和其他边境口岸，边防海防哨所，应当每日升挂国旗。

中共中央各部门和地方各级委员会，国务院各部门，地方各级人大常委会、人民政府，纪委、监委，人民法院、人民检察院，地方政协，各民主党派、各人民团体，中央人民政府驻香港、澳门特别行政区有关机构，应当在工作日升挂国旗。

学校除寒假、暑假和休息日外，应当每日升挂国旗。有条件的幼儿园参照学校的规定升挂国旗。

图书馆、博物馆、文化馆、美术馆、科技馆、纪念馆、展览馆、体育馆、青少年宫等公共文化体育设施应当在开放日升挂、悬挂国旗。

国庆节、国际劳动节、元旦、春节和国家宪法日等重要节日、纪念日，各级国家机关、各人民团体以及大型广场、公园等公共活动场所应当升挂国旗；企业事业组织，村民委员会、居民委员会，居民院（楼、小区），有条件的应当升挂国旗。

民族自治地方在民族自治地方成立纪念日和主要传统民族节日应当升挂国旗。

举行宪法宣誓仪式时，应当在宣誓场所悬挂国旗。

举行重大庆祝、纪念活动，大型文化、体育活动，大型展览会，可以升挂国旗。

国旗及其图案不得用作商标和广告，不得用于私人丧事活动。

七、国徽

国徽是代表国家的徽章，为国家象征之一。国徽上的图案主要表现该国的风土人情、历史文化或意识形态。中国各级政府的印章，中间都有国徽。国家的重要文件必须盖上有国徽的大印，才能正式生效。

世界上多数国家都有自己的国徽，并将其作为本国的象征和代表。在国际会议或国际体育赛事中，经常用国徽来代表某个国家。欧洲一些王国及受其影响的国家国徽多采用中古时代的传统纹章，一些国家亦采用简化的纹章中心盾徽。德国国徽以土黄色盾牌为背景，背景上是一只黑色的雄鹰，雄鹰的喙和两爪为红色。

美国国徽正面图案的主要形象是白头海雕，象征力量、勇气、自由和不朽。反面图案主体是一座未完工的金字塔，金字塔底部用罗马数字刻着日期1776。阿拉伯国家的国徽图案多由萨拉丁之鹰构成。

各社会主义国家，除古巴外，国徽的图案多由谷穗、红色或金色五角星、镰刀锤子、太阳、齿轮构成。苏联从1922年开始使用具有工农联盟含义的纹徽样式。1993年11月30日，俄罗斯决定采用十月革命前伊凡雷帝时代的、以双头鹰为图案的国徽：红色盾面上有一只金色的双头鹰，鹰头上是彼得大帝的三顶皇冠，鹰爪抓着象征皇权的权杖和金球。鹰胸前是一个小盾牌，上面是一名骑士和一匹白马。2000年12月25日，俄颁布了第二号宪法性法律《俄罗斯联邦国徽法》。

中华人民共和国国徽图案由国旗、天安门、齿轮和麦稻穗组成。国徽中间是五星照耀下的天安门，周围是谷穗和齿轮。麦稻穗、五星、天安门、齿轮为金色，圆环内的底子及垂绶为红色，金、红两种颜色在中国是象征吉祥喜庆的传统色彩。天安门象征中国人民反帝反封建的不屈的民族精神；齿轮和麦稻穗象征工人阶级与农民阶级；五颗星代表中国共产党领导下的人民站起来了。

1949年7月，全国政治协商会议筹备会在《人民日报》登出向全国征求国旗、国徽及国歌词谱的启事，明确提出对国徽设计的要求是：1. 要有中国特征；2. 要有政权特征；3. 形式要庄严富丽。

全国各界人士纷纷投身于这一具有历史意义的工作之中。同时，受中央之命，负责征集国徽图稿的清华大学营建系和国立北平艺专（1950 年改为中央美术学院）都成立了国徽设计小组。截至 1949 年 8 月 20 日，共收到国内及海外华侨寄来的国徽稿件 112 件，图案 900 幅。这些稿件和图案虽各具特色，但都有不足之处，故都未被采纳。因此，在 1949 年 9 月下旬的政协全体会上，只通过了国旗方案和国歌词谱，没有公布国徽方案。

后来，全国政协第一届委员会决定邀请清华大学营建系和中央美术学院分别组织人力对国徽方案进行设计竞赛。经过将近半年的辛勤努力，对数十个设计图案反复比较、精心研究，两个组各完成了一幅自己认为最满意的图案。后经讨论、修改、完善，确定了最终的图案。此后，又将平面图案转换成立体雕塑，并使之更加完善。

1950 年 6 月 18 日，全国政协一届二次会议通过国徽图案及对该图案的说明。同年 9 月 20 日，中央人民政府主席毛泽东向全国颁发公布国徽的命令。中华人民共和国国徽正式诞生。

1950 年 9 月，沈阳第一机器制造厂（现为大型徽章国徽制造厂）承担了制作新中国第一批国徽的任务。经过辛勤苦战，终于在 9 月 20 日前完成了铸造国徽的任务，共铸造不同规格的国徽 70 枚。1951 年 10 月 1 日，发行了《国徽》特种邮票。

根据 1950 年 6 月 18 日全国政协一届二次会议通过的国徽图案及对该图案的说明，国徽的制作要求是：一、两把麦稻组成正圆形的环。齿轮安在下方麦稻秆的交叉点上。齿轮的中心交结着红绶。红绶向左右绾住麦稻而下垂，把齿轮分成上下两部。二、从图案正中垂直画一直线，其左右两部分，完全对称。三、图案各部分之地位、尺寸，可根据方格墨线图之比例，放大或缩小。四、如制作浮雕，其各部位之高低，可根据断面图之比例放大或缩小。五、国徽之涂色为金红二色：麦稻、五星、天安门、齿轮为金色，圆环内之底子及垂缨为红色；红为正红（同于国旗），金为大赤金（淡色而有光泽之金）。

1991年3月2日，七届全国人大常委会第十八次会议通过了《中华人民共和国国徽法》，并由中华人民共和国主席颁布主席令，予以公布，自1991年10月1日起施行。2009年8月，十一届全国人大常委会第十次会议对国徽法的法律责任条款作了修改。2020年10月，十三届全国人大常委会第二十二次会议再次对国徽法进行了修改。

八、国土、领土和版图

国土，是国家主权与主权权利管辖范围内的地域空间，包括国家的陆地、陆上水域、内水、领海以及它们的底土和上空，还包括《国际海洋法公约》规定的专属经济区海域。它是由各种自然要素和人文要素组成的物质实体，是国家社会经济发展的物质基础或资源、国民生存和从事各种活动的场所或环境。

领土是国家构成要素之一。国家领土分为领陆、领水（包括内水和领海）和领空3个部分，上及高空，下及底土。国家必须具备一定的领土。国际法承认国家在其领土上行使排他的管辖权。有些海域，例如毗连区、大陆架、专属经济区等，在严格意义上不被视为国家领土的一部分，但沿海国可以对其及其资源行使主权权利，从而构成国家管辖范围的海域。

国土的概念比领土要大。领土是一个严格的法律用语，主要使用在外交、政治、法律领域，着重于国家的主权关系，是国家的主权对象、国家自由活动的天地，有排他性的特征；国土则侧重于社会意义，更广泛地使用在国家的社会经济活动方面，是属于或置于一个国家主权或管辖下的地域空间。

中国位于亚洲东部，太平洋西岸。北起漠河附近的黑龙江江心，南到南沙群岛的曾母暗沙。西起帕米尔高原，东至黑龙江、乌苏里江汇合处。陆地总面积约 960 万平方公里。最长河流长江，最大湖泊青海湖，地理最高点珠穆朗玛峰（8848.86 米），地理最低点吐鲁番艾丁湖洼地（-154.31 米）。

中国陆地边界长达 2.28 万公里，东邻朝鲜，北邻蒙古国，东北邻俄罗斯，西北邻哈萨克斯坦、吉尔吉斯斯坦、塔吉克斯坦，西和西南与阿富汗、巴基斯坦、印度、尼泊尔、不丹等国家接壤，南与缅甸、老挝、越南相连。东部和东南部同韩国、日本、菲律宾、文莱、马来西亚、印度尼西亚隔海相望。

中国领海由渤海（内海）和黄海、东海、南海三大边海组成，东部和南部大陆海岸线约 1.8 万公里。内海和边海的水域面积约 473 万平方公里。海域分布有大小岛屿 7600 个，其中台湾岛最大，面积 3.5759 万平方公里；其次是海南岛，面积 3.54 万平方公里。位于台湾岛东北海面上的钓鱼岛、赤尾屿，是中国最东的岛屿。散布在南海上的岛屿、礁、滩总称南海诸岛，为中国最南的岛屿群，依照位置不同称为东沙群岛、西沙群岛、中沙群岛和南沙群岛。

2001 年 11 月 20 日，历经 20 年的全国土地资源调查工作圆满结束。此次调查摸清我国各级行政区土地总面积为 960 万平方公里，其中耕地占 13.7%，林地占 23.9%，牧草地占 28%。全国共有农民集体所有土地 439.03 万平方公里，国有土地 505.48 万平方公里。

2017 年至 2021 年，国务院部署进行了第三次全国国土调查。根据自然资源部公布的数据，全国耕地 12786.19 万公顷（191792.79 万亩），园地 2017.16 万公顷（30257.33 万亩），林地 28412.59 万公顷（426188.82 万亩），草地 26453.01 万公顷（396795.21 万亩），湿地 2346.93 万公顷（35203.99 万亩），城镇村及工矿用地 3530.64 万公顷（52959.53 万亩），水域及水利设施用地 3628.79 万公顷（54431.78 万亩）。

中国地势西高东低，复杂多样，各类地形占全国陆地面积的比例是：山地 33.3%，高原 26%，盆地 18.8%，平原 12%，丘陵 9.9%。地势自西而东构成三级阶梯。中国山地、高原和丘陵约占陆地面积的 67%，盆地和平原约占陆地面积的 33%。山脉多呈东西和东北—西南走向。喜马拉雅山脉是世界最高大雄伟的山脉，海拔 8848.86 米的珠穆朗玛峰是世界最高峰。长江是中国第一大河，全长 6300 公里，仅次于非洲的尼罗河和南美洲的亚马孙河，为世界第三长河。黄河是中国第二长河，全长 5464 公里。

中国的气候复杂多样，有温带季风气候、亚热带季风气候、热带季风气候、热带雨林气候、温带大陆性气候和高原山地气候等类型，从南到北跨热带、亚热带、暖温带、中温带、寒温带气候带。

中国幅员广大，地质条件多样，矿产资源丰富，矿产 173 种。已探明储量的有 159 种。其中钨、锑、稀土、钼、钒和钛等的探明储量居世界首位。煤、铁、铅锌、铜、银、汞、锡、镍、磷灰石、石棉等的储量均居世界前列。

中国土地资源的基本特点是：绝对数量大，人均占有少；类型复杂多样，耕地比重小；利用情况复杂，生产力地区差异明显；地区分布不均，保护和开发问题突出。

根据第八次全国森林资源清查结果，全国森林面积 2.08 亿公顷，森林覆盖率 21.63%，森林蓄积 151.37 亿立方米。人工林面积 0.69 亿公顷，蓄积 24.83 亿立方米，居世界首位。

中国水资源总量占降水总量的 44.2%，平均每平方公里产水 29 万立方米。淡水资源总量为 2.8 万亿立方米，占世界第 6 位，人均占有量为世界人均占有量的 1/4，排在第 88 位。

中国是世界上动植物资源最为丰富的国家之一。据统计，中国陆栖脊椎动物约有 2070 种，占世界陆栖脊椎动物的 9.8%。其中鸟类 1170 多种、兽类 400 多种、两栖类 184 种，分别占世界同类动物的 13.5%、11.3% 和 7.3%。植被种类丰富，分布错综复杂。有种子植物 300 个科、2980 个属、24600 个种。其中被子植物 2946 属（占世界被子植物总属的 23.6%）。比较古老的植物，约占世界总属的 62%。有些树种，如水杉、红豆杉、银杉等，在世界其他地区已经很少见，残存于中国的这些树种就成了"活化石"。

九、国籍

国籍，主要指一个人作为一个国家的成员而隶属于该国的法律上的身份，也是国家行使属人管辖权和外交保护权的法律依据。凡具有某国国籍的人就是该国公民，享有外国人不能享有的一些权利，如选举权、被选举权等，也履行外国人不必履行的一些义务，如服兵役等。此外，国籍还指飞机、船只等属于某个国家的事实或状态。

取得国籍主要有出生和入籍两种方式。因出生而取得国籍，国际上有血统制和出生地制两种原则。采取出生地制的国家，不问父母的国籍，孩子出生在一国即取得该国国籍。采用血统制的国家，则不管出生地如何，孩子的国籍必须随父母双方或一方的国籍。入籍是指外国人或无国籍的人，按照某国法律规定，提出申请，经批准后取得该国国籍。另外还有通过结婚、收养等方式取得某国国籍的。由于各国对国籍的规定不同，在特殊情况下会出现双重国籍或无国籍的现象。

1980 年 9 月 10 日，五届全国人大三次会议通过的《中华人民共和国国籍法》规定：

中华人民共和国是统一的多民族的国家，各民族的人都具有中国国籍。

父母双方或一方为中国公民，本人出生在中国，具有中国国籍。父母双方或一方为中国公民，本人出生在外国，具有中国国籍；但父母双方或一方为中国公民并定居在外国，本人出生时即具有外国国籍的，不具有中国国籍。父母无国籍或国籍不明，定居在中国，本人出生在中国，具有中国国籍。

外国人或无国籍人，愿意遵守中国宪法和法律，并具有下列条件之一的，可以经申请批准加入中国国籍：一、中国人的近亲属；二、定居在中国的；三、有其他正当理由。申请加入中国国籍获得批准的，即取得中国国籍；被批准加入中国国籍的，不得再保留外国国籍。

中华人民共和国不承认中国公民具有双重国籍。

定居外国的中国公民，自愿加入或取得外国国籍的，即自动丧失中国国籍。

中国公民具有下列条件之一的，可以经申请批准退出中国国籍：一、外国人的近亲属；二、定居在外国的；三、有其他正当理由。申请退出中国国籍获得批准的，即丧失中国国籍。

国家工作人员和现役军人，不得退出中国国籍。

曾有过中国国籍的外国人，具有正当理由，可以申请恢复中国国籍；被批准恢复中国国籍的，不得再保留外国国籍。

十、语言文字

中国是一个多民族、多语言、多方言、多文种的国家，有 56 个民族。一般认为有 80 种以上语言，约 30 种文字。2000 年 10 月 31

日颁布的《中华人民共和国国家通用语言文字法》规定，国家的通用语言文字是普通话和规范汉字。

汉语是中国使用人数最多的语言，也是世界上使用人数最多的语言，是联合国六种正式工作语言之一。

汉语是汉民族的共同语，占总人口 91.51% 的汉族使用汉语，有些少数民族也转用或兼用汉语。现代汉语有标准语（普通话）和方言之分。普通话以北京语音为标准音、以北方话为基础方言、以典范的现代白话文著作为语法规范。普通话为国家通用语言。

汉语方言通常分为七大方言：北方方言、吴方言、湘方言、赣方言、客家方言、粤方言、闽方言。各方言区内又分布着若干次方言和许多种土语。

在 55 个少数民族中，回族、满族已全部转用汉语，其他 53 个民族都有自己的语言，有些民族许多人转用或兼用汉语或其他民族语言；有些民族内部不同支系还使用不同的语言。

从语言的系属来看，56 个民族使用的语言分别属于五大语系：汉藏语系、阿尔泰语系、南岛语系、南亚语系和印欧语系。汉藏语系分为汉语和藏缅、苗瑶、壮侗三个语族。阿尔泰语系分为蒙古、突厥、满—通古斯三个语族。属于南岛语系的是高山族诸语言，还有回族的回辉话。属于南亚语系孟高棉语族的有佤、德昂、布朗、克木等语言。属于印欧语系的是属斯拉夫语族的俄语和属伊朗语族的塔吉克语。此外，少数民族语言中还有几种属于混合语言。

汉字是记录汉语的文字，已有 6000 年左右的历史。汉字是汉民族共同使用的文字，也是全国各少数民族通用的文字，一些民族已经完全使用汉字。规范汉字为国家通用文字。规范汉字是指经过整理简化的字和未经整理简化的传承字。2013 年发布的《通用规范汉字表》是适应新形势下社会各领域汉字应用需要的重要汉字规范标准。

1949 年前，有 21 个少数民族有自己的文字。中华人民共和国成立后，政府先后为壮、布依、彝、苗、哈尼、傈僳、纳西、侗、佤、黎等民族制订了文字方案。

从文字的体系和字母的形式来看，我国的文字有意音文字、音节文字、字母文字体系和古印度字母、回鹘文字母、阿拉伯字母、方块形字母、图形字母、拉丁字母、斯拉夫字母形式等。

1958 年 2 月 11 日，一届全国人大五次会议通过决议，公布《汉语拼音方案》作为拼写和注音的工具。《汉语拼音方案》也是拼写中国地名、人名和中文文献等的国际标准。

中华人民共和国坚持语言平等政策，积极维护语言的多样化与和谐统一，禁止任何形式的语言歧视；各民族都有使用和发展自己的语言文字的自由；鼓励各民族互相学习语言文字；坚持推广普通话、推行规范汉字等基本语言政策。

十一、人民币

货币是固定地充当一般等价物的特殊商品，专门表现其他一切商品的价值，因而是财富的一般代表。货币具有价值尺度、流通手段、贮藏手段、支付手段、世界货币五种职能。

中华人民共和国的法定货币是人民币，中国人民银行是国家管理人民币的主管机关，负责人民币的设计、印制和发行。人民币的单位为元，辅币单位为角、分。人民币在国家经济建设和人民生活中发挥着极其重要的作用，是国家经济主权的象征和国家信用的体现，也是中华文化和国家人文历史的重要载体，被誉为"中国名片"。

新民主主义革命时期，中国共产党先后建立了一系列根据地。为保障供给、发展经济，各根据地成立了多个银行，并在一定范围内发行货币。

1948 年 12 月 1 日，中国人民银行在河北省石家庄市成立，同日开始发行统一的人民币，也是新中国的第一套人民币。时任华北人民政府主席董必武为该套人民币题写了中国人民银行行名。各解放区的地方货币陆续停止发行和流通，并按规定比价逐步收回。

1949 年初，中国人民银行总行迁到北平（今北京），各省、市、自治区相继成立中国人民银行分行。至 1951 年底，人民币成为中华人民共和国唯一合法货币。

1955 年 2 月 21 日，国务院发布命令，决定由中国人民银行自1955 年 3 月 1 日起发行第二套人民币，收回第一套人民币。第二套人民币 1 元等于第一套人民币 1 万元。至 1962 年 4 月，第二套人民币的版别分别由开始公布的 11 种增加到 16 种。当时情况下，3 元、5 元、10 元纸币由苏联代印，该三种券种于 1964 年 5 月 15 日起停止流通。1999 年 1 月 1 日起除分币以外，其他币种停止流通。

第三套人民币于 1962 年 4 月 20 日—1974 年 1 月 5 日陆续发行。到 2000 年 7 月 1 日停止流通，历时 38 年。

第四套人民币 1987 年 4 月 27 日—1998 年 9 月 22 日陆续发行。其纸币（除 1 角、5 角外）与 1 角硬币于 2018 年 5 月 1 日起停止流通。

1999 年 10 月 1 日，在中华人民共和国成立 50 周年之际，根据国务院第 268 号令，中国人民银行陆续发行第五套人民币。第五套人民币在防伪性能和适应货币处理现代化方面有了较大提高。2019 年 8 月 30 日起，发行 2019 年版第五套人民币 50 元、20 元、10 元、1 元纸币和 1 元、5 角、1 角硬币。2020 年 11 月 5 日起，发行 2020 年版第五套人民币 5 元纸币。

迄今，中华人民共和国已先后发行五套人民币，形成纸币与金属币、普通纪念币与贵金属纪念币等多品种、多系列的货币体系。

1994 年 1 月 1 日，人民币官方汇率与外汇调剂价格正式并轨，我国开始实行以市场供求为基础的、单一的、有管理的浮动汇率制。1996 年 12 月，中国成为国际货币基金组织第八条款国，实行人民币经常项目下的可兑换。

2005 年 7 月 21 日，开始实行以市场供求为基础、参考一篮子货币进行调节、有管理的浮动汇率制度。人民币汇率的市场化形成机制逐步完善。

改革开放以来，中国外汇储备快速上升。1978 年中国外汇储备仅有 1.67 亿美元，1996 年底首次突破千亿美元大关。2006 年 2 月底，中国外汇储备总体规模首次超过日本，位居全球第一。2023 年末中国外汇储备 32380 亿美元。

2009 年 4 月 8 日，国务院决定在上海市和广东省广州、深圳、珠海、东莞 4 城市开展跨境贸易人民币结算试点。至 2011 年 8 月，跨境贸易人民币结算境内地域范围扩大至全国。

2015 年 8 月 11 日，中国人民银行决定改革完善人民币兑美元汇率中间价报价机制，明确中间价报价参考前一天收盘价。12 月 11 日，发布人民币汇率指数，加大参考一篮子货币的力度。2016 年 2 月，形成"收盘汇率＋一篮子货币汇率变化"的人民币兑美元汇率中间价形成机制。

2016 年 10 月 1 日，人民币正式加入国际货币基金组织的特别提款权货币篮子。近年来，人民币的国际化水平不断提高，逐步有一些国家实行用人民币结算。

随着互联网技术的进步，以互联网支付等为代表的互联网金融快速发展，移动支付日益普及，并在全球取得领先地位。越来越多的手机用户已经用移动支付进行商品交易。数字货币也在研究和试点中，截至 2021 年 6 月 30 日，数字人民币试点场景已超 132 万个，累计交易金额约 345 亿元。

十二、联合国安理会常任理事国

中国的国际身份和地位，突出地表现在联合国安全理事会常任理事国的重要身份上。

联合国是第二次世界大战后成立的由主权国家组成的国际组织，致力于促进世界各国在国际法、国际安全、经济发展、社会进步、人权及实现世界和平方面的合作，现在共有 193 个成员国。安全理事会是联合国的重要机构。根据《联合国宪章》的规定，安理会负有维持国际和平与安全的责任，是唯一有权采取强制行动的联合国机构。安理会由 15 个理事国组成，其中 5 个是常任理事国，另外 10 个非常任理事国由大会选举产生，任期两年。自联合国成立以来，安理会常任理事国在维护世界和平、解决地区冲突方面发挥了巨大作用。

五大常任理事国均为联合国的创始成员国。1945 年制定的《联合国宪章》第 23 条第 1 款明文规定："中华民国、法兰西、苏维埃社会主义共和国联盟、大不列颠及北爱尔兰联合王国及美利坚合众国应为安全理事会常任理事国。"1958 年起，法兰西改称法兰西第五共和国。1971 年，中华人民共和国恢复在联合国及安全理事会的席位，台湾国民党政府代表被驱逐。1991 年，苏联的席位由俄罗斯联邦继承。

按照宪章规定，"凡非程序性决议案，必须得到安理会 15 个理事国中至少 9 票以上赞成，并且 5 个常任理事国中没有一国投反对票才能通过"。这实际上赋予了常任理事国以否决权，只要一个常任理事国投反对票，决议就不能通过。正是这种否决权，使常任理事国享有了特殊的重要地位。

近代以来，中国国际地位低下，饱受列强欺凌。仅俄罗斯就从中国掠走了 150 多万平方公里的领土。日本军国主义的侵略，使中国遭受了最大最惨烈的伤害。20 世纪三四十年代，中国人民英勇抗敌，不仅取得了抗日战争的胜利，而且对世界反法西斯战争作出了重大贡献，提高了自己的国际地位，第一次被美国等国认可为世界四强之一。中国积极参与发起创建联合国，为战后事宜处理和构建国际秩序发挥了重要作用。

1942 年 1 月，世界 26 个国家签署《联合国家宣言》，结成世界反法西斯联盟。虽在战时，但中国就开始考虑如何吸取国联教训、在战后建立一个世界安全机构的问题。1942 年 1 月 5 日的《大公报》发表社评，提出了这一问题。年中，国民政府国防最高委员会内设国际问题讨论会，拟出《国际集团会公约草案》，建议战后由四国保障和约的执行。在开罗会议上，中国强烈希望设立四国机构或联合国机构，以维护世界和平。

1943 年 10 月，苏、美、英三国外长在莫斯科举行会议，讨论战时合作及战后世界安全机制问题，通过了《关于普遍安全的宣言》，首次倡议建立一个普遍性的国际组织以维持国际和平与安全。但是否应让中国签署宣言，存在分歧。苏联外长莫洛托夫坚决反对中国签字，不承认中国已成为四强之一，声称，如果中国与苏联一起参与这一宣言，会造成日本对苏挑衅的借口。美国总统罗斯福指示外长赫尔，要坚持四强观念，即使达不成协议也在所不惜。两个三国宣言也不如一个四国宣言。所以赫尔坚持让中国签字，认为"将中国从四国宣言中排除是不可思议的。我国政府认为，中国在战争中已经作为四大国之一出现在世界舞台上"。苏联被迫无奈，只得接受了美国的主张。10 月 30 日，三国外长和中国大使共同签署了这一宣言。

1944 年 8 月至 9 月，美、英、苏、中在华盛顿敦巴顿橡树园举行会议，建议将准备建立的国际组织定名为联合国，规划了《联合国宪章》的基本轮廓。中国在充分准备的基础上，提出了大量的建议。尤其有三个方面的重要建议被英、美所接受：一条是处理国际争端应该注重国际正义与国际公法原则；一条是联合国要提倡、要研究国际公法（的发展和修改）；再一条是经社合作组织、经社理事会要注重发展文化和教育（合作）。最后这三条被称为"中国建议"吸收到《联合国宪章》里。

1945 年 2 月，雅尔塔会议决定，由美、英、苏、中四国共同发起在旧金山召开会议，制定《联合国宪章》。

为此，中国着手组建代表团。蒋介石曾想由国民党政府一手包办。中共向国民党严正交涉，要求参加代表团。2 月 18 日，周恩来致电正在调停国共关系的赫尔利，提出参加旧金山会议的正当要求，指出仅仅由国民党指派的代表团不能代表中国。

赫尔利将此事报告罗斯福。3 月 15 日，罗斯福给蒋介石打电报，表示中国代表团应该有中共代表参加。蒋介石不得不表示同意，遂要求中共提出三个名单供他们选择。中共提出周恩来、董必武、秦邦宪三位人选。顾维钧建议董必武作为代表。

最后，中国代表团成员为宋子文、顾维钧、王宠惠、魏道明、董必武、李璜、张君劢、胡适、吴贻芳、胡霖。代表中民主党派成员 2 人，中共代表 1 人，合在一起占 1/3，另外有无党派人士 3 人。

4 月 25 日至 6 月 26 日，联合国制宪会议在旧金山召开，包括中共代表董必武在内的中国代表团参加会议。6 月 26 日，通过《联合国宪章》。10 月 24 日，《联合国宪章》开始生效，联合国正式成立。按宪章第 23 条规定，美、苏、中、英、法成为安理会常任理事国。中国自近代以来第一次跻身世界大国的行列。

1945 年 6 月 26 日，在美国旧金山举行《联合国宪章》签字仪式。签字仪式长达 8 个小时，由 50 个国家的 153 名代表按顺序在 5 种文本上一一签字。安理会常任理事国首先签字，而中国按顺序被排在了第一位，之后是苏、英、法代表团，美国作为东道国最后签字。

在签字仪式上，中国代表没有使用外国的钢笔，而是带进了中国的文房四宝。在全世界注视下，当场研磨了一砚台纯净的墨汁，然后由接替首席代表宋子文的顾维钧签字。中共代表董必武也作为正式代表签了字。

这一用毛笔签字的细节，具有极为丰富的象征性意义。1840 年鸦片战争以来，中国曾经屈辱地被迫在无数的不平等条约上签字。1919 年巴黎和会时，中国第一次拒绝在不公正的协议上签字。这一次，是中国昂首挺胸第一个在胜利的宪章上签字，而且使用了中国文明的标志性方式。它表明，中国人民在世界反法西斯战争中的作用和贡献得到了世界的承认，赢得了世界的尊敬。中华民族和中华文明终于从百年屈辱中站起来了！

从联合国成立开始，中国就成了安理会常任理事国，在国际舞台和联合国事务中发挥了重要作用。但 1949 年中华人民共和国成立后，这一席位仍由已经在大陆战败而逃往台湾的国民党政府占据。1961 年，第十六届联大将中国代表权问题列入议程。1971 年 10 月 25 日，第二十六届联大以 76 票赞成、35 票反对、17 票弃权的压倒多数通过著名的第 2758 号决议，恢复中华人民共和国在联合国的一切合法权利，从而也就由中华人民共和国取代台湾当局担任了安理会常任理事国。从此，中华人民共和国积极参加联合国安理会事务，发挥了重要作用。

第二章

国家地标

一、首都北京

首都，又称国都、首要城市或行政首府，是一个国家的政治中心和中央政府所在地的政治称谓，是国家主权的象征城市。古称京城、都城、国都，指帝王"建都""封邑"或"称帝"之城。1927年，国民政府定都南京，将南京称为首都，中国第一次有了"首都"的称呼。后该词沿用至今。

历史上，曾经作为中国不同时期朝代都城的城市有上百个。其中最著名的有洛阳、西安、开封、南京、北京等。

北京，简称"京"，是中华人民共和国省级行政区、首都、直辖市，是全国的政治、文化、国际交往、科技创新中心，是一座有3000多年历史的古都。

北京地处中国华北地区，中心位于东经116°20′、北纬39°56′，东与天津毗连，其余均与河北相邻，北京市总面积16410.54平方公里。

早在70万年前，北京周口店地区就出现了原始人群部落"北京人"。北京建城有3000多年历史。在不同的朝代，北京有过不同的名称，如燕都、幽州、京城、南京、大都、北平、北京、京师、京兆等。秦始皇统一中国以来，北京一直是中国北方重镇和地方中心。至元九年（1272年），北京成为元大都，即当时中国的首都。永乐十九年（1421年），明朝中央政府正式迁都北京。清兵入关后即进驻北京，也称北京为京师顺天府，属直隶省。1912年1月1日，中华民国定都南京，同年3月迁都北京。北京的地方体制仍依清制，称顺天府。1914 年改顺天府为京兆地方，直辖于北洋政府。1928 年 6月，国民党北伐军攻占北京，北洋政府下台。首都迁回南京，撤销原京兆地方，北京改名为北平特别市，后改为北平市，隶属于南京国民政府行政院。1937 年七七事变后，北平被日军占领，伪中华民国临时政府在此成立，且将北平改名为北京。1945 年 8 月 21 日，第十一战区孙连仲部接收北京，并重新更名为北平。

随着解放战争的胜利进军，建立新中国的问题提上日程。对于未来的首都，中共高层也有所考虑。最初曾经考虑过紧靠苏联的哈尔滨。后来作为备选的有西安、洛阳、开封、北平和南京。

1949 年 1 月 21 日，傅作义与人民解放军达成和平协议。31 日，25 万国民党军队撤出市区，接受改编，中国人民解放军进入北平市，北平和平解放。

1949 年 3 月 5 日，七届二中全会召开。毛泽东表示："我们希望四月或五月占领南京，然后在北平召集政治协商会议，成立联合政府，并定都北平。"

3 月 23 日上午，毛泽东、朱德、刘少奇、周恩来、任弼时率中共中央机关离开西柏坡。25 日凌晨 6 时乘专列抵达清华园火车站，下午在西苑机场会见民主党派人士，举行阅兵式。

6 月 15 日，新政治协商会议筹备会在北平召开。次日，周恩来主持筹备会常委会第一次会议，决定在常委会领导下设立 6 个小组。其中第六小组的任务是研究草拟国旗、国徽、国歌、纪年、国都等方案。经过 4 次讨论，第六小组于 9 月 14 日一致提出建都北平，改名为北京。

9 月 21 日，中国人民政治协商会议第一届全体会议在中南海怀仁堂举行。27 日，大会讨论《国旗、国都、纪年、国歌决议草案》，并逐项进行表决。

在表决前，沈雁冰汇报了第六小组的研究讨论意见，提出了定都北平的理由："国民党反动派过去定都南京，主要原因是在政治上和经济上，便于依赖帝国主义，因为南京靠近上海，而上海是帝国主义和买办资产阶级剥削中国人民的中心城市。中华人民共和国为人民自己的国家，它依靠的是中国人民，自不一定要建都南京了。北平为中国的首都已有七百多年的历史。在政治上，北平位于华北老解放区内，人民力量雄厚，规模宏伟，文物集中，是世界上有名的历史的大都市之一，且自五四以来，这里就是新文化思想的摇篮。""此外，在地理上，北平位于一个大平原之中，将来有足够的扩充的余地，在交通上是四通八达，有平沈、平绥、平汉、平沪等铁路干线，联络全国各地。总之从各种条件看，北平实具备现代大国首都的各种资格。因此，我们提议，中华人民共和国应以北平为首都，并改名为北京。"

随后，会议表决通过了《关于中华人民共和国国都、纪年、国歌、国旗的决议》，其中第一条就是："全体一致通过：中华人民共和国的国都定于北平。自即日起，改名北平为北京。"

1949年10月1日，中华人民共和国中央人民政府在北京宣告成立。北京作为中华人民共和国的首都，开始了新的历史征程。

70多年来，北京经历了不同的历史发展时期，特别是改革开放以来，各方面的事业取得了巨大的成就，城市面貌发生了天翻地覆的变化。

截至2023年末，北京市常住人口2185.8万人，自然增长率为-0.5‰。北京市是中国第一个齐聚56个民族的城市。

2023年，北京市实现地区生产总值43760.7亿元。按常住人口计算，全市人均地区生产总值为20.0万元人民币。全市居民人均可支配收入为81752元。

北京是全国教育最发达的地区之一，是全国高等院校的中心，聚集了全国数量最多的双一流高校。拥有世界第三、亚洲第一大图书馆。注册博物馆多达 151 座。有中国科学院、中国工程院等科学研究机构和创新发展的旗帜北京中关村科技园区，是全国最大的科学技术研究基地，每年获国家奖励的成果占全国的 1/3。截至 2023 年末，在京全国重点实验室 77 家，占全国的 28.1%。

北京是中国铁路网的中心之一。中华人民共和国成立以来单次建设里程最长、投资最大、标准最高的高速铁路——京沪高铁于 2011 年 6 月 30 日正式开通运营。现有京沪、京广、京哈高铁和京津城际铁路等。北京首都国际机场是全球规模最大的机场之一。作为首都第二机场的北京大兴国际机场已经于 2019 年 9 月正式通航。

北京市曾举办第一、二、三、四、七届全国运动会，1990 年北京亚运会、第 21 届世界大学生运动会、2008 年北京奥运会及 2008 年北京残奥会、2014 年国际泳联花样游泳大奖赛。北京与张家口联合举办了 2022 年第 24 届冬季奥林匹克运动会。

70 多年来，北京充分发挥了作为中华人民共和国首都的重要作用。同时，作为首都的定位和功能也不断有所调整和变化。十八大以来，习近平要求，北京城市规划要深入思考"建设一个什么样的首都，怎样建设首都"这个问题，把握好战略定位、空间格局、要素配置，坚持城乡统筹，落实"多规合一"，形成一本规划、一张蓝图，着力提升首都核心功能。

中共中央进一步明确了北京作为全国政治中心、文化中心、国际交往中心、科技创新中心的战略定位，提出了建设国际一流的和谐宜居之都的目标。为此，党和国家制定了京津冀协同发展战略，着力疏解非首都功能，特别是决策建设通州北京城市副中心和雄安新区。首都北京的面貌正在发生新的历史性变化。

二、中南海

北京故宫西侧，有一片连绵的天然湖泊，碧波荡漾，楼宇错落，绿树纷呈。这就是北京著名的"三海"：北海、中海、南海。

中南海是中海和南海的合称，位于北京故宫西侧，鳌玉桥以南，面积约 1500 亩，其中水面 700 亩，主要景点有紫光阁、勤政殿、蕉园、水云榭、瀛台、丰泽园和静谷等，是全国重点文物保护单位。

中华人民共和国成立后，中南海一直是中国共产党中央委员会、中华人民共和国主席、中华人民共和国国务院、中共中央书记处的办公所在地，因此是中国共产党和中华人民共和国的领导中枢、最高政治和行政权力的象征和代名词。

中南海始建于辽金时代，明清时期曾是历朝封建帝王的行宫和宴游的地方。顺治、康熙、乾隆诸帝均在中南海内兴建殿宇馆轩，作为避暑听政之所。同治、光绪年间，慈禧太后及皇帝按礼制在每年 12 月从颐和园移居紫禁城时，也多在中南海内居住。戊戌变法失败后，慈禧太后曾将光绪帝囚禁于南海中的瀛台。1900 年义和团运动时期，八国联军入侵北京，中南海成为俄军驻地。八国联军总司令瓦德西居住于中南海仪鸾殿。溥仪即位后，曾在中海西岸集灵囿修建摄政王府。

1912 年中华民国成立、清帝逊位后，中南海成为北洋政府的总统府。袁世凯称帝时，中南海曾改名"新华宫"，同时将宝月楼拆了外墙，更名为新华门，并作为中南海的正门。国民政府定都南京后，中南海曾作为公园对民众开放。抗日战争结束后，国民党接管北平，将国民党军委北平行营设在中南海。

毛泽东和中共中央机关进入北京后，先在香山居住和办公。1949 年 6 月 15 日，毛泽东因召开新政治协商会议，暂住中南海丰泽园菊香书屋，此后进城均住此处。9月17日，中共中央从香山迁入中南海。9月21日，毛泽东正式由香山双清别墅移居中南海菊香书屋。

1949年后，中南海成为中共中央、国务院的驻地和部分国家领导人居住的地方，老式建筑多处被拆除或改建。入住中南海的有毛泽东、周恩来、刘少奇等多位重要领导人。1980年至1989年曾对公众开放南海的部分景观，包括丰泽园、瀛台等，参观的人数众多，有时一天上万人。

中南海曾经见证过决定中国命运的一系列重大事件和重大决策。1949年筹备建立中华人民共和国的中国人民政治协商会议第一届全体会议，就是在中南海的怀仁堂和勤政殿举行的。50年代的很多次中央全会也是在中南海怀仁堂召开的。中央领导人在这里会见了许多外国元首和客人，也曾与连战等国民党人士会见。中共中央和国务院长期在这里办公，一直发挥着党和国家神经中枢的作用。

三、天安门广场

天安门广场，位于北京市中心，地处北京市东城区东长安街。南北长880米，东西宽500米，面积达44万平方米，广场地面全部由经过特殊工艺技术处理的浅色花岗岩条石铺成，可容纳100万人举行盛大集会，是世界上最大的城市广场。

天安门城楼坐落在广场的北端，由城台和城楼两部分组成，有汉白玉石的须弥座，总高34.7米。城楼长66米、宽37米。城台下有券门五阙，中间的券门最大，位于北京皇城中轴线上，过去只有皇帝才可以由此出入。正中门洞上方悬挂着毛泽东画像，两边分别是"中华人民共和国万岁"和"世界人民大团结万岁"的大幅标语。

天安门前方两侧建有观礼台，东西对称，各7个台，主要用于国庆等重大庆典观礼的需要。观礼台起初是为开国大典而临时搭起的砖木结构建筑。1954 年，按照著名建筑师张开济的设计方案，改建为砖混结构的永久性观礼台。

天安门广场中央矗立着人民英雄纪念碑，稍南是毛主席纪念堂，西侧是人民大会堂，东侧是中国国家博物馆，南侧是两座建于 14 世纪的古代城楼——正阳门和前门箭楼。天安门两边是劳动人民文化宫和中山公园。这些雄伟的建筑与天安门城楼浑然一体，共同构成天安门广场及相关建筑群。

1961 年，天安门被中华人民共和国国务院公布为第一批全国重点文物保护单位之一。1986 年，天安门广场被评为"北京十六景"之一，景观名"天安丽日"。

天安门，是明清两代北京皇城的正门，建于明永乐十五年（1417 年），原名承天门。清顺治八年（1651 年）改建后称天安门。明清时期的天安门广场是紫禁城正门外的一个宫廷广场，东、西、南三面用围墙围成一片普通百姓不可进入的禁地。明清两朝曾是举办重大庆典和向全国发布政令的重要场所，体现着皇权的威严。

1914 年 5 月，北洋政府的朱启钤启动改造旧都城计划。拆除天安门前千步廊、修筑沥青路、瓮城等，原本封闭的宫廷广场变成可自由穿行和逗留的开放空间，成为现代意义上的广场，威严、神秘的皇权被消解。

1925 年 10 月 10 日，故宫博物院成立，天安门开始对民众开放。

1928 年，国民党北伐胜利。7 月，北平军政各界组织 7 万人在天安门前举行祝捷大会。8 月 24 日，孙中山遗像被挂上天安门城楼，这是天安门城楼首次挂个人画像。

天安门广场是无数重大政治、历史事件的发生地，记载了中国人民英勇奋斗的历程和英雄气概。五四运动、一二·九运动、五二〇运动都在这里留下了历史的印记。

1949 年 10 月 1 日，在天安门广场举行了中华人民共和国开国大典，天安门由此被设计入国徽，并成为中华人民共和国的象征。

1954 年，拆除了中华门、长安左门和长安右门、户部刑部等衙署以及仓库棋盘街等建筑，在广场中建起了人民英雄纪念碑。

1958 年，为迎接中华人民共和国成立 10 周年，天安门广场开始了史上最大规模的一次扩建，总面积达 44 公顷，是莫斯科红场的 9 倍。广场上竖起的人民英雄纪念碑和两侧建起的人民大会堂、中国革命和历史博物馆，奠定了广场作为政治中心的基调。

1976 年 9 月 9 日，毛泽东逝世。天安门广场进行了最后一次大规模改建——修建毛主席纪念堂。

从 1949 年以来，天安门广场一直是共和国举行重大庆典、盛大集会和外事迎宾的神圣重地。

从 1949 年到 1959 年，每逢 10 月 1 日国庆节，都在天安门广场举行盛大的阅兵仪式和群众游行。1966 年，毛泽东共 8 次、分 10 批在天安门广场接见了红卫兵和群众，总人数约 1200 万。

1953 年 3 月 5 日，苏联最高领导人斯大林逝世，3 月 9 日下午 5 时，北京各界人民在天安门前举行了追悼斯大林的大会。

1976 年 4 月 4 日，人民群众自发到天安门广场悼念周恩来，声讨"四人帮"。

1984 年、1999 年、2009 年的 10 月 1 日，三次举行阅兵仪式，由邓小平、江泽民、胡锦涛分别检阅阅兵部队。正是在 1984 年天安门前的群众游行中，北京大学学生打出了"小平您好"的标语。

2008 年 5 月 12 日，四川省汶川发生大地震。5 月 21 日，为纪念地震中遇难同胞，天安门广场首次为普通民众降半旗。

2015 年 9 月 3 日，为纪念中国人民抗日战争暨世界反法西斯战争胜利 70 周年，在天安门广场举行了隆重的纪念大会和阅兵仪式。

2016 年 9 月 30 日上午，习近平和其他领导人来到天安门广场，出席烈士纪念日向人民英雄敬献花篮仪式。

2021 年 7 月 1 日，在天安门广场隆重举行了庆祝中国共产党成立 100 周年大会。

平常的每一天，伴随着太阳的升起，都要在天安门广场举行升旗仪式。每个月的第一天，则举行更为隆重的大升旗。每天都有很多群众来到这里，观看升旗仪式，表达爱国主义情怀。

四、人民英雄纪念碑

人民英雄纪念碑，位于北京天安门广场中心，在天安门南约 463 米，正阳门北约 440 米的南北中轴线上，是中华人民共和国政府为纪念 1840 年以来，为反对内外敌人、争取民族独立和人民自由幸福，在历次斗争中牺牲的人民英雄而兴建的。

1949 年 9 月 30 日，中国人民政治协商会议第一届全体会议决定，为了纪念在人民解放战争和人民革命中牺牲的人民英雄，在首都北京建立人民英雄纪念碑。当天下午 6 时，全体代表来到天安门广场，举行人民英雄纪念碑奠基典礼，毛泽东执锹铲土为纪念碑奠定了基石。1952 年 8 月 1 日正式开始动工兴建，由梁思成等人设计。全国著名的建筑家、雕刻家、美术家和全国优秀的雕刻工人都参加了建碑工作。1958 年 4 月 22 日建成，1958 年 5 月 1 日揭幕，1961 年被中华人民共和国国务院公布为第一批全国重点文物保护单位之一。

人民英雄纪念碑用 1.7 万块花岗石和汉白玉石建成，碑基占地 3000 多平方米，碑身高达 37.94 米，是新中国诞生后在广场修建的第一座建筑，也是中国历史上最大的纪念碑。

纪念碑正面（北面）碑心是一整块花岗岩，长 14.7 米、宽 2.9 米、厚 1 米、重 60.23 吨，镌刻着毛泽东 1955 年 6 月 9 日题写的"人民英雄永垂不朽"八个鎏金大字。背面碑心由 7 块石材构成，内容为毛泽东起草、中国人民政治协商会议第一届全体会议一致通过、周恩来书写的 150 字小楷字体碑文：

"三年以来，在人民解放战争和人民革命中牺牲的人民英雄们永垂不朽！三十年以来，在人民解放战争和人民革命中牺牲的人民英雄们永垂不朽！由此上溯到一千八百四十年，从那时起，为了反对内外敌人，争取民族独立和人民自由幸福，在历次斗争中牺牲的人民英雄们永垂不朽！"

这段碑文如同纪念碑本身一样，是那样凝重。

70 多年来，党和国家经常在人民英雄纪念碑前举行纪念活动。许多国家的国家元首和政府首脑及其他外宾，经常在这里向人民英雄纪念碑敬献花篮花圈。

五、人民大会堂

人民大会堂，位于北京市中心天安门广场西侧，西长安街南侧，是全国人民代表大会开会地和全国人大常委会的办公场所，是党、国家和各人民团体举行政治活动的重要场所，也是中国党和国家领导人与人民群众举行政治、外交、文化活动的场所。五年一届的中国共产党全国代表大会，每年举行的全国人民代表大会、中国人民政治协商会议都在这里举行。

人民大会堂坐西朝东，南北长 336 米，东西宽 206 米，高 46.5 米，占地面积 15 万平方米，建筑面积 17.18 万平方米，比故宫的全部建筑面积还要大。

中华人民共和国成立后，党和国家的重要会议和外事活动，多数在中南海怀仁堂和勤政殿以及北京饭店举行，但越来越不适应形势发展的需要。于是，从1956年起，便酝酿建设一个大型的礼堂。1958年7月，北京市规划局专门去莫斯科考察，准备筹建一座能够容纳万人的礼堂。8月，中共中央作出指示，为庆祝中华人民共和国成立10周年，准备在北京建一批重大建筑工程，包括万人大礼堂、革命博物馆、历史博物馆、国家剧院、军事博物馆、科技馆、艺术展览馆、民族文化宫、农业展览馆等，并且必须在1959年国庆节时投入使用。

人民大会堂完全由中国工程技术人员自行设计、施工。1958年10月动工，1959年9月建成，仅用了10个多月的时间，创造了中国建筑史上的奇迹。

人民大会堂建筑风格庄严雄伟，壮丽典雅，富有民族特色。建筑平面呈"山"字形，两翼略低，中部稍高，四面开门。外表为浅黄色花岗岩，上有黄绿相间的琉璃瓦屋檐，下有5米高的花岗岩基座，周围环列有134根高大的圆形廊柱。正门面对天安门广场，正门门额上镶嵌着中华人民共和国国徽，正门迎面有12根浅灰色大理石门柱，正门柱直径2米，高25米。四面门前有5米高的花岗岩台阶。正门前有开阔的广场，也是举行欢迎国宾仪式、检阅三军仪仗队的地方。

人民大会堂建筑主要由3部分组成：进门便是简洁典雅的中央大厅，门厅不设座位。厅后是万人大会堂；大会堂北翼是有5000个席位的大宴会厅；南翼是全国人大常务委员会办公楼。

从东门进入人民大会堂，经风门厅、过厅到中央大厅。中央大厅面积3600平方米，护墙和地面用彩色大理石铺砌，周围有20根汉白玉明柱，中层有12米宽的回廊，有6座正门通往万人大礼堂。

万人大礼堂南北宽76米，东西进深60米，高33米，位于大会堂中心区域。礼堂顶棚呈穹窿形，与墙壁圆曲相接，体现出水天一色的设计思想。顶部中央是红宝石般的巨大红色五角星灯，周围有镏金的 70 道光芒线和 40 个葵花瓣，三环水波式暗灯槽，一环大于一环，与顶棚 500 盏满天星灯交相辉映。礼堂平面呈扇面形，坐在任何一个位置上均可看到主席台。礼堂分三层，一层设座位 3693 个，二层 3515 个，三层 2518 个，主席台可设座 300—500 个，总计可容纳 1 万人。主席台台面宽 32 米，高 18 米，可平面使用，也可改装为阶梯状。

礼堂一层的每个席位前都装有会议代表电子服务系统，可进行 12 种语言的同声传译和议案表决即时统计。二、三层的每个座位中装有喇叭，均可清晰听到主席台的声音。主席台两侧设有会议信息大屏幕显示系统。

从大会堂北门进入，经风门厅、过厅到交谊大厅。交谊大厅面积为 4500 平方米，大理石铺地，四周的明柱和壁柱用桃红色大理石镶砌。这里经常举行外宾的迎接仪式。大厅东侧有国宾会谈厅，西侧有国宾宴会厅，平常习称东大厅、西大厅。很多 100—300 人的座谈会和与外国代表团的会谈都在这两个大厅举行。大厅南端有 8 米宽、62 级的汉白玉大楼梯通往二层宴会厅。宴会厅东西长 102 米，南北宽 76 米，高 15 米，面积 7000 多平方米。可以举行 5000 人的宴会或 1 万人的酒会，是举行盛大国宴和国庆招待会的地方。

大会堂三楼中央大厅，也叫"金色大厅"，是党和国家领导人举行我国最高规格新闻发布会的大厅。每年全国两会召开时，总理记者招待会通常安排在"金色大厅"举行。

大会堂内还有一个小礼堂和 34 个以各省、自治区、直辖市名称命名的会议厅，富有地方特色或民族特色。各省、自治区、直辖市的有关会议经常在本地的厅内举行。

人民大会堂是 1959 年建成的首都十大建筑之一。2007 年 12 月列入《北京优秀近现代建筑保护名录（第一批）》。2016 年 9 月 29 日入选"首批中国 20 世纪建筑遗产"名录。

六、国家博物馆

中国国家博物馆，简称"国博"，位于北京市中心天安门广场东侧，东长安街南侧，与人民大会堂东西相对称，前身是中国历史博物馆和中国革命博物馆，是一座系统收藏中国古代、近现代、当代历史及珍贵文物的著名藏馆，是历史与艺术并重，集收藏、展览、研究、考古、公共教育、文化交流于一体的综合性博物馆；是代表国家收藏、研究、展示、阐释中华文化代表性物证的最高历史文化艺术殿堂，负有留存民族集体记忆、传承国家文化基因、促进文明交流互鉴的重要使命，也是国家文化客厅。

中国国家博物馆的前身可追溯至 100 多年前。1912 年 7 月 9 日，中华民国政府教育部决定设立国立历史博物馆筹备处，以国子监为馆址，后迁址到故宫的端门与午门。1920 年 11 月，正式成立国立历史博物馆。1926 年 10 月正式开馆。

1949 年 10 月中华人民共和国成立后，国立历史博物馆改名为国立北京历史博物馆。1950 年 3 月，成立中央革命博物馆筹备处，设址在北海团城，不久迁入故宫西华门武英殿。1958 年 10 月，在天安门广场东侧修建新馆。1959 年 8 月竣工，成为中华人民共和国成立 10 周年的十大建筑之一。

1960 年 8 月，"北京历史博物馆"更名为"中国历史博物馆"，而"中央革命博物馆"更名为"中国革命博物馆"。1969 年 9 月，中国历史博物馆和中国革命博物馆合并，称中国革命历史博物馆。1983 年初，又分设为中国历史博物馆和中国革命博物馆。2003 年 2 月 28

日，两馆再次合并，成立了中国国家博物馆。

2007年1月31日，国博闭馆开始扩建。2011年3月1日，举行改扩建工程竣工典礼，国家博物馆新馆开放，试运营一年，举办了50余个展览。随后正式开放。

国家博物馆是世界上建筑面积最大的博物馆，总建筑面积近20万平方米，总用地面积7万平方米，建筑高度42.5米，地上5层，地下2层。有展厅48个，最大的2000平方米，最小的近800平方米。另有近800个座位的剧场、近300个座位的学术报告厅（兼数码影院）、600平方米的演播室，以及2800平方米的图书馆。还有大面积对公众开放的休闲公共空间。

中国国家博物馆被称为"中华文化的祠堂和祖庙"，是集中反映中华优秀传统文化、革命文化和社会主义先进文化的国家最高历史文化艺术殿堂。这里收藏有143万余件（套）藏品，其中，有近6000件（套）国家一级文物，藏品丰富、类型多样、精彩绝伦，具有高度的历史价值、科学价值和艺术价值，是中华文物收藏量最丰富的博物馆之一，整体规模在世界博物馆中位居前列。5000多年的血脉绵延，180多年的不懈奋斗，中华人民共和国成立70多年来特别是改革开放40多年来的艰难探索，十八大以来的砥砺奋进，在这里都能感受到。

国家博物馆展出有《古代中国》《复兴之路》和《复兴之路·新时代部分》三个基本陈列，以及中国古代瓷器、玉器、书画、钱币、佛造像、铜镜、服饰、饮食及古今科技等10多个专题展览，每年还有50余个高水平国际交流展和临时展览。国家博物馆每年吸引着近千万国内外观众前来参观，是世界上最受欢迎的博物馆之一。

十八大以来，习近平6次来到国家博物馆。2012年11月29日，习近平率领十八届中央政治局常委来这里参观《复兴之路》基本陈列，第一次以党和国家主要领导人的身份，提出了"中国梦"的概念和命题，发出了实现中华民族伟大复兴中国梦的号召。

2018年11月13日，"伟大的变革——庆祝改革开放40周年大型展览"在国家博物馆开幕。展览通过关键抉择、壮美篇章、历史巨变、大国气象、面向未来等主题展区，运用历史图片、文字视频、实物场景、沙盘模型、互动体验等多种手段和元素，展示了40年来特别是十八大以来，人民群众生产生活发生的伟大变迁，多角度、全景式展示了改革开放的光辉历程、伟大成就和宝贵经验。习近平等党和国家领导人前往参观。展览日均吸引观众超过6万人次。到2019年4月20日闭幕，观众总量达423万人次，网上展馆点击浏览总量达4.03亿次，现场观众留言达312万字。

中国国家博物馆作为国家的文化客厅，还肩负着促进不同文化交流互鉴的重要职责，在开展对外文化交流、展示中华文明魅力、传播世界文明成果方面发挥着重要的窗口作用。

七、毛主席纪念堂

毛主席纪念堂，是为纪念中华人民共和国的开国领袖毛泽东而建造的纪念设施，是以毛泽东为代表的老一辈革命领袖集体的纪念堂，是全国爱国主义教育示范基地，坐落在北京的中轴线上，位于天安门广场，人民英雄纪念碑南面。

1976年9月9日，毛泽东逝世。10月8日，中共中央作出《关于建立伟大领袖毛泽东主席纪念堂的决定》。随即，由时任国务院副总理谷牧任中央保护毛主席遗体领导小组办公室主任，下设建筑组、水晶棺组和遗体保护组。

毛主席纪念堂的选址，曾有过5个方案。3个方案是在天安门，一个方案在景山，另一个在香山。当时很多专家倾向于在香山。最后确定在天安门广场，在不拆除正阳门的前提下，纪念堂建在纪念碑与正阳门的正中，等距各 200 米，也就是原中华门的位置。纪念堂的高度，既能遮住正阳门屋顶，又不能压倒纪念碑。

1976 年 11 月 9 日，毛主席纪念堂工程现场指挥部成立，时任北京市建委副主任李瑞环担任总指挥。11 月 24 日下午，毛主席纪念堂奠基典礼在天安门广场的工地隆重举行。

建造工程所需的优质材料和设备来自全国四面八方，其中有从大兴安岭采伐的优质木材、珠穆朗玛峰采取的岩石标本，有延安乡亲送来的青松、四川人民精选的枣红色花岗石，有海外赤子敬献的台湾大理石、山东泰安运来的青花岗石。

工程的建设者们精心设计、精心组织、精心施工，仅用半年时间就高水平、高标准、高质量完成了这一宏伟建筑。1977 年 5 月 24 日，毛主席纪念堂正式竣工。8 月 18 日，水晶棺移入纪念堂。8 月 20 日，毛主席遗体进入纪念堂。9 月 9 日，首都万人集会，举行纪念毛泽东主席逝世一周年暨毛主席纪念堂落成典礼，开始接待国内外来宾和广大人民群众瞻仰毛主席遗容。1977 年，还成立了中共中央办公厅毛主席纪念堂管理局，专门负责毛主席纪念堂和毛泽东遗体的管理工作。

毛主席纪念堂南北长 260 米，东西宽 220 米，占地面积 5.72 公顷，总建筑面积 33867 平方米，主体建筑为柱廊型正方体，长宽各105.5 米，高度为 33.6 米，外有 44 根福建黄色花岗石建造的明柱，柱间装有佛山石湾花饰陶板，通体青岛花岗石贴面。屋顶有两层玻璃飞檐，檐间镶葵花浮雕。基座有两层平台，台帮全部用四川大渡河旁的枣红色花岗石砌成，四周环以房山汉白玉万年青花饰栏杆。基座高4 米，座上矗立着 17.5 米高的 44 根花岗岩廊柱，承托着熠熠生辉的金黄琉璃重檐屋顶。南北正面镶嵌着镌刻"毛主席纪念堂"6个金色大字的汉白玉匾额。整个建筑雄伟挺拔，庄严肃穆，具有独特的民族风格。1978年，纪念堂建筑获得全国科学大会的最高奖励。

纪念堂北大厅是瞻仰参观入口和举行纪念仪式的地方。大厅正中安放着汉白玉毛泽东坐像，背景是巨幅绒绣壁画《祖国大地》。瞻仰厅居中，存放着毛泽东遗体。毛泽东身着灰色中山装，覆盖中国共产党党旗，安卧在晶莹剔透的水晶棺里。水晶棺的泰山黑色花岗岩基座四周，分别镶嵌着党徽、国徽、军徽和毛泽东生卒年份。南大厅为瞻仰参观出口大厅。北侧汉白玉墙面镌刻着鎏金的毛泽东词《满江红·和郭沫若同志》手迹。

2001年6月29日，中共中央批准在毛主席纪念堂增设邓小平、陈云革命业绩纪念室，同时补充和调整毛泽东、周恩来、刘少奇、朱德革命业绩纪念室的陈列内容和形式。所以，纪念堂二层设有毛泽东、周恩来、刘少奇、朱德、邓小平、陈云革命业绩纪念室。6位领袖的汉白玉雕像分别安放在各个纪念室的正中位置。纪念室通过翔实的照片、文献、实物，反映了6位领袖在中国革命和建设各个时期的光辉业绩。

近50年来，广大群众经常来此瞻仰、参观。外国的国家元首、政府首脑、国际知名人士也不时来此瞻仰。

八、全国政协礼堂

全国政协礼堂是新中国较早的重要建筑之一，是举行中国人民政治协商会议全国委员会会议的场所、全国政协常委会的办公场所，也是国家领导人和各民主党派举行政治、外交、文化活动的场所。

全国政协礼堂坐落在北京市西城区阜成门内大街（白塔寺）南

侧，太平桥大街 23 号，毗邻政协机关，紧邻北京金融街。占地面积 5600 平方米，总建筑面积 1.6 万平方米，并拥有 5724 平方米的政协文化广场。属欧式建筑风格，外形庄严、典雅、大方，把朴素典雅的民族风格和现代建筑的非凡气派结合在一起。礼堂门额高悬中国人民政治协商会议会徽。

中国人民政治协商会议曾经代行全国人大的职权，筹备成立了中华人民共和国，之后，全国政协作为爱国统一战线组织的工作仍十分重要。为适应形势和任务的需要，1954 年春，周恩来指示要为全国政协盖一个大礼堂。当时设计方案为大会场上下两层，可容纳 1300 余人开会。一楼设 5 个会议室，三楼为 800 平方米的大厅。1955 年下半年建成。周恩来亲自查看了礼堂的建筑情况。1995 —1996 年，进行了整体加固改造。

政协礼堂，顾名思义，当然是全国政协开会和办公的地方。但是，由于当时北京还没有一座可以举行大型会议的地方，人民大会堂还没有开建，因此它建成后的第一场重大活动，是中国共产党第八次全国代表大会。

政协礼堂座位是按照 1300 人设计的，但八大会议计划有 1500 人参加。为了解决这个难题，把一楼所有桌椅都移动位置，增加了两排座椅。八大是党的历史上第一次也是唯一一次邀请几十个外国政党代表团出席的会议，因此，主席台上需要安排 270 人，还要求代表都能看到主席台的人。但主席台台口只有 16 米宽，每排最多只能坐 30 人，需要坐 9 排，但主席台安排不下 9 排。后来采取了一个巧妙的办法，第一排座就在地面，从第二排起每排高出 20 厘米，共做了 8 排高大地坪，每排都设有坚固的拦板以保证安全，这样共设计制作了 80 多块拦板，在两侧和后排还留了走道，终于解决了主席团就座的问题。

八大是中国共产党在全国执政后的第一次党代会。出席大会的正式代表 1026 人，候补代表 107 人，代表全国 1073 万名党员。59 个国家的共产党、工人党、劳动党和人民革命党的代表团以及国内各民主党派和无党派民主人士代表应邀列席大会。政协作为八大的会场，也因此载入史册。2018 年 6 月 21 日，在全国政协礼堂设立了中共八大会址标识。

几十年来，党和国家的许多重要活动在这里举行。

1957 年 5 月，中国新民主主义青年团第三次全国代表大会在全国政协礼堂召开。毛泽东等党和国家领导人出席，邓小平发表祝词。这次大会决定将新民主主义青年团改名为共产主义青年团，选举胡耀邦担任团中央第一书记。

三年经济困难时期，周恩来指示政协礼堂和政协机关要开展各项活动，为各民主党派和党外民主人士提供生活便利，创造宽松的空间环境，把政协礼堂办成"委员之家"。政协礼堂据此开展了一系列活动。

"文化大革命"结束后，人民政协恢复工作，政协礼堂也迎来了新的春天。1978 年 2 月 24 日至 3 月 8 日，全国政协五届一次会议在距四届一次会议 13 年后，在政协礼堂举行。刚刚恢复工作的邓小平当选第五届全国政协主席。

1980 年 1 月 1 日，全国政协举行第一次新年茶话会。就在这次茶话会上，邓小平提出了全国人民要办的三件大事。自此以后，一年一度的全国政协新年茶话会都在政协礼堂举行，已成为党和国家领导人与各界人士代表畅谈友情、共商国是的重要平台。邓小平、江泽民、胡锦涛、习近平都在这里发表过重要讲话。

现在，除了全国政协大会在人民大会堂举行外，全国政协的其他重要会议和活动基本上都在政协礼堂或会议楼举行。

九、京西宾馆

京西宾馆，是中国人民解放军的内部宾馆，坐落在北京西长安街延长线的复兴路上，与中华世纪坛、中央电视台、军事博物馆隔路相望。主要包含东楼、西楼和会议楼3座建筑，是中共中央、国务院、中央军委举行高规格大型重要会议的场所，所接待的主要是党政军高级干部和会议代表。京西宾馆以召开内部重要会议而闻名。

20世纪50年代中期，时任解放军总政治部主任萧华提出过一个完整的建筑群体规划，包括八一饭店、军事博物馆、解放军剧院和解放军体育馆等。但由于三年经济困难，原定于1959年底开工的八一饭店直到次年5月方才破土，其间又因经费不足两度下马。1964年1月，解放军总后勤部营房部组织施工队再次建造。当年9月1日，一期工程完工，9月14日开业。当时仅有西楼和会议楼，均为苏式建筑风格，总建筑面积58864平方米。时任军委秘书长罗瑞卿根据其地理位置定名为"京西宾馆"。

1986年至1990年，增建东楼。地上29层，地下3层，高97米，建筑面积5.8万平方米。至此，京西宾馆共有了3栋大楼，东楼成为当时北京的标杆性建筑。后来，京西宾馆又改造更新会议楼、西楼一层大厅、门厅和宴会厅等。

京西宾馆原本就是为会议接待而设计的，会议室特别多。有可容纳1300人的礼堂1个，各类会议室70余个。整栋会议楼庄严肃穆。

周恩来指示京西宾馆"军队管理，军政共用"。所以，京西宾馆自建成起就是中国最高政治会议的场所，是中共中央和中央军委的重要活动场所。几十年来，京西宾馆在中国的政治生活中起着独特的作用，是一个特殊的政治舞台。风雨沧桑，欢呼喜庆，都在这里发生过。

1964 年 9 月 14 日京西宾馆正式开业，首次接待的就是来自世界 40 多个国家和社会主义国家共产党的 60 多个代表团，共计外宾 278 人，陪同人员 309 人。同年底，又承担了三届全国人大一次会议部分代表的接待任务。

"文化大革命"期间，各大军区、军兵种和许多地方党委干部被揪斗。在周恩来等中央领导的帮助下，很多干部被送到京西宾馆保护起来。1967 年 2 月 7 日，周恩来指示，京西宾馆实行军事接管。"文化大革命"结束后，京西宾馆的保卫力量恢复正常状态。

从 1968 年 10 月的八届十二中全会开始，历届党的中央全会都在这里召开或安排代表在这里住宿。党和国家领导人毛泽东、邓小平、江泽民、胡锦涛、习近平等多次在该宾馆出席有关会议。

自 1964 年 9 月至 2004 年的 40 年间，京西宾馆共计接待 29 次人代会、44 次党代会和中央全会的代表。

1978 年具有历史意义的十一届三中全会，就是在京西宾馆举行的。从 1978 年 11 月 10 日至 12 月 15 日，先是在这里举行中央工作会议。陈云在分组讨论时发言，提出了需要解决的 6 大问题。话剧《于无声处》在这里演出专场。邓小平发表《解放思想，实事求是，团结一致向前看》的重要讲话。会议大大超过预计时间，整整开了 36 天。随后，12 月 18 日，十一届三中全会在宾馆会议楼三层的第一会议室开幕。伟大的历史转折就在这里发生，改革开放的历史新时期也就从这里开始。

十、钓鱼台国宾馆

钓鱼台国宾馆，原是一处古代皇家园林，20 世纪 50 年代末作为北京十大建筑之一予以改造，成为中国国家领导人进行外事活动的重要场所、国家接待各国元首和重要客人的主要宾馆。

钓鱼台国宾馆坐落在北京阜成门外古钓鱼台风景区，玉渊潭东侧，南北长约 1 公里，东西宽约 0.5 公里，总面积 42 万平方米。环境幽雅清宁，楼台亭阁间碧水红花、林木石桥，是中国古典建筑情趣与现代建筑格调的完美融合。

古钓鱼台是北京著名的园林之一，因金章宗皇帝（1168 — 1208）在此筑台垂钓而得名，迄今已有 800 多年历史。明代万历年间，成为明代皇亲的京郊别墅。至清代，乾隆皇帝（1711 — 1799，在位1736 — 1795）敕命疏浚玉渊潭并在此兴建行宫，营造了多处建筑，并引来香山之水，通至阜成门外护城河，成为皇家园林。乾隆皇帝还为每座亭、台、楼、阁亲笔题写了匾额，为钓鱼台西侧瓮门赋诗题匾"钓鱼台"。

中华人民共和国成立之后，外交活动发展迅速。1958 年，为庆祝中华人民共和国成立 10 周年并接待应邀来华参加国庆的一些国家元首和政府首脑，中央决定选古钓鱼台风景区为址，建一座国宾馆，定名为"钓鱼台国宾馆"，由外交部具体实施。

经过一年多努力，建成了 17 栋接待楼，大多是二层青砖红瓦楼房，外部保持原有风格，内部改成现代化装修。各楼从东门北边按逆时针方向依次编号。为体现大小国一律平等，不设"1 号楼"；为尊重欧洲国家习惯，不设"13 号楼"；为尊重中国传统，以"芳菲苑"称"17 号楼"，以"八方苑"称"4 号楼"。第 18 号楼总统套楼是最豪华的建筑，外形是纯中国皇帝宫殿结构。其他有西方别墅式的、伊斯兰式的、东方民族式的。建成后，园内景色大为改观，原钓鱼台行宫和现代化 17 栋楼连成一片，古今相映、珠联璧合。

1959 年国庆 10 周年庆典前夕，钓鱼台国宾馆迎来了首批国宾。12 个社会主义国家的代表团，每个代表团入住一栋楼。率领苏联代表团的是赫鲁晓夫，他在 18 号楼的大门前，栽下了象征和平友好的纪念树。金日成率领的朝鲜代表团住进 12 号楼。胡志明住进 11 号楼。各代表团都在自己住的楼前栽树纪念。

此后，国宾馆专门接待来华访问的国家元首、政府首脑以及世界知名人士，并成为党和国家领导人从事外事活动的重要场所。

自 20 世纪 60 年代，毛泽东、刘少奇、周恩来、彭真等中央领导人有时也到钓鱼台国宾馆召集会议，或临时小住，或会见外宾。

"文化大革命"时，这里成为中央文革小组的办公地点（14 号楼、16 号楼），康生（8 号楼）、陈伯达（15 号楼）、江青（先 8 号楼，后 11 号楼）、张春桥、姚文元（9 号楼）、关锋也都集中住在这里，于是成了中央文革小组成员办公、生活二合一的驻地。九大之后，中央文革小组影响淡出，这里又成为"四人帮"成员集中居住的处所。1975 年陈永贵上书请求搬出钓鱼台，毛泽东批示："很好，钓鱼台无鱼可钓。"于是，住在钓鱼台的中央政治局委员先后搬走了。只有江青直到 1976 年毛泽东逝世后，才搬到中南海。

进入改革开放新时期，钓鱼台国宾馆除了仍然接待外国贵宾、举行外事活动外，1980 年开始对社会开放营业。

据介绍，钓鱼台国宾馆已经先后接待来自世界各国的总统、国王、总理 1400 余人次。1972 年 2 月，美国总统尼克松来华进行历史性的"破冰之旅"，下榻之处便是钓鱼台国宾馆 18 号楼。此前基辛格秘密访华时，住在 6 号楼。1982 年 9 月，英国首相撒切尔夫人访华，入住钓鱼台 12 号楼。20 世纪 80 年代，中英、中葡关于香港、澳门问题谈判，以及中苏关系正常化的谈判都是在钓鱼台进行的。1992 年，中韩双方经过谈判，在 17 号楼芳菲苑签署了建交公报。1999 年 12 月，江泽民在钓鱼台国宾馆会见最后一次以俄罗斯总统身份访华的叶利钦。从 2003 年 8 月开始，世人瞩目的六方会谈在芳菲苑举行，历经波折，终于在 2007 年实现突破，通过"二·一三"共同文件；2007 年 10 月 3 日晚，第六轮六方会谈第二阶段会议又发表《落实共同声明第二阶段行动》共同文件。

钓鱼台国宾馆见证了中国外交的众多事件和逸事，因此是世界和媒体瞩目的地方。

十一、故宫

故宫，是中国明清两代的皇家宫殿，旧称为紫禁城，位于北京中轴线的中心，是中国古代宫廷建筑之精华。被誉为世界五大宫之首（北京故宫、法国凡尔赛宫、英国白金汉宫、美国白宫、俄罗斯克里姆林宫），是国家 AAAAA 级旅游景区，1961 年被列为第一批全国重点文物保护单位，1987 年被列为世界文化遗产。现有珍贵馆藏 186 万余件。

明代第三位皇帝朱棣在夺取帝位后，于公元 1406 年下诏，以南京皇宫（南京故宫）为蓝本，兴建北京皇宫和城垣。设计者为蒯祥（1397—1481，字廷瑞，苏州人）。至明永乐十八年（1420 年），紫禁城建成。明成祖下诏正式迁都，改金陵应天府为南京，改北京顺天府为京师。

明清两代，均以紫禁城为皇宫。明朝时，乾清宫是皇帝的主要寝宫，也是主要政治活动场所。自永乐皇帝朱棣至崇祯皇帝朱由检，曾有 14 位皇帝在此居住。清朝顺治和康熙两位皇帝也将乾清宫作为居住和处理朝政的主要场地。但从雍正帝之后，乾隆、嘉庆、道光、咸丰、同治、光绪、宣统 8 位皇帝都在养心殿居住和处理朝政。

紫禁城建成后，几百年间，一些宫殿多次失火或放火被焚遂又重建改建。

紫禁城是一座长方形城池，南北长 961 米，东西宽 753 米，四面围有高 10 米的城墙，城外有宽 52 米的护城河。占地面积 72 万平方米，建筑面积约 15 万平方米，有大小宫殿 70 多座，房屋 9999 间半，实际据 1973 年专家现场测量，故宫有大小院落 90 多座，房屋 980 座，共计 8707 间（此"间"并非现今房间之概念，而指四根房柱所形成的空间）。是世界上现存规模最大、保存最为完整的木质结构古建筑群之一。

紫禁城内的建筑分为外朝和内廷两部分。外朝的中心为太和殿、中和殿、保和殿，统称三大殿，是封建王朝举行大典礼的地方。内廷的中心是乾清宫、交泰殿、坤宁宫，统称后三宫，是皇帝和皇后居住的正宫。

1911 年辛亥革命后，宣统皇帝退位。按照《清室优待条件》，爱新觉罗·溥仪被允许"暂居宫禁"。1924 年，冯玉祥发动"北京政变"，将溥仪逐出宫禁，同时成立"清室善后委员会"，接管了故宫。1925 年 10 月 10 日，正式成立故宫博物院，并对外开放。1925 年以后，紫禁城才被称为"故宫"。

故宫博物院成立时，制定了《故宫博物院临时理事会章程》。1928 年，国民政府颁布了《故宫博物院组织法》，这是中国历史上第一部有关博物馆的法律，后来又颁布了《中华民国故宫博物院理事会条例》。

1933 年，故宫博物院为保护文物安全，不致遭战火毁灭或被日本帝国主义掠夺，决定将文物南迁避敌，并在南京建立文物库房，成立故宫博物院南京分院。从 1933 年 2 月至 5 月，先后拣选出文物、图书、档案 13427 箱又 64 包，分 5 批先运抵上海，后又运至南京。随后又辗转多地，直到抗战胜利后返回南京。

1949 年，中国人民解放军进入北京后，接管了故宫。1949 年中华人民共和国成立后，陆续对故宫建筑进行了大规模的修缮，同时整理出大量的文物。

故宫藏有大量珍贵文物，据统计总共达 1052653 件之多，统称有文物 100 万件，占中国全国文物总数的 1/6。故宫博物院在 1949 年以后进一步丰富了馆藏，截至 2011 年，文物总数达到 1807558 件，其中珍贵文物 1684490 件、一般文物 115491 件、标本 7577 件。

故宫博物院是世界上极少数同时具备艺术博物馆、建筑博物馆、历史博物馆、宫廷文化博物馆等特色，并且符合国际公认的"原址保护""原状陈列"基本原则的博物馆和文化遗产。1987 年，故宫被联合国教科文组织列为"世界文化遗产"。世界遗产组织对故宫的评价是："紫禁城是中国五个多世纪以来的最高权力中心，它以园林景观和容纳了家具及工艺品的 9000 个房间的庞大建筑群，成为明清时代中国文明无价的历史见证。"

2003 年，故宫博物院提出故宫学的概念。故宫学主要研究紫禁城宫殿建筑群、文物典藏、宫廷历史文化遗存、明清档案、清宫典籍及故宫博物院的历史 6 个方面。

解放战争期间，国民党当局将一大批文物运往台湾。1962 年开始建造台北故宫博物院，1965 年夏落成。台北故宫博物院坐落丁台湾省台北市士林区至善路二段 221 号，内收藏有自"南京国立中央博物院筹备处""国立北平故宫博物院"和"国立北平图书馆"等所藏来自北京故宫、沈阳故宫、避暑山庄、颐和园、静宜园和国子监等处的皇家旧藏。其商周青铜器，历代玉器、陶瓷、古籍文献、名画碑帖等皆为稀世之珍。是中国三大博物馆之一，也是台湾省规模最大的博物馆。

长期以来，故宫作为历史文化遗产，一直对公众开放。改革开放以来特别是近年来，故宫的开放范围不断扩大，保护和研究工作不断取得新进展，数字化工作成效显著，作为中国历史的一张名片，在国内外产生了巨大的影响。

  2022 年 12 月 30 日，故宫博物院北院区正式破土动工，项目位于北京西北郊、海淀区西北旺镇的西玉河村。

第三章

国家道路
和指导思想

一、新民主主义

新民主主义即人民民主主义，是新中国成立的政治基础。1949年9月29日中国人民政治协商会议第一届全体会议通过的《共同纲领》规定："中华人民共和国为新民主主义即人民民主主义的国家。"

以1919年的五四运动为标志，中国革命划分为两个阶段。五四运动之前是旧民主主义革命，由资产阶级领导。五四运动之后，是新民主主义革命，由无产阶级领导，即由中国共产党领导。

中国共产党领导的中国革命分为两步：第一步，先进行民主主义革命，改变中国半殖民地半封建社会形态，使之变成一个独立的民主主义社会；第二步，进行社会主义革命，建立一个社会主义社会。1949年前中国共产党领导的革命，称为新民主主义革命。相应的历史阶段，是新民主主义革命阶段。

新民主主义革命的主要任务是反帝反封建，解决的是中国社会的两大矛盾，即帝国主义与中华民族的矛盾、封建主义与人民大众的矛盾。按毛泽东在中共七大上的说法，要推翻的是帝国主义和封建主义两座大山。

新民主主义革命胜利后建立的是新民主主义社会。新民主主义社会是近代中国由半殖民地半封建社会走向社会主义社会的中介和桥梁。

1949年10月1日中华人民共和国的成立，标志着新民主主义革命的胜利。之后到1956年社会主义改造基本完成、社会主义基本制度建立，中国社会的性质是新民主主义社会，遵循的是新民主主义纲领，但逐步开始向社会主义过渡。

新民主主义社会的政治纲领包括新民主主义的国体和政体两个方面。

新民主主义社会的国体是工人阶级领导下的一切反帝反封建的人们联合专政的民主共和国，即新民主主义共和国。工人阶级、农民、知识分子和其他小资产阶级，是决定国家命运的基本力量，是国家构成和政权构成的基本部分。政体是实行民主集中制的人民代表大会制度。

新民主主义社会的经济纲领是：没收封建阶级的土地归农民所有；没收蒋介石、宋子文、孔祥熙、陈立夫为首的垄断资本归新民主主义的国家所有；保护民族工商业。

新民主主义社会的经济形态是：社会主义性质的国营经济及其领导下的半社会主义性质的合作社经济、私人资本主义经济、个体经济、国家和私人合作的国家资本主义经济等多种经济成分并存。

新民主主义社会的经济政策是公私兼顾、劳资两利、城乡互助、内外交流，简称"四面八方"政策。

新民主主义社会的文化纲领，就是无产阶级领导的人民大众的反帝反封建的文化，即民族的科学的大众的文化。

所谓民族的文化，是指它反对帝国主义压迫，主张中华民族的尊严和独立，带有中华民族的特性。所谓科学的文化，是指它反对一切封建思想和迷信思想，主张实事求是，主张客观真理，主张理论和实践相统一。所谓大众的文化，是指它应当为占全民族中 90% 以上的工农劳苦大众服务，这种大众的文化，也是民主的文化。

毛泽东原先设想 10 年之后才开始向社会主义过渡。但到 1952 年，国民经济已经恢复，经济、政治及社会面貌发生巨大变化。毛泽东重新思考向社会主义过渡的时间和步骤问题，并于 1952 年 9 月提出用 10 年到 15 年时间基本上完成向社会主义的过渡，而不是 10 年之后才开始过渡。1953 年 6 月，毛泽东在中央政治局会议上正式提出了过渡时期的总路线和总任务，同年 12 月形成关于总路线的完整描述。

随后，开始了大规模的社会主义改造。到 1956 年底，三大改造基本完成，实际仅仅用了 3 年多时间。社会主义改造的完成，标志着新民主主义社会的结束，中国正式进入社会主义社会。

二、社会主义

社会主义作为一种思潮，在世界上出现已经有 500 年之久。1516 年英国莫尔出版的《乌托邦》一书，描绘了一个叫乌托邦的小岛上实行的"最完美""最理想"的社会制度。到 19 世纪上半叶，人们把这种憧憬的理想社会称作"社会主义"，而把莫尔这一类设计未来社会图景的思潮称作空想社会主义。

空想社会主义历经 350 年发展。到 19 世纪中叶，马克思、恩格斯对其进行深刻的批判性分析，揭示其空想性质，同时加以革命性改造，创立了科学社会主义。但在《共产党宣言》等早期著作中，马克思、恩格斯还是把社会主义当作反面思潮来加以批判的。到 19 世纪七八十年代，才逐渐在正面意义上使用社会主义概念，把科学社会主义当作共产主义的同义语。他们还进一步把共产主义划分为两个阶段，即第一阶段和高级阶段。

后来，列宁把社会主义称作共产主义的第一阶段。

十月革命后，俄国建立了世界上第一个社会主义国家，后来改名为苏联，社会主义由理想变成了现实。第二次世界大战结束后，社会主义制度又扩展到欧亚一系列国家。

19 世纪末，社会主义思潮开始传进中国。辛亥革命后，社会主义学说进一步通过日本的渠道在中国传播。十月革命后，社会主义学说在中国的影响大大扩大，并成为中国共产党诞生的思想基础。

1921 年，中国共产党在苏联和共产国际的帮助下建立之时，就确立了社会革命的目标。1922 年的中共二大划分了最高纲领和最低纲领，把一大的纲领留待将来渐次实行，现阶段的任务是反帝反封建。二大直接使用了"共产主义"的概念，但没有出现"社会主义"一词。1949 年前中国革命的首要任务，是反帝反封建，即新民主主义革命。革命的前途，是社会主义革命。1945 年的七大党章，明确写入"在将来阶段"，"经过必要步骤，为在中国实现社会主义与共产主义的制度而奋斗"。

1949 年中华人民共和国成立后，中国进入新民主主义社会，并逐步向社会主义过渡。1956 年社会主义改造的完成，标志着确立了社会主义基本制度，进入了社会主义社会。通过大规模的社会主义建设，建立了独立的工业体系和国民经济体系。社会主义建设取得了巨大的成就，也走过了一段弯路。

十一届三中全会之后，邓小平总结历史的经验教训，明确指出："什么叫社会主义，什么叫马克思主义？我们过去对这个问题的认识不是完全清醒的。"建设社会主义，首先要搞清楚"什么是社会主义、怎样建设社会主义"。通过改革开放的实践，中国共产党终于成功地创立了中国特色社会主义。

纵览社会主义的发展历史，可以看到，从最宏观的角度来说，社会主义首先是一种取代资本主义、对人类社会进行根本性改造的世界历史进程。它包括理论、运动、制度三种基本形式。

社会主义理论，是社会主义的思想表现形式，是一种比较系统的剖析资本主义并用以指导社会主义建设的思想观念体系。

社会主义运动，是社会主义的实践形式，是一种争取实现和实际建设社会主义的有组织、有目的的群众性活动。

社会主义制度，是社会主义最重要的存在形式，是社会主义社会经济、政治、文化、社会生活等各方面组织结构、管理形式和规范体系的总和，是由宪法和法律所确认的国家基本制度的统一体系。社会主义制度在一个国家确立以后，就进入了社会主义社会。

邓小平指出："社会主义的本质，是解放生产力，发展生产力，消灭剥削，消除两极分化，最终达到共同富裕。"社会主义特征是社会主义本质的外在表现。社会主义本质是稳定的，社会主义的形式则可以多样化，也会经常发展变化。

实践证明，社会主义没有一个固定的模式。每个国家都要从自己的实际出发，实事求是地确定自己的方向、道路、目标、方针、政策、策略，建设具有自己特色的社会主义。

社会主义也是一个不断发展变化的过程。马克思、恩格斯虽然为社会主义描绘了基本的轮廓，但并不认为是尽善尽美的图画和静止不动的方案。他们认为，社会主义像任何其他社会制度一样，只是人类社会由低级到高级的无穷发展进程中的一个暂时阶段，决不会停留、静止在某个一成不变的模式上，它将通过不断的发展、变化和改革，走向更新、更高、更完善的阶段。

三、改革开放

改革开放是决定中国命运的关键一招。新时期最鲜明的特点就是改革开放。改革开放是中国的第二次革命。

"文化大革命"结束后，中国处在一个历史的关键时刻。世界经济快速发展，科技进步日新月异，"文化大革命"十年内乱导致我国经济濒临崩溃的边缘，人民温饱都成问题，国家建设百业待兴。党内外强烈要求纠正"文化大革命"的错误，使党和国家从危难中重新奋起。邓小平指出："如果现在再不实行改革，我们的现代化事业和社会主义事业就会被葬送。"

1978 年的十一届三中全会，顺应历史潮流，实现了党和国家工作中心的转移，作出了改革开放的历史决策。以十一届三中全会为标志，改革开放以空前的规模在全国展开。

40 多年来，改革开放经历了 4 个阶段：从十一届三中全会到十三届四中全会，是改革开放起步和全面展开的阶段；从十三届四中全会到十六大，是改革开放以建立社会主义市场经济为主线深入发展的阶段；从十六大到十八大，是改革开放沿着科学发展道路继续推进的阶段；十八大以来，中国特色社会主义进入新时代，改革开放也进入了一个全面深化的新阶段。

改革开放是中国共产党的一次伟大觉醒，正是这个伟大觉醒孕育了我们党从理论到实践的伟大创造。改革开放是中国人民和中华民族发展史上一次伟大革命，正是这个伟大革命推动了中国特色社会主义事业的伟大飞跃！

40 多年来，党领导人民解放思想、实事求是，大胆地试、勇敢地改。从实行家庭联产承包、乡镇企业异军突起、取消农业税牧业税和特产税，到农村承包地"三权"分置、打赢脱贫攻坚战、实施乡村振兴战略；从兴办深圳等经济特区、沿海沿边沿江沿线和内陆中心城市对外开放，到加入世界贸易组织、共建"一带一路"、设立自由贸易试验区、谋划中国特色自由贸易港、成功举办首届中国国际进口博览会；从"引进来"到"走出去"；从搞好国营大中小企业、发展个体私营经济，到深化国资国企改革、发展混合所有制经济；从单一公有制到公有制为主体、多种所有制经济共同发展和坚持"两个毫不动摇";从传统的计划经济体制,到前无古人的社会主义市场经济体制,再到使市场在资源配置中起决定性作用和更好发挥政府作用;从以经济体制改革为主,到全面深化经济、政治、文化、社会、生态文明体制和党的建设制度改革,党和国家机构改革、行政管理体制改革、依法治国体制改革、司法体制改革、外事体制改革、社会治理体制改革、生态环境督察体制改革、国家安全体制改革、国防和军队改革、党的领导和党的建设制度改革、纪检监察制度改革;一系列重大改革扎实推进,各项便民、惠民、利民举措持续实施,使改革开放成为当代中国最显著的特征、最壮丽的气象。

改革开放40多年来,从开启新时期到跨入新世纪,从站上新起点到进入新时代,40多年风雨同舟,40多年披荆斩棘,40多年砥砺奋进,中国共产党引领人民绘就了一幅波澜壮阔、气势恢宏的历史画卷,谱写了一曲感天动地、气壮山河的奋斗赞歌。

40多年春风化雨、春华秋实,改革开放极大改变了中国的面貌、中华民族的面貌、中国人民的面貌、中国共产党的面貌。中华民族迎来了从站起来、富起来到强起来的伟大飞跃!中国特色社会主义迎来了从创立、发展到不断完善的伟大飞跃!中国人民迎来了从温饱不足到小康富裕的伟大飞跃!中华民族正以崭新姿态屹立于世界的东方!

40多年的实践充分证明,十一届三中全会以来中国共产党团结带领全国各族人民开辟的中国特色社会主义道路、理论、制度、文化是完全正确的,形成的党的基本理论、基本路线、基本方略是完全正确的。

40多年的实践充分证明,改革开放是党和人民大踏步赶上时代的重要法宝,是坚持和发展中国特色社会主义的必由之路,是决定当代中国命运的关键一招,也是决定实现"两个一百年"奋斗目标、实现中华民族伟大复兴的关键一招。

2018 年 12 月 18 日，在十一届三中全会召开 40 周年之际，庆祝改革开放 40 周年大会在人民大会堂隆重举行。习近平发表重要讲话，充分肯定了改革开放的历史必然性和取得的伟大成就，系统总结了改革开放的 9 条重要经验，强调改革开放已走过千山万水，但仍需跋山涉水。在这个千帆竞发、百舸争流的时代，一定要将改革开放进行到底！

二十大确立了前进道路上必须牢牢把握的 5 项重大原则，其中之一就是："坚持深化改革开放。深入推进改革创新，坚定不移扩大开放，着力破解深层次体制机制障碍，不断彰显中国特色社会主义制度优势，不断增强社会主义现代化建设的动力和活力，把我国制度优势更好转化为国家治理效能。"①

2024 年 7 月召开的二十届三中全会，重点研究进一步全面深化改革、推进中国式现代化问题，将进一步发挥改革开放作为党和人民事业大踏步赶上时代重要法宝的作用。

四、中国特色社会主义

苏联作为世界上第一个社会主义国家，创造了一套基本的模式。共产国际把世界革命理念和苏联对于社会主义的理解和解释推广到世界所有共产主义政党。第二次世界大战后，许多国家照搬了苏联模式。中华人民共和国成立后的建设和发展，有很多自己的探索和特点，但基本上也是按照这种模式和认识进行的，有时还走得更远。20世纪 50 年代中后期到 70 年代中期"左"的错误的发展，与这种历史的渊源有密切关系。

在走过了曲折复杂的道路之后，中国党和人民越来越清楚地认识

---

① 《习近平著作选读》第一卷，人民出版社 2023 年版，第 23 页。

到，社会主义不能照搬一种模式，必须从自己的国情出发，走自己的道路。十一届三中全会后，党和国家坚定地走上了改革开放的道路。

但在改革开放进程中，不时遇到的思想障碍，仍然与传统的对于社会主义的理解有关。很多人怀疑，农村的联产承包责任制是社会主义还是资本主义？农贸市场是社会主义还是资本主义？国有企业自主经营是社会主义还是修正主义？搞经济特区是不是租界又回来了？这类疑问用以衡量的标准，其实都基于我们长期接受的苏联对社会主义的解释和我们自己某些落后和教条的观念。

总结历史的经验教训，邓小平坚持从实际出发，明确指出：贫穷不是社会主义，发展太慢也不是社会主义；僵化封闭不能发展社会主义，照搬外国也不能发展社会主义；平均主义不是社会主义，两极分化也不是社会主义；没有民主就没有社会主义，没有法制也没有社会主义；不重视物质文明搞不好社会主义，不重视精神文明也搞不好社会主义。

1982年9月，在十二大开幕词中，邓小平指出："我们的现代化建设，必须从中国的实际出发。无论是革命还是建设，都要注意学习和借鉴外国经验。但是，照抄照搬别国经验、别国模式，从来不能得到成功。这方面我们有过不少教训。把马克思主义的普遍真理同我国的具体实际结合起来，走自己的道路，建设有中国特色的社会主义，这就是我们总结长期历史经验得出的基本结论。"

这一结论，把中国共产党几十年对社会主义探索的基本经验总结了出来，把我们党在漫长历史进程中的使命和任务集中地概括了出来，明确宣告了我们要建设的社会主义，是独立自主的社会主义，是立足于中国国情的社会主义，是中国特色的社会主义。

按这样的思路和方向，全党解放思想、实事求是，大力实行改革开放，逐步形成了一整套建设中国特色社会主义的路线、方针和政策，从而创立了中国特色社会主义。邓小平说："改革开放以来，我们立的章程并不少，而且是全方位的。经济、政治、科技、教育、文化、军事、外交等各个方面都有明确的方针和政策，而且有准确的表述语言。""如果说构想，这就是我们的构想。""总的来说，这条道路叫做建设有中国特色的社会主义的道路。"

中国特色社会主义第一次比较系统地初步回答了在中国这样经济文化比较落后的国家如何建设社会主义、如何巩固和发展社会主义的一系列基本问题，用新的思想观点，继承和发展了马克思主义，开拓了马克思主义新境界，把对社会主义的认识提高到新的科学水平。

中国特色社会主义是科学社会主义理论逻辑和中国社会发展历史逻辑的辩证统一，是根植于中国大地、反映中国人民意愿、适应中国和时代发展进步要求的科学社会主义，是全面建成小康社会、加快推进社会主义现代化、实现中华民族伟大复兴的必由之路，是当代中国大踏步赶上时代、引领时代发展的康庄大道。

改革开放以来我们取得一切成绩和进步的根本原因，归结起来就是：开辟了中国特色社会主义道路，形成了中国特色社会主义理论体系，确立了中国特色社会主义制度，发展了中国特色社会主义文化。

改革开放以来，党和国家全部理论和实践的主题是坚持和发展中国特色社会主义。从十三大以来，历次党代会报告的标题中，都有"中国特色社会主义"这个关键词。习近平要求："全党同志必须毫不动摇坚持和发展中国特色社会主义，永远要有逢山开路、遇河架桥的精神，在实践中不断有所发现、有所创造、有所前进。"[1]

二十大的标题和主题都明确宣示"高举中国特色社会主义伟大旗帜"。二十大强调"中国特色社会主义是实现中华民族伟大复兴的必由之路"，要求"坚持中国特色社会主义不动摇"，号召"谱写新时

---

[1]　中共中央党史研究室：《党的十八大以来大事记》，人民出版社 2017 年版，第 7 页。

代中国特色社会主义更加绚丽的华章”，“引领和保障中国特色社会主义巍巍巨轮乘风破浪、行稳致远”。

五、毛泽东思想

1943 年 7 月 5 日，王稼祥在《中国共产党与中国民族解放的道路》一文中，首先使用了“毛泽东思想”的概念，明确提出：“毛泽东思想就是中国的马克思列宁主义。”

1945 年，刘少奇在七大《关于修改党章的报告》中，用整整 4180 字的篇幅，深入论述了毛泽东思想形成的过程、毛泽东的伟大贡献和崇高地位、毛泽东思想的内容和在中国革命中的地位和作用等。七大党章明确规定：“中国共产党，以马克思列宁主义的理论与中国革命的实践之统一的思想——毛泽东思想，作为自己一切工作的指针。”

1956 年的八大，根据毛泽东自己的要求，在党章中去掉了关于毛泽东思想的表述。毛泽东思想一度“隐形”，但在实际生活中，依然发挥着极其重要的指导作用。

1969 年九大通过的党章指出：“中国共产党以马克思主义、列宁主义、毛泽东思想作为指导思想的理论基础。毛泽东思想是在帝国主义走向全面崩溃、社会主义走向全世界胜利的时代的马克思列宁主义。”“中国共产党党员必须做到”“活学活用马克思主义、列宁主义、毛泽东思想”。

1973 年十大通过的党章保留了“中国共产党以马克思主义、列宁主义、毛泽东思想作为指导思想的理论基础”，去掉了“毛泽东思想是在帝国主义走向全面崩溃、社会主义走向全世界胜利的时代的马克思列宁主义”等语言，在要求党员学习毛泽东思想后面，加上了“批判修正主义"。

1981 年的《关于建国以来党的若干历史问题的决议》，对毛泽东和毛泽东思想作出了科学的评价，强调："毛泽东思想是我们党的宝贵的精神财富，它将长期指导我们的行动。"同时指出："毛泽东同志发动'文化大革命'的这些'左'倾错误论点，明显地脱离了作为马克思列宁主义普遍原理和中国革命具体实践相结合的毛泽东思想的轨道，必须把它们同毛泽东思想完全区别开来。"

因此，1982 年十二大通过的党章写道："以毛泽东同志为主要代表的中国共产党人，把马克思列宁主义的普遍原理同中国革命的具体实践结合起来，创立了毛泽东思想。毛泽东思想是马克思列宁主义在中国的运用和发展，是被实践证明了的关于中国革命和建设的正确的理论原则和经验总结，是中国共产党集体智慧的结晶。""中国共产党以马克思列宁主义、毛泽东思想作为自己的行动指南。"其中，按照《历史决议》精神，为了将毛泽东的晚年错误和思想与毛泽东思想区分开来，特别使用了"正确的"一词。

到 2002 年的十六大，党章在关于毛泽东思想的一段表述之后，另加写了："在毛泽东思想指引下，中国共产党领导全国各族人民，经过长期的反对帝国主义、封建主义、官僚资本主义的革命斗争，取得了新民主主义革命的胜利，建立了人民民主专政的中华人民共和国；建国以后，顺利地进行了社会主义改造，完成了从新民主主义到社会主义的过渡，确立了社会主义基本制度，发展了社会主义的经济、政治和文化。"

此后，这样的表述一直维持，没有变动。十九大将其中的"建国以后"改为"新中国成立以后"。

现行的《中华人民共和国宪法》，在两处使用了"毛泽东思想"的概念。

习近平在庆祝改革开放 40 周年大会上的讲话中指出："以毛泽东同志为主要代表的中国共产党人，把马克思列宁主义基本原理同中国革命具体实践结合起来，创立了毛泽东思想，团结带领全党全国各族人民，经过长期浴血奋斗，完成了新民主主义革命，建立了中华人民共和国，确立了社会主义基本制度，成功实现了中国历史上最深刻最伟大的社会变革，为当代中国一切发展进步奠定了根本政治前提和制度基础。在探索过程中，虽然经历了严重曲折，但党在社会主义革命和建设中取得的独创性理论成果和巨大成就，为在新的历史时期开创中国特色社会主义提供了宝贵经验、理论准备、物质基础。"[1]

因此，中华人民共和国成立 70 多年来，无论对毛泽东思想怎么认识、怎么解释，毛泽东思想始终是党和国家的行动指南，是中华人民共和国的重要标识之一。

六、邓小平理论

邓小平理论，是马克思列宁主义的基本原理同当代中国实践和时代特征相结合的产物，是毛泽东思想在新的历史条件下的继承和发展，是马克思主义在中国发展的新阶段，是当代中国的马克思主义，是中国共产党集体智慧的结晶。

十一届三中全会以后，以邓小平同志为主要代表的中国共产党人，总结中华人民共和国成立以来正反两方面的经验，解放思想，实事求是，实现全党工作中心向经济建设的转移，实行改革开放，开辟了社会主义事业发展的新时期，逐步形成了建设中国特色社会主义的路线、方针、政策，阐明了在中国建设社会主义、巩固和发展社会主

---

[1] 中共中央党史和文献研究院编：《十九大以来重要文献选编》（上），中央文献出版社 2019 年版，第 721—722 页。

义的基本问题，创立了邓小平理论。

邓小平是邓小平理论的主要创立者，中国特色社会主义道路的开创者，中国社会主义改革开放和现代化建设的总设计师。

邓小平理论第一次比较系统地初步回答了中国社会主义的发展道路、发展阶段、根本任务、发展动力、外部条件、政治保证、战略步骤、党的领导和依靠力量以及祖国统一等一系列基本问题。

邓小平创立中国特色社会主义的主要贡献是：

——在"文化大革命"结束以后、中国面临向何处去的重大历史关头，冲破"两个凡是"的禁锢，推动十一届三中全会作出改革开放的重大决策，实现了党和国家历史上具有深远意义的伟大转折；

——指导全党系统总结中华人民共和国成立以来的历史经验，彻底否定了"文化大革命"的错误实践和理论，科学评价了毛泽东的历史地位和毛泽东思想的科学体系；

——科学回答"什么是社会主义、怎样建设社会主义"的基本问题，提出"走自己的道路，建设有中国特色的社会主义"的伟大命题，领导党和国家走出了一条中国特色社会主义新道路；

——强调坚持以经济建设为中心，坚持四项基本原则，坚持改革开放，领导制定了党在社会主义初级阶段的基本路线；

——指导党和国家正确认识我国所处的发展阶段和根本任务，制定了现代化建设"三步走"发展战略；

——鲜明强调"改革是中国的第二次革命"，领导党和国家有步骤地展开各方面体制改革，打开了对外开放的大门；

——始终强调"两手抓、两手都要硬"，抓好社会主义精神文明建设和民主法制建设，推动社会全面进步；

——创造性提出"一国两制"科学构想，指导实现香港、澳门平稳过渡和顺利回归，推动海峡两岸关系打开新局面；

——明确提出和平与发展是当代世界两大问题，领导党和国家调整外交战略，为改革开放和现代化建设创造了难得的历史机遇和良好的外部环境；

——强调加强党的领导必须改善党的领导，党要管党、从严治党。

邓小平的贡献，不仅改变了中国人民的历史命运，而且改变了世界的历史进程。邓小平赢得了中国人民衷心爱戴，也赢得了世界人民的广泛尊敬。

邓小平留给我们的最重要的思想和政治遗产，就是他带领党和人民开创的中国特色社会主义，就是他创立的邓小平理论。

1992年，十四大对"邓小平同志建设有中国特色社会主义理论"作出科学的概括和评价，确立了这一理论在全党的指导地位，提出用这一理论武装全党的战略任务。

1997年，十五大把"邓小平同志建设有中国特色社会主义理论"称为"邓小平理论"，并写进党章，作为党的行动指南。

美国《时代》周刊从1976年1月到1997年邓小平去世，一共8次将邓小平作为封面人物。1978年和1985年两次被评为该刊的"年度风云人物"。1986年1月6日的《时代》周刊用了25页的篇幅介绍他。

但邓小平自称："我是维吾尔族姑娘，辫子多，一抓一大把"，"我是实事求是派"，"算是比较活泼的人，不走死路的人"，是"世界的公民"和"中国人民的儿子"。

1992年7月23、24日，邓小平在审阅十四大报告稿时指出："改革开放中许许多多的东西，都是群众在实践中提出来的。报告中讲我的功绩，一定要放在集体领导范围内。可以体现以我为主体，但绝不是一个人脑筋就可以钻出什么新东西来。""这是群众的智慧，集体的智慧。我的功劳是把这些新事物概括起来，加以提倡。报告对我的作用不要讲得太过分，一个人、几个人，干不出这么大的事情。""要写得合乎实际。"

七、"三个代表"重要思想

"三个代表"重要思想，是对马克思列宁主义、毛泽东思想、邓小平理论的继承和发展，反映了当代世界和中国的发展变化对党和国家工作的新要求，是加强和改进党的建设、推进我国社会主义自我完善和发展的强大理论武器，是中国共产党集体智慧的结晶，是党必须长期坚持的指导思想。

十三届四中全会以后，以江泽民同志为主要代表的中国共产党人，团结带领全党全国各族人民，坚持党的基本理论、基本路线，加深了对什么是社会主义、怎样建设社会主义和建设什么样的党、怎样建设党的认识，积累了治党治国新的宝贵经验，形成了"三个代表"重要思想。在国内外形势十分复杂、世界社会主义出现严重曲折的严峻考验面前，捍卫了中国特色社会主义，确立了社会主义市场经济体制的改革目标和基本框架，确立了社会主义初级阶段的基本经济制度和分配制度，开创全面改革开放新局面，推进党的建设新的伟大工程，成功把中国特色社会主义推向 21 世纪。

"三个代表"重要思想是在科学判断党的历史方位、总结党的重要经验的基础上提出来的。

2000 年 2 月，江泽民在广东省考察工作时首次提出：我们党所以赢得人民的拥护，是因为我们党在革命、建设、改革的各个历史时期，总是代表着中国先进生产力的发展要求，代表着中国先进文化的前进方向，代表着中国最广大人民的根本利益，并通过制定正确的路线方针政策，为实现国家和人民的根本利益而不懈奋斗。

2001 年 7 月 1 日，江泽民在庆祝中国共产党成立 80 周年大会上的讲话中，对"三个代表"重要思想的科学内涵和精神实质作了全面深刻的阐述。

2002 年 11 月 8 日，十六大报告系统论述了"三个代表"重要思想的时代背景、历史地位、精神实质和指导意义，指出，贯彻"三个代表"重要思想，关键在坚持与时俱进，核心在坚持党的先进性，本质在坚持执政为民。十六大把"三个代表"重要思想写进了《中国共产党章程》，同马克思列宁主义、毛泽东思想、邓小平理论一道，确立为中国共产党要长期坚持的指导思想。

"三个代表"重要思想涵盖了社会主义经济建设、政治建设、文化建设、社会建设和党的建设以及国防和军队现代化建设、祖国统一、国际战略和外交工作等各个领域，涉及改革发展稳定、内政外交国防、治党治国治军等各个方面，包含着丰富的内容。"三个代表"重要思想，狭义上说的是三句话；广义上，就是指以江泽民同志为核心的党中央所有的理论和实践创新，亦即"系统的科学理论"。

始终做到"三个代表"，是中国共产党的立党之本、执政之基、力量之源。

八、科学发展观

科学发展观，是同马克思列宁主义、毛泽东思想、邓小平理论、"三个代表"重要思想既一脉相承又与时俱进的科学理论，是马克思主义关于发展的世界观和方法论的集中体现，是马克思主义中国化重大成果，是中国共产党集体智慧的结晶，是发展中国特色社会主义必须长期坚持的指导思想。

十六大以后，以胡锦涛同志为主要代表的中国共产党人，团结带领全党全国各族人民，坚持以邓小平理论和"三个代表"重要思想为指导，根据新的发展要求，深刻认识和回答了新形势下实现什么样的发展、怎样发展等重大问题，形成了科学发展观，抓住重要战略机遇期，在全面建设小康社会进程中推进实践创新、理论创新、制度创新，强调坚持以人为本、全面协调可持续发展，形成中国特色社会主义事业总体布局，着力保障和改善民生，促进社会公平正义，推动建设和谐世界，推进党的执政能力建设和先进性建设，成功在新的历史起点上坚持和发展了中国特色社会主义。

2003 年 4 月，胡锦涛在考察广东时，提出"全面的发展观""正确的发展观"，要求做到集约发展、协调发展、全面发展、系统发展、可持续发展。8—9 月在江西考察时，开始使用"科学发展观"的概念，要求"牢固树立协调发展、全面发展、可持续发展的科学发展观"。

在同年 10 月的十六届三中全会上，胡锦涛对"科学发展观"问题作了专门论述。会议明确要求："坚持以人为本，树立全面、协调、可持续的发展观，促进经济社会和人的全面发展。"

2004 年 3 月，在全国两会期间的人口、资源和环境座谈会上，胡锦涛发表重要讲话，准确地界定了全面、协调、可持续、以人为本等要求的含义，更加集中地概括了科学发展观的内涵，从而标志着科学发展观的正式形成。

2007 年，十七大报告对科学发展观的科学内涵、精神实质、根本要求进行了全面系统深入的阐述，指出："科学发展观，第一要义是发展，核心是以人为本，基本要求是全面协调可持续，根本方法是统筹兼顾。"

十七大将科学发展观写进党章，"科学发展观，是同马克思列宁主义、毛泽东思想、邓小平理论和'三个代表'重要思想既一脉相承又与时俱进的科学理论，是我国经济社会发展的重要指导方针，是发展中国特色社会主义必须坚持和贯彻的重大战略思想"。

2012 年，十八大进一步对科学发展观给予了正式定位，确认科学发展观"是马克思主义中国化最新成果"，"是发展中国特色社会主义必须坚持和贯彻的指导思想"，将"战略思想"改成了"指导思想"，并在党的"行动指南"里加入了"科学发展观"。

九、习近平新时代中国特色社会主义思想

习近平新时代中国特色社会主义思想，是对马克思列宁主义、毛泽东思想、邓小平理论、"三个代表"重要思想、科学发展观的继承和发展，是马克思主义中国化最新成果，是党和人民实践经验和集体智慧的结晶，是中国特色社会主义理论体系的重要组成部分，是全党全国人民为实现中华民族伟大复兴而奋斗的行动指南。

十八大以来，以习近平同志为核心的党中央，团结带领全党全国各族人民，全面审视国际国内新的形势，通过总结实践、展望未来，深刻回答了新时代坚持和发展什么样的中国特色社会主义、怎样坚持和发展中国特色社会主义这个重大时代课题，坚持统筹推进"五位一体"总体布局、协调推进"四个全面"战略布局，坚持稳中求进工作总基调，对党和国家各方面工作提出一系列新理念新思想新战略，推动党和国家事业发生历史性变革、取得历史性成就，中国特色社会主义进入了新时代。

以习近平同志为核心的党中央紧密结合新的时代条件和实践要求，不断深化对共产党执政规律、社会主义建设规律、人类社会发展规律的认识，通过理论和实践的探索，取得了一系列理论创新成果，

创立了习近平新时代中国特色社会主义思想。

2017 年 10 月，十九大第一次提出了"习近平新时代中国特色社会主义思想"的新概念，对习近平总书记系列重要讲话精神和治国理政新理念新思想新战略作了新的概括和命名。

十九大报告用"八个明确"对习近平新时代中国特色社会主义思想的内容作了展开和阐述，包括总目标和总任务、社会主要矛盾、总体布局和战略布局、全面深化改革总目标、全面推进依法治国总目标、新时代的强军目标、中国特色大国外交、新时代党的建设总要求。十九届六中全会通过的第三个历史决议把"八个明确"扩展为"十个明确"。

在阐述习近平新时代中国特色社会主义思想的基础上，十九大进一步提出了"新时代坚持和发展中国特色社会主义的基本方略"。

这些方略，与习近平新时代中国特色社会主义思想有紧密的联系，是习近平新时代中国特色社会主义思想在治国理政中的转化、实践和应用。

改革开放以来，中国共产党的党章已经先后把毛泽东思想、邓小平理论、"三个代表"重要思想、科学发展观作为指导思想。十九大进一步把习近平新时代中国特色社会主义思想写进党章，而且强调是"全党全国人民为实现中华民族伟大复兴而奋斗的行动指南"，"必须长期坚持并不断发展"。

二十大肯定 10 年来的成就之一，是"创立了新时代中国特色社会主义思想，明确坚持和发展中国特色社会主义的基本方略，提出一系列治国理政新理念新思想新战略，实现了马克思主义中国化时代化新的飞跃"。二十大报告指出，十九大、十九届六中全会提出的"十个明确""十四个坚持""十三个方面成就"概括了这一思想的主要内容，必须长期坚持并不断丰富发展。①

二十大党章还在十九大党章基础上进一步指出，十八大以来，以习近平同志为主要代表的中国共产党人，坚持把马克思主义基本原理同中国具体实际相结合、同中华优秀传统文化相结合，科学回答了新时代坚持和发展什么样的中国特色社会主义、怎样坚持和发展中国特色社会主义等重大时代课题，创立了习近平新时代中国特色社会主义思想。习近平新时代中国特色社会主义思想是当代中国马克思主义、二十一世纪马克思主义，是中华文化和中国精神的时代精华。②

十、党的基本路线

党的基本路线，是中国共产党在社会主义初级阶段的政治方略和行动纲领。按照十九大修改后的党章的规范表述："中国共产党在社会主义初级阶段的基本路线是：领导和团结全国各族人民，以经济建设为中心，坚持四项基本原则，坚持改革开放，自力更生，艰苦创业，为把我国建设成为富强民主文明和谐美丽的社会主义现代化强国而奋斗。"二十大党章仍然是如此表述，没有变化。

基本路线是党在一定历史时期或阶段的行动纲领，是统一全党思想的政治基础，是治国理政的方向和道路。党的政治路线正确与否，贯彻得如何，直接关系党的生死存亡，关系国家的前途命运，关系社会主义事业的兴衰成败。

中华人民共和国成立以来，中国共产党在不同时期制定过不同的政治路线，名称有所不同。凡是正确的路线，都引导党和国家的事业取得长足的发展，受到人民群众的欢迎；而错误的路线，则带来了比

---

① 《习近平著作选读》第一卷，人民出版社 2023 年版，第 5、14 页。
② 《中国共产党章程》，人民出版社 2022 年版，第 3 页。

较严重的后果。即使在路线上有一定偏差，也会带来复杂的问题。

"文化大革命"结束以后，中国共产党以十一届三中全会为标志，作出关于工作重点转移和改革开放的战略决策，实现了党的政治路线、思想路线、组织路线的拨乱反正。此后，便经常将党的路线称作"十一届三中全会以来的路线""十一届三中全会路线"。

在改革开放进程中，党逐步明确了"一个中心，两个基本点"的要求。邓小平强调指出："搞社会主义现代化建设是基本路线。要搞现代化建设使中国兴旺发达起来，第一，必须实行改革、开放政策；第二，必须坚持四项基本原则。""这两个基本点是相互依存的。"

1981 年，《关于建国以来党的若干历史问题的决议》首次提出："我们的社会主义制度还是处于初级的阶段。"十三大召开前夕，邓小平指出："我们党的十三大要阐述中国社会主义是处在一个什么阶段，就是处在初级阶段，是初级阶段的社会主义。"1987 年的十三大确认了社会主义初级阶段理论，在此基础之上，正式制定了党在社会主义初级阶段的基本路线。

十六大后，随着建设社会主义和谐社会任务的提出，2007 年的十七大，在基本路线的奋斗目标中增加了"和谐"一词。

2012 年的十八大，把生态文明建设纳入中国特色社会主义"五位一体"总体布局。2017 年的十九大，明确规划了从 2020 年到 21 世纪中叶的战略目标和战略步骤，将 30 年分成两个阶段来安排，2035 年的目标是基本实现社会主义现代化，到 21 世纪中叶的目标是建成"现代化强国"。因此，基本路线中的目标也相应改成："把我国建设成为富强民主文明和谐美丽的社会主义现代化强国"。

党的基本路线包含着丰富的内容。"一个中心，两个基本点"是这条基本路线主要内容的简明概括。以经济建设为中心是兴国之要，是党和国家兴旺发达和长治久安的根本要求；四项基本原则是立国之本，是党和国家生存发展的政治基石；改革开放是强国之路，是党和国家发展进步的活力源泉。

坚持党的基本路线，必须把握好"一个中心，两个基本点"的关系，注意防止两种倾向。在党内，特别是在领导干部中，要警惕右，但主要是防止"左"。

基本路线立足于中国国情，遵循的是客观规律，总结了无数的经验教训，体现了全党全国人民的意志，必须坚定不移地加以坚持。所以，从十三大以来，每一次党代会都郑重地强调基本路线不能变。

十四大指出："十四年伟大实践的经验，集中到一点，就是要毫不动摇地坚持以建设有中国特色社会主义理论为指导的党的基本路线。这是我们事业能够经受风险考验，顺利达到目标的最可靠的保证。"

十九大再次指出，党的基本路线是"党和国家的生命线、人民的幸福线"。

在庆祝改革开放40周年的讲话中，习近平进一步强调："我们要坚持党的基本路线，把以经济建设为中心同坚持四项基本原则、坚持改革开放这两个基本点统一于新时代中国特色社会主义伟大实践，长期坚持，决不动摇。"

二十大党章继续要求"坚持党的基本路线"，"贯彻执行党的基本路线和各项方针、政策"。

十一、新时代坚持和发展中国特色社会主义的基本方略

基本方略，是十九大提出的重要概念，也是将近100年来党章中第一次出现的概念，全称是"新时代坚持和发展中国特色社会主义的

基本方略"。

中华人民共和国成立 70 多年来，历经革命、建设和改革，中国共产党已经从领导人民为夺取全国政权而奋斗的党，成为领导人民掌握全国政权并长期执政的党；已经从受到外部封锁和实行计划经济条件下领导国家建设的党，成为对外开放和发展社会主义市场经济条件下领导国家建设的党。党在实践中不断加深了对共产党执政规律、社会主义建设规律和人类社会发展规律的认识，逐步积累了丰富的治国理政经验，在实际上形成了一系列治国方略。

十八大以来，中国特色社会主义进入新时代。十九大进一步开启了建设社会主义现代化强国的新征程。实现"两个一百年"奋斗目标、进而实现中华民族伟大复兴的中国梦，必须进行伟大斗争，建设伟大工程，推进伟大事业。所有这一切，都要求党总结经验，进一步完善治国理政的方略，提高执政能力和领导水平。

因此，十九大报告在阐述习近平新时代中国特色社会主义思想的基础上，进一步提出了"新时代坚持和发展中国特色社会主义的基本方略"。

这些基本方略一共 14 条：（一）坚持党对一切工作的领导。（二）坚持以人民为中心。（三）坚持全面深化改革。（四）坚持新发展理念。（五）坚持人民当家作主。（六）坚持全面依法治国。（七）坚持社会主义核心价值体系。（八）坚持在发展中保障和改善民生。（九）坚持人与自然和谐共生。（十）坚持总体国家安全观。（十一）坚持党对人民军队的绝对领导。（十二）坚持"一国两制"和推进祖国统一。（十三）坚持推动构建人类命运共同体。（十四）坚持全面从严治党。

十九大报告明确指出，以上 14 条，构成新时代坚持和发展中国特色社会主义的基本方略。全党同志必须全面贯彻党的基本理论、基本路线、基本方略，更好引领党和人民事业发展。

十九大修改后的党章，在"改革开放以来我们取得一切成绩和进步的根本原因"的一段中，增写了"贯彻党的基本理论、基本路线、基本方略"一句。在党的建设基本要求的第一条中，将原来的"基本理论、基本路线、基本纲领、基本经验"，改成了"基本理论、基本路线、基本方略"。

这些方略，有的是历史上早就有的，现在重新给予强调；有的是历史上已经形成，十八大以来作了新的发展和充实；有的是改革开放以来形成的基本政策、基本方略，十八大以来又作了新的推进，增加了新的内容和新的要求；有的在十八大之前已有认识和举措，十八大之后提升到更加重要地位，并作了很大程度的发挥和拓展；有的则是十八大以来第一次提出。

所有这些情况表明，新时代中国特色社会主义基本方略体现了坚持和发展、坚守与创新的辩证统一，很多都具有习近平同志作为党的核心特有的风格。

这些方略，与习近平新时代中国特色社会主义思想有紧密的联系，是习近平新时代中国特色社会主义思想在治国理政中的转化、实践和应用，也是习近平新时代中国特色社会主义思想的重要组成部分。

新概括的这些基本方略，正在指导并将继续指导中国共产党治国理政的基本实践，体现在执政和领导工作的各个方面和各个过程。外部世界也可以从这些基本方略中，清楚地观察和预见到中国未来发展的基本趋势和基本特征。

二十大明确把"十四个坚持"列入习近平新时代中国特色社会主义思想的范畴之内。

十二、人民当家作主

人民当家作主，是中华人民共和国的核心理念，是中国共产党治国理政的根本要求。

《国际歌》唱得好："从来就没有什么救世主，也不靠神仙皇帝，要创造人类的幸福，全靠我们自己。"

中华人民共和国的国名中就有"人民"二字，清楚地表明了它的人民性质。1949 年 9 月，中国人民政治协商会议第一届全体会议通过的起代行宪法作用的《共同纲领》就明确规定："中华人民共和国的国家政权属于人民。人民行使国家政权的机关为各级人民代表大会和各级人民政府。"《共同纲领》全文 6200 多字，就有 176 个"人民"，足见其人民的色彩。

此后每次修订的宪法，都强调了人民的地位。2018 年修订后的《中华人民共和国宪法》，使用了 360 多个"人民"，4 处出现"为人民服务"。

宪法序言指出，中华人民共和国的成立，标志着"中国人民掌握了国家的权力，成为国家的主人"。"中华人民共和国是全国各族人民共同缔造的统一的多民族国家"。

在第一章总纲中，宪法明确规定："中华人民共和国的一切权力属于人民。""人民行使国家权力的机关是全国人民代表大会和地方各级人民代表大会。""人民依照法律规定，通过各种途径和形式，管理国家事务，管理经济和文化事业，管理社会事务。""全国人民代表大会和地方各级人民代表大会都由民主选举产生，对人民负责，受人民监督。""一切国家机关和国家工作人员必须依靠人民的支持，经常保持同人民的密切联系，倾听人民的意见和建议，接受人民的监督，努力为人民服务。"

在第二章公民的基本权利和义务中，宪法规定："中华人民共和国公民在法律面前一律平等。""国家尊重和保障人权。""中华人民共和国公民有言论、出版、集会、结社、游行、示威的自由。"

所有这种人民的色彩，都是中国共产党基本核心理念和根本宗旨的反映和体现，也是对中国共产党治国理政的基本要求和基本规范。

中国共产党历来强调，自己区别于其他任何政党的一个显著的标志，就是和最广大的人民群众保持最密切的联系，全心全意地为人民服务，一刻也不脱离群众，一切从人民的利益出发，而不是从个人或小集团的利益出发。

早在新民主主义革命时期，毛泽东就提出了"为人民服务"的根本宗旨，社会主义革命和建设时期，又提出了"立党为公"的思想。党在长期的斗争中形成和发展了群众路线。坚持一切为了群众，一切依靠群众，从群众中来，到群众中去，形成了党的优良传统和政治优势。

改革开放之后，党和国家吸取过去由于"左"倾错误而影响"人民当家作主"和"为人民服务"的教训，首先制定正确的路线、方针和政策，大力推动改革开放，从根本上为人民谋取利益。同时，稳步有序发展社会主义民主、推进依法治国进程，努力保障人民的权利，使人民当家作主的理念一步步得到落实。

邓小平坚持把人民群众作为改革开放的主体，把人民满意不满意、赞成不赞成、拥护不拥护作为制定改革开放政策的出发点和落脚点，放手解除对人民群众的束缚，松绑、搞活，调动人民群众发展生产力的积极性和创造性。

江泽民提出了"执政为民"的要求，指出："全心全意为人民服务，立党为公，执政为民，是我们党同一切剥削阶级政党的根本区别。"在"三个代表"重要思想中，用"代表"一词，精辟地概括了党与人民代表与被代表的关系，表明党虽然负有组织人民、领导人民的责任，但归根到底，只是人民群众的代表，是受人民群众的委托掌权，为人民办事、谋利益的。既然是代表，就必须始终忠实于人民群众，服从和服务于人民群众。

胡锦涛提出了"以人为本"的思想，强调"人民主体"。要求"尊重人民主体地位，发挥人民首创精神，保障人民各项权益"。在党内，党员是党的主体，必须尊重党员主体地位。

习近平提出了"以人民为中心"的思想，要求"把人民放在心中最高位置"，"坚持以人民为中心的发展思想"。"坚信党的根基在人民、党的力量在人民，坚持一切为了人民、一切依靠人民，充分发挥广大人民群众积极性、主动性、创造性，不断把为人民造福事业推向前进"。

40多年来，改革开放的每一次突破和深化，每一个新生事物的产生和发展，每一个领域和环节经验的创造和积累，无不是充分尊重人民意愿的结果，无不是来自亿万人民的智慧和实践。只尊崇人民意愿，改革开放才能顺利推进，中国道路才能开辟发展，党的执政地位才能得到巩固。人民意愿和党的领导的统一，成为中国道路形成的重要原因之一。

二十大报告177次使用"人民"一词，强调人民性是马克思主义的本质属性，要求坚持以人民为中心的发展思想。维护人民根本利益，增进民生福祉，不断实现发展为了人民、发展依靠人民、发展成果由人民共享，让现代化建设成果更多更公平惠及全体人民。要求站稳人民立场、把握人民愿望、尊重人民创造、集中人民智慧。要求全面发展全过程人民民主，坚持人民主体地位，充分体现人民意志、保障人民权益、激发人民创造活力，使人民当家作主更为扎实。

十三、中华民族伟大复兴中国梦

中华民族源远流长。在长达 50 个世纪的历史进程中，中华儿女创造了辉煌的文明，写下了不朽的篇章。中华文明在世界上曾经领潮流和时代之先。在人类历史上，先后出现过多种类型的古老文明，但能够一直延续至今并且没有重大断裂的，只有中华文明。

但到了近代，由于西方列强的侵略掠夺，由于自身封建制度的衰朽，由于闭关自守没有跟上时代进步的潮流，中华民族逐渐陷于落后的境地，甚至在西方列强的坚船利炮面前蒙受了奇耻大辱，一步步成为半殖民地半封建社会。

因而，近代以来，救亡和进步，就成为中华民族的两大历史性任务；实现中华民族伟大复兴，就成为中国人民憧憬的理想。

民主革命的先行者孙中山先生，率先喊出了"振兴中华"的口号。他描绘："一旦我们革新中国的目标得以实现，不但在我们的美丽的国家将会出现新纪元的曙光，整个人类也将得以共享更光明的前景。"

中华人民共和国成立之后，中国共产党就提出了实现四个现代化的目标。

改革开放以来，邓小平提出的分"三步走"基本实现社会主义现代化的发展战略，为中华民族的振兴和社会主义的发展描绘了宏伟蓝图。

20 世纪与 21 世纪之交，江泽民曾以诗一般的语言指出："中华民族的伟大复兴，已是跃出东方地平线的一轮绚丽红日，这轮红日是注定要高高升起来的，它的美丽霞光正在照耀祖国的大好河山。"

2012 年 11 月 29 日，刚刚当选中共中央总书记的习近平，在率领中央政治局常委到国家博物馆参观《复兴之路》展览时，第一次提出

"中国梦"的概念，强调实现中华民族伟大复兴，就是中华民族近代以来最伟大的梦想。

在十九大上，习近平进一步指出："实现中华民族伟大复兴是近代以来中华民族最伟大的梦想。"十九大形成了从全面建成小康社会到基本实现现代化、再到全面建成社会主义现代化强国的战略安排，发出了实现中华民族伟大复兴中国梦的最强音。

实现中国梦，意味着中国的经济实力和综合国力、国际地位和国际影响力大大提升，意味着中华民族以更加奋发向上、文明开放的姿态屹立于世界民族之林，意味着中国人民的物质生活和精神生活更加富足、安康和美好。

中国共产党人的初心和使命，就是为中国人民谋幸福，为中华民族谋复兴。党和人民的共同任务，就是不忘初心、牢记使命，高举中国特色社会主义伟大旗帜，决胜全面建成小康社会，夺取新时代中国特色社会主义伟大胜利，为实现中华民族伟大复兴的中国梦不懈奋斗。

实现伟大梦想，必须进行伟大斗争、建设伟大工程、推进伟大事业。实现中华民族伟大复兴，是一场接力跑，要一棒接着一棒跑下去，每一代人都要为下一代人跑出一个好成绩。

二十大要求以中国式现代化推进中华民族伟大复兴，号召全党为全面建设社会主义现代化国家、全面推进中华民族伟大复兴而团结奋斗！

第四章

国家制度

一、《共同纲领》

共同纲领，本是一个政治术语，指不同政党、集团之间，在一定时期内，为统一行动，经过协商而制定的共同遵守的奋斗目标和方针政策。

在中国，特指 1949 年 9 月中国人民政治协商会议第一届全体会议通过的《中国人民政治协商会议共同纲领》。它是中华人民共和国成立过程中的一份重要文献，是《中华人民共和国宪法》制定以前的建国纲领，起临时宪法的作用。

筹建中华人民共和国的最主要任务之一，是制定并通过一部全国各阶层人民、各民主党派、各人民团体一致接受和遵守的共同纲领。这是关系中华人民共和国成立和发展的一项极其重要的基础性工作。

早在中共中央发起召开新政协会议之际，就明确提出了制定《共同纲领》的问题。从 1947 年 12 月中共中央会议提出新民主主义革命的三大经济纲领，到 1948 年 9 月中共中央政治局会议确定新国家的国体和政体，有关建立新中国的各项大政方针一直在加紧酝酿。

1949 年 3 月，七届二中全会规定了革命在全国胜利以后，党在政治、经济、外交方面应当采取的基本政策，指出了中国由农业国转变为工业国、由新民主主义社会转变为社会主义社会的发展方向。同年 6 月 30 日，毛泽东为纪念中国共产党成立 28 周年发表重要文章《论人民民主专政》。七届二中全会决议和毛泽东的文章，实际上规划了建设新中国的蓝图，构成了制定《共同纲领》的理论基础和政策基础。

《共同纲领》曾三次起稿，三次命名。1948 年 11 月 25 日，中共中央与各民主人士达成的《关于召开新的政治协商会议诸问题的协议》规定，新政协应讨论和决定的两项重要问题之一，就是《共同纲领》。此前，纲领草案已由李维汉主持起草，1948 年 10 月形成了第一稿，11 月又形成了第二稿。

1949 年 6 月中旬，新政协筹备会成立后，决定由常委会下设的第三小组负责起草和修改《共同纲领》的工作，并由周恩来、许德珩分别担任组长、副组长。草案由中共方面起草，小组成员按照自愿参加的原则分为政治法律、财政经济、国防外交、文化教育、其他（包括华侨、少数民族、群众团体、宗教等问题）5 个小组进行讨论和拟定具体条文，供起草人参考。毛泽东直接参加各次过程稿的修改工作。

从中共方面正式提出草案初稿，到政协全体会议召开，共经过 7 次讨论。政协各参加单位还组织各自成员进行了讨论。代表们就国名及其简称、社会主义目标、"爱国民主分子"问题、人身自由问题、联苏问题等事项进行了热烈讨论。

经各方反复讨论和毛泽东多次修改的《中国人民政治协商会议共同纲领（草案）》，于 1949 年 9 月 17 日为新政协筹备会第二次全体会议所接受。21 日，中国人民政治协商会议第一届全体会议开幕。22 日，周恩来就纲领草案起草的经过向大会作报告。大会组成包括共同纲领草案整理委员会在内的 6 个分组委员会，以最后完成各项文件的起草工作。28 日，政协各单位及共同纲领草案整理委员会分别举行会议，对共同纲领草案作最后一次讨论。

9 月 29 日，政协全体会议代行全国人民代表大会职权，一致通过了《中国人民政治协商会议共同纲领》。

《共同纲领》分序言和总纲、政权机关、军事制度、经济政策、文化教育政策、民族政策、外交政策 7 章，总计 60 条，7000 余字。

《共同纲领》宣布："中国人民政治协商会议一致同意以新民主主

义即人民民主主义为中华人民共和国建国的政治基础。"

关于国体政体，《共同纲领》规定："中华人民共和国为新民主主义即人民民主主义的国家，实行工人阶级领导的、以工农联盟为基础的、团结各民主阶级和国内各民族的人民民主专政。""人民行使国家政权的机关为各级人民代表大会和各级人民政府。各级人民代表大会由人民用普选方法产生之"；"各级政权机关一律实行民主集中制"。

关于军事制度，《共同纲领》规定："建立统一的军队，即人民解放军和人民公安部队，受中央人民政府人民革命军事委员会统率，实行统一的指挥，统一的制度，统一的编制，统一的纪律。"

关于经济建设的根本方针，《共同纲领》规定："以公私兼顾、劳资两利、城乡互助、内外交流的政策，达到发展生产、繁荣经济之目的"；国家应调剂国营经济、个体经济和私人资本主义经济等，"使各种社会经济成分在国营经济领导之下，分工合作，各得其所，以促进整个社会经济的发展"。

关于文化教育政策，《共同纲领》规定："为新民主主义的，即民族的、科学的、大众的文化教育"；"提倡爱祖国、爱人民、爱劳动、爱科学、爱护公共财物作为中华人民共和国全体国民的公德"。

关于民族政策，《共同纲领》规定："各民族一律平等，实行团结互助"；"各少数民族聚居的地区，应实行民族的区域自治"。

《共同纲领》宣布："联合世界上一切爱好和平、自由的国家和人民，首先是联合苏联、各人民民主国家和各被压迫民族，站在国际和平民主阵营方面，共同反对帝国主义侵略，以保障世界的持久和平。"

《共同纲领》展示了新中国的宏伟建设蓝图，是新中国的建国纲领，是立足于中国实际、切合人民需要的治国大纲。在全国人民代表大会制定宪法前，它具有临时宪法作用，是全国各族人民共同遵守的大宪章。

刘少奇代表中共在中国人民政治协商会议第一届全体会议上郑重宣布：中国共产党完全遵守《共同纲领》的一切规定，并号召全国人民为彻底实现这一纲领而奋斗。

二、《中华人民共和国宪法》

《中华人民共和国宪法》，是中华人民共和国的根本大法，是中国特色社会主义法律体系的统帅和核心，是治国安邦的总章程，是党和人民意志的集中体现，拥有最高的法律效力。

1953年1月，中央人民政府委员会把制定宪法的任务提上日程，成立了以毛泽东为主席的中华人民共和国宪法起草委员会。1954年1月9日，宪法起草工作正式开始。6月14日，中央人民政府委员会第三十次会议讨论通过了《中华人民共和国宪法（草案）》，并通过决议交付全国人民讨论。全国有1.5亿余人参加讨论，提出118万多条修改、补充意见和问题，几乎涉及宪法草案每一个条款。

1954年9月，在普选基础上产生的第一届全国人民代表大会隆重举行，9月20日，一届全国人大一次会议通过并公布了《中华人民共和国宪法》。这是中国有史以来的第一部社会主义类型的宪法，共4章106条。它的一些基本内容和重要原则，为后来宪法和宪政的发展奠定了坚实的基础。

与其他法律比较，宪法具有更大的稳定性，一经制定，轻易不能改变。稳定，标志着国家政权和政治体制的稳定，宪法也才更有权威。但70年多来，中华人民共和国的政治、经济、文化甚至治国的方向和路径都发生过重大变化，改革开放以来，政治体制等也不断改进和完善。为适应这种变化，中华人民共和国成立后，在不同历史条件下，对宪法作过多次修改。从 1954 年宪法算起，一共颁布过 4 部宪法。

1975 年 1 月 17 日，四届全国人大一次会议通过第二部宪法，共 4 章 30 条。当时正处于"文化大革命"十年内乱期间，中国的法治遭到严重破坏。在此背景下制定的宪法，深深打上了"文化大革命"的烙印，"左"的倾向十分严重。

1978 年 3 月 5 日，五届全国人大一次会议通过第三部宪法，共 4 章 60 条。这部宪法，纠正了 1975 年宪法的一些错误，但因正处于两年"在徘徊中前进"的时期，所以仍没有走出"文化大革命"的阴影。

以 1978 年的十一届三中全会为标志，党和国家进入改革开放和社会主义现代化建设新时期。在拨乱反正的基础上，1982 年 12 月 4 日，五届全国人大五次会议通过了新中国的第四部宪法，即 1982 年宪法，共 4 章 138 条。

1982 年宪法是到目前为止最好的一部宪法，到今天已经实施了 40 多年。但由于党和国家正处于一个改革开放的时代，各方面的制度和体制变动很大，所以在保持 1982 年宪法基本不变的基础上，也对宪法的部分内容和条文进行了 5 次修正。

1988 年 4 月 12 日，七届全国人大一次会议通过宪法修正案第 1—2 条。主要是确认私营经济是社会主义公有制经济的补充，国家允许私营经济在一定范围内存在和发展，并规定土地使用权可以依照法律的规定转让。

1993 年 3 月 29 日，八届全国人大一次会议通过宪法修正案第 3—11 条。主要是写进了初级阶段和基本路线的内容，规定了中国共产党领导的多党合作和政治协商制度的长期性，肯定了社会主义市场经济以及相应的各方面改革的成果，将国营经济改名为国有经济，取消农村人民公社等。

1999 年 3 月 15 日，九届全国人大二次会议通过宪法修正案第 12—17 条。主要是确立邓小平理论的指导地位，规定依法治国、建设社会主义法治国家，确立公有制为主体、多种所有制经济共同发展的基本经济制度和按劳分配为主体、多种分配方式并存的分配制度，将个体经济、私营经济等非公有制经济界定为社会主义市场经济的重要组成部分，将反革命活动修改为危害国家安全的犯罪活动等。

2004 年 3 月 14 日，十届全国人大二次会议通过宪法修正案第 18—31 条。主要是增加"三个代表"重要思想、推动物质文明、政治文明和精神文明协调发展、社会主义事业的建设者、公民的合法的私有财产不受侵犯。增加一款"国家尊重和保障人权"。国家主席增加进行国事活动的规定。将乡一级人民代表大会每届任期由三年统一改为五年。增加一款"中华人民共和国国歌是《义勇军进行曲》"。

2018 年 3 月 11 日，十三届全国人大一次会议通过宪法修正案第 32—52 条，是 1982 年以来修改幅度最大的一次。这次修改是以习近平同志为核心的党中央从新时代坚持和发展中国特色社会主义全局和战略高度作出的重大决策。

修改的主要内容为：

（一）确立科学发展观、习近平新时代中国特色社会主义思想在国家政治和社会生活中的指导地位，增写科学发展观、习近平新时代中国特色社会主义思想、贯彻新发展理念；

（二）调整充实中国特色社会主义事业总体布局和第二个百年奋斗目标的内容，增写社会文明、生态文明、和谐美丽、现代化强国，实现中华民族伟大复兴；

（三）完善依法治国和宪法实施举措，将法制修改为法治，增写国家工作人员就职时应当依照法律规定公开进行宪法宣誓；

（四）充实完善我国革命和建设发展历程的内容，在革命、建设后增写改革一词；

（五）充实完善爱国统一战线和民族关系的内容，增写致力于中华民族伟大复兴、和谐；

（六）充实和平外交政策方面的内容，增写坚持和平发展道路，坚持互利共赢开放战略，推动构建人类命运共同体；

（七）充实坚持和加强中国共产党全面领导的内容，增写中国共产党领导是中国特色社会主义最本质的特征；

（八）增加倡导社会主义核心价值观的内容，增写倡导社会主义核心价值观；

（九）修改国家主席任职方面的有关规定，将"连续任职不得超过两届"删去；

（十）增加设区的市制定地方性法规的规定；

（十一）增加有关监察委员会的各项规定，增加"监察委员会"一节，并在其他有关条款中增写有关内容。

习近平指出，宪法是国家的根本法，是治国安邦的总章程，具有最高的法律地位、法律权威、法律效力，具有根本性、全局性、稳定性、长期性。任何组织或者个人，都不得有超越宪法和法律的特权。一切违反宪法和法律的行为，都必须予以追究。

习近平强调，宪法与国家前途、人民命运息息相关。维护宪法权威，就是维护党和人民共同意志的权威。捍卫宪法尊严，就是捍卫党和人民共同意志的尊严。保证宪法实施，就是保证人民根本利益的实现。只要我们切实尊重和有效实施宪法，人民当家作主就有保证，党和国家事业就能顺利发展。我们要更加自觉地恪守宪法原则、弘扬宪法精神、履行宪法使命。

三、国家性质

国家性质，主要指国体，就是国家的阶级性质，即社会各阶级在国家中的地位，还包括与国民相联系的国家主权归属关系。历史上的国体类型有奴隶制国家、封建制国家、资本主义国家、社会主义国家等，还有某些特殊的类型。

1949 年制定的《共同纲领》规定："中华人民共和国为新民主主义即人民民主主义的国家，实行工人阶级领导的、以工农联盟为基础的、团结各民主阶级和国内各民族的人民民主专政，反对帝国主义、封建主义和官僚资本主义，为中国的独立、民主、和平、统一和富强而奋斗。"这里的"各民主阶级"指的是在新民主主义革命时期结成人民民主统一战线的中国工人阶级、农民阶级、小资产阶级和民族资产阶级。

现行宪法规定："中华人民共和国是工人阶级领导的、以工农联盟为基础的人民民主专政的社会主义国家。"

这里的关键词有：工人阶级、工农联盟、人民民主专政、社会主义。

工人阶级是先进生产力和先进生产关系的代表，是领导阶级，是社会主义建设事业的中坚力量。改革开放以来，工人阶级队伍进一步壮大，人数不断增加，整体素质不断提升。特别是知识分子早已成为工人阶级的一部分，发挥着独特的引领生产力发展的作用。农民是中国人口最多的阶级，是工人阶级可靠的同盟军，在政治上与工人阶级结成紧密联盟。

在中国革命、建设、改革中，广大农民群众都作出了重大贡献。社会主义的建设事业必须依靠工人、农民和知识分子，团结一切可以团结的力量。在长期的革命、建设、改革过程中，已经结成由中国共产党领导的，有各民主党派和各人民团体参加的，包括全体社会主义劳动者、社会主义事业的建设者、拥护社会主义的爱国者、拥护祖国统一和致力于中华民族伟大复兴的爱国者的广泛的爱国统一战线，这个统一战线将继续巩固和发展。

人民民主专政实质上即无产阶级专政。国家坚持民主和专政的统一。在广大人民中实行民主，对少数敌人实行专政。在我国，剥削阶级作为阶级已经消灭，但是阶级斗争还将在一定范围内长期存在。中国人民对敌视和破坏我国社会主义制度的国内外的敌对势力和敌对分子，必须进行斗争。

1956年生产资料的社会主义改造完成之后，中国已经建立了社会主义基本制度。所以，中国是社会主义国家，社会主义制度是中华人民共和国的根本制度。禁止任何组织或者个人破坏社会主义制度。

从国家主权归属关系的角度看，各国政治制度主要分共和制、立宪君主制和君主制三种类型。中华人民共和国的定名，表明了我国把"人民"与"共和"摆在至高无上的地位。

中华人民共和国的一切权力属于人民，人民的权力高于一切。人民依照法律规定，通过各种途径和形式，管理国家事务，管理经济和文化事业，管理社会事务。人民行使国家权力的机关是全国人民代表大会和地方各级人民代表大会。

共和制，是体现社会主义国家性质的最好方式，表明了国家对人民社会政治地位和政治权利的尊重。

四、国家结构

国家结构，即国家结构形式，是指国家以何种方式来划分它的内部组成，处理它的整体与部分、中央与地方之间关系的模式。依据中央与地方的关系，主要分为单一制国家和复合制国家。

中国历史上是以汉族为主体的统一的多民族国家。中国共产党的早期纲领，因受苏联影响，曾提出"建立中华联邦共和国"的口号。到七大仍保留了"联邦共和国"的宣传纲领。但历史和现实都证明，联邦制不适合中国国情。因此，中华人民共和国成立时，便实行了单一制的国家结构形式，民族问题采用民族区域自治的制度。《共同纲领》规定："各下级人民政府均由上级人民政府加委并服从上级人民政府。全国各地方人民政府均服从中央人民政府。""中央人民政府与地方人民政府间职权的划分，应按照各项事务的性质，由中央人民政府委员会以法令加以规定，使之既利于国家统一，又利于因地制宜。"

现行宪法规定："中华人民共和国是全国各族人民共同缔造的统一的多民族国家。"为保证国家的统一完整，采用单一制原则，同时有一些中国特点：

第一，"中央和地方的国家机构职权的划分，遵循在中央的统一领导下，充分发挥地方的主动性、积极性的原则"。遵循维护中央权威，尊重地方利益，充分发挥中央与地方两个积极性。省、直辖市的人民代表大会和它们的常务委员会，在不同宪法、法律、行政法规相抵触的前提下，可以制定地方性法规，报全国人民代表大会常务委员会备案。设区的市的人民代表大会和它们的常务委员会，现在也有了相应的制定地方性法规的权力。县级以上地方各级人民政府依照法律规定的权限，管理本行政区域内的经济、教育、科学、文化、卫生、体育事业、城乡建设事业和财政、民政、公安、民族事务、司法行政、计划生育等行政工作，发布决定和命令，任免、培训、考核和奖惩行政工作人员。

第二，实行民族区域自治制度。在少数民族聚居的地方，实行民族区域自治，建立民族自治机关。各民族自治地方都是中华人民共和国不可分离的部分。根据宪法和相关法律，民族自治地方政府除行使一般地方国家机关的职权外，还拥有民族自治权，根据本地实际情况贯彻国家的法律和政策。民族自治地方的人民代表大会有权依照当地民族的政治、经济和文化的特点，制定自治条例和单行条例。

第三，在单一制的框架下，在某些地区实行特别行政区制度。"国家在必要时得设立特别行政区。在特别行政区内实行的制度按照具体情况由全国人民代表大会以法律规定。"特别行政区不实行社会主义制度和内地实行的政策，保持原有的社会制度和生活方式。

为解决台湾、香港、澳门问题而提出的"一个国家、两种制度"的科学构想及其付诸实施，在处理中央政府和它们的关系上采取了一些灵活措施，但仍是以坚持祖国统一和民族团结，坚持总体上的单一制国家结构形式为前提的。"一国两制"和民族区域自治制度等因素，表明中国在国家结构形式的构建方面灵活吸收了复合制的某些特征，具有鲜明的中国特色。

五、行政区划

行政区划是行政区域划分的简称，是国家为便于实施政务管理，根据实际需要，对地方行政区域进行划分和调整的制度安排。

中国自秦朝开始实行郡县制。从元朝开始实行行省制。此后，历代行政区划虽多有变更，但省和县始终为中国基本的行政区域单位，民国时期又有市的设置。

中华人民共和国成立初期，在基本保持原行政区划的基础上，进行了一些重要的调整。设立小省或行政公署，成立了一批直辖市，同时，为保证中央政令的统一和有力贯彻执行，实行了大行政区制度，即在中央与省之间设立华北、东北、华东、中南、西南、西北 6 个大行政区。在一些政治、历史情况比较特殊的地区，采取了中央直辖或自治的方式。1950 年 1 月，政务院发布省、市、县人民政府组织通则。到 1951 年，全国共成立 29 个省、1 个自治区、8 个省级行署、13 个直辖市人民政府、140 个市人民政府及 2283 个县级（包括县、旗、宗、自治区等）人民政府。

1954 年 4 月 27 日，中共中央政治局扩大会议决定撤销大区一级党政机构。后来在不同时期，行政区划又经历了一些变更和改革，逐步形成了今日的行政区划格局。

根据宪法，中国现行行政区划的基本制度是：

（一）全国分为省、自治区、直辖市；

（二）省、自治区分为自治州、县、自治县、市；

（三）县、自治县分为乡、民族乡、镇。

直辖市和较大的市分为区、县。自治州分为县、自治县、市。

自治区、自治州和自治县都是民族自治地方。

国家在必要时得设立特别行政区。在特别行政区内实行的制度按照具体情况由全国人民代表大会以法律规定。香港和澳门是中国领土的一部分。中国政府已于 1997 年 7 月 1 日对香港恢复行使主权，成立了香港特别行政区；于 1999 年 12 月 20 日对澳门恢复行使主权，成立了澳门特别行政区。

由此，中国现行行政区域的基本单位有省、自治区、直辖市、特别行政区、自治州、县、自治县、市、区、乡和自治乡、镇共 12 种类型。

乡镇是中国最基层的行政单位。

在现行行政区划格局中，全国还设置有 4 类准行政区域，分为地区、盟、县辖区和街道。

"地区"介于省和县两级行政区域之间，在该行政区域设置行政公署，为省或自治区政府的派出机构。1983年实施"地改市"的地级行政区划改革后，原来的地区大多陆续改成市，目前还保留着7个地区建制。

"盟"为内蒙古自治区单独设置的准行政区域，相当于自治州，但在区域内不设置政权机关而设置行政公署，作为自治区政府的派出机构，目前保留有3个盟。

20世纪90年代之前，在县和乡之间，还普遍设置有县辖区的准行政区域，在区域内设置区公所，为县政府的派出机构，管辖数个乡，后实施"撤区并乡"的行政区划改革，绝大多数县辖区被取消。

在城镇地区，主要在市辖区和不设区的市以及少数县之下，设置街道办事处，为区政府或者市、县政府的派出机构。

在历史上和习惯上，各省级行政区都有简称。省级人民政府驻地称省会（首府）。

中央人民政府所在地是首都。北京是中华人民共和国的首都。

截至2022年12月31日，全国共划分为34个省级行政区（包括23个省、5个自治区、4个直辖市、2个特别行政区），333个地级行政区（包括293个地级市、7个地区、30个自治州、3个盟），2843个县级行政区（包括977个市辖区、394个县级市、1301个县、117个自治县、49个旗、3个自治旗、1个特区、1个林区），38602个乡级行政区（包括2个县辖区公所、21389个镇、7116个乡、153个苏木、957个民族乡、1个民族苏木、8984个街道）。（香港、澳门和台湾区域的下属行政区另行计算）

六、中国特色社会主义制度

改革开放的最重要成果，是创立了中国特色社会主义。中国特色社会主义的外延非常广泛。它既是一种道路，也是一种事业；既是一种实践，也是一种理论；既是一种制度体系，也是一种历史进程；既是一面旗帜，也是一种文化。改革开放以来，在不同的语境中提出和使用了这些概念。十八大以来，党和国家将其主要归结为道路、理论体系、制度、文化4个方面。

无论是道路、事业，还是实践、理论，最终固化下来，还是要成为一种制度。邓小平说，制度问题更带有根本性、全局性、稳定性和长期性。中国共产党总结以往特别是"文化大革命"的经验教训，深刻认识到制度建设的重要性。改革开放以来，无论是在党的建设上，还是在国家和社会建设上，都越来越注重和加强制度建设。建设和发展中国特色社会主义，必须落实到制度上，见诸一整套完善、严密的制度体系，才能最终固化下来。

中华人民共和国成立后，逐步建立了社会主义的基本制度。改革开放后，对经济、政治、科技、文化、教育、社会等各方面的体制不断进行改革，不仅使社会主义的基本制度得到了坚持，而且使各方面的体制得到了完善，进一步增强了活力和生机，在一定程度上形成了相互衔接、相互联系的制度体系。

所以，2011年胡锦涛在"七一"讲话中，第一次提出了"中国特色社会主义制度"的范畴，宣告我们已经"确立了中国特色社会主义制度"。

中国特色社会主义制度包含哪些内容？十八大报告逐一列举了人民代表大会制度的根本政治制度，中国共产党领导的多党合作和政治协商制度、民族区域自治制度以及基层群众自治制度等基本政治制度，中国特色社会主义法律体系，公有制为主体、多种所有制经济共同发展的基本经济制度，以及建立在这些制度基础上的经济体制、政治体制、文化体制、社会体制等各项具体制度。

所有这些，依据其重要性，划分为根本制度、基本制度、各方面体制等具体制度，它们共同构成了中国特色社会主义的制度体系。

这一套制度，既不同于传统的社会主义模式，更不同于其他任何国家的模式。它是一套建立在中国基本国情基础之上、把科学社会主义的基本原则与中国当代实际和时代实际结合起来的、独特的制度体系。这套制度，书本上找不到，外国找不到，是中国人民的伟大创造，是改革开放的伟大创造。

确立中国特色社会主义制度，是党和人民长期奋斗逐步积累的成果，是改革开放以来取得的历史性成就。这一制度，符合中国国情，顺应时代潮流，有利于保持党和国家活力、调动广大人民群众和社会各方面的积极性主动性创造性，有利于解放和发展社会生产力、推动经济社会全面发展，有利于维护和促进社会公平正义、实现全体人民共同富裕，有利于集中力量办大事、有效应对前进道路上的各种风险挑战，有利于维护民族团结、社会稳定、国家统一。它集中体现了中国特色社会主义的特点和优势，是当代中国发展进步的根本制度保障。

中国特色社会主义还在不断探索和实践的过程中。因此，中国特色社会主义制度还需要继续丰富、发展和完善。邓小平设想，到建党100周年时，要争取在各方面形成比较成熟的制度。十七大把"各方面制度更加完善"列入全面建设小康社会的新要求中。

十八大以来，中国特色社会主义制度得到进一步发展和完善。

十九届四中全会对坚持和完善中国特色社会主义制度、推进国家治理体系和治理能力现代化作出总体擘画，重点部署坚持和完善支撑中国特色社会主义制度的根本制度、基本制度、重要制度。

习近平新时代中国特色社会主义思想"明确全面深化改革总目标是完善和发展中国特色社会主义制度、推进国家治理体系和治理能力现代化"。面对风云变幻的国际形势，面对艰巨繁重的国内改革发展稳定任务，一定要继续坚持和完善中国特色社会主义制度，努力使这一制度成为中华民族长治久安、不断发展的最基本的保障条件。

七、人民代表大会制度

人民代表大会制度是中国的政体，是中华人民共和国的根本政治制度。

政体，是国家政权的组织形式，广义的政体包括国家的管理形式和国家的结构形式。

1931 年，中国共产党在江西瑞金成立中华苏维埃共和国临时中央政府，以全国工农兵苏维埃代表大会作为中华苏维埃共和国的最高权力机关。

1949 年中华人民共和国成立时，不再使用苏维埃的名称，决定建立人民代表大会制度。在选举产生全国人民代表大会之前，由中国人民政治协商会议全体会议代行全国人大职权。

1954 年 9 月，第一届全国人民代表大会第一次会议召开，标志着人民代表大会制度正式建立并成为国家的根本政治制度。

1957 年以后，人民代表大会制度受到削弱。1966 年"文化大革命"开始后，全国人大及其常委会工作完全停顿。1975 年 1 月，时隔 10 年之后，四届全国人大一次会议召开。会议通过的宪法规定："地方各级革命委员会是地方各级人民代表大会的常设机关，同时又是地方各级人民政府。"

十一届三中全会后，人民代表大会制度进入以"坚持、巩固、改革、完善"为特点的新的发展阶段。1979 年 6 — 7 月的五届全国人大二次会议对宪法关于地方人大的规定作了三项重要修改：一是将地方各级革命委员会改为地方各级人民政府，二是在县和县以上的地方各级人民代表大会设立常务委员会，三是将县级人民代表大会代表改为由选民直接选举。这次会议标志着人民代表大会制度的全面恢复和发展。

1982 年 12 月，五届全国人大五次会议通过新中国第四部宪法。1983 年 6 月，举行六届全国人大一次会议。此后，全国人大每五年选举换届一次，每年开会一次，完全步入正常化轨道。

按照宪法的规定，中华人民共和国的一切权力属于人民。人民行使国家权力的机关是全国人民代表大会和地方各级人民代表大会。人民通过普遍的民主选举，产生自己的代表，组成各级人民代表大会。

全国人民代表大会是最高国家权力机关，地方各级人民代表大会是地方国家权力机关。各级人民代表大会及其常务委员会构成由中央到地方和基层的国家权力机关系统。它是人民行使管理国家事务的权力机关，是人民主权的直接载体，是人民当家作主的标志。

各级国家行政机关、监察机关、审判机关、检察机关和国家军事机关都由人民代表大会产生，对它负责，受它监督。国家主席由全国人大选举产生。国务院是全国人大及其常委会的执行机关、最高国家行政机关和中央人民政府。

县以上的各级人大均设有常务委员会作为常设机关，以保证工作的经常性、连续性、稳定性。

在中央统一领导下，实行中央和地方的合理分权，发挥两个积极性。

人民代表大会制度体现民族平等、团结的精神。在全国人大中，每个少数民族至少有一名代表。

人民代表大会实行民主集中制原则，集体行使职权，集体决定问题。同时，对国家的元首权、行政权、监察权、审判权、检察权和武装力量的领导权作了明确划分，并规定各级人大常委会的组成人员不得同时担任国家行政机关、监察机关、审判机关和检察机关的职务。

人民代表大会构成了我国民主的基本框架，具有广泛的群众基础，是人民行使当家作主权利的政治组织形式。人民代表大会制度对其他许多制度起着决定性的作用。在我国，建设民主政治可以有许多方面、许多渠道，但是最根本的渠道还是人民代表大会制度。从1954年人大制度建立以来，虽然曾经受到破坏，但总的来说，特别是改革开放以来，它已经不断发展、进步和完善，显示了强大的生命力和优越性。

二十大要求加强人民当家作主制度保障，党要支持和保证人民通过人民代表大会行使国家权力，保证各级人大都由民主选举产生、对人民负责、受人民监督。支持和保证人大及其常委会依法行使立法权、监督权、决定权、任免权，健全人大对行政机关、监察机关、审判机关、检察机关监督制度，维护国家法治统一、尊严、权威。①

八、中国共产党领导的多党合作和政治协商制度

中国共产党领导的多党合作和政治协商制度是中国的一项基本政治制度，是具有中国特色的社会主义政党制度。中国人民政治协商会议是实行中国共产党领导的多党合作和政治协商制度的重要政治形式和组织形式。

中国国民党革命委员会、中国民主同盟、中国民主建国会、中国

---

① 《习近平著作选读》第一卷，人民出版社 2023 年版，第 31 页。

民主促进会、中国农工民主党、中国致公党、九三学社、台湾民主自治同盟等民主党派，大都建立于抗日战争后期和解放战争时期。它们都与中国共产党有着不同程度的联系和合作共事关系，形成了人民民主统一战线。1949 年，共同筹备成立了中华人民共和国。中国人民政治协商会议第一届全体会议的召开，标志着中国共产党领导的多党合作和政治协商制度的正式确立。

人民代表大会制度确立后，1954 年 12 月召开的中国人民政治协商会议第二届全国委员会第一次会议通过《中国人民政治协商会议章程》，规定了人民政协的性质、任务及其组织原则、组织形式等，明确了人民政协作为团结全国各民族、各民主阶级、各民主党派、各人民团体、国外华侨和其他爱国民主人士的人民民主统一战线的组织。中国人民政治协商会议成为中国共产党领导的多党合作和政治协商制度的重要机构。

1956 年社会主义改造基本完成后，中国共产党提出了"长期共存、互相监督"的方针，明确共产党存在多久，民主党派就存在多久，共产党可以监督民主党派，民主党派也可以监督共产党；由于共产党居于领导、执政地位，主要是民主党派监督共产党。改革开放后，该方针又充实了"肝胆相照、荣辱与共"的内容。

"文化大革命"期间，各民主党派被迫停止活动，共产党与民主党派的合作受到了严重破坏。

十一届三中全会后，各民主党派积极参与改革开放和社会主义现代化建设事业，中国共产党领导的多党合作和政治协商制度得到巩固和发展。

1978 年 2 月 24 日至 3 月 8 日，全国政协五届一次会议举行。此后，每五年换届一次成为常态。到现在，全国政协已经是第十四届。

1982 年 12 月 11 日，中国人民政治协商会议第五届全国委员会第五次会议通过《中国人民政治协商会议章程》。此后，1994年3月19日、2000年3月11日、2004年3月12日、2018年3月15日、2023年3月11日又5次作了修订。

1989年12月30日，中共中央发出《关于坚持和完善中国共产党领导的多党合作和政治协商制度的意见》，指出"长期共存、互相监督、肝胆相照、荣辱与共"是中国共产党同各民主党派合作的基本方针，明确中国共产党领导的多党合作和政治协商制度是一项基本政治制度，确定了各民主党派在国家政权和国家政治生活中的地位。

1994年3月19日，全国政协八届二次会议审议通过《中国人民政治协商会议章程（修正案）》，把政治协商、民主监督、参政议政并列为人民政协的主要职能。

2005年2月，中共中央发出《关于进一步加强中国共产党领导的多党合作和政治协商制度建设的意见》。

2006年7月24日，中共中央发出《关于巩固和壮大新世纪新阶段统一战线的意见》，指出新世纪新阶段统一战线已经进一步发展成为全体社会主义劳动者、社会主义事业的建设者、拥护社会主义的爱国者和拥护祖国统一的爱国者的最广泛的联盟，进一步阐明新世纪统一战线的性质、特征、地位和基本任务以及在若干重要领域的方针政策。

中国共产党领导的多党合作和政治协商制度的主要特点是共产党领导、多党派合作，共产党执政、多党派参政。共产党是执政党，各民主党派是参政党。

人民政协是中国人民爱国统一战线组织，是中国共产党领导的多党合作和政治协商的重要机构，是我国政治生活中发扬社会主义民主、实践全过程人民民主的重要形式，是社会主义协商民主的重要渠道和专门协商机构，是国家治理体系的重要组成部分，是具有中国特色的制度安排。人民政协围绕团结和民主两大主题履行政治协商、民主监督、参政议政职能。

政治协商是对国家大政方针和地方的重要举措以及经济建设、政治建设、文化建设、社会建设、生态文明建设中的重要问题，在决策之前和决策实施之中进行协商。

民主监督是对国家宪法、法律和法规的实施，重大方针政策、重大改革举措、重要决策部署的贯彻执行情况，涉及人民群众切身利益的实际问题解决落实情况，国家机关及其工作人员的工作等，通过提出意见、批评、建议的方式进行的协商式监督。

参政议政是对政治、经济、文化、社会生活和生态环境等方面的重要问题以及人民群众普遍关心的问题，开展调查研究，反映社情民意，进行协商讨论。通过调研报告、提案、建议案或其他形式，向中国共产党和国家机关提出意见和建议。

中国共产党在制定重大政策、作出重大人事安排时，都同各民主党派充分协商、听取意见。政治协商、民主监督、参政议政逐步制度化、规范化、程序化。

根据宪法的规定，中国共产党领导的多党合作和政治协商制度将长期存在和发展。

二十大要求坚持和完善中国共产党领导的多党合作和政治协商制度，坚持党的领导、统一战线、协商民主有机结合，坚持发扬民主和增进团结相互贯通、建言资政和凝聚共识双向发力，发挥人民政协作为专门协商机构作用，加强制度化、规范化、程序化等功能建设，提高深度协商互动、意见充分表达、广泛凝聚共识水平，完善人民政协民主监督和委员联系界别群众制度机制。①

---

① 《习近平著作选读》第一卷，人民出版社 2023 年版，第 32 页。

九、民族区域自治制度

在统一共和国的框架内实行民族区域自治制度，是中华人民共和国的一项基本政治制度，是实现民族平等、保障少数民族权利的重要政治制度，是在多民族国家里解决国家整体与民族地方关系的一个创造。

中国是统一的多民族国家，经过民族调查和识别，1990 年第四次全国人口普查正式将中国大陆的民族确定为 56 个。各民族之间人口数量相差很大，汉族人口最多，其他 55 个民族人口相对较少，习惯上被称为"少数民族"。少数民族分布在全国各地，各民族处于大杂居、小聚居的状况，西部和边疆部分地区是少数民族比较集中的聚居区。

用什么样的制度和方式解决中国的民族问题，是事关中华民族根本利益的重大问题。中国共产党成立之初，曾受苏联影响，主张实行民族自决，建立联邦共和国。但随着形势的发展，特别是筹建新中国时，认识到联邦制不适合中国国情。因此，1949 年 9 月的《中国人民政治协商会议共同纲领》明确规定："各少数民族聚居的地区，应实行民族的区域自治，按照民族聚居的人口多少和区域大小，分别建立各种民族自治机关。"这标志着民族区域自治作为国家的基本政治制度正式确立。

从 1950 年至 1952 年，中央人民政府先后组织了 4 个中央民族访问团，邀请著名民主人士参加，分别赴西北、西南、中南及东北、内蒙古等各少数民族地区访问。1952 年，中央人民政府委员会批准《中华人民共和国民族区域自治实施纲要》。

1954 年，《中华人民共和国宪法》确定了民族区域自治制度最基本的内容，除了"各少数民族聚居的地方实行区域自治"这个总的原则外，还将民族自治地方分为自治区、自治州、自治县 3 级，县以下的少数民族聚居区，设民族乡。

为按宪法进一步规范民族自治地方体制，从 1955 年到 1957 年上半年，着手起草《民族自治实施纲要修订草稿》《民族自治地方自治要点（草案）》和《民族区域自治纲要（草案）》。到 1966 年"文化大革命"初期，曾八易其稿，但没有能够完成。

十一届三中全会以后，加强民族区域自治法治建设被提上议事日程。1984 年 5 月 31 日，六届全国人大二次会议通过《中华人民共和国民族区域自治法》。2001 年 2 月 28 日，九届全国人大常委会第二十次会议通过新修订的《中华人民共和国民族区域自治法》，明确规定"民族区域自治是国家的一项基本政治制度"。

《中华人民共和国民族区域自治法》是中华人民共和国成立以来第一部关于民族区域自治的专门法律。它的施行，对于推动基本完成民族自治地方的建立任务，保障民族自治地方的自治机关行使自治权利，促进民族自治地方经济文化建设，发挥了重大作用。

民族区域自治制度的基本内容是，在国家的统一领导下，各少数民族聚居地方实行区域自治，设立自治机关，行使自治权，自主地管理本民族、本地区的内部事务，行使当家作主的权利，各民族自治地方都是中华人民共和国不可分离的部分。

民族自治地方分为自治区、自治州和自治县 3 个层级。民族自治地方设立的自治机关属国家的地方政权机关。民族自治地方依据本地方的实际情况，可以包括一部分汉族或者其他民族的居民区和城镇。有些少数民族聚居地区因区域较小，人口较少，可以设立民族乡。民族乡是一级行政区域，是对民族区域自治制度的一种补充。

民族自治地方有权依照当地民族的政治、经济和文化的特点，制定自治条例和单行条例；自主管理地方财政和本民族本地区内部事务；使用和发展本民族语言文字；尊重和保护少数民族宗教信仰自由以及保留民族风俗习惯；国家和全国各地支持民族自治地方的发展。

国家根据各少数民族的特点和需要，实行一系列优惠政策，不断加大对少数民族地区的扶持力度，帮助少数民族地区加速发展。

实行民族区域自治制度的前提是国家的集中统一，核心是自治机关行使自治权，根本目的是实现各民族共同团结奋斗、共同繁荣发展。

截至 2022 年 12 月 31 日，全国共有 5 个自治区、30 个自治州、3 个盟和 117 个自治县、49 个旗、3 个自治旗。

世界上的多民族国家在处理民族问题方面有不同的制度，中国所实行的民族区域自治是根据本国的历史发展、文化特点、民族关系和民族分布等具体情况作出的制度安排，符合各民族人民的共同利益和发展要求，具有鲜明的中国特色和制度优势。

民族区域自治制度的实行，对发挥各族人民当家作主的积极性，发展平等、团结、互助的社会主义民族关系，对促进各民族地区经济、文化建设事业的发展，对保障祖国统一、领土完整和国家的长治久安都发挥了重要的作用。

二十大强调，要以铸牢中华民族共同体意识为主线，坚定不移走中国特色解决民族问题的正确道路，坚持和完善民族区域自治制度，加强和改进党的民族工作，全面推进民族团结进步事业。[①]

十、基层群众自治制度

基层群众自治制度是中国特色社会主义政治制度的重要组成部分，是发展社会主义民主政治的基础性工程。

---

① 《习近平著作选读》第一卷，人民出版社 2023 年版，第 33 页。

基层群众自治制度，就是城乡居民群众以相关法律法规政策为依据，在城乡基层党组织领导下，在居住地范围内，依托基层群众自治组织，直接行使民主选举、民主决策、民主管理和民主监督等权利，实行自我管理、自我服务、自我教育、自我监督的民主制度和管理模式。

我国地域辽阔、人口众多、社会管理层次较多，人民生产生活的重心在基层，基层公共事业的发展和基层公共事务的管理涉及人民群众的切身利益，基层民主同保证人民合法权益密切相关，因此，人民依法直接行使民主权利，管理基层公共事务和公益事业，是人民当家作主最有效、最广泛的途径。

中华人民共和国成立以来，党和国家一直致力于加强基层政权建设。特别是改革开放以来，把发展基层民主作为一项重大的战略任务，进行了长期的探索、实践和创新。

1981年，《关于建国以来党的若干历史问题的决议》指出："要在基层政权和基层社会生活中逐步实现人民的直接民主。"

1982年的《中华人民共和国宪法》，把城市居民委员会和村民委员会作为基层群众性自治组织载入宪法。1992年的十四大，第一次把中国基层民主的制度形式划定为三大组成部分，即村委会、居委会和职代会。

2007年10月的十七大进一步提升了基层民主的战略地位，强调发展基层民主是人民当家作主最有效、最广泛的途径，必须作为发展社会主义民主政治的基础性工程重点推进。

经过不断实践、改革和发展，基层群众自治制度形成了"2+1"种主要形式。

一是村民自治组织。1987年11月，六届全国人大常委会第二十三次会议通过的《中华人民共和国村民委员会组织法（试行）》

规定："村民委员会是村民自我管理、自我教育、自我服务的基层群众性自治组织。"村民自治由此正式确立其法律地位。2009 年 4 月，中共中央办公厅、国务院办公厅发出《关于加强和改进村民委员会选举工作的通知》。

二是城市居民自治组织。早在 1954 年，一届全国人大常委会第四次会议便制定和通过《中华人民共和国城市居民委员会组织条例》，把居民委员会的性质规定为"群众自治性的居民组织"。改革开放后，为适应城市社会的变化，七届全国人大常委会第十一次会议于 1989 年 12 月通过和颁布《中华人民共和国城市居民委员会组织法》，将居民委员会与村民委员会作了同样的定性。2010 年 8 月，中共中央办公厅、国务院办公厅发布《关于加强和改进城市社区居民委员会建设工作的意见》。

三是职工代表大会。1986 年中共中央、国务院颁布的《全民所有制工业企业职工代表大会条例》、1988 年七届全国人大一次会议通过的《中华人民共和国全民所有制工业企业法》，以法律法规形式明确规定了职工代表大会的性质和职权。职工代表大会闭幕后，由企业工会委员会作为职代会的工作机构，负责职工代表大会的日常工作。职代会是基层民主制度，但在法律上没有规定其为"基层群众自治"制度。

基层群众自治制度是提高人民群众政治素质和管理能力的重要平台，是人民实现有序政治参与的重要渠道，是推进我国社会主义民主政治建设的重要内容。基层群众自治的实践，从做得到的事情做起，从群众最关心的事情入手，由点到面、由浅入深，逐步推开，取得了很大进步，对基层社会治理发挥了重要作用。

人民群众通过基层民主的实践，逐步提高了参政议政能力。

广大人民在城乡基层群众性自治组织中，依法直接行使民主选举、民主决策、民主管理和民主监督的权利，对所在基层组织的公共事务和公益事业实行民主自治，正在成为当代中国最直接、最广泛的民主实践。

二十大指出，基层民主是全过程人民民主的重要体现。要积极发展基层民主。健全基层党组织领导的基层群众自治机制，加强基层组织建设，完善基层直接民主制度体系和工作体系，增强城乡社区群众自我管理、自我服务、自我教育、自我监督的实效。健全以职工代表大会为基本形式的企事业单位民主管理制度，维护职工合法权益。[①]

十一、全过程人民民主

人民民主是社会主义的本质要求，党内民主是党的生命。改革开放以来，中国特色社会主义民主不断发展。进入新时代以来，以习近平同志为核心的党中央提出了全过程人民民主的重要概念。

民主，就其最基本的含义来说，是指一种按照预定的程序和规则，根据多数人的意愿作出决定的机制。将这种机制运用于党内，就是党内民主；运用于国家政治生活中，就是政治民主；把它固定化、制度化的，就成为民主制度。所谓民主，最基本、最重要的，就是指这样的制度和机制。而通常所说的民主精神、民主作风、民主意识、民主观念，等等，都是从民主的制度和机制中派生出来的，它们都很重要，但不是民主的本义。

2019 年 11 月，习近平在上海虹桥街道考察时指出，"我们走的是一条中国特色社会主义政治发展道路，人民民主是一种全过程的民主"。2021 年 7 月 1 日，在庆祝中国共产党成立 100 周年大会上，习近平强调：新的征程上，要"践行以人民为中心的发展思想，发展

---

① 《习近平著作选读》第一卷，人民出版社 2023 年版，第 32 页。

全过程人民民主"。2021 年 10 月，在中央人大工作会议上，习近平对全过程人民民主的理念和实践作出系统的阐述。十九届六中全会通过的第三个历史决议，把"发展全过程人民民主"作为习近平新时代中国特色社会主义思想的主要内容纳入"十个明确"之中。

二十大进一步强调了人民民主的重要性，指出："我国是工人阶级领导的、以工农联盟为基础的人民民主专政的社会主义国家，国家一切权力属于人民。人民民主是社会主义的生命，是全面建设社会主义现代化国家的应有之义。"[①]

同时，二十大明确指出："全过程人民民主是社会主义民主政治的本质属性，是最广泛、最真实、最管用的民主。"必须"发展全过程人民民主，保障人民当家作主"。[②]

二十大把发展全过程人民民主作为社会主义民主建设的中心内容，充分肯定新时代以来"扎实推进全过程人民民主"，"全面发展全过程人民民主"取得了显著成绩。指出中国式现代化的本质要求之一，是"发展全过程人民民主"。到 2035 年基本实现现代化的总体目标中，包含有"全过程人民民主制度更加健全"。在未来 5 年，"全过程人民民主制度化、规范化、程序化水平进一步提高"。

二十大报告围绕"发展全过程人民民主，保障人民当家作主"作出了一系列部署，提出了一系列要求，并将这一要求写进了党章。

全过程人民民主的本质是社会主义民主，主体是全体中国人民，特点和优势在于全过程。这一民主模式把民主选举、民主协商、民主决策、民主管理、民主监督贯通起来，使国家政治生活和社会生活的各个环节都能听到人民的声音、反映人民的愿望。这种全链条、全方位、全覆盖的民主模式，比某个环节上的民主要求更高，将进一步促

---

① 　《习近平著作选读》第一卷，人民出版社 2023 年版，第 30 页。
② 　《习近平著作选读》第一卷，人民出版社 2023 年版，第 30—31 页。

进和实现中国人民真正当家作主。

十二、依法治国基本方略

《中华人民共和国宪法》第五条规定："中华人民共和国实行依法治国，建设社会主义法治国家。""国家维护社会主义法制的统一和尊严。""一切法律、行政法规和地方性法规都不得同宪法相抵触。""一切国家机关和武装力量、各政党和各社会团体、各企业事业组织都必须遵守宪法和法律。一切违反宪法和法律的行为，必须予以追究。""任何组织或者个人都不得有超越宪法和法律的特权。"

这条规定的每一句话，都是改革开放的产物，都包含着丰富的内容，都具有沉甸甸的分量。

"法制"一词，从《共同纲领》到 1978 年宪法，都没有出现过，是 1982 年宪法第一次写进的。该条的第二款到第五款，都是 1978 年宪法第一次写进的。

尤其是现行宪法的第一款："中华人民共和国实行依法治国，建设社会主义法治国家。"这是 1999 年修改宪法时才第一次写进去的。

为什么？因为中国的法治建设走过了艰难曲折的历程。总结历史的经验教训，特别是吸取"文化大革命"的惨痛教训，1978 年的十一届三中全会指出："为了保障人民民主，必须加强社会主义法制，使民主制度化、法律化，使这种制度和法律具有稳定性、连续性和极大的权威"，使之"不因领导人的改变而改变，不因领导人的看法和注意力的改变而改变，做到有法可依，有法必依，执法必严，违法必究"。

1981 年的《关于建国以来党的若干历史问题的决议》严正要求："完善国家的宪法和法律并使之成为任何人都必须严格遵守的不可侵

犯的力量，使社会主义法制成为维护人民权利，保障生产秩序、工作秩序、生活秩序，制裁犯罪行为，打击阶级敌人破坏活动的强大武器。决不能让类似'文化大革命'的混乱局面在任何范围内重演。"

于是，在改革开放的进程中，民主法治建设的步伐不断向前，党和国家对法制、法治的认识越来越深入。所以，"法制"一词从 1982 年第一次写进宪法后，又逐步演化为"法治"；"法律体系"进一步发展为"法治体系"。

与此同时，对法制、法治的地位及其与党和国家的关系，也有了越来越深刻的认识。经过艰难的争论和探讨，1982 年的十二大党章，第一次承认并写进了"党必须在宪法和法律的范围内活动"。明确宣告了不仅任何个人、即使党自身也不能凌驾于宪法和法律之上。

1996 年，在中共中央举办的法制讲座上，江泽民首次提出依法治国的要求。

1997 年 9 月，十五大对依法治国作出进一步阐述，把依法治国确定为治理国家的基本方略，并明确提出到 2010 年形成中国特色社会主义法律体系。强调依法治国是党领导人民治理国家的基本方略，是发展社会主义市场经济的客观需要，是社会文明进步的重要标志，是国家长治久安的重要保障。

1999 年 3 月，"依法治国"的基本方略和奋斗目标被写入了宪法。

长期以来，我们对"以法治国"比较熟悉，它强调要用法律治理国家，虽然已经不错，但在这里，法律主要是一种工具，是用来管理社会和人民的。而改用"依法治国"，侧重点发生了明显的变化。法律已不仅仅是一种手段、工具，而是指国家的治理者本身必须首先严格守法，严格依照宪法法律的规定来治理国家。

依法治国的最直接要求，就是依照宪法和法律的规定来治理国家，管理社会事务，保证国家一切事务都在法治的轨道上运行，严格做到有法可依、有法必依、执法必严、违法必究，实现国家政治生活、经济生活、社会生活的法治化和规范化。依法治国的本质，就是崇尚体现广大人民意志的法律在国家生活中的权威，不仅将法律手段作为治理国家的最基本方式之一，而且要求治理国家的所有行为都有法律的依据，都在法治的轨道上运行。

把依法治国作为治国方略，标志着中国共产党的执政方式从主要依靠政策等手段转变为主要依靠法治等手段，把国家和社会的管理工作都纳入法治的范围，以法律为基础，将各种手段结合起来，形成完整、统一、和谐的管理机制和治理体系，共同维护国家的长治久安。

2014年10月的十八届四中全会，第一次把法治建设作为中央全会的专门议题，讨论通过了《关于全面推进依法治国若干重大问题的决定》，对全面推进依法治国作出了系统部署，从而标志着中国的法治建设进入了一个新阶段。

十九大把"坚持全面依法治国"作为新时代坚持和发展中国特色社会主义基本方略的第六条，要求"坚持依法治国、依法执政、依法行政共同推进，坚持法治国家、法治政府、法治社会一体建设，坚持依法治国和以德治国相结合，依法治国和依规治党有机统一"。

二十大要求坚持全面依法治国，推进法治中国建设，强调全面依法治国是国家治理的一场深刻革命，关系党执政兴国，关系人民幸福安康，关系党和国家长治久安。必须更好发挥法治固根本、稳预期、利长远的保障作用，在法治轨道上全面建设社会主义现代化国家。围绕保障和促进社会公平正义，坚持依法治国、依法执政、依法行政共同推进，坚持法治国家、法治政府、法治社会一体建设，全面推进科学立法、严格执法、公正司法、全民守法，全面推进国家各方面工作法治化。[1]

十三、中国特色社会主义法治体系

法治体系，一般指由立法体系、执法体系、司法体系、守法体系、法律监督体系等构成的法治运转机制和运转环节的全部系统。中国特色社会主义法治体系，是指由法律规范体系、法治实施体系、法治监督体系、法治保障体系以及党内法规体系构成的中华人民共和国的整个法治运转系统。其中的一个重要特色，是把党内法规体系包含在了法治体系之内。

法治体系的第一位内容，是法律规范体系。全面依法治国的任务，首先是建设和完善以宪法为核心的中国特色社会主义法律体系。

中华人民共和国成立后，曾先后制定了宪法和一批法律。但由于"左"倾错误的发展，法治建设受到影响，很多基本的法律长期阙如。

改革开放后，中国进行了大规模的立法活动，法治建设进入快速发展阶段。1997年9月，十五大明确提出到2010年形成中国特色社会主义法律体系。

经过不懈努力，这一目标如期实现。从改革开放开始，到2018年8月底，全国人大及其常委会共通过宪法1部及5个修正案，制定修改法律586件次，通过法律解释25件，通过有关法律问题和重大问题的决定254件次，共计871件次。从而使我国现行有效法律达到267件，行政法规756件，地方性法规12000多件，以宪法为核心的中国特色社会主义法律体系不断完善。十三届全国人大的5年里，又通过宪法修正案，制定法律47件，修改法律111件次，作出法律解释、有关法律问题和重大问题的决定决议53件。

---

① 《习近平著作选读》第一卷，人民出版社2023年版，第33页。

中国特色社会主义法律体系，从法的渊源和位次来说，宪法是统帅，法律是主干，行政法规是重要组成部分，地方性法规是又一重要组成部分。从法律涉及的领域和门类来说，包括宪法及相关法，民法、商法，行政法，经济法，社会法，刑法，诉讼与非诉讼程序法7大部门。

这些法律部门确立的法律制度，涵盖了社会关系的各个方面，把国家各项工作、社会各个方面纳入了法治化轨道，为全面依法治国、建设社会主义法治国家提供了坚实的基础。

在建成中国特色社会主义法律体系的基础上，2014年，十八届四中全会进一步提出："全面推进依法治国，总目标是建设中国特色社会主义法治体系，建设社会主义法治国家。"这是党的文件中第一次正式使用"中国特色社会主义法治体系"的概念。

法律体系是法治体系的前提和基础。而法治体系不仅包括法律体系，还包括法律文本之外的实施、监督、保障等非文本体系。按照十八届四中全会《决定》的部署，法治体系包括：完备的法律规范体系、高效的法治实施体系、严密的法治监督体系、有力的法治保障体系以及完善的党内法规体系。"五大体系"共同构筑起法治体系的大"骨架"。

从"法律体系"到"法治体系"，虽然仅一字之差，但其范围大大扩大，系统更加完备，要求更加全面。从基本无法可依，到逐步有法可依；从建立法律体系，到建设法治体系，这样的发展轨迹，从一个重要方面反映了改革开放以来中国法治建设的主要历程，也对法治建设提出了更高的要求。

建设中国特色社会主义法治体系是全面推进依法治国的总抓手，依法治国的各项工作都要围绕这个总抓手来谋划和推进。

二十大要求，坚持走中国特色社会主义法治道路，建设中国特色社会主义法治体系、建设社会主义法治国家。完善以宪法为核心的中国特色社会主义法律体系，扎实推进依法行政，严格公正司法，加快建设法治社会。①

十四、协商民主

在中国特色社会主义民主发展过程中，形成了票决民主和协商民主两种民主形式。

票决民主是人民通过选举、投票行使民主权利的一种形式，亦即根据民主的基本要求，按照预定的程序和规则，根据多数人的意愿作出决定的一种机制。比如，人民代表大会通过投票选举或决定国家机关工作人员，通过投票通过宪法、法律和各种决定等。

有些专家把这种民主形式称为"选举民主"，这是不准确的。因为投票并不都是选举，还包括通过法律、决定重要事项等。宪法第六十二条规定的全国人民代表大会的 16 项职权，只有 6 项是选举或决定国家工作人员，其中的"决定"其实也不是选举，而是表决通过。其他 10 项，都不是选举，而是票决。所以，不能把这种民主形式称为"选举民主"。

协商民主，则是在中国共产党领导下，人民内部各方面围绕改革发展稳定重大问题和涉及群众切身利益的实际问题，在决策之前和决策实施之中开展广泛协商，努力形成共识的重要民主形式。

协商民主有广义和狭义之分。从广义来说，协商民主体现在我国政治生活的方方面面。凡在决策过程中，对国家政治、经济、文化、社会、生态文明等建设的重大事项，进行不同形式的协商，都可以称为协商民主。从狭义来说，由多党合作和政治协商制度，特别是人民

---

① 《习近平著作选读》第一卷，人民出版社 2023 年版，第 33—34、35 页。

政协体现和实施的政治协商制度，是最具代表性的一种协商民主。

十八大把"健全社会主义协商民主制度"正式写入党代会的报告中，强调社会主义协商民主是我国人民民主的重要形式，对如何坚持协商民主提出了一系列要求。

十八届三中全会强调，要在党的领导下，以经济社会发展重大问题和涉及群众切身利益的实际问题为内容，在全社会开展广泛协商，坚持协商于决策之前和决策实施之中。

2014 年 9 月，在庆祝中国人民政治协商会议成立 65 周年大会上，习近平强调，社会主义协商民主，是中国社会主义民主政治的特有形式和独特优势，是中国共产党的群众路线在政治领域的重要体现。要推进社会主义协商民主广泛多层制度化发展。人民政协要发挥专门协商机构的作用，把协商民主贯穿履行职责全过程。

2015 年 1 月，中共中央印发《关于加强社会主义协商民主建设的意见》，对新形势下开展政党协商、人大协商、政府协商、政协协商、人民团体协商、基层协商、社会组织协商等作出全面部署，推进社会主义协商民主广泛多层制度化发展。

随后，中央办公厅又专门印发了《关于加强人民政协协商民主建设的实施意见》。人民政协充分发挥协商民主重要渠道和专门协商机构的作用，坚持团结和民主两大主题，推进政治协商、民主监督、参政议政制度建设，不断提高人民政协协商民主制度化、规范化、程序化水平。

十九大指出，发挥社会主义协商民主重要作用。有事好商量，众人的事情由众人商量，是人民民主的真谛。协商民主是实现党的领导的重要方式，是我国社会主义民主政治的特有形式和独特优势。要推动协商民主广泛、多层、制度化发展，保证人民在日常政治生活中有广泛持续深入参与的权利。

2022 年 6 月，中共中央印发《中国共产党政治协商工作条例》。该"条例所称政治协商，是在中国共产党领导下，中国共产党同各民主党派和各界代表人士围绕党和国家大政方针、经济社会发展重要问题以及其他重要事项开展的协商"。"政治协商是中国共产党领导的多党合作和政治协商制度的重要组成部分，是社会主义协商民主的重要形式，是凝聚智慧、增进共识、促进科学民主决策的重要途径。"该条例进一步提高了政治协商工作的科学化制度化规范化水平，成为做好政治协商工作的基本遵循。

二十大充分肯定新时代以来 10 年"社会主义协商民主广泛开展"的成绩，并对全面发展协商民主提出了进一步要求，强调"协商民主是实践全过程人民民主的重要形式"，必须"完善协商民主体系，统筹推进政党协商、人大协商、政府协商、政协协商、人民团体协商、基层协商以及社会组织协商，健全各种制度化协商平台，推进协商民主广泛多层制度化发展"。[①]

十五、五年规划（计划）

五年规划（计划），是规划部署经济社会发展任务的基本方式，其任务和内容主要是对五年和更长时段内全国重大建设项目、生产力分布、国民经济和社会发展重要比例关系等作出规划，为国民经济和社会发展规定目标、方向和任务。最初称"五年计划"，从"十一五"开始改称"五年规划"。

五年计划的方法是从苏联学来的。1949 年 6 月至 8 月，刘少奇率团秘密访问苏联，在向苏联学习党和国家建设经验的清单中，就有一条"苏联经济的计划与管理"。1951 年春，中央财经委员会根

---

① 《习近平著作选读》第一卷，人民出版社 2023 年版，第 8、31—32 页。

据"三年准备、十年计划经济建设"的部署，着手试编第一个五年计划，1952 年 7 月形成第二稿，即《1953 年至 1957 年计划轮廓（草案）》，经中央政治局讨论，作为向苏联提出援助要求的基本依据。1952 年八九月间，周恩来率团出访苏联，主要任务是就五年计划轮廓草案同苏方交换意见，争取苏联政府的援助。

1952 年 11 月 16 日，中共中央作出《关于成立国家计划委员会及干部配备方案的决定》，决定在中央人民政府下建立国家计划委员会，以加强对国家建设的集中领导，并负责编制五年计划。第一个五年计划采取边制订、边执行的办法，不断进行修订、调整、补充，前后历时 4 年，五易其稿。1955 年 3 月 31 日，中国共产党全国代表会议原则通过该年计划草案。7 月 30 日，一届全国人大二次会议正式审议并通过中共中央主持拟定的《中华人民共和国发展国民经济的第一个五年计划（1953—1957）》。

此后，编制并按五年计划进行经济建设，就成为一个惯例。到现在，已经制定了十四个五年计划（规划）。在一些特定时段，还制定了一些十年规划纲要等跨五年的计划或规划。

在改革开放前，五年计划是计划经济的主要载体，计划经济的利和弊都在五年计划中反映出来。改革开放后，逐步实行社会主义市场经济。但五年计划作为国家宏观调控的一个基本手段，仍然一直坚持了下来，其内容和方式进行了多次重要的改革。

1981—1985 年的"六五"计划，第一次将"国民经济计划"改成了"国民经济和社会发展计划"。随后逐步将各种计划区分为指令性计划和指导性计划两种，将五年计划逐步改成了指导性计划；下放和减少中央特别是计划委员会的权力。计委主要侧重于规划制订、宏观调控，而不是干预日常经济运行的事务；计划制订更加及时，在新的五年计划时期刚开始之时就制订出完整的五年计划，而不是边制订边执行；酌情制订中长期规划，所定指标总体上是预测性、指导性的；2006—2010年的"十一五"规划，第一次将"五年计划"改为了"五年规划"。

现在，国家已逐步形成三级、三类的规划体系，三级包括国家一级、省一级、地市一级，三类包括国家规划、地方规划、专项规划。2018年，中央又发文进一步要求建立一种整体规划体系，其中专门增加了空间规划。由此，我国构筑起以国家发展规划为统领，以空间规划为基础，以专项规划、区域规划为支撑，由国家、省、市县各级规划共同组成，定位准确、边界清晰、功能互补、统一衔接的国家规划体系。

五年规划（计划）在中华人民共和国的建设和改革进程中发挥了巨大的作用。改革开放前，第一个五年计划最为成功。随后的几个五年计划都遇到波折，有的反复调整修改，有的没有完成。到改革开放后，五年规划（计划）的执行情况都比较良好。中华人民共和国成立以来，已经制定和实施了14个五年规划（计划）以及其他各种规划。通过这些五年规划（计划），一步步把改革开放和现代化建设推向前进。

五年规划（计划）在中国式现代化的进程中发挥着极其重要的作用，融汇了治国理政的几乎所有战略，是中国式现代化的独特方式和鲜明特色。

十六、计划经济

计划经济，是一种由政府掌控、按照计划对所有经济活动进行高度集中管理的经济体系和运行体制。一般是政府事先制订五年计划和其他各种类型的计划，提出国民经济发展的目标体系，制定相应的规划、战略、政策和措施，确定一系列重要项目，然后将计划付诸实施，严格按计划从事所有重大经济活动，按计划配置资源，规定生产、经营、流通、分配、消费的内容、规模、速度和进度。所有经济运营活动都由政府按计划决定和管理。

在世界上，苏联首先实行计划经济。随后东欧等社会主义国家都向苏联学习，采用了苏联的经济模式。中国共产党和中华人民共和国的成立都得到了苏联的帮助和指导，对于社会主义的认识也大都从苏联学来。新中国一成立，便迅速采取"一边倒"的方针，与苏联结盟，因此，也迅速向苏联学习，接受了计划经济的模式。

中华人民共和国成立后，首先在各地实行军事管制，没收官僚资本和地主土地。1949 年冬，确定实行全国财政经济统一管理的方针，并通过 1950 年 2 月的全国财政会议，以指令性方式提出了财政收支统一、公粮统一、税收统一、编制统一、贸易统一、银行统一等"六个统一"。1950 年 8 月，召开第一次全国计划工作会议，随后，开始以制订指令性经济计划的形式，对国民经济各方面实行全面的计划管理。为了应对当时特别困难的经济状况，还采取了统购统销等一系列集中管控的措施。1952 年开始进行大规模的社会主义改造，个体、私营等多种经济成分基本消失，生产资料和其他资源基本集中到国家和集体手中。所有这些，为建立高度集中的计划经济奠定了最重要的经济和政治基础。

在"一五"计划制订和执行过程中，国家加强了计划管理。1952 年 11 月成立了国家计划委员会。对重点建设项目实行集中统一管理，中央各主管部门从人力、财力、物力的调度到基础设施的施工、生产准备的安排等一抓到底。实行统一领导、分级管理的财政经济管理体制。建立由国家计委和中央各主管部门严格控制的物资管理和分配制度，由各级计划、劳动部门统一招收工人，制定统一工资标准，实行统一的劳动管理制度。

1954 年，新中国制定和颁布的第一部宪法规定："国家用经济计划指导国民经济的发展和改造。"1956 年，以社会主义改造和"一五"计划的实施完成为标志，高度集中的计划经济体制在中国正式建立。

新中国建立的计划经济，基本照搬了苏联模式，但也考虑到中国的国情，具有自己的特点。如，在集中统一的原则下，发挥中央与地方两个积极性；以计划管理为主，同时在一定条件下发挥市场作用；比较注重宏观调控，综合平衡，处理好各方面的关系。

计划经济有助于在全社会范围内调动资源，集中力量办大事，加快推进工业化建设，特别是在"一五"期间初步建立起独立的国民经济体系和工业体系；也有助于应对和克服各种自然和社会的风险挑战，同心协力闯过各种难关；有助于在全国范围内统筹经济布局，促进不同区域的共同发展，缩小区域发展差距；有助于集中紧缺的人才和科研资源，实行重大项目的科研攻关，实现科学技术的某些重大突破。所以，计划经济在中华人民共和国的历史上发挥了重要作用。

但是计划经济也有很多重要的缺陷和弊端。社会资源集中在国家手中，生产什么、怎样生产和为谁生产，都要由政府来决定；个人、企业等其他社会主体缺乏内在的动力和活力，经济活动缺乏效率和效益；经济运营和管理主要依靠行政手段，计划的制订和实施受到主观意志的很大影响，很容易违反客观经济规律，造成经济生活的波动；长期忽视市场的作用，把市场当作资本主义的代表，造成计划的僵化；只在一定时期与苏联东欧国家开展经济合作，对西方发达国家长期关闭大门，拉大了与发达国家的差距。

这些缺陷和弊端，对中华人民共和国的经济发展和社会进步也产生了消极的影响。加上在指导思想上长期以阶级斗争为纲，中国经济经常发生不应有的波动。随着国际国内条件的变化，计划经济越来越不适应现代化建设的要求。

所以，十一届三中全会以后，开始对传统的计划经济体制进行调整和改革，并逐步认识到计划与市场都是手段，不是社会主义与资本主义的区别。中国的改革开放逐步确立了市场化的取向，并最终确认改革的目标是建立社会主义市场经济体制，同时发挥计划手段的作用。40多年来，通过发展、建立和完善社会主义市场经济，中国经济极大地增强了内在的活力，连续几十年保持高速发展的势头，取得了世界瞩目的成就。

十七、社会主义市场经济

市场经济，是一种通过市场进行商品交换，并根据市场供求变化来调节、引导和决定资源配置的经济形式和运行机制。市场经济可以在不同的社会制度下存在，为不同的社会制度服务。当代中国所建立的市场经济，是同社会主义基本制度结合在一起的，是社会主义市场经济。

中华人民共和国成立初期，曾有一定的市场存在，对活跃经济保障供给发挥了积极作用。但后来，由于建立起高度集中的计划经济体制，市场受到坚决排斥。1949年的《共同纲领》中还有两处出现"市场"概念，虽然不是市场经济的含义，但1954年的宪法，一个"市场"的概念都没有了。多年来，在城乡底层不时出现集市贸易这类低级的市场交换活动，但一直受到批评和打压，无法得到正常的发展和提升。国民经济统得太死，过于僵化。

从十一届三中全会开始的经济体制改革，实际上就是不断引进、发挥、强化和扩大市场机制作用的过程。家庭联产承包责任制的推行，乡镇企业的异军突起，农村富余劳动力的转移，加速了农村经济市场化的进程，形成了在一定范围内运转的市场机制。此后开始的城市经济体制改革，促进了商品、劳动力、资金、技术、信息在城乡市场的广泛流动，初步显示出市场的作用和活力。特别是以市场调节为主的特区经济蓬勃发展，对外开放由沿海向内地扩展，有力地推动了中国经济与国际市场的接轨。

在改革开放过程中，建立什么样的经济体制，一直是人们非常关注的问题。传统观念认为，计划经济是社会主义的本质特征，市场经济则是资本主义的东西。这种观念严重阻碍着中国经济体制从计划经济向社会主义市场经济转变。邓小平认真总结中国经济体制改革和世界经济发展的经验，破除传统观念，早在 1979 年 11 月就首次提出"社会主义也可以搞市场经济"。1992 年初，邓小平发表南方谈话，从根本上解除了把市场与计划对立起来，看作资本主义性质的思想束缚。同年 6 月，江泽民明确提出"社会主义市场经济体制"的命题。10 月，十四大正式把建立社会主义市场经济体制确立为我国经济体制改革的目标。

1993 年 11 月，十四届三中全会通讨的《中共中央关于建立社会主义市场经济体制若十问题的决定》，勾画了建立社会主义市场经济体制的蓝图和基本框架。到 20 世纪末，初步建立起社会主义市场经济体制。2003 年 10 月，十六届三中全会通过《中共中央关于完善社会主义市场经济体制若干问题的决定》，进一步提出了完善社会主义市场经济体制的目标、任务、指导思想和原则。

从无到有，从构想到建立，从建立到完善，党和国家全面推进农村、国有企业、财政、税收、金融、外贸、外汇、投资、价格、社会保障、住房、科技、教育等各方面体制的改革，培育和发展社会主义市场经济体系，健全和完善国家的宏观调控体系，加强市场经济的法律制度建设，从而实现了建立社会主义市场经济的大步跨越，成为中国经济体制改革的最大成果。综览古今中外，堪称前无古人的伟大创举。

市场经济，关键是在"市场"两个字上做文章。瞄准市场，捕捉市场，根据市场的需求而生产，创造的价值到市场上去实现。归结起来，就是由市场决定资源配置，这是市场经济的一般规律。建设和完善社会主义市场经济，核心问题是处理好政府和市场的关系，使市场在资源配置中起决定性作用和更好发挥政府作用。

十八大以来，党和国家紧紧围绕使市场在资源配置中起决定性作用深化经济体制改革，坚持和完善基本经济制度，加快完善现代市场体系、宏观调控体系、开放型经济体系，加快转变经济发展方式，加快建设创新型国家，推动经济更有效率、更加公平、更可持续发展，取得了新的成就。2013 年十八届三中全会通过《中共中央关于全面深化改革若干重大问题的决定》，提出经济体制改革的核心问题是处理好政府和市场的关系，使市场在资源配置中起决定性作用和更好发挥政府作用。

二十大强调，要坚持社会主义市场经济改革方向，构建高水平社会主义市场经济体制。[①]

十八、公有制为主体、多种所有制经济共同发展的基本经济制度

基本经济制度，是国家依据社会性质和基本国情，通过宪法法律对生产资料归谁所有作出明确规定并确定其关系和地位的经济制度，是社会经济在生产关系中最基本的规定，属于所有制的范畴。

---

① 《习近平著作选读》第一卷，人民出版社 2023 年版，第 23、24 页。

中华人民共和国的现行宪法规定，"国家在社会主义初级阶段，坚持公有制为主体、多种所有制经济共同发展的基本经济制度"。

中华人民共和国成立之初，实行新民主主义的经济纲领，多种经济成分并存。通过"一化三改"，全民所有制和集体所有制成为两种主要的经济成分，并呈现"一大二公"的特点。

改革开放之后，党和国家着眼解放和发展生产力，允许和鼓励多种经济成分发展，同时，对全民所有制和集体所有制经济进行改革，使社会主义市场经济得到蓬勃发展，国家综合国力大幅度提升。

随着实践的进展，党和国家逐步赋予了非公有制经济合法地位。1997年，十五大把公有制为主体、多种所有制经济共同发展确定为我国社会主义初级阶段的一项基本经济制度。1999年，进一步写进了宪法。

公有制经济和非公有制经济都是中国经济社会发展的重要基础，都是全面建成小康社会的重要力量。二者取长补短、相互促进、互利共赢、共同发展，有利于促进产业结构优化升级，形成以大企业为龙头、中小企业为支撑、分工协作为基础的产业集群，推动中国产业迈向中高端水平；有利于更好实施创新驱动发展战略和制造强国战略，发挥国有企业的骨干和表率作用，促进科技型中小微企业健康发展；有利于推进大众创业、万众创新，使各类市场创业主体如鱼得水，实现创新支持创业、创业带动就业、就业增加收入的良性互动发展；有利于实施"走出去"战略，推进"一带一路"建设，促进国际产能合作，提高中国国际竞争力和话语权。

坚持公有制为主体、多种所有制经济共同发展，关键是坚持"两个毫不动摇"、一个"统一"。

一是毫不动摇巩固和发展公有制经济。

公有制为主体，是中国社会主义市场经济的重要特征。发展壮大国有经济，对于发挥社会主义制度的优越性，增强中国的经济实力、国防实力和民族凝聚力，具有关键性作用。集体经济是公有制经济的重要组成部分，对实现共同富裕具有重要作用。

公有制经济不仅包括国有经济和集体经济，还包括混合所有制经济中的国有成分和集体成分。公有制实现形式可以而且应当多样化。国有经济起主导作用，主要体现在控制力上。股份制是现代企业的一种资本组织形式。

二是毫不动摇鼓励、支持、引导非公有制经济发展。

个体、私营等非公有制经济是中国社会主义市场经济的重要组成部分，是促进中国社会生产力发展的重要力量，是扩大就业、活跃市场和推动社会全面进步的一支生力军，是中国重要的经济增长点。要进一步破除体制障碍，采取切实措施，平等保护物权，放宽市场准入，实现公平竞争，加强监督和管理，促进非公有制经济健康发展。

三是把坚持公有制经济为主体、促进非公有制经济发展，统一于社会主义现代化建设的进程中。以公有制为主体、多种所有制经济共同发展的基本经济制度，是中国特色社会主义制度的重要支柱，也是社会主义市场经济体制的根基。各种所有制经济完全可以在市场竞争中发挥各自优势，相互促进，共同发展。不能把两者对立起来。

十八大以来，党和国家毫不动摇巩固和发展公有制经济，毫不动摇鼓励、支持、引导非公有制经济发展，支持国有资本和国有企业做强做优做大，建立中国特色现代企业制度，增强国有经济竞争力、创新力、控制力、影响力、抗风险能力；构建亲清政商关系，促进非公有制经济健康发展和非公有制经济人士健康成长。

二十大要求，坚持和完善社会主义基本经济制度，毫不动摇巩固和发展公有制经济，毫不动摇鼓励、支持、引导非公有制经济发展，

充分发挥市场在资源配置中的决定性作用，更好发挥政府作用。^①

十九、按劳分配为主体、多种分配方式并存的分配制度

分配制度，是劳动产品在社会主体中如何分割、配给制度的总称。有按劳分配、按资分配、按需分配以及多种分配方式并存等多种分配制度。

中华人民共和国现行宪法规定，"国家在社会主义初级阶段"，"坚持按劳分配为主体、多种分配方式并存的分配制度"。

长期以来，中国的分配制度，名义上是按劳分配。但在现实中，劳动的计算是一个非常复杂的问题，很难简明和科学地确定。因此，实际上，中华人民共和国成立初期实行过供给制，人民公社时一度实行过"军事共产主义"。改革开放前，在农村主要实行"工分制"，在城市主要实行以等级工资为基础的固定工资制。这类制度都带有平均主义的色彩，很难说就是按劳分配。它们大都根据人的资历确定分配标准，并没有完全考虑人的实际劳动成果和贡献。尤其对于脑力劳动、智力劳动、创造性劳动，没有给予应得的报酬，对知识分子的地位和作用，没有给予应有的肯定。这种不合理的分配方式，造成了"吃大锅饭"的平均主义分配格局，严重阻碍了经济社会的发展和进步。

所以，在改革开放的进程中，分配制度也发生了重大的变化。随着多种所有制经济的出现，市场主体日益多元化，如何分配成为这些主体自己的事，国家只能依法规范而不可能直接进行初次分配。对传统的统一实行国家规定分配制度的主体，为了激发活力，也不能不进

---

① 《习近平著作选读》第一卷，人民出版社2023年版，第24页。

行改革，努力消除平均主义色彩，设法调动人的积极性。因此，在社会生活中，逐步出现和形成了多种分配方式。

党和国家逐步肯定了多种分配方式，鼓励和推进分配制度的改革。

十一届三中全会第一次提出克服平均主义。

十二届三中全会第一次提出让一部分地区和一部分人通过诚实劳动和合法经营先富起来。

十三大第一次提出实行以按劳分配为主体、其他分配方式为补充的分配制度。

十四届三中全会把"补充"改为"并存"，确立了按劳分配为主体、多种分配方式并存的分配制度。

十五大提出把按劳分配和按生产要素分配结合起来，允许和鼓励资本、技术等生产要素参与收益分配。

十六大提出调整和规范国家、企业和个人的分配关系，确立劳动、资本、技术和管理等生产要素按贡献参与分配的原则，要求完善按劳分配为主体、多种分配方式并存的分配制度。

十七大要求健全劳动、资本、技术、管理等生产要素按贡献参与分配的制度。

实行按劳分配为主体、多种分配方式并存的分配制度，目的在于放手让一切劳动、知识、技术、管理和资本的活力竞相迸发，让一切创造社会财富的源泉充分涌流，以造福于人民。

按劳分配的主体地位表现在：一是全社会范围的收入分配中，按劳分配占最大比重，起主要作用；二是公有制经济范围内劳动者总收入中，按劳分配收入是最主要的收入来源。

其他多种分配方式主要有按经营成果分配；按劳动、资本、技术、土地等其他生产要素分配等。实践证明，这些分配方式不仅是可行的、合理的，而且极大地鼓舞了社会各方面人群自觉劳动、创造性劳动、智慧性劳动的积极性，增加了社会和国家财富，提高了人们的收入水平和生活水平。

以按劳分配为主体、多种分配方式并存的分配制度，实质上肯定了劳动、管理、资本、技术、土地等不同要素在创造社会财富过程中都发挥了作用，所以都应该按各自的贡献参与收益分配。

由于实行这样的分配制度，40多年来，人民生活水平显著提高，贫困人口大幅度减少。改革开放的40多年，成为中国经济发展最快的时期，也是居民收入增长最快、群众得到实惠最多的时期。

十九大将"坚持和完善我国社会主义基本经济制度和分配制度"列入治国方略。要求坚持按劳分配原则，完善按要素分配的体制机制，促进收入分配更合理、更有序。鼓励勤劳守法致富，扩大中等收入群体，增加低收入者收入，调节过高收入，取缔非法收入。坚持在经济增长的同时实现居民收入同步增长、在劳动生产率提高的同时实现劳动报酬同步提高。拓宽居民劳动收入和财产性收入渠道。履行好政府再分配调节职能，加快推进基本公共服务均等化，缩小收入分配差距。

二十大强调分配制度是促进共同富裕的基础性制度。要求完善分配制度。坚持按劳分配为主体、多种分配方式并存，构建初次分配、再分配、第三次分配协调配套的制度体系。[1] 二十大党章将按劳分配为主体、多种分配方式并存纳入了"基本经济制度"的范畴，这是一个重大的发展。

---

[1]　《习近平著作选读》第一卷，人民出版社2023年版，第38页。

第五章

国家政权

一、公民

公民，是指具有一国国籍，并据该国宪法和法律规定享有权利和履行义务的社会成员。凡依法具备了一国国籍，即成为该国公民。

公民作为国家的主人，依法享有一定的权利。同时，公民又是国家的成员，要依法为国家尽一定的义务。公民的权利义务由国家权力所确认，并为法律所规定和保障。

在汉语中，原本没有"公民"一词，直到辛亥革命前后才作为外来语由西方传入。

1949 年的《共同纲领》没有出现"公民"的概念，而是使用了"人民""国民"两种概念。有关条文规定了人民、国民的权利和义务。

1954 年的宪法正式使用了"公民"概念，并专门设置了第三章，规定"公民的基本权利和义务"。其中包括"国家保护公民的合法收入、储蓄、房屋和各种生活资料的所有权"，"国家依照法律保护公民的私有财产的继承权"。但第十九条第二款规定："国家依照法律在一定时期内剥夺封建地主和官僚资本家的政治权利，同时给以生活出路，使他们在劳动中改造成为自食其力的公民。"即当时的地主和官僚资本家虽然也是公民，但被剥夺了政治权利，其公民权是不完整的。

十一届三中全会以来，随着民主法治建设的加强，公民权利得到稳步充实和完善。1982 年宪法恢复了 1954 年宪法关于公民权利义务的规定，并首次将这一部分内容置于"国家机构"之前，并进行了补充和完善，包括第一次将"公民的人格尊严不受侵犯"列入宪法。

使用公民概念是一个历史的进步。

宪法规定，中华人民共和国公民在法律面前一律平等。

公民权利，概括起来有6大类：

第一类，人身和个人的权利和自由。包括：（1）人身自由；（2）人格尊严；（3）住宅不受侵犯；（4）通信自由和通信秘密；（5）批评和建议、申诉、控告或者检举以及取得赔偿。

第二类，宗教信仰自由。

第三类，政治权利和自由。包括：（1）选举权和被选举权。年满18周岁的公民，不分民族、种族、性别、职业、家庭出身、宗教信仰、教育程度、财产状况、居住期限，都有选举权和被选举权；但是依照法律被剥夺政治权利的人除外。（2）言论、出版、集会、结社、游行、示威6大自由。

第四类，社会经济权利。包括：（1）劳动的权利和义务；（2）休息的权利；（3）老年人等有从国家和社会获得物质帮助的权利；（4）保障残废军人的生活；（5）帮助安排有残疾的公民的劳动、生活和教育。

第五类，文化教育权。包括：（1）受教育的权利和义务；（2）进行科学研究、文艺创作和其他文化活动的自由。

第六类，妇女、婚姻、家庭、母亲和儿童受国家保护的权利。

任何公民在享有宪法和法律规定权利的同时，必须履行宪法和法律规定的义务。公民在行使权利的时候，不得损害国家的、社会的、集体的利益和其他公民的合法权利。公民有维护国家统一和全国各民族团结的义务，必须遵守宪法和法律，保守国家秘密，爱护公共财产，遵守劳动纪律，遵守公共秩序，尊重社会公德。公民有维护祖国安全、荣誉和利益的义务，不得有危害祖国安全、荣誉和利益的行为。保卫祖国、抵抗侵略是公民的神圣职责。依法服兵役和参加民兵是公民的光荣义务。公民有依法纳税的义务。

二、政府

政府，是指国家通过宣示意志、发布命令和处理事务进行政治统治和社会管理的机关。"政府"有广义和狭义之分。在中国，广义的政府是指中央和地方的全部国家权力机关、行政机关和司法机关。狭义的政府是指各级人民政府，即各级行政机关。

中华人民共和国成立初期，由中国人民政治协商会议全体会议代行全国人大的职权，由其选举产生的中央人民政府委员会行使国家权力。中央人民政府委员会下辖总揽最高行政权的政务院、行使最高审判权的最高人民法院、行使最高检察权的最高人民检察署，以及人民革命军事委员会。

地方各地实行军事管制制度。随后在1950—1951年间先后建立了人民政府委员会，作为地方国家政权机关，实际上同时拥有权力机关和行政机关的职权。

1954年6月，撤销大行政区建制，省政府成为最高一级的地方政府。同年9月，中华人民共和国第一部宪法颁布实施，人民代表大会制度建立，政务院改为国务院，地方政府的名称改为人民委员会。

1954年至1966年，地方政府机关实行省、县、乡（人民公社）三级体制。地方各级设置人民代表大会作为地方国家权力机关，人民委员会是地方人民代表大会的执行机关，也是地方国家行政机关。

"文化大革命"期间，国家政体未经合法程序发生重大变化，地方革命委员会成为集党、政、军各种权力于一体的地方权力机关。改革开放后，1979年的《中华人民共和国地方各级人民代表大会和地方各级人民政府组织法》和 1982 年宪法，对地方政府组织结构及体制作了重大改变，撤销革命委员会，设立地方各级人民政府。

经过改革开放，中国的政府体系日益完善。

按照现行宪法，广义上，中华人民共和国政府机构体系包括：全国人民代表大会；中华人民共和国主席；中华人民共和国国务院；中华人民共和国中央军事委员会；地方各级人民代表大会和地方各级人民政府；民族自治地方的自治机关；人民法院和人民检察院。

狭义上，中华人民共和国各级人民政府包括国务院及其行政机构、地方各级人民政府，特别行政区政府。

国务院就是中央人民政府，是最高国家权力机关的执行机关，是最高国家行政机关。

地方各级人民政府包括省、市、县、乡各级人民政府，各级自治机关，以及特别行政区政府、地方各级人民政府是国家的地方行政机关，也是同级人民代表大会的执行机关。但同时必须接受上一级国家行政机关的领导，执行上一级国家行政机关的决定和命令，对上一级国家行政机关负责并报告工作。

地方各级人民政府实行省长、市长、县长、区长、乡长、镇长负责制。

地方各级人民政府作为行政机关，负责管理本行政区域内政治、经济、文化等各方面的行政事务。改革开放后，地方政府的职能逐步发生变化。2018 年机构改革后，省、市、县各级涉及党中央集中统一领导和国家法制统一、政令统一、市场统一的机构职能基本对应。地方政府的职能为经济调节、市场监管、社会管理、公共服务 4 个方面。按照 2022 年修订的《中华人民共和国地方各级人民代表大会和地方各级人民政府组织法》，县级以上的地方各级人民政府行使 11 项职权。

按照建设法治政府的要求，地方各级人民政府应当维护宪法和法律权威，坚持依法行政，建设职能科学、权责法定、执法严明、公开公正、智能高效、廉洁诚信、人民满意的法治政府。

三、国家主席

国家主席是中华人民共和国的国家元首，是中国国家机构的重要组成部分，在国家生活中发挥着特殊的作用。

1931 年，中华苏维埃共和国在江西瑞金成立时，曾经设置中华苏维埃共和国中央执行委员会主席和人民委员会主席的职务，经共产国际批准、党中央决定，由毛泽东担任主席，项英和张国焘任副主席。

1949 年中华人民共和国成立后，中央人民政府委员会行使国家权力，中央人民政府主席主持中央人民政府委员会的会议，并领导中央人民政府委员会的工作。

1954 年 9 月 20 日，一届全国人大一次会议通过的宪法设立了中华人民共和国主席的职务，会议选举毛泽东为主席、朱德为副主席，这标志着中国国家主席制度的确立。

1956 年起，毛泽东多次提出希望不再继续担任国家主席的职务。1958 年 12 月，八届六中全会同意了毛泽东的意见。1959 年 4 月，二届全国人大一次会议选举刘少奇为中华人民共和国主席，同时选举宋庆龄、董必武为国家副主席。

1970 年 3 月，毛泽东提议改变国家体制，不设国家主席。为此发生了一场政治斗争。1975 年 1 月召开的四届全国人大一次会议全面修改宪法，取消了国家主席的职位。

"文化大革命"结束后，1982 年宪法恢复了国家主席、副主席的设置。

中国的国家主席制度不同于世界上其他国家和中华民国时期的总统制度。中国的国家主席是全国人民团结一致的象征，由全国人民代表大会选举产生，根据全国人大和全国人大常委会的决定行使职权。

1954 年，刘少奇在关于宪法草案的报告中指出："我们的国家元首职权由全国人民代表大会所选出的全国人民代表大会常务委员会和中华人民共和国主席结合起来行使。我们的国家元首是集体的国家元首。同时，不论常务委员会或中华人民共和国主席，都没有超越全国人民代表大会的权力。"

中华人民共和国主席根据全国人民代表大会的决定和全国人民代表大会常务委员会的决定，公布法律，任免国务院总理、副总理、国务委员、各部部长、各委员会主任、审计长、秘书长，授予国家的勋章和荣誉称号，发布特赦令，宣布进入紧急状态，宣布战争状态，发布动员令。

中华人民共和国主席代表中华人民共和国，进行国事活动，接受外国使节；根据全国人民代表大会常务委员会的决定，派遣和召回驻外全权代表，批准和废除同外国缔结的条约和重要协定。

2004 年 3 月 14 日，全国人大通过的宪法修正案增加了国家主席代表中华人民共和国"进行国事活动"的规定，为元首外交留出了有较大弹性的空间。习近平出任国家主席以来，不仅经常出访和出席重要国际峰会，并多次以东道国国家元首的身份主持重要国际峰会。

宪法规定设置中华人民共和国副主席。副主席"协助"主席工作，受主席的委托，可以代行主席的部分职权。

中华人民共和国主席、副主席的任期与全国人民代表大会的任期相同。十一届五中全会反思"文化大革命"的教训，明确提出废除领导职务"实际上存在的终身制"。随后，1982 年宪法对包括国家主席和副主席、全国人大常委会委员长和副委员长、国务院总理和副总理及国务委员、最高人民法院院长、最高人民检察院检察长在内的国家机关领导人，作出了"连续任职不得超过两届"的规定。2018 年修改宪法时，删去了国家主席、副主席"连续任职不得超过两届"的规定。

中华人民共和国主席缺位的时候，由副主席继任主席的职位。副主席缺位的时候，由全国人民代表大会补选。主席、副主席都缺位的时候，由全国人民代表大会补选；在补选以前，由全国人民代表大会常务委员会委员长暂时代理主席职位。

四、国务院

国务院，在国内是指中华人民共和国国务院。国务院是中华人民共和国的中央人民政府、最高国家权力机关的执行机关、最高国家行政机关。

国务院的前身为中央人民政府政务院。中华人民共和国成立之初，政务院是中华人民共和国的最高行政机关，对当时行使最高权力的中央人民政府委员会负责并报告工作。1949 年 10 月 21 日，政务院成立并开始正式办公。1954 年 9 月，一届全国人大一次会议正式确立了我国基本的政治制度，政务院改为国务院。周恩来从 1949 年至 1976 年担任了 27 年的总理。

"文化大革命"中，国务院的工作受到很大冲击，大量部委机关陷于瘫痪半瘫痪。十一届三中全会后，国家政治制度逐步恢复正常规范和秩序。根据 1982 年宪法，国务院恢复了由 1954 年宪法所确立的地位。40 多年来，随着改革开放的深入，国务院的组织形式和领导体制得到了进一步完善和发展。

现行宪法第八十五条规定："中华人民共和国国务院，即中央人民政府，是最高国家权力机关的执行机关，是最高国家行政机关。"国务院由全国人民代表大会产生，对全国人大负责并报告工作；在全国人大闭会期间，对全国人大常委会负责并报告工作；它在全国人大和全国人大常委会的监督下，统一领导和管理全国的行政事务。

全国人大根据中华人民共和国主席的提名，决定国务院总理的人选，根据国务院总理的提名，决定国务院其他组成人员的人选。全国人大闭会期间，全国人大常委会根据国务院总理的提名，决定部长、委员会主任、审计长、秘书长的人选。国务院每届任期与全国人大每届任期相同，即5年，但具体任期截止时间不一样。

国务院担负着领导整个国家行政管理工作的重任，是国家行政事务管理活动正常运行和发挥功能的中枢。国务院执行中共中央和国家权力机关关于重大问题的决议，贯彻党和国家的路线、方针、政策，执行各种法律和法规，并根据法律规定，在自身职权范围内，制定相应的政策、行政法规或条例等，保证整个国家政务活动顺利进行。

根据宪法，国务院共拥有18项职权。其内容大体可以归结为6类：行政立法权、行政提案权、行政领导权、行政管理权、行政监督权，以及全国人民代表大会及其常务委员会授予的其他职权。

国务院由总理、副总理若干人、国务委员若干人、各部部长、各委员会主任、中国人民银行行长、审计长、秘书长组成。总理是最高国家行政机关的首脑，全面负责国务院的工作。

国务院实行总理负责制，即对其主管的工作拥有决定权，并负法律、政治和行政责任。国务院设有党组，现在国务院党组要向中共中央政治局常委会报告工作。

国务院行政机构根据职能分为国务院办公厅、国务院组成部门、国务院直属特设机构、国务院直属机构、国务院办事机构、国务院直属事业单位、国务院部委管理的国家局。

国务院实行国务院全体会议和国务院常务会议制度。

1982 年 12 月 10 日，五届全国人大五次会议通过《中华人民共和国国务院组织法》。2024 年 3 月 11 日，十四届全国人大二次会议对《中华人民共和国国务院组织法》进行修订，主要是增加国务院性质地位的规定；明确国务院工作的指导思想；完善国务院职权的表述，修改规定为"国务院行使宪法和有关法律规定的职权"，增加规定"国务院统一领导全国地方各级国家行政机关的工作"；完善国务院组成人员相关规定；完善国务院机构及其职权相关规定；健全国务院会议制度；增加国务院依法全面正确履行职能的制度措施。

五、监察委员会

监察委员会，是 2018 年开始正式设立的行使国家监察职能的专责机关，与中国共产党纪律检查委员会合署办公，履行纪检、监察两项职责，实行一套工作机构、两个机关名称，实现对所有行使公权力的公职人员监察全覆盖。

早在 1927 年的中共五大，就第一次设立了中央监察委员会。这是后来中央纪律检查委员会的前身。在此之后，监察委员会的名称和职权发生过多次变动。

1955 年 3 月，中国共产党全国代表会议通过《关于成立党的中央和地方监察委员会的决议》，决定成立党的中央和地方监察委员会，以取代党的纪律检查委员会。八大以后，各级监察委员会建立健全起来。九大和十大的党章，取消了关于党的纪律和监察机构的条款。

"文化大革命"结束后，恢复设置了党的纪律检查委员会。同时，在国家机构中设立各级检察院，在政府机构中设置监察部门。有关机构分工合作，开展党内外公职人员的纪检监察工作。

2016 年，党中央提出建立覆盖国家机关和公务人员的国家监察体系。随后在 3 个省（市）进行试点，设立省、市、县三级监察委员会。2017 年，十九大决定深化国家监察体制改革并作出部署。11 月 4 日，十二届全国人大常委会第三十次会议通过在全国各地推开国家监察体制改革试点工作的决定。

2018 年 2 月，十九届三中全会审议通过《中共中央关于深化党和国家机构改革的决定》和《深化党和国家机构改革方案》。其中第一项改革内容，就是组建国家监察委员会。

3 月 11 日，十三届全国人大一次会议表决通过的《中华人民共和国宪法修正案》，有 11 条与国家监察体制改革相关，在第三章"国家机构"中新增"监察委员会"一节，确立了监察委员会作为国家机构的宪法地位。

3 月 20 日，十三届全国人大一次会议表决通过了《中华人民共和国监察法》。

修改后的宪法第一百二十四条规定："中华人民共和国设立国家监察委员会和地方各级监察委员会。"

国家监察委员会是最高监察机关。国家监察委员会对全国人民代表大会和全国人民代表大会常务委员会负责。地方各级监察委员会对产生它的国家权力机关和上一级监察委员会负责。国家监察委员会领导地方各级监察委员会的工作，上级监察委员会领导下级监察委员会的工作。

监察委员会依照《中华人民共和国监察法》对所有行使公权力的公职人员进行监察，调查职务违法和职务犯罪，开展廉政建设和反腐败工作，维护宪法和法律的尊严。监察委员会依照《中华人民共和国监察法》和有关法律规定履行监督、调查、处置职责：（一）对公职人员开展廉政教育，对其依法履职、秉公用权、廉洁从政从业以及道德操守情况进行监督检查;(二)对涉嫌贪污贿赂、滥用职权、玩忽职守、权力寻租、利益输送、徇私舞弊以及浪费国家资财等职务违法和职务犯罪进行调查;(三)对违法的公职人员依法作出政务处分决定;对履行职责不力、失职失责的领导人员进行问责;对涉嫌职务犯罪的,将调查结果移送人民检察院依法审查、提起公诉;向监察对象所在单位提出监察建议。

监察机关对下列公职人员和有关人员进行监察:(一)中国共产党机关、人民代表大会及其常务委员会机关、人民政府、监察委员会、人民法院、人民检察院、中国人民政治协商会议各级委员会机关、民主党派机关和工商业联合会机关的公务员,以及参照《中华人民共和国公务员法》管理的人员;(二)法律、法规授权或者受国家机关依法委托管理公共事务的组织中从事公务的人员;(三)国有企业管理人员;(四)公办的教育、科研、文化、医疗卫生、体育等单位中从事管理的人员;(五)基层群众性自治组织中从事管理的人员;(六)其他依法履行公职的人员。各级监察机关按照管理权限管辖本辖区内公职人员所涉监察事项。

国家监察工作坚持标本兼治、综合治理,强化监督问责,严厉惩治腐败;深化改革、健全法治,有效制约和监督权力;加强法治道德教育,弘扬中华优秀传统文化,构建不敢腐、不能腐、不想腐的长效机制。

国家监察工作严格遵照宪法和法律,以事实为根据,以法律为准绳,在适用法律上一律平等;权责对等,从严监督;惩戒与教育相结合,宽严相济。

监察委员会依照法律规定独立行使监察权,不受行政机关、社会团体和个人的干涉。监察机关办理职务违法和职务犯罪案件,应当与审判机关、检察机关、执法部门互相配合,互相制约。

六、人民法院

法院，是世界各国普遍设立的国家机关，主要通过审判活动惩治犯罪分子，解决社会矛盾和纠纷，维护公平正义。

中华人民共和国的法院前面加有前缀"人民"，表明其"人民性"。人民法院是国家的审判机关。其任务是通过审判刑事案件、民事案件、行政案件以及法律规定的其他案件，惩罚犯罪，保障无罪的人不受刑事追究，解决民事、行政纠纷，保护个人和组织的合法权益，监督行政机关依法行使职权，维护国家安全和社会秩序，维护社会公平正义，维护国家法制统一、尊严和权威，保障中国特色社会主义建设的顺利进行。

宪法规定："中华人民共和国设立最高人民法院、地方各级人民法院和军事法院等专门人民法院。"

最高人民法院对全国人民代表大会和全国人民代表大会常务委员会负责。地方各级人民法院对产生它的国家权力机关负责。

最高人民法院是最高审判机关。最高人民法院监督地方各级人民法院和专门人民法院的审判工作，上级人民法院监督下级人民法院的审判工作。

地方人民法院根据行政区划设置，共有三级，即基层人民法院、中级人民法院和高级人民法院。地方人民法院设有立案庭、刑事审判庭、民事审判庭、行政审判庭、审判监督庭、执行庭（局）等。近些年来，一些地方法院还设置了未成年人案件审判庭、知识产权案件审判庭等。

专门人民法院是按特定的组织或特定范围的案件建立的国家审判机关，管辖的案件具有专门性。专门人民法院是人民法院的重要组成部分，是具有专门审判职能性质的司法组织。专门人民法院包括军事法院和海事法院、知识产权法院、金融法院等。

人民法院依照法律规定独立行使审判权，不受行政机关、社会团体和个人的干涉。审判案件在适用法律上一律平等，不允许任何组织和个人有超越法律的特权，禁止任何形式的歧视。坚持司法公正，以事实为根据，以法律为准绳，遵守法定程序，依法保护个人和组织的诉讼权利和其他合法权益，尊重和保障人权。

人民法院审理案件，除法律规定的特别情况外，一律公开进行。

人民法院审判案件，由合议庭或者法官一人独任审理。合议庭认为案件需要提交审判委员会决定的，由审判长提出申请，院长批准。

各级人民法院设立审判委员会，实行民主集中制。审判委员会的任务是总结审判经验；讨论决定重大、疑难、复杂案件的法律适用；讨论决定本院已经发生法律效力的判决、裁定、调解书是否应当再审；讨论决定其他有关审判工作的重大问题。法官实行员额制。

人民法院审判案件，实行两审终审制。

死刑除依法由最高人民法院判决的以外，应当报请最高人民法院核准。

被告人有权获得辩护。被告人除自己进行辩护外，有权委托律师为他辩护。人民法院认为必要的时候，可以指定辩护人为他辩护。

当事人如果认为审判人员对本案有利害关系或者其他关系不能公平审判，有权请求审判人员回避。

七、人民检察院

检察院，是世界各国普遍设立的国家机关。中华人民共和国的检察院前面加有前缀"人民"，表明其"人民性"。人民检察院是国家的法律监督机关。人民检察院通过行使检察权，追诉犯罪，维护国家安全和社会秩序，维护个人和组织的合法权益，维护国家利益和社会公共利益，保障法律正确实施，维护社会公平正义，维护国家法制统一、尊严和权威，保障中国特色社会主义建设的顺利进行。

宪法规定："中华人民共和国设立最高人民检察院、地方各级人民检察院和军事检察院等专门人民检察院。"

最高人民检察院对全国人民代表大会和全国人民代表大会常务委员会负责。地方各级人民检察院对产生它的国家权力机关和上级人民检察院负责。

最高人民检察院是国家最高检察机关。最高人民检察院领导地方各级人民检察院和专门人民检察院的工作，上级人民检察院领导下级人民检察院的工作。这种上下级领导和被领导的关系及其集中统一的特点，与人民法院上下级之间监督与被监督的关系有显著不同。

最高人民检察院对最高人民法院的死刑复核活动实行监督；对报请核准追诉的案件进行审查，决定是否追诉。最高人民检察院可以对属于检察工作中具体应用法律的问题进行解释，可以发布指导性案例。

地方各级人民检察院的设置和地方各级人民法院一样，其管辖区域与地方行政区划基本重合。地方人民检察院为三级结构：省级人民检察院，设区的市级人民检察院，基层人民检察院。地方各级人民检察院内部设检察委员会、业务机构、检察辅助机构和行政管理机构。

此外，还有专门人民检察院，如军事检察院。专门人民检察院是依法在特定领域设置的法律监督机关。

人民检察院的职权与保障国家宪法和法律的实施直接相关。主要包括：依照法律规定对有关刑事案件行使侦查权；对刑事案件进行审查，批准或者决定是否逮捕犯罪嫌疑人；对刑事案件进行审查，决定是否提起公诉，对决定提起公诉的案件支持公诉；依照法律规定提起公益诉讼；对诉讼活动实行法律监督；对判决、裁定等生效法律文书的执行工作实行法律监督；对监狱、看守所的执法活动实行法律监督；法律规定的其他职权。

人民检察院行使规定的法律监督职权，可以进行调查核实，并依法提出抗诉、纠正意见、检察建议。有关单位应当予以配合，并及时将采纳纠正意见、检察建议的情况书面回复人民检察院。

人民检察院依照法律规定独立行使检察权，不受行政机关、社会团体和个人的干涉。人民检察院行使检察权在适用法律上一律平等，不允许任何组织和个人有超越法律的特权，禁止任何形式的歧视。

人民检察院坚持司法公正，以事实为根据，以法律为准绳，遵守法定程序，尊重和保障人权。

人民检察院实行司法公开，法律另有规定的除外。人民检察院实行司法责任制，建立健全权责统一的司法权力运行机制。

人民检察院办理案件，根据案件情况可以由一名检察官独任办理，也可以由两名以上检察官组成办案组办理。检察官实行员额制。

八、尊重和保障人权

《中华人民共和国宪法》规定："国家尊重和保障人权。"

人权，是指在一定的社会历史条件下，每个人按其本质和尊严享有或应该享有的基本权利，其本质特征和要求是自由和平等，实质内容和目标是人的生存和发展。

尊重和保障人权是民主政治的基本价值、基本原则和制度安排，是社会政治文明的基本标志。

在人类发展史上，人权的保护和发展经历了漫长和曲折的过程。到 1994 年底，联合国已制定国际人权宣言和公约 71 个，其中《世界人权宣言》同《公民权利和政治权利国际公约》《经济、社会及文化权利国际公约》是 3 个基本的国际人权文件。

在新民主主义革命时期，中国共产党就提出了人权问题。抗日战争中，各根据地普遍制定了包含保障"人权、政权、财权"内容的施政纲领，颁布和实施了专门的保障人权的条例。

中华人民共和国成立后，中国的人权事业走过了曲折的道路。改革开放后，中国的人权保障得到明显增强。1991 年 11 月 1 日，国务院新闻办公室发表《中国的人权状况》白皮书，首次以政府文件的形式正面肯定了人权概念及其地位。白皮书将人权的普遍性原则与中国的历史和现实相结合，以"生存权是中国人民的首要人权"等基本观点，树立起中国的人权观。

1997 年的十五大指出："共产党执政就是领导和支持人民掌握管理国家的权力，实行民主选举、民主决策、民主管理和民主监督，保证人民依法享有广泛的权利和自由，尊重和保障人权。""人权"一词首次被写入党的正式文件。

2004 年 3 月 14 日，十届全国人大二次会议通过宪法修正案，首次将"人权"概念引入宪法，明确规定"国家尊重和保障人权"，从而使尊重和保障人权由党和政府的政策上升为国家根本大法的一项原则。

2006 年 6 月，中国政府在联合国人权理事会首届会议上提出 5 项主张：第一，享受人权需要和平的环境。第二，享受人权需要可持续的发展。第三，享受人权需要和谐包容的社会。第四，享受人权需要建设性对话与合作。第五，享受人权需要有效的机制保障。

2012 年 3 月，十一届全国人大五次会议通过《关于修改〈中华人民共和国刑事诉讼法〉的决定》，将尊重和保障人权写入该法总则。

十九大再次宣示"加强人权法治保障，保证人民依法享有广泛权利和自由"，"保障人民知情权、参与权、表达权、监督权"。

二十大进一步提出："坚持走中国人权发展道路，积极参与全球人权治理，推动人权事业全面发展。"①

改革开放以来，中国人权事业取得了重大进步，主要表现在：

第一，生存权、发展权和经济、社会、文化权利得到巨大改善。实现了从贫困到温饱和从温饱到小康的两次历史性跨越。在以经济建设为中心的同时，更加注重社会建设，着力改善民生，在幼有所育、学有所教、劳有所得、病有所医、老有所养、住有所居、弱有所扶方面办了大量实事。

第二，公民权利、政治权利得到法律保障。除依法被剥夺政治权利的人以外，年满 18 周岁公民都享有选举权和被选举权。宪法规定公民有言论、出版、集会、结社、游行、示威和宗教信仰等广泛的公民权利与自由。

第三，特殊群体的权利受到平等保护。妇女儿童的合法权利受到重视和保护；少数民族享有法律赋予的某些特殊权利；国家促进残疾人在事实上平等参与社会生活，共享社会物质文化成果。

中国在人权保护方面逐步与世界取得很多共识，也更多地加强了国际合作。到 2008 年 6 月底，中国已经加入《消除对妇女一切形式歧视公约》《消除一切形式种族歧视国际公约》《经济、社会及文化权利国际公约》《联合国反腐败公约》《关于难民地位公约》等 23 个国际人权公约和议定书，其中 4 个是 20 世纪 50 年代加入的，19 个是改革开放之后陆续加入的。

---

① 《习近平著作选读》第一卷，人民出版社 2023 年版，第 31 页。

九、政治体制改革

中华人民共和国成立以来，政治体制有过多次和很大的变动。有的是成功的，收到了明显的成效；有的也造成了一定的混乱，后来予以了调整或纠正。目前所说的政治体制改革，一般是指改革开放以来的政治体制改革，是改革开放的重要内容。

政治体制，是一个以政治权力的配置为中心内容，以国家治理和社会管理为主要职能，由各种政治组织、政治设施以及相应的政治规范构成并按照某种统一的机制运转的社会政治体系。

在拨乱反正过程中，党和国家认识到，过去长期建立起来的高度集中的政治体制，存在着很多弊端。1978 年 12 月，在题为《解放思想，实事求是，团结一致向前看》的讲话中，邓小平提出制度与人的关系问题，认为应该使制度不因领导人的改变而改变，不因领导人看法的改变而改变。

1980 年 8 月 18 日，在中央政治局扩大会议上，邓小平发表题为《党和国家领导制度的改革》的重要讲话。深刻剖析和揭示我国政治体制的主要弊端是：官僚主义、权力过分集中、家长制、干部领导职务终身制和形形色色的特权现象等，强调"领导制度、组织制度问题更带有根本性、全局性、稳定性和长期性"，提出要肃清封建主义残余影响，切实改革并完善党和国家的领导制度，从制度上保证党和国家政治生活的民主化、经济管理的民主化、整个社会生活的民主化。

1982 年 4 月，彭真在对宪法修改草案作说明时，首次使用了"国家政治体制的改革"的用语。

1986 年，邓小平又从与经济体制改革关系的角度，多次提出政治体制改革问题。强调政治体制改革同经济体制改革应该相互依赖、相互配合。不改革政治体制，就不能保障经济体制改革的成果。我们所有的改革最终能不能成功，还是决定于政治体制的改革。

此后的每次党代会和多次中央全会，都对政治体制改革提出了要求和任务。

40多年来，政治体制改革的主要内容和成就是：

第一，改革和完善党的领导方式。提出并加强党的先进性建设和执政能力建设，按照科学执政、民主执政、依法执政的要求，确定了制定大政方针、提出立法建议、推荐重要干部、进行思想宣传、发挥党组织和党员的作用、坚持依法执政6种基本方式，实施党对国家和社会的领导。按照总揽全局、协调各方的原则，规范党委与人大、政府、政协以及人民团体的关系。坚持党要管党、从严治党，深入开展反腐败斗争。十八大以来，习近平进一步强调坚持党的全面领导，把加强党对一切工作的领导贯穿所有领域和方面，强化保证集中统一领导的制度安排，相应改进党的领导方式和执政方式。

第二，扩大和发展人民民主。1979年通过选举法，恢复民主选举制度，把直接选举范围扩大到县级，改革等额选举为差额选举。1982年第一次修改选举法，对农村地区人大代表和少数民族代表产生的比例作出适当调整。1986年第二次修改选举法，简化选民登记手续，限制委托投票次数，防止非正常选举。1995年第三次修改选举法，降低农村与城市代表分配名额之间的比例，规范地方人大代表名额，进一步完善差额选举。2004年8月，十届全国人大常委会对选举法再次进行修改，防止选举过程中出现暗箱操作和贿选的情况。十七大后，实行了城乡按相同人口比例选举人大代表。与此同时，积极发展基层民主，推进村民委员会、城市居民委员会的自我管理、自我服务、自我教育、自我监督，发挥企业职工主人翁作用。

第三，深化行政管理体制改革。提高行政管理效率，连续9次改革和精简国家和地方行政机构。依法规范中央和地方的职能权限，适当放权，扩大地方政府的事权、财权，赋予地级市地方立法权。转变政府职能，改进管理方式，推行电子政务，提高行政效率，降低行政成本，形成行为规范、运转协调、公正透明、廉洁高效的行政管理体制。把政府职能切实转变到经济调节、市场监管、社会管理、公共服务上来。按照政事分开原则，改革事业单位管理体制。

第四，改革干部人事制度。废除领导干部职务终身制，建立离退休制度。实现干部队伍革命化、年轻化、知识化、专业化，建设高素质的干部队伍。实行和完善公务员制度。把竞争机制引入干部的选拔和使用。明确干部人事制度改革的目标是以建立健全选拔任用机制和管理监督机制为重点，以科学化、民主化和制度化为目标，努力形成广纳群贤、人尽其才、能上能下、充满活力的用人机制。

第五，实施依法治国方略。到 2010 年底，如期形成了以宪法为统帅，以宪法相关法、民法、商法等多个法律部门的法律为主干，由法律、行政法规、地方性法规等多个层次的法律规范构成的中国特色社会主义法律体系。推进司法体制改革。按照公正司法和严格执法的要求，完善司法机关的机构设置、职权划分和管理制度，进一步健全权责明确、相互配合、相互制约、高效运行的司法体制，保障在全社会实现公平与正义。坚持全面依法治国，建立中国特色社会主义法治体系。

第六，改革和完善决策机制。完善深入了解民情、充分反映民意、广泛集中民智、切实珍惜民力的决策机制，推进决策的科学化和民主化。完善重大决策的规则和程序，努力通过民主程序决策重大事项；实行决策的论证制和责任制，把科学论证作为重要的决策程序，使决策权力和责任相统一；逐步完善专家咨询制度，努力建立多层次、多学科的智库系统；尝试建立重大事项社会公示制度和听证制度，建立社情民意反映制度，进一步提高人民群众的参与程度。

第七，完善民主监督制度。努力建立结构合理、配置科学、程序严密、制约有效的权力运行机制，从决策和执行等环节加强对权力的监督。把对领导干部的监督、对人财物管理和使用的监督作为重点；强化领导班子内部的监督，完善重大事项和重要干部任免的决定程序；改革和完善党的纪律检查体制，建立和完善巡视制度；实行多种形式的领导干部述职述廉制度，健全重大事项报告制度、质询制度和民主评议制度；认真推行政务公开制度，加强组织监督和民主监督，大力发挥舆论监督的作用。

第八，健全党的民主集中制。先后制定两份党内政治生活的若干准则。颁布《中国共产党党内监督条例》，规定党内监督的重点对象是党的各级领导机关和领导干部，特别是各级领导班子主要负责人。颁布《中国共产党党员权利保障条例》，规定"党员享有的党章规定的各项权利必须受到尊重和保护，党的任何一级组织、任何党员都无权剥夺"。党的各级代表大会代表实行任期制，党的中央和省、自治区、直辖市委员会实行巡视制度，中央政治局向中央委员会全体会议报告工作，接受监督。

十八大以来，中国特色社会主义进入新时代。十八届三中全会提出："全面深化改革的总目标是完善和发展中国特色社会主义制度，推进国家治理体系和治理能力现代化。"十九大提出了深化政治体制改革的一系列重要任务。2018年修改宪法、实行比以往力度更大范围更广的党和国家机构改革。

二十大没有直接使用"政治体制改革"这一概念，但还是强调"坚持和完善我国根本政治制度、基本政治制度、重要政治制度，拓展民主渠道，丰富民主形式，确保人民依法通过各种途径和形式管理国家事务，管理经济和文化事业，管理社会事务"①。

---

① 《习近平著作选读》第一卷，人民出版社2023年版，第31页。

十、政府机构改革

早在延安时期，李鼎铭就提出了"精兵简政"的意见。

中华人民共和国成立后，政府机构在很大程度上照搬了苏联模式，高度集中，专业很细，造成机构臃肿。所以，还在20世纪50年代，党和国家就考虑过政府机构改革问题，并进行了多次改革尝试，调整过一系列政府部门。

1951年12月，政务院作出《关于调整机构紧缩编制的决定（草案）》，进行了中华人民共和国成立以来第一次精兵简政工作。

1954年，随着宪法的制定和国家政权体系的正式确立，对中央和地方各级机构进行了一次较大规模的调整和精简。

1956年5月，国务院召开全国体制会议，检查中央集权过多的现象，提出关于改进国家行政体制的决议草案。下半年，开始进行较大规模的体制改革和机构改革。这次改革以中央向地方下放权力为主要内容，通过国务院精简所属工作部门，下放权力，以达到扩大地方自主权的目的。这次中华人民共和国成立以来的第二次机构改革一直持续到1960年。

1960年到1964年，进行了中华人民共和国成立后的第三次较大机构改革，主要是精简干部和机构，同时将原来下放的一些权力又收归中央部门。

"文化大革命"期间，政府机构发生非正常的大变动。1970年，国务院的79个部门撤销合并为32个，其中13个还由部队管理。1975年全面整顿期间，国务院工作部门恢复到52个。

"文化大革命"结束后，政府恢复正常秩序。到1981年，国务院的工作部门增加到100个，达到中华人民共和国成立以来的最高峰。

在恢复正常工作的同时，机构臃肿、人员庞杂的弊病也暴露出来，特别是改革开放的推进，社会主义市场经济的发展，对政治体制改革提出了明确的要求。机构改革也成为一项重要的任务。

1982 年、1988 年、1993 年、1998 年、2003 年、2008 年、2013 年、2018 年、2023 年先后进行了 9 次以机构改革为主要内容的行政管理体制改革。

1982 年的机构改革是改革开放以来的第一次机构改革。主要内容是改革领导体制，精简机构和人员，较大幅度撤并经济管理部门，废除实际存在的领导干部职务终身制，实行干部离退休制度。加快干部队伍年轻化，下放管理权限。

1988 年的机构改革，第一次提出"转变政府职能是机构改革的关键"，改革的核心是政企分开、下放权力。撤并多个专业经济管理部门，第一次对各部门实行定职能、定机构、定编制的"三定"。

1993 年的机构改革，是在确立社会主义市场经济体制的背景下进行的。重点是转变政府职能。主要内容是改革综合经济部门，把工作重点真正转到宏观调控上来。将一些专业经济部门，改为经济实体或行业总会，精简机构和人员。

1998 年的机构改革，是改革开放以来机构变动较大、人员调整较多的一次。主要是把政府职能切实转变到宏观调控、社会管理和公共服务方面来。完善国家公务员制度。加强宏观调控部门，调整和减少专业经济管理部门，适当调整社会服务部门，加强执法监督部门，发展社会中介组织。按照权责一致的原则，明确划分部门之间的职能分工，相同或相近的职能交由一个部门承担。同时加强行政体系的法制建设。

2003 年的机构改革，调整、设立了部分机构。

2008 年的机构改革，主要是，围绕转变政府职能和理顺部门职责关系，探索实行职能有机统一的大部门体制，合理配置宏观调控部门职能，加强能源环境管理机构。

2013 年的机构改革，稳步推进大部门制改革，充分发挥市场在资源配置中的基础性作用，强调政府职能转变是深化行政体制改革的核心。

2018 年，进行了改革开放以来最大的一次党和国家机构改革。目标是构建系统完备、科学规范、运行高效的党和国家机构职能体系，形成总揽全局、协调各方的党的领导体系，职责明确、依法行政的政府治理体系，中国特色、世界一流的武装力量体系，联系广泛、服务群众的群团工作体系，推动人大、政府、政协、监察机关、审判机关、检察机关、人民团体、企事业单位、社会组织等在党的统一领导下协调行动、增强合力，全面提高国家治理能力和治理水平。

在这次机构改革中，组建了国家监察委员会，同中央纪律检查委员会合署办公，履行纪检、监察两项职责，实行一套工作机构、两个机关名称。组建了中央全面依法治国委员会、中央审计委员会，将中央全面深化改革领导小组、中央网络安全和信息化领导小组、中央财经领导小组、中央外事工作领导小组改为委员会。扩大和调整了中央职能部门的工作范围和职责。组建了中央和国家机关工作委员会、新的中央党校（国家行政学院）、中央党史和文献研究院。

同时，深化全国人大机构改革、全国政协机构改革、行政执法体制改革、跨军地改革、群团组织改革，深化地方机构改革。

国务院机构，新组建或重新组建自然资源部、生态环境部、农业农村部、文化和旅游部、国家卫生健康委员会、退役军人事务部、应急管理部、科学技术部、司法部、水利部、审计署；不再保留监察部、国土资源部、环境保护部、农业部、文化部、国家卫生和计划生育委员会。组建或重新组建国家市场监督管理总局及国家药品监督管理局、国家广播电视总局、中国银行保险监督管理委员会、国家国际发展合作署、国家医疗保障局、国家粮食和物资储备局、国家移民管理局、国家林业和草原局、国家知识产权局等。改革后，国务院正部级机构减少 8 个，副部级机构减少 7 个。

2023 年 3 月 10 日，十四届全国人大一次会议通过关于国务院机构改革方案的决定。根据这一方案，国务院进行了改革开放以来的第九次机构改革。主要是适应构建新发展格局、推动高质量发展的需要，加强科学技术、金融监管、数据管理、乡村振兴、知识产权、老龄工作等重点领域的机构职责优化和调整，转变政府职能，加快建设法治政府。

在这次机构改革中，重新组建科学技术部，组建国家金融监督管理总局，深化地方金融监管体制改革，中国证券监督管理委员会调整为国务院直属机构，统筹推进中国人民银行分支机构改革，完善国有金融资本管理体制，加强金融管理部门工作人员统一规范管理，组建国家数据局，优化农业农村部职责，完善老龄工作体制，完善知识产权管理体制，国家信访局调整为国务院直属机构，精减中央和国家机关人员编制。改革后，除国务院办公厅外，国务院设置组成部门仍为 26 个。

第六章

国家领导力量和群团组织

一、中国共产党

中国共产党是中国工人阶级的先锋队、中国人民和中华民族的先锋队，是中国特色社会主义事业的领导核心。中国共产党在 1949 年以来中国政治制度中发挥着重要的作用，是中华人民共和国最重要的名片和识别码。

1921 年 7 月 23 日，在共产国际帮助下，中国共产党第一次全国代表大会在上海法租界望志路 106 号（今兴业路 76 号）开幕。7 月 30 日晚上，因受法国租界侦探袭扰，会议中止。随后，代表们转移到浙江嘉兴南湖，在一艘租用的游船上召开了最后一天的会议（经最新考证，这最后一天最有可能是 8 月 3 日），中国共产党宣告成立。

中国共产党诞生以后，在 100 多年时间里，先后经历了 4 个发展时期。

从 1921 年到 1949 年，是新民主主义革命时期。党团结带领人民，经历了党的创立和大革命、土地革命战争、全民族抗日战争和全国解放战争四个阶段，终于在 1949 年取得了新民主主义革命的胜利，实现了民族独立、人民解放。

从 1949 年到 1978 年，是社会主义革命和建设时期。党先后经历了基本完成社会主义改造的 7 年、开始全面建设社会主义的 10 年、"文化大革命"的 10 年、在徘徊中前进的两年共 4 个阶段，完成了社会主义革命任务，确立了社会主义基本制度，建立起独立的比较完整的工业体系和国民经济体系。

从 1978 年到 2012 年，是改革开放和社会主义现代化建设新时期。新时期最鲜明的特点是改革开放，最显著的成就是快速发展，最突出的标志是与时俱进。党领导人民进行改革开放新的伟大革命，开创、坚持、发展了中国特色社会主义。

十八大以来，中国特色社会主义进入了新时代。以习近平同志为核心的党中央，带领全党全国各族人民，坚持和发展中国特色社会主义，统筹推进"五位一体"总体布局，协调推进"四个全面"战略布局，朝着"两个一百年"奋斗目标奋力前进，推动党和国家各项事业取得历史性成就、发生历史性变革。

中国共产党成立 100 多年所干的大事，特别是 40 多年的改革开放，使中国的面貌、中华民族的面貌、中国人民的面貌、中国共产党的面貌发生了历史性变化，使中华民族大踏步赶上时代潮流，迎来伟大复兴的光明前景。

党章规定：中国共产党以马克思列宁主义、毛泽东思想、邓小平理论、"三个代表"重要思想、科学发展观、习近平新时代中国特色社会主义思想作为自己的行动指南。

中国共产党的根本宗旨是全心全意为人民服务。党始终代表中国最广大人民的根本利益，与群众同甘共苦，保持最密切的联系，不允许任何党员脱离群众，凌驾于群众之上。党在自己的工作中实行群众路线，一切为了群众，一切依靠群众，从群众中来，到群众中去，把党的正确主张变为群众的自觉行动。

党的最高理想和最终目标是实现共产主义。党在社会主义初级阶段的任务，是按照中国特色社会主义事业"五位一体"总体布局和"四个全面"战略布局，统筹推进经济建设、政治建设、文化建设、社会建设、生态文明建设，协调推进全面建设社会主义现代化国家、全面深化改革、全面依法治国、全面从严治党。在建党 100 年时全面建成小康社会的基础上，到 2035 年基本实现社会主义现代化，到本世纪中叶建成社会主义现代化强国。

党坚持社会主义初级阶段的基本路线，把以经济建设为中心同四项基本原则、改革开放这两个基本点统一于建设中国特色社会主义的伟大实践。

中国共产党自成立以来，始终把为中国人民谋幸福、为中华民族谋复兴作为自己的初心使命，历经百年奋斗，从根本上改变了中国人民的前途命运，开辟了实现中华民族伟大复兴的正确道路，展示了马克思主义的强大生命力，深刻影响了世界历史进程，锻造了走在时代前列的中国共产党。

二、《中国共产党章程》

《中国共产党章程》，简称"党章"，是由党的最高领导机关——党的全国代表大会制定通过的最基本、最重要的制度规范。党章是党的总章程，集中体现了党的性质和宗旨、党的理论和路线方针政策、党的重要主张，规定了党的重要制度和体制机制，是全党必须共同遵守的根本行为规范。

1921 年，中国共产党宣告成立。一大没有能制定单独的党章，但在党的第一个纲领中包含了党章的内容。

1922 年在上海举行的二大，制定了第一部独立的《中国共产党章程》，这是中国共产党的第一个正式章程。

此后的三大、四大、五大，每一次都通过了一份党章修正案。其中五大党章是党代会委托中央政治局在会后制定的，是唯一不是由党代会直接修改通过的党章，但其内容丰富。1928 年的六大是在莫斯科召开的，六大党章是唯一在国外通过的党章。

1945 年七大通过的《中国共产党章程》，是第一部完全由中国共产党独立自主修改制定的党章。刘少奇在党的历史上第一次专门作了

《关于修改党章的报告》。七大党章增加了"总纲"部分，使党章在结构上分为总纲和条文两大部分。这种结构体例一直延续到现在。

1956 年的八大是中国共产党取得政权后第一次召开的党代会，邓小平作《关于修改党的章程的报告》。八大通过的《中国共产党章程》体现了执政党的特点，强调贯彻执行民主集中制原则和群众路线，第一次规定全国、省、县级党的代表大会实行常任制。

"文化大革命"期间，党章经历了艰难的曲折。1969 年的九大党章，对八大党章作了大量错误的修改，突出"无产阶级专政下继续革命的理论"，强调"以阶级斗争为纲"，取消了党内民主、集体领导、党员权利和义务以及预备期的条文。1973 年的十大党章，基本延续了九大党章的错误，某些方面还有所发展。

1977 年的十一大党章具有过渡和徘徊时期的特点。

1982 年的十二大制定了新的《中国共产党章程》，清除了"文化大革命"中党章的错误，继承和发展了七大、八大党章的优点，适应改革开放的需要，对新时期执政党建设提出了一系列要求，是党章发展史上的一个里程碑，奠定了迄今历次党代会党章修改完善的基础。

十二大后的历次党代会，都没有再制定新的党章，而是根据形势的发展，在十二大党章的基础上作部分修改，以充实补充改革开放的成果。

2022 年的二十大对党章作了最新的一次修改，反映了十九大以来的理论和实践成果，反映了二十大的最新精神。

归总计算，建党 100 多年来，中国共产党一共制定过 8 个党章，对党章作过 11 次修改。

现行党章仍分为总纲和条文两大部分。总纲部分规定了党的性质、指导思想、基本路线、奋斗目标、历史任务、党的建设、党的领导等具有纲领性的内容。条文部分共 11 章、55 条，对党员权利和义务、党的组织原则和制度、党的组织体系、党的干部、党的纪律和纪律检查机关、党徽党旗等作了明确规定。

党章勾画了党应该具有的面貌，明确回答了"建设一个什么样的党、怎样建设党"的根本问题，成为党的一切行动赖以遵循的依据和规范，是统一全党思想和行动的基础，是承续党的成功经验和优良传统的纽带，是执行党的纪律的依据，是维护党的团结统一、完成党的任务的保证。

党章在党内法规制度体系中居于核心地位，是规范和制约全党行为的总章程。《中国共产党党内法规制定条例》规定："党章是最根本的党内法规，是制定其他党内法规的基础和依据。""党章对党的性质和宗旨、路线和纲领、指导思想和奋斗目标、组织原则和组织机构、党员义务和权利以及党的纪律等作出根本规定。""党章在党内法规中具有最高效力，其他任何党内法规都不得同党章相抵触。"

三、中国共产党全国代表大会

中国共产党全国代表大会是中国共产党的最高权力机关和领导机关。

从 1922 年的二大党章开始，就规定：党的最高领导机关是全国代表大会，大会闭会期间，是大会选出的中央执行委员会（五大起改为中央委员会）。从 1969 年九大通过的党章开始，改为党的最高领导机关，是党的全国代表大会和它所产生的中央委员会。这一规定一直延续到现在。

党的全国代表大会的职权，在不同时期略有变化。按现行党章的规定，党的全国代表大会的职权是：（一）听取和审查中央委员会的报告；（二）审查中央纪律检查委员会的报告；（三）讨论并决定党的重大问题；（四）修改党的章程；（五）选举中央委员会；（六）选举中央纪律检查委员会。

这些职权，归结起来，就是议党之大事，决党之大策，用一句话概括，就是研究和决定党的最重大问题。由于中国共产党是中华人民共和国的执政党，党所研究的最重大问题，当然也是国家和人民最重大的问题。所以，党代会在党和国家的发展历程中占有十分重要的地位。对于党和国家各项事业的发展进步，具有十分重大的意义。

党的全国代表大会举行的时间，从一大到六大，党章规定每年召开一次。从 1921 年到 1928 年，党召开了六次全国代表大会，基本上做到了一年举行一次。

六大后，由于种种复杂原因，相隔 17 年，直到 1945 年才举行七大。七大党章规定，全国代表大会"在通常情况下，每 3 年召集一次。在特殊情况下，由中央委员会决定延期或提前召集"。但七大之后，时隔 11 年，才在 1956 年举行了党的八大。

八大党章规定"党的全国代表大会每届任期 5 年"，还规定"全国代表大会会议由中央委员会每年召开一次"，即实行党代表大会常任制。但后来除了 1958 年举行过八大二次会议外，这项制度并没有坚持下来，隔了 13 年才举行九大。而十大、十一大则比规定时间提早了 1 年。

改革开放之后，自 1982 年的十二大开始，历次全国代表大会都按期举行，走上了制度化、规范化的轨道。

现行党章规定："党的全国代表大会每五年举行一次，由中央委员会召集。中央委员会认为有必要，或者有三分之一以上的省一级组织提出要求，全国代表大会可以提前举行；如无非常情况，不得延期举行。"

到 2022 年，中国共产党已经召开了 20 次全国代表大会。每一次党代会，都是在当时形势发展的重要时刻召开的，绝大多数都真正履行了它的职权，研究了紧迫的重大问题，并且作出了正确或基本正确的决策，因而对当时党的事业的发展都作出了重大的贡献。

根据工作需要，党还不定期地召开全国代表会议。历史上曾经召开过 3 次全国代表会议。第一次是 1937 年 5 月在延安召开的中国共产党全国代表会议（当时亦称苏区代表会议），之后又召开了中国共产党白区代表会议。第二、第三次分别是 1955 年 3 月和 1985 年 9 月在北京召开的全国代表会议。

十七大之后，党的各级代表大会代表实行任期制。

四、改革开放后历次党代会

从十一届三中全会至今，中国共产党已经召开了 9 次党代会。这些党代会，都对共和国的发展起了极其重要的领航作用，是共和国在改革开放新时期的最重要标识之一。

十二大：1982 年 9 月 1 日至 11 日举行。邓小平致开幕词，提出了 "走自己的道路，建设有中国特色的社会主义" 的重要思想。胡耀邦作《全面开创社会主义现代化建设的新局面》的报告。叶剑英、陈云作重要讲话。大会通过的《中国共产党章程》系统总结党的建设的经验，对党的性质、目标、任务、领导作用、组织原则、各项制度，对党员和党组织的基本要求等作出了系统规定。大会决定设立中央顾问委员会。随后召开的十二届一中全会选举胡耀邦为中央委员会总书记；决定邓小平为中央军事委员会主席；批准邓小平为中央顾问委员会主任，陈云为中央纪律检查委员会第一书记。

十三大：1987 年 10 月 25 日至 11 月 1 日举行。赵紫阳作《沿着有中国特色的社会主义道路前进》的报告。大会提出并系统阐述了社会主义初级阶段理论，制定了党在社会主义初级阶段的基本路线，制定了"三步走"发展战略和各项改革任务。随后召开的十三届一中全会选举赵紫阳为中央委员会总书记（1989 年的十三届四中全会决定撤销赵紫阳的职务）；决定邓小平为中央军事委员会主席；批准陈云为中央顾问委员会主任，乔石为中央纪律检查委员会书记。

十四大：1992 年 10 月 12 日至 18 日举行。江泽民作《加快改革开放和现代化建设步伐，夺取有中国特色社会主义事业的更大胜利》的报告。大会确立邓小平建设有中国特色社会主义理论在全党的指导地位，概括了建设有中国特色社会主义理论的主要内容，明确建立社会主义市场经济体制的改革目标。随后召开的十四届一中全会选举江泽民为中央委员会总书记，决定江泽民为中央军事委员会主席，批准尉健行为中央纪律检查委员会书记。

十五大：1997 年 9 月 12 日至 18 日举行。江泽民作《高举邓小平理论伟大旗帜，把建设有中国特色社会主义事业全面推向二十一世纪》的报告。大会首次使用"邓小平理论"概念，提出了社会主义初级阶段的基本纲领。大会通过的《中国共产党章程修正案》明确规定把邓小平理论确立为党的指导思想。随后召开的十五届一中全会选举江泽民为中央委员会总书记，决定江泽民为中央军事委员会主席，批准尉健行为中央纪律检查委员会书记。

十六大：2002 年 11 月 8 日至 14 日举行。江泽民作题为《全面建设小康社会，开创中国特色社会主义事业新局面》的报告。大会阐述了全面贯彻"三个代表"重要思想的根本要求，提出了全面建设小康社会的战略目标，把"三个代表"重要思想写入党章，作为党必须长期坚持的指导思想。随后召开的十六届一中全会选举胡锦涛为中央委员会总书记，决定江泽民为中央军事委员会主席，批准吴官正为中央纪律检查委员会书记。

十七大：2007 年 10 月 15 日至 21 日举行。胡锦涛作题为《高举中国特色社会主义伟大旗帜，为夺取全面建设小康社会新胜利而奋斗》的报告。大会强调要坚定不移地高举中国特色社会主义伟大旗帜，坚持中国特色社会主义道路和中国特色社会主义理论体系；全面阐述科学发展观的科学内涵、精神实质和根本要求；提出实现全面建设小康社会奋斗目标的新要求。随后召开的十七届一中全会选举胡锦涛为中央委员会总书记，决定胡锦涛为中央军事委员会主席，批准贺国强为中央纪律检查委员会书记。

十八大：2012 年 11 月 8 日至 14 日举行。胡锦涛作题为《坚定不移沿着中国特色社会主义道路前进，为全面建成小康社会而奋斗》的报告。大会将科学发展观确立为党的指导思想。随后召开的十八届一中全会选举习近平为中央委员会总书记，决定习近平为中央军事委员会主席，批准王岐山为中央纪律检查委员会书记。

十九大：2017 年 10 月 18 日至 24 日举行。习近平作题为《决胜全面建成小康社会，夺取新时代中国特色社会主义伟大胜利》的报告。报告指出，中国特色社会主义进入了新时代，我国社会主要矛盾已经转化为人民日益增长的美好生活需要和不平衡不充分的发展之间的矛盾。新时代共产党人的历史使命是实现中华民族伟大复兴。为了实现这一伟大梦想，必须进行伟大斗争，建设伟大工程，推进伟大事业。大会确立了习近平新时代中国特色社会主义思想的指导地位，并写入了党章。提出了新时代坚持和发展中国特色社会主义的基本方略，确定决胜全面建成小康社会的任务，提出分两步在 21 世纪中叶建成富强民主文明和谐美丽的社会主义现代化强国的战略安排。随后召开的十九届一中全会选举习近平为中央委员会总书记，决定习近平为中央军事委员会主席，批准赵乐际为中央纪律检查委员会书记。

二十大：2022 年 10 月 16 日至 22 日举行。习近平作题为《高举中国特色社会主义伟大旗帜，为全面建设社会主义现代化国家而团结奋斗》的报告。报告指出，新时代十年的伟大变革具有里程碑意义；不断谱写马克思主义中国化时代化新篇章，是当代中国共产党人的庄严历史责任；从现在起，中国共产党的中心任务就是团结带领全国各族人民全面建成社会主义现代化强国、实现第二个百年奋斗目标，以中国式现代化全面推进中华民族伟大复兴；要坚定不移全面从严治党，深入推进新时代党的建设新的伟大工程，以党的自我革命引领社会革命。随后召开的二十届一中全会选举了中央政治局委员、中央政治局常务委员会委员，选举习近平为中央委员会总书记，决定习近平为中央军事委员会主席，批准李希为中央纪律检查委员会书记。

五、中共中央

中共中央，即中国共产党中央委员会的简称，与全国代表大会同为中国共产党的最高领导机关，也是大会闭会期间的唯一最高领导机关。由于中国共产党是中华人民共和国的执政党，因而中共中央的活动和决策对中华人民共和国起着巨大的影响和作用。

1921年中国共产党成立时，选举产生中央局领导全党工作。1922年的二大，选举产生中央执行委员会。中央执行委员会是全国代表大会闭会期间党的最高领导机关。

1923年的三大通过《中国共产党中央执行委员会组织法》，这是党的历史上第一个关于中央领导机关建设的法规性文件，对中央执行委员会的组成、职能、工作方式等作出明确规定。

1927年6月的五大将此前的中央执行委员会改名为中央委员会，并第一次设立中央政治局及其常务委员会。五大后修改的党章确认了中央领导机构的调整和变化，此后便一直延续到现在。

1938 年 11 月 6 日，中共扩大的六届六中全会通过《关于中央委员会工作规则与纪律的决定》，分别对中央委员会、中央政治局、中央书记处、各中央局及中央分局的工作规则与纪律作出系统的规定。

按照现行党章的规定，党的最高领导机关，是党的全国代表大会和它所产生的中央委员会。中央委员会由全国代表大会选举产生，向全国代表大会负责并报告工作。在全国代表大会闭会期间，中央委员会执行全国代表大会的决议，领导党的全部工作，对外代表中国共产党。全党各个组织和全体党员服从党的全国代表大会和中央委员会。有关全国性的重大政策问题，只有党中央有权作出决定，各部门、各地方的党组织可以向中央提出建议，但不得擅自作出决定和对外发表主张。

中央委员会每届任期 5 年。全国代表大会如提前或延期举行，它的任期相应地改变。中央委员会委员和候补委员必须有 5 年以上的党龄。中央委员会委员和候补委员的名额，由全国代表大会决定。中央委员会委员出缺，由中央委员会候补委员按照得票多少依次递补。

中央委员会全体会议由中央政治局召集，每年至少举行 1 次。中央政治局向中央委员会全体会议报告工作，接受监督。

中央政治局、中央政治局常务委员会和中央委员会总书记，由中央委员会全体会议选举。中央委员会总书记必须从中央政治局常务委员会委员中产生。

中央政治局和它的常务委员会在中央委员会全体会议闭会期间，行使中央委员会的职权。

中央书记处是中央政治局和它的常务委员会的办事机构；成员由中央政治局常务委员会提名，中央委员会全体会议通过。

中央委员会总书记负责召集中央政治局会议和中央政治局常务委员会会议，并主持中央书记处的工作。

党的中央军事委员会组成人员由中央委员会决定，中央军事委员会实行主席负责制。

每届中央委员会产生的中央领导机构和中央领导人，在下届全国代表大会开会期间，继续主持党的经常工作，直到下届中央委员会产生新的中央领导机构和中央领导人为止。

2020 年 9 月 30 日，中共中央发布《中国共产党中央委员会工作条例》，对中央委员会的职权、地位和运行机制等作出了更加明确和具体的规定，而且比党章更加突出了中央委员会的地位和权限。

《中国共产党中央委员会工作条例》规定："中央委员会、中央政治局、中央政治局常务委员会是党的组织体系的大脑和中枢，在推进中国特色社会主义事业中把方向、谋大局、定政策、促改革。""党中央重大决策部署，是全党全军全国各族人民统一思想、统一意志、统一行动的依据。"

六、中央军委

中央军委，即中国共产党中央军事委员会和中华人民共和国中央军事委员会的简称，是党和国家的最高军事领导机关。

1925 年，中共中央设立军事部，1926 年成立中央军事委员会。此后一直存在，名称和隶属关系虽有所变动，但作用非常重要。

1931 年 11 月，在中央革命根据地成立的中华苏维埃共和国中央革命军事委员会（简称"中革军委"），既是中共中央也是中华苏维埃共和国临时中央政府的军事领导机构，是中国工农红军的最高军事指挥机关。

中共中央和中央红军长征到达陕北后，于 1935 年 11 月成立中华苏维埃西北革命军事委员会（即中国工农红军西北革命军事委员会，组织机构延续至 1936 年 12 月），直接受中共中央领导，行使中革军委的职权。此后，中革军委曾使用过"中国工农红军革命军事委员会"和"中国人民抗日红军革命军事委员会"等名称。

1937 年 8 月，在洛川召开的中央政治局扩大会议决定组成以毛泽东为首的中央革命军事委员会，作为领导各抗日根据地武装斗争和军事建设的军事领导机关。总部设在延安，对外称八路军延安总部，下设总参谋部、总政治部、供给部、卫生部、后方勤务部等工作机构。

七大党章规定中央委员会设立军事委员会。1945 年 8 月 23 日，中央政治局扩大会议决定，组成新的中央军事委员会，毛泽东任主席。1948 年 11 月，中共中央决定中央军委在对外公开发布命令时，使用"中国人民革命军事委员会"的名称。

1949 年 9 月通过的《中国人民政治协商会议共同纲领》规定："中华人民共和国建立统一的军队，即人民解放军和人民公安部队，受中央人民政府人民革命军事委员会统率"。10 月 1 日，中华人民共和国中央人民政府委员会第一次会议决定设立中央人民政府人民革命军事委员会，任命毛泽东为主席，朱德等为副主席。副主席和委员中包括程潜、萨镇冰、张治中、傅作义、蔡廷锴、龙云、刘斐等非中共人士。此后，原中共中央军事委员会停止工作。

1954 年 9 月 20 日通过的宪法规定："中华人民共和国主席统率全国武装力量，担任国防委员会主席。"一届全国人大一次会议新组建的中央国家机构中，不再设立人民革命军事委员会，而是决定设立国防委员会和国防部。国防委员会是咨询性质的机构，不再统率武装力量。因此，同年 9 月 28 日，中共中央政治局决定在中央政治局和书记处下成立中央军事委员会，担负整个军事工作的领导。

"文化大革命"期间，中共中央军委一直存在，但一度成立"中央军事委员会办事组""中央军事委员会办公会议"主持军委工作。

而国防委员会存在到 1975 年 1 月，1975 年宪法取消了国防委员会的设置。

1982 年，十二大党章规定："党的中央军事委员会组成人员由中央委员会决定。中央军事委员会主席，必须从中央政治局常务委员会委员中产生。"十三大党章修正案取消了后一款。

1982 年 12 月通过的宪法，规定全国人民代表大会"选举中央军事委员会主席；根据中央军事委员会主席的提名，决定中央军事委员会其他组成人员的人选"。宪法专门设置"中央军事委员会"一节，规定"中华人民共和国中央军事委员会领导全国武装力量"。"中央军事委员会实行主席负责制"。"中央军事委员会每届任期同全国人民代表大会每届任期相同"。"中央军事委员会主席对全国人民代表大会和全国人民代表大会常务委员会负责"。

从 1983 年 6 月开始，根据宪法，设立了中华人民共和国中央军事委员会（即国家中央军委）。国家中央军委成立后，党依然对国家武装力量和军事工作实施绝对领导，党的中央军委和国家中央军委实际上是一个机构，其组成人员和领导职能完全一致。

《中华人民共和国国防法》规定，武装力量受中国共产党的领导，武装力量中的中国共产党组织依照中国共产党章程进行活动。军队的最高领导权和指挥权集中于中共中央、中央军委和军委主席。

自 2016 年全面深化国防和军队改革以来，中央军委机关对领导管理体制和联合作战指挥体制进行一体化设计，把坚持军委主席负责制、强化党对军队的绝对领导作为核心原则和根本要求，突出各部门隶属中央军委的性质，将原来的"总部领导机关"变成了"军委办事机关"。

简而言之，中央军委的主要沿革脉络是：1926 年设立中央军委——1931 年设立中革军委——1945 年七大设立中央军委——1949

年设立中革军委，原中央军委停止工作——1954 年设立中央军委，不再设立中革军委——1983 年设立国家中央军委，与中共中央军委为同一机构、两个牌子。

七、中央纪委

中央纪委，即中央纪律检查委员会，是党的最高纪律检查机关，在中央委员会领导下进行工作。

1927 年 4 月，五大决定成立中央和省一级监察委员会，并选举产生了中央监察委员会，这是最早设立的纪律检查机构，也是中央纪委的前身。按五大党章的规定，中央监委与中央委员会并不是完全服从关系，而是互有制约。这实际是当时苏联的模式。1928 年 7 月，中共六大取消监察委员会，改设"中央审查委员会"，其主要职责仅是"监督各级党部的财政、会计及各机关之工作"。

1933 年 9 月，中共中央通过《关于成立中央党务委员会及中央苏区省县监察委员会的决议》，提出在党的中央监察委员会正式成立以前，特设立中央党务委员会。1934 年 1 月，六届五中全会成立中央党务委员会，履行党的纪律检查职能，担负执行党纪和加强党纪教育的任务。

七大党章对各级监察委员会机构设置、任务与职权作出了明确规定，但迫于形势，七大没有产生监察机关。执行党纪的工作由各级党委直接负责，而日常具体工作则由党委组织部门负责。

1949 年 11 月，中共中央决定成立中央及各级党的纪律检查委员会，由中央书记处书记、中央人民政府委员会副主席朱德兼任中央纪委书记。中央纪律检查委员会作为党中央工作机构在中央政治局领导之下进行工作。

由于高饶事件的发生，1955年3月，党的全国代表会议决定成立中央和地方各级监察委员会，代替各级纪律检查委员会。选举产生以董必武为书记的中央监察委员会。1956年9月的八大党章规定："中央监察委员会由党的中央委员会全体会议选举。""各级监察委员会在各级党的委员会领导下进行工作。"

"文化大革命"开始后，党的纪律检查机构停止工作，纪检监察工作遭到全面破坏。九大和十大的党章，都取消了关于党的纪律和监察机构的条款。

1977年8月，十一大通过的党章重新恢复了设置纪律检查委员会的条款。1978年12月，十一届三中全会选举产生了由陈云等100人组成的中央纪律检查委员会。党的纪检机构正式恢复重建。

十二大党章设立专章，对纪律检查机关的体系及其职权、任务等作出具体规定。此后，历次党代会又进行了一些补充、修订。十四大之后，党的纪律检查机关和政府行政监察机关实行合署办公。

十八大以来，对党的纪律检查制度做了一系列改革。十九大、二十大进一步修改了党章中关于纪律检查的条文。

按照现行党章的规定，党的中央纪律检查委员会由党的全国代表大会选举产生，在党的中央委员会领导下进行工作，党代会审查中央纪律检查委员会的报告。

党的中央纪律检查委员会全体会议，选举常务委员会和书记、副书记，并报党的中央委员会批准。

党的各级纪律检查委员会是党内监督专责机关，主要任务是：维护党的章程和其他党内法规，检查党的路线、方针、政策和决议的执行情况，协助党的委员会推进全面从严治党、加强党风建设和组织协调反腐败工作，推动完善党和国家监督体系。党的各级纪律检查委员会的职责是监督、执纪、问责。

对党的中央委员会委员、候补委员，给以警告、严重警告处分，由中央纪律检查委员会常务委员会审议后，报党中央批准。

党的中央和地方纪律检查委员会向同级党和国家机关全面派驻党的纪律检查组，按照规定向有关国有企业、事业单位派驻党的纪律检查组。纪律检查组组长参加驻在单位党的领导组织的有关会议。

2021年12月24日，中共中央发布《中国共产党纪律检查委员会工作条例》，进一步加强和规范了新时代党的纪律检查委员会的工作。条例规定："党的中央纪律检查委员会与国家监察委员会合署办公，党的地方各级纪律检查委员会与地方各级监察委员会合署办公，实行一套工作机构、两个机关名称，履行党的纪律检查和国家监察两项职责，实现纪委监委领导体制和工作机制的统一融合，集中决策、一体运行，坚持纪严于法，执纪执法贯通。"

八、中共地方组织

中国共产党的组织体系包括中央组织、地方组织、基层组织和其他组织。党的地方组织是国家某一区域内的党的组织。地方组织是党的组织系统中不可缺少的重要环节，发挥着承上启下的纽带作用。

党的地方组织经历了长期的发展过程。在不同历史时期和不同历史条件下，其层次和范围有所不同。总体上大都按行政区划划分。但在革命战争年代，并不是按当时政府确认的行政区划划分，而是根据革命斗争的需要、党员的规模和根据地的范围来划分，很多设置在不同行政区域的交界地区。地方组织机构的设置、名称和职权有过很多变化。

目前，按照党章的规定，党的地方组织包括省、自治区、直辖市，设区的市和自治州，县（旗）、自治县、不设区的市和市辖区三级地方的党组织。截至 2023 年 12 月 31 日，全国共有党的各级地方委员会 3199 个。其中，省（区、市）委 31 个，市（州）委 397 个，县（市、区、旗）委 2771 个。

地方各级党组织的构成，均包括地方代表大会、同级党的委员会、常务委员会和书记。

党的地方各级代表大会每 5 年举行一次。由同级党的委员会召集。在特殊情况下，经上一级委员会批准，可以提前或延期举行。

党的地方各级代表大会的职权是：听取和审查同级委员会的报告；审查同级纪律检查委员会的报告；讨论本地区范围内的重大问题并作出决议；选举同级党的委员会，选举同级党的纪律检查委员会。

党的地方各级委员会在代表大会闭会期间，执行上级党组织的指示和同级党代表大会的决议，领导本地方的工作，定期向上级党的委员会报告工作。

地方各级委员会的任期与中央委员会一样，现在都是 5 年。党的地方各级代表大会如提前或延期举行，由它选举的委员会的任期相应地改变。与中央不完全相同的是，地方各级委员会全体会议每年至少召开两次。

党的地方各级委员会全体会议，选举常务委员会和书记、副书记，并报上级党的委员会批准。党的地方各级委员会的常务委员会，在委员会全体会议闭会期间，行使委员会职权；在下届代表大会开会期间，继续主持经常工作，直到新的常务委员会产生为止。常务委员会定期向委员会全体会议报告工作，接受监督。

党的地区委员会和相当于地区委员会的组织，是党的省、自治区委员会在几个县、自治县、市范围内派出的代表机关。它根据省、自治区委员会的授权，领导本地区的工作。

根据全党服从中央的原则，地方各级召开代表大会以及代表的名额和选举办法，均需经上一级委员会批准。地方各级委员会的委员和候补委员的名额，也要由上一级委员会决定。常务委员的人选和职务，都由上级党委决定、提名或任命，担任国家机关职务的，由上级党委决定后以同级党委名义提名。

此外，党的省、自治区、直辖市、设区的市和自治州、县（旗）、自治县、不设区的市和市辖区各级组织设纪律检查委员会。各级纪律检查委员会由同级党的地方各级代表大会选举产生。党章规定：党的各级纪律检查委员会每届任期和同级党的委员会相同。党的地方各级纪律检查委员会全体会议，选举常务委员会和书记、副书记，并由同级党的委员会通过，报上级党的委员会批准。

20世纪五六十年代，地方党委曾建立书记处制度。1955年6月，中共中央作出《关于建立省、市委书记处的决定》，在省级党委建立书记处，在各级党委及其常委会领导下负责处理日常工作。根据有关规定，一些地、市甚至县级党委一度也曾设立书记处，但在20世纪60年代初即陆续撤销。"文化大革命"开始后，地方党委设书记处制度完全撤销，此后未再复设。

除了党章外，1996年4月5日，中共中央印发《中国共产党地方委员会工作条例（试行）》。2015年12月25日，中共中央印发《中国共产党地方委员会工作条例》，对地方党组织的工作作出了详尽的规范。

九、中共基层组织

党的基层组织，是党设置在社会基层的组织，是党在社会基层组织中的战斗堡垒，是党的全部工作和战斗力的基础。

企业、农村、机关、学校、医院、科研院所、街道社区、社会组织、人民解放军连队和其他基层单位的基层委员会、总支部委员会和支部委员会，均属于基层党组织。

党政机关的机关党委、大企业的党委、乡镇党委、街道党委、高等院校的党委，很容易被误解为不是基层党组织，但其实，它们都是基层党组织。

中国共产党自成立以来，一直十分重视基层组织建设。1922 年的二大规定，党的基层组织是"组"。1925 年的四大党章改为"支部"，到 1927 年五大后修订的党章明确规定："支部是党的基本组织"。在长期的实践中，加强党的基层组织建设形成了优良传统。

截至 2023 年 12 月 31 日，中国共产党现有基层组织 517.6 万个，比 2022 年底净增 11.1 万个，增幅为 2.2%。其中，基层党委 29.8 万个，总支部 32.5 万个，支部 455.4 万个。

全国 9125 个城市街道、29620 个乡镇、119437 个社区、488959 个行政村已建立党组织，覆盖率均超过 99.9%。

全国共有机关基层党组织 77.1 万个，事业单位基层党组织 99.7 万个，企业基层党组织 160.0 万个，社会组织基层党组织 18.3 万个，基本实现应建尽建。

按照党章规定，凡是有正式党员 3 人以上的，都应当成立党的基层组织。党的基层组织，根据工作需要和党员人数，经上级党组织批准，分别设立党的基层委员会、总支部委员会、支部委员会。基层委员会由党员大会或代表大会选举产生，总支部委员会和支部委员会由党员大会选举产生。每届任期 3 年至 5 年。

党章规定了党的基层组织的 8 项基本任务。

随着改革开放的发展，不同类型的基层党组织，其任务和职能有所不同。十九大、二十大党章在作了一定修改后，规定：

街道、乡、镇党的基层委员会和村、社区党组织，统一领导本地区基层各类组织和各项工作，加强基层社会治理，支持和保证行政组织、经济组织和群众性自治组织充分行使职权。

国有企业党委（党组）发挥领导作用，把方向、管大局、保落实，依照规定讨论和决定企业重大事项。国有企业和集体企业中党的基层组织，围绕企业生产经营开展工作。保证监督党和国家的方针、政策在本企业的贯彻执行；支持股东会、董事会、监事会和经理（厂长）依法行使职权；全心全意依靠职工群众，支持职工代表大会开展工作；参与企业重大问题的决策；加强党组织的自身建设，领导思想政治工作、精神文明建设、统一战线工作和工会、共青团、妇女组织等群团组织。

非公有制经济组织中党的基层组织，贯彻党的方针政策，引导和监督企业遵守国家的法律法规，领导工会、共青团等群团组织，团结凝聚职工群众，维护各方的合法权益，促进企业健康发展。

社会组织中党的基层组织，宣传和执行党的路线、方针、政策，领导工会、共青团等群团组织，教育管理党员，引领服务群众，推动事业发展。

实行行政领导人负责制的事业单位中党的基层组织，发挥战斗堡垒作用。实行党委领导下的行政领导人负责制的事业单位中党的基层组织，对重大问题进行讨论和作出决定，同时保证行政领导人充分行使自己的职权。

各级党和国家机关中党的基层组织，协助行政负责人完成任务，改进工作，对包括行政负责人在内的每个党员进行教育、管理、监督，不领导本单位的业务工作。

十九大在修改党章时，专门加了第三十四条，规定："党支部是党的基础组织，担负直接教育党员、管理党员、监督党员和组织群众、宣传群众、凝聚群众、服务群众的职责。"进一步突出了党支部的重要作用。

二十大党章在列举基层组织的范围时，增加了医院，并对基层组织的有关条款作了充实。

十、中国共产党的领导

《中国共产党章程》规定：中国共产党是中国特色社会主义事业的领导核心。《中华人民共和国宪法》规定的四项基本原则，也规定了中国共产党的领导。

十九大提出新时代坚持和发展中国特色社会主义的基本方略，第一条就是：坚持党对一切工作的领导。党政军民学，东西南北中，党是领导一切的。必须增强政治意识、大局意识、核心意识、看齐意识，自觉维护党中央权威和集中统一领导，自觉在思想上政治上行动上同党中央保持高度一致，完善坚持党的领导的体制机制，坚持稳中求进工作总基调，统筹推进"五位一体"总体布局，协调推进"四个全面"战略布局，提高党把方向、谋大局、定政策、促改革的能力和定力，确保党始终总揽全局、协调各方。

中华人民共和国成立后，中国共产党领导人民实行社会主义改造，开展社会主义建设，逐步建立起独立的国民经济体系。党作为社会主义事业的领导核心，运用政权的力量，改变了中国社会的面貌。从 1957 年开始，党的"左"倾错误逐步发展。党在加强对国家事务领导和管理的同时，也出现了权力过分集中、对政权机关包办代替的倾向。"文化大革命"中，党和国家的领导体制先是遭到全面破坏，继而扭曲变形，违反了执政的基本要求。

总结历史的经验教训，从改革开放一开始，党就逐步研究和改革党的领导方式和执政方式。邓小平强调："为了坚持党的领导，必须努力改善党的领导。"

在不同的历史时期、历史环境下，党的领导方式和执政方式有不同的情况和特点。特别是改革开放以来，党的领导方式和执政方式不断改进，逐步形成了比较明确的思路和方式。党章要求，党要适应改革开放和社会主义现代化建设的要求，坚持科学执政、民主执政、依法执政，加强和改善党的领导。

十六大规定，党的执政方式是"通过制定大政方针，提出立法建议，推荐重要干部，进行思想宣传，发挥党组织和党员的作用，坚持依法执政"等 6 个方面，来"实施党对国家和社会的领导"。

1982 年党章第一次写进："党的领导主要是政治、思想和组织的领导。"此后党章历次修改都保留了这一规定。十八大之后，习近平强调，中国共产党的领导是中国特色社会主义最本质的特征，是中国特色社会主义制度的最大优势。党政军民学，东西南北中，党是领导一切的。十九大修改党章时加进了这一论断，删去了原来的表述。二十大党章又加进了"党是最高政治领导力量"一句。

宪法规定，党必须在宪法和法律的范围内活动。这就是说，从中央到基层，一切党组织和党员都必须毫无例外地遵守和执行国家的宪法和法律；他们的一切活动和行为，都不得同宪法和法律相抵触。党要善于使自己的主张经过法定程序变成国家意志，使党组织推荐的人选经过法定程序成为国家机关的领导人员，从制度和法律上保证党的路线方针政策的贯彻实施。党对国家政权机关的领导及其相应的程序都要符合法律的规定，切实做到依法办事。坚持法律面前人人平等，维护司法公正，确保法律的严格实施。党员和干部特别是领导干部要模范遵守宪法和法律，带头维护宪法和法律的权威。不管是谁，一旦触犯法律，都必须依法严肃处理。

党按照总揽全局、协调各方的原则，在同级各种组织中发挥领导核心作用，这是改革和完善党的领导方式和执政方式的一项重要内容。

现行党章规定，党要适应改革开放和社会主义现代化建设的要求，坚持科学执政、民主执政、依法执政，加强和改善党的领导。党必须实行民主的科学的决策，制定和执行正确的路线、方针、政策，做好党的组织工作和宣传教育工作，发挥全体党员的先锋模范作用。党必须适应形势的发展和情况的变化，完善领导体制，改进领导方式，增强执政能力。[①]

十一、党的建设新的伟大工程

党的建设，既要当作重要和锐利的法宝来使用，也要作为系统和复杂的工程来推进。

民主革命时期，以毛泽东同志为主要代表的中国共产党人，将党的建设豪迈地称为"伟大的工程"。

1994 年，十四届四中全会集中讨论党的建设问题，并作出了《中共中央关于加强党的建设几个重大问题的决定》。全会第一次提出了"党的建设新的伟大工程"的概念，把新时期党的建设提到"新的伟大工程"的高度。

新的伟大工程，充分反映了新时期党的建设所具有的系统化、工程化的重要特点，表明了党的建设不是单项建设，而是全面建设；不是单兵突进，而是整体推进；不是随意进行，而是周密谋划；不是各行其是，而是协调进行。

40 多年来，中国共产党稳步有序推进党的建设新的伟大工程，采取了大量有力的举措，取得了明显的成效。

---

① 《中国共产党章程》，人民出版社 2022 年版，第 13 页。

从十二大到二十大，每次党代会都对党的建设作出重大部署；每次党代会之间，一中全会固定是决定党的领导机构、最后一次全会是为党代会做准备，也都是党的建设问题；每届中央委员会任期之内，还有至少一次中央全会专题研究党的建设问题。

制定了一系列重要文件，提出了关于党的建设的一系列重要思想。1980年，十一届五中全会通过《关于党内政治生活的若干准则》。1990年，十三届六中全会通过《关于加强党同人民群众联系的决定》。1994年，十四届四中全会通过《关于加强党的建设几个重大问题的决定》。2001年，十五届六中全会通过《关于加强和改进党的作风建设的决定》，提出作风建设"八个坚持、八个反对"的要求。2004年，十六届四中全会通过的《关于加强党的执政能力建设的决定》，全面部署了加强党的执政能力建设的各方面工作。2005年，胡锦涛提出，党的先进性建设是马克思主义政党自身建设的根本任务。2009年，十七届四中全会通过《关于加强和改进新形势下党的建设若干重大问题的决定》。十八大后，习近平提出全面从严治党的要求。2016年，十八届六中全会通过《关于新形势下党内政治生活的若干准则》和《中国共产党党内监督条例》。

开展了一系列教育活动。从1983年10月到1987年5月，用3年时间进行整党，分期分批对党的作风和党的组织进行了一次全面整顿。从1998年11月到2000年底，在县级以上党政领导班子、领导干部中开展了以"讲学习、讲政治、讲正气"为主要内容的党性党风教育。从2005年1月到2006年6月，在全党开展了以实践"三个代表"重要思想为主要内容的保持共产党员先进性教育活动。从2008年9月到2010年2月底，分批开展了深入学习实践科学发展观活动。从2013年5月到2014年9月底，开展了以为民务实清廉为主要内容的党的群众路线教育实践活动。随后，又开展了"三严三实"专题教育和"两学一做"学习教育。从 2019 年 6 月开始，以县处级以上领导干部为重点，在全党分两批开展"不忘初心、牢记使命"主题教育。2021 年，在中国共产党成立 100 周年之际，在全党开展了党史学习教育。随后，又要求推动党史学习教育常态化长效化。从 2023 年 4 月开始，以县处级以上领导干部为重点，在全党深入开展学习贯彻习近平新时代中国特色社会主义思想主题教育。2024 年 4 月至 7 月，开展党纪学习教育。

此外，还采取了其他一系列措施，颁发了一系列文件，全面加强党的政治建设、思想建设、组织建设、作风建设、纪律建设，并把制度建设贯穿其中，深入开展反腐败斗争。

2017 年的十九大，进一步提出新时代党的建设总要求：坚持和加强党的全面领导，坚持党要管党、全面从严治党，以加强党的长期执政能力建设、先进性和纯洁性建设为主线，以党的政治建设为统领，以坚定理想信念宗旨为根基，以调动全党积极性、主动性、创造性为着力点，全面推进党的政治建设、思想建设、组织建设、作风建设、纪律建设，把制度建设贯穿其中，深入推进反腐败斗争，不断提高党的建设质量，把党建设成为始终走在时代前列、人民衷心拥护、勇于自我革命、经得起各种风浪考验、朝气蓬勃的马克思主义执政党。

与此前党的建设总格局和其他要求相比，这个总要求，不仅提出了多年未提的政治建设，而且明确提出"以党的政治建设为统领"，把政治建设放在党的各项建设的首位。还增加了纪律建设，显著突出了纪律的位置。将原来并列的制度建设改为"把制度建设贯穿其中"，把原来的反腐倡廉建设改为"深入推进反腐败斗争"。

二十大要求"深入推进新时代党的建设新的伟大工程"，落实新时代党的建设总要求，健全全面从严治党体系，全面推进党的自我净化、自我完善、自我革新、自我提高，使我们党坚守初心使命，始终成为中国特色社会主义事业的坚强领导核心。①

十二、全面从严治党

一个政党的历史地位和作用，始终是与它是否具有和始终保持先进性联系在一起的。在人类历史上，任何政治势力，一旦陷于停滞、僵化甚至陈腐的状态，就迟早要被历史淘汰。

新形势下，中国共产党面临着"四种危险""四大考验"。党要始终保持生命活力，经得起任何风险和考验，更好地发挥中国特色社会主义事业领导核心的作用，就必须紧紧把握时代的脉搏，永远走在时代的前列，就必须加强党的自身建设，坚持全面从严治党。

改革开放之初，邓小平就明确提出了"执政党应该是一个什么样的党，执政党的党员应该怎样才合格，党怎样才叫善于领导"的问题，反复强调"党要管党、从严治党"。

十八大以来，习近平明确提出"全面从严治党"的要求，对如何全面从严治党发表了一系列重要讲话，并将其作为"四个全面"战略布局的重要组成部分。以习近平同志为核心的党中央就党要管党、从严治党作出了一系列部署，采取了一系列举措。

2012 年 12 月 4 日，中共中央政治局会议审议通过《十八届中央政治局关于改进工作作风、密切联系群众的八项规定》。11 日，中共中央印发这一规定，这是十八大召开以后制定的第一部重要党内法规。以习近平同志为核心的党中央以身作则，率先垂范，严格执行中央八项规定，各地区各部门陆续制定相应规定、细则，并严格贯彻落实中央八项规定精神。至 2017 年 8 月底，全国累计查处违反中央八项规定精神问题 18.4 万起，处理党员干部 25 万人，给予党纪政纪处

---

① 《习近平著作选读》第一卷，人民出版社 2023 年版，第 52 页。

分 13.6 万人，包含省部级干部 20 人。

2013 年 1 月 17 日，习近平在新华社《网民呼吁遏制餐饮环节"舌尖上的浪费"》材料上作出批示，要求厉行节约、反对浪费。11 月 18 日，中共中央、国务院印发《党政机关厉行节约反对浪费条例》。依据这个条例，相继就党政机关经费管理、国内差旅、因公临时出国（境）、培训、公务接待、公务用车、会议活动、办公用房、基层党建活动、资源节约等方面出台系列党内法规和规范性文件。

2013 年 5 月 9 日，中共中央印发《关于在全党深入开展党的群众路线教育实践活动的意见》。党的群众路线教育实践活动以为民务实清廉为主要内容，从 2013 年 6 月开始，自上而下分两批开展，至 2014 年 9 月底基本结束。2013 年 6 月 18 日，在党的群众路线教育实践活动工作会议上，习近平强调要集中整治形式主义、官僚主义、享乐主义和奢靡之风这"四风"问题。2014 年 10 月 8 日，党的群众路线教育实践活动总结大会举行，习近平对新形势下全面推进从严治党提出 8 点明确要求。

2015 年 8 月 3 日，中共中央印发《中国共产党巡视工作条例》。2017 年 7 月 1 日，中共中央印发修改后的《中国共产党巡视工作条例》。在十八届任期内，党中央共开展 12 轮巡视，巡视 277 个地方、单位党组织，对 16 个省区市开展"回头看"，对 4 个单位进行"机动式"巡视，实现对省区市和新疆生产建设兵团、中央和国家机关、国有重要骨干企业、中央金融单位和中管高校的巡视全覆盖。巡视工作聚焦坚持党的领导、加强党的建设、全面从严治党，以"四个意识"为政治标杆，以党章党纪党规为尺子，坚定"四个自信"，查找政治偏差，充分发挥政治"显微镜"和政治"探照灯"作用。

2014 年 6 月 27 日，中央决定设立中央反腐败协调小组国际追逃追赃工作办公室。2015 年 3 月 26 日，办公室首次启动针对外逃腐败分子的"天网行动";4月22日,国际刑警组织中国国家中心局集中公布100名涉嫌犯罪外逃国家工作人员、重要腐败案件涉案人等人员的红色通缉令。至2017年8月31日,通过"天网行动"先后从90多个国家和地区追回外逃人员3339人,其中国家工作人员628人,"百名红通人员"44人,追回赃款93.6亿元。

2014年7月12日,中共中央办公厅、国务院办公厅印发《关于全面推进公务用车制度改革的指导意见》和《中央和国家机关公务用车制度改革方案》。至2015年12月,中央和国家机关本级公车改革工作全面完成。至2017年上半年,除西藏、新疆和新疆生产建设兵团外,其他29个省份党政机关公务用车改革工作基本完成。

2014年12月31日,中共中央办公厅印发《关于加强中央纪委派驻机构建设的意见》。2015年3月25日至27日,中央纪委首次向中央办公厅、中央组织部、中央宣传部、中央统战部、全国人大机关、国务院办公厅、全国政协机关派驻纪检组。2015年11月20日,中共中央办公厅印发《关于全面落实中央纪委向中央一级党和国家机关派驻纪检机构的方案》,共设置47家派驻机构,实现对139家中央一级党和国家机关派驻纪检机构全覆盖。

2015年4月10日,中共中央办公厅印发《关于在县处级以上领导干部中开展"三严三实"专题教育方案》。"三严三实"专题教育是党的群众路线教育实践活动的延展深化,从4月底开始在县处级以上领导干部中开展,各级同步进行,着力解决"不严不实"问题。12月28日至29日,中央政治局召开专题民主生活会,习近平就中央政治局当好"三严三实"表率提出要求。

2015年7月19日,中共中央办公厅印发《推进领导干部能上能下若干规定(试行)》。至2017年5月底,通过问责处理、调整不适宜担任现职干部等6种"下"的渠道,共调整县处级以上干部

22355 人。

2015 年 10 月 18 日，中共中央印发《中国共产党廉洁自律准则》和《中国共产党纪律处分条例》。

2016 年 2 月 24 日，中共中央办公厅印发《关于在全体党员中开展"学党章党规、学系列讲话，做合格党员"学习教育方案》。12 月 26 日至 27 日，中央政治局围绕"两学一做"学习教育要求召开民主生活会。2017 年 3 月 20 日，中共中央办公厅印发《关于推进"两学一做"学习教育常态化制度化的意见》。

2016 年 10 月 24 日至 27 日，十八届六中全会举行，审议通过《关于新形势下党内政治生活的若干准则》和《中国共产党党内监督条例》。全会明确习近平同志为党中央的核心、全党的核心。

2017 年，十九大进一步把全面从严治党作为治国方略的重要内容，强调全面从严治党永远在路上，对全面从严治党作出了新的部署。

2018 年，对宪法进行重大修改。组建国家监察委员会，加强党对反腐败工作的统一领导，实现对所有行使公权力的公职人员监察全覆盖。

十八大以来，以习近平同志为核心的党中央坚持加强党的全面领导和党中央集中统一领导，全面推进新时代党的建设新的伟大工程，系统完善党的领导制度体系，要求全党增强"四个意识"，隆重庆祝中国共产党成立 100 周年、中华人民共和国成立 70 周年，制定第三个历史决议，在全党开展"不忘初心、牢记使命"主题教育，开展党史学习教育，建成中国共产党历史展览馆，号召全党学习和践行伟大建党精神，在新的征程上更加坚定、更加自觉地牢记初心使命、开创美好未来。以党的政治建设统领党的建设各项工作，坚持思想建党和制度治党同向发力，严肃党内政治生活，持续开展党内集中教育，坚持新时代党的组织路线，突出政治标准选贤任能，加强政治巡视，形成比较完善的党内法规体系，推动全党坚定理想信念、严密组织体系、严明纪律规矩。持之以恒正风肃纪，持续开展史无前例的反腐败斗争，经过不懈努力，党找到了自我革命这一跳出治乱兴衰历史周期率的第二个答案。

二十大强调，要落实新时代党的建设总要求，健全全面从严治党体系，全面推进党的自我净化、自我完善、自我革新、自我提高，使我们党坚守初心使命，始终成为中国特色社会主义事业的坚强领导核心。①

十三、反腐败斗争

全面从严治党的一个重要内容，是深入开展党风廉政建设和反腐败斗争。

十八大以来，反腐败斗争以更大的规模和力度展开，"老虎""苍蝇"一起打，坚决遏制腐败蔓延势头。到十九大，反腐败斗争压倒性态势已经形成并巩固发展。2018 年 12 月 18 日，在庆祝改革开放 40 周年大会上，习近平宣布："反腐败斗争取得压倒性胜利。"

《中共中央关于党的百年奋斗重大成就和历史经验的决议》总结指出：

——党中央强调，腐败是党长期执政的最大威胁，反腐败是一场输不起也决不能输的重大政治斗争，不得罪成百上千的腐败分子，就要得罪 14 亿人民，必须把权力关进制度的笼子里，依纪依法设定权力、规范权力、制约权力、监督权力。

——党坚持不敢腐、不能腐、不想腐一体推进，惩治震慑、制度

---

① 《习近平著作选读》第一卷，人民出版社 2023 年版，第 52 页。

约束、提高觉悟一体发力，确保党和人民赋予的权力始终用来为人民谋幸福。

——坚持无禁区、全覆盖、零容忍，坚持重遏制、强高压、长震慑，坚持受贿行贿一起查，坚持有案必查、有腐必惩，以猛药去疴、重典治乱的决心，以刮骨疗毒、壮士断腕的勇气，坚定不移"打虎""拍蝇""猎狐"。

——坚决整治群众身边腐败问题，深入开展国际追逃追赃，清除一切腐败分子。党聚焦政治问题和经济问题交织的腐败案件，防止党内形成利益集团，查处周永康、薄熙来、孙政才、令计划等严重违纪违法案件。

——党领导完善党和国家监督体系，推动设立国家监察委员会和地方各级监察委员会，构建巡视巡察上下联动格局，构建以党内监督为主导、各类监督贯通协调的机制，加强对权力运行的制约和监督。

十九大之后的 5 年中，反腐败斗争继续推进。《中共中央关于党的百年奋斗重大成就和历史经验的决议》指出，"反腐败斗争取得压倒性胜利并全面巩固"。

十九届中央纪委向二十大的工作报告公布：十九大后"五年来，中央纪委国家监委立案审查调查中管干部 261 人。全国纪检监察机关共立案 306.6 万件，处分 299.2 万人；立案审查调查行贿人员 4.8 万人，移送检察机关 1.3 万人。在高压震慑和政策感召下，8.1 万人向纪检监察机关主动投案，2020 年以来 21.6 万人主动交代问题"。

"五年来，'天网行动'追回外逃人员 7089 人，其中党员和国家工作人员 1992 人，追回赃款 352.4 亿元，'百名红通人员'已有 61 人归案。"

从十八大到二十大，全国纪检监察机关共立案 464.8 万余件，其中，立案审查调查中管干部 553 人，处分厅局级干部 2.5 万多人、县处级干部 18.2 万多人。

以反腐败斗争为重点，党风廉政建设全面推进。纪检监察工作进一步加强。强化制度建设，推进标本兼治，着力形成不敢腐的惩戒机制、不能腐的防范机制、不易腐的保障机制。

十九届中央纪委向二十大的工作报告公布："中央纪委国家监委连续 108 个月公布查处违反中央八项规定精神问题数据，五年来通报 23 批 169 起典型案例。全国纪检监察机关共查处享乐主义、奢靡之风问题 28.6 万个，批评教育帮助和处理 39.8 万人，其中给予党纪政务处分 28.5 万人。"

"五年来，全国纪检监察机关共查处形式主义、官僚主义问题 28.2 万个，批评教育帮助和处理 42.5 万人，其中给予党纪政务处分 25.3 万人。"

"五年来，全国纪检监察机关共查处扶贫领域腐败和作风问题 29.9 万个，给予党纪政务处分 20.2 万人，查处乡村振兴领域腐败和作风问题 4.8 万个，给予党纪政务处分 4.6 万人。"

"五年来，全国纪检监察机关共查处民生领域腐败和作风问题 53.2 万个，给予党纪政务处分 48.9 万人。"

《中共中央关于党的百年奋斗重大成就和历史经验的决议》指出，"反腐败斗争取得压倒性胜利并全面巩固，消除了党、国家、军队内部存在的严重隐患"。

二十大总结新时代 10 年来的伟大成就时，指出了一个重要的成就："我们开展了史无前例的反腐败斗争，以'得罪千百人、不负十四亿'的使命担当祛病治乱，不敢腐、不能腐、不想腐一体推进，'打虎'、'拍蝇'、'猎狐'多管齐下，反腐败斗争取得压倒性胜利并全面巩固，消除了党、国家、军队内部存在的严重隐患，确保党和人民赋予的权力始终用来为人民谋幸福。"①

特别引人注目的是，二十大对反腐败斗争第一次使用了"史无前例"的形容词。

二十大指出："腐败是危害党的生命力和战斗力的最大毒瘤，反腐败是最彻底的自我革命。只要存在腐败问题产生的土壤和条件，反腐败斗争就一刻不能停，必须永远吹冲锋号。"②

二十大对这场反腐败斗争攻坚战持久战作出了进一步部署：

——坚持不敢腐、不能腐、不想腐一体推进，同时发力、同向发力、综合发力。

——以零容忍态度反腐惩恶，更加有力遏制增量，更加有效清除存量，坚决查处政治问题和经济问题交织的腐败，坚决防止领导干部成为利益集团和权势团体的代言人、代理人，坚决治理政商勾连破坏政治生态和经济发展环境问题，决不姑息。

——深化整治权力集中、资金密集、资源富集领域的腐败，坚决惩治群众身边的"蝇贪"，严肃查处领导干部配偶、子女及其配偶等亲属和身边工作人员利用影响力谋私贪腐问题，坚持受贿行贿一起查，惩治新型腐败和隐性腐败。

——深化反腐败国际合作，一体构建追逃防逃追赃机制。

——深化标本兼治，推进反腐败国家立法，加强新时代廉洁文化建设，教育引导广大党员、干部增强不想腐的自觉，清清白白做人、干干净净做事，使严厉惩治、规范权力、教育引导紧密结合、协调联动，不断取得更多制度性成果和更大治理效能。③

反腐败斗争历程波澜壮阔、成就举世瞩目，但形势依然严峻复杂。必须继续坚持不敢腐、不能腐、不想腐同时发力、同向发力、综

①　《习近平著作选读》第一卷，人民出版社 2023 年版，第 11—12 页。
②　《习近平著作选读》第一卷，人民出版社 2023 年版，第 56 页。
③　《习近平著作选读》第一卷，人民出版社 2023 年版，第 56—57 页。

合发力，坚决打赢反腐败斗争攻坚战持久战。

十四、以党的自我革命引领社会革命

中国共产党作为世界上最大的马克思主义执政党，要始终赢得人民拥护、巩固长期执政地位，必须时刻保持解决大党独有难题的清醒和坚定。

大党独有难题很多，最重要的，就是在"赶考"路上跳出历史周期率的问题。

在中国革命取得全国胜利的前夕，毛泽东把进京比作"赶考"，要求考出好成绩，决不当李自成。此后，中国共产党一直走在赶考的漫长道路上，不断奋斗，不断思考，不断探索，不断交出自己的答卷。

《中共中央关于党的百年奋斗重大成就和历史经验的决议》指出："过去一百年，党向人民、向历史交出了一份优异的答卷。现在，党团结带领中国人民又踏上了实现第二个百年奋斗目标新的赶考之路。"

时代是出卷人，党是答卷人，人民是阅卷人。中国共产党一定要继续考出好成绩，在新时代新征程上展现新气象新作为。

十八大以来，习近平提出了自我革命的重要思想，强调党的自我革命，强调打铁必须自身硬，办好中国的事情，关键在党，关键在党要管党、全面从严治党。必须以加强党的长期执政能力建设、先进性和纯洁性建设为主线，以党的政治建设为统领，以坚定理想信念宗旨为根基，以调动全党积极性、主动性、创造性为着力点，不断提高党的建设质量，把党建设成为始终走在时代前列、人民衷心拥护、勇于自我革命、经得起各种风浪考验、朝气蓬勃的马克思主义执政党。

2022 年 7 月，在省部级主要领导干部"学习习近平总书记重要讲话精神，迎接党的二十大"专题研讨班上，习近平发表重要讲话强调："我们党是世界上最大的马克思主义执政党，要巩固长期执政地位、始终赢得人民衷心拥护，必须永葆'赶考'的清醒和坚定。"

二十大进一步指出，"党找到了自我革命这一跳出治乱兴衰历史周期率的第二个答案"。

习近平所说的自我革命，主要指党的自我净化、自我完善、自我革新、自我提高，完善党的自我革命制度规范体系。

二十大要求完善党的自我革命制度规范体系。坚持制度治党、依规治党，以党章为根本，以民主集中制为核心，完善党内法规制度体系，增强党内法规权威性和执行力，形成坚持真理、修正错误，发现问题、纠正偏差的机制。健全党统一领导、全面覆盖、权威高效的监督体系，完善权力监督制约机制，以党内监督为主导，促进各类监督贯通协调，让权力在阳光下运行。推进政治监督具体化、精准化、常态化，增强对"一把手"和领导班子监督实效。发挥政治巡视利剑作用，加强巡视整改和成果运用。落实全面从严治党政治责任，用好问责利器。

党的自我革命与社会革命是密切联系的。社会革命需要党的正确领导。没有党的正确领导，就不会有革命的胜利。党在社会革命中必须始终发挥领导核心的作用。党要领导社会革命，就必须实行自我革命，不断进行自我净化、自我完善、自我革新、自我提高，特别是把反腐败作为最彻底的自我革命，确保党不变质、不变色、不变味，确保党在新时代坚持和发展中国特色社会主义的历史进程中始终成为坚强领导核心。党的自我革命对社会革命起着引领的作用。新时代新征程上，党要始终以党的自我革命引领社会革命。

在二十届中共中央政治局常委同中外记者见面时，习近平强调，新征程上，我们要始终推进党的自我革命。一个饱经沧桑而初心不改的党，才能基业常青；一个铸就辉煌仍勇于自我革命的党，才能无坚不摧。百年栉风沐雨、淬火成钢，特别是新时代10年革命性锻造，中国共产党更加坚强有力、更加充满活力。面对新征程上的新挑战新考验，我们必须高度警省，永远保持赶考的清醒和谨慎，驰而不息推进全面从严治党，使百年大党在自我革命中不断焕发蓬勃生机，始终成为中国人民最可靠、最坚强的主心骨。

二十大总结党的建设成就、分析新时代新征程面临的形势和挑战，鲜明地强调："全党必须牢记，全面从严治党永远在路上，党的自我革命永远在路上，决不能有松劲歇脚、疲劳厌战的情绪，必须持之以恒推进全面从严治党，深入推进新时代党的建设新的伟大工程，以党的自我革命引领社会革命。"[①]

十五、"两个确立""两个维护"

党的十九大后，党中央对坚决维护习近平总书记党中央的核心、全党的核心地位，坚决维护党中央权威和集中统一领导，提出一系列具体要求。

2021年，十九届六中全会通过的《中共中央关于党的百年奋斗重大成就和历史经验的决议》，明确提出了"两个确立"："党确立习近平同志党中央的核心、全党的核心地位，确立习近平新时代中国特色社会主义思想的指导地位，反映了全党全军全国各族人民共同心愿，对新时代党和国家事业发展、对推进中华民族伟大复兴历史进程具有决定性意义。"

2022年10月16日至22日，二十大在北京举行。习近平作题为

---

① 《习近平著作选读》第一卷，人民出版社2023年版，第52页。

《高举中国特色社会主义伟大旗帜，为全面建设社会主义现代化国家而团结奋斗》的报告。

大会强调，新时代 10 年的伟大变革，是在以习近平同志为核心的党中央坚强领导下、在习近平新时代中国特色社会主义思想指引下全党全国各族人民团结奋斗取得的。党确立习近平同志党中央的核心、全党的核心地位，确立习近平新时代中国特色社会主义思想的指导地位，反映了全党全军全国各族人民共同心愿，对新时代党和国家事业发展、对推进中华民族伟大复兴历史进程具有决定性意义。新时代新征程上把中国特色社会主义事业推向前进，最紧要的是深刻领悟"两个确立"的决定性意义，增强"四个意识"、坚定"四个自信"、做到"两个维护"，自觉在思想上政治上行动上同以习近平同志为核心的党中央保持高度一致。

大会号召，全党全军全国各族人民要紧密团结在党中央周围，牢记空谈误国、实干兴邦，坚定信心、同心同德，埋头苦干、奋勇前进，为全面建设社会主义现代化国家、全面推进中华民族伟大复兴而团结奋斗！

二十届一中全会选举产生了以习近平同志为核心的新一届中央领导集体，习近平继续当选为中共中央总书记、中央军委主席。

10 月 25 日，二十届中央政治局召开会议，研究部署学习宣传贯彻二十大精神，审议《中共中央政治局关于加强和维护党中央集中统一领导的若干规定》《中共中央政治局贯彻落实中央八项规定实施细则》。

会议强调，坚持和加强党中央集中统一领导是全党共同的政治责任，首先是中央领导层的政治责任。中央政治局要带头严格遵守党章和党内政治生活准则，全面落实党的二十大关于坚持和加强党中央集中统一领导的各项要求，深刻领悟"两个确立"的决定性意义，增强

"四个意识"、坚定"四个自信"、做到"两个维护"，带头全面贯彻习近平新时代中国特色社会主义思想，不断提高政治判断力、政治领悟力、政治执行力，自觉在思想上政治上行动上同以习近平同志为核心的党中央保持高度一致，带领全党全国各族人民为全面建设社会主义现代化国家、全面推进中华民族伟大复兴而团结奋斗。

《中共中央关于认真学习宣传贯彻党的二十大精神的决定》强调指出：

——党确立习近平同志党中央的核心、全党的核心地位，确立习近平新时代中国特色社会主义思想的指导地位，是党在新时代取得的重大政治成果，是推动党和国家事业取得历史性成就、发生历史性变革的决定性因素。

——全党必须深刻领悟"两个确立"的决定性意义，更加自觉地维护习近平总书记党中央的核心、全党的核心地位，更加自觉地维护以习近平同志为核心的党中央权威和集中统一领导，全面贯彻习近平新时代中国特色社会主义思想，坚定不移在思想上政治上行动上同以习近平同志为核心的党中央保持高度一致。

——学习宣传党的二十大精神，要把着力点聚焦到习近平总书记是党中央的核心、全党的核心，习近平新时代中国特色社会主义思想是党必须长期坚持的指导思想上；聚焦到党的十九大以来的重大成就和新时代 10 年的伟大变革上；聚焦到把握好马克思主义中国化时代化最新成果的世界观和方法论，坚持好、运用好贯穿其中的立场观点方法上；聚焦到中国式现代化在理论和实践的创新突破上；聚焦到贯彻落实党的二十大作出的重大决策部署上；聚焦到以习近平同志为核心的新一届中央领导集体是深受全党全国各族人民拥护和信赖的领导集体上；聚焦到习近平总书记是全党拥护、人民爱戴、当之无愧的党的领袖上。

——要健全总揽全局、协调各方的党的领导制度体系，完善党中央重大决策部署落实机制，确保全党在政治立场、政治方向、政治原则、政治道路上同党中央保持高度一致，确保党的团结统一。要加强党的政治建设，严明政治纪律和政治规矩，落实各级党委（党组）主体责任，提高各级党组织和党员干部政治判断力、政治领悟力、政治执行力。

十六、共产党员

党员是中国共产党的主体。

截至 2023 年 12 月 31 日，中国共产党有 9918.5 万名党员。

其中，女党员 3018.5 万名，占党员总数的 30.4%。少数民族党员 759.2 万名，占 7.7%。大专及以上学历党员 5578.6 万名，占 56.2%。

30 岁及以下党员 1241.2 万名，31 至 35 岁党员 1119.6 万名，36 至 40 岁党员 1086.4 万名，41 至 45 岁党员 945.9 万名，46 至 50 岁党员 907.1 万名，51 至 55 岁党员 940.5 万名，56 至 60 岁党员 890.7 万名，61 岁及以上党员 2787.2 万名。

工人（工勤技能人员）664.3 万名，农牧渔民 2607.5 万名，企事业单位、社会组织专业技术人员 1619.0 万名，企事业单位、社会组织管理人员 1145.3 万名，党政机关工作人员 764.5 万名，学生 277.1 万名，其他职业人员 776.4 万名，离退休人员 2064.4 万名。

按党章规定，年满 18 岁的中国工人、农民、军人、知识分子和其他社会阶层的先进分子，承认党的纲领和章程，愿意参加党的一个组织并在其中积极工作、执行党的决议和按期交纳党费的，可以申请加入中国共产党。申请入党的人，要填写入党志愿书，要有两名正式党员作介绍人，要经过支部大会通过和上级党组织批准，并且经过预备期的考察，才能成为正式党员。

党员必须履行 8 项义务：

（一）认真学习马克思列宁主义、毛泽东思想、邓小平理论、"三个代表"重要思想、科学发展观、习近平新时代中国特色社会主义思想，学习党的路线、方针、政策和决议，学习党的基本知识和党的历史，学习科学、文化、法律和业务知识，努力提高为人民服务的本领。

（二）增强"四个意识"、坚定"四个自信"、做到"两个维护"，贯彻执行党的基本路线和各项方针、政策，带头参加改革开放和社会主义现代化建设，带动群众为经济发展和社会进步艰苦奋斗，在生产、工作、学习和社会生活中起先锋模范作用。

（三）坚持党和人民的利益高于一切，个人利益服从党和人民的利益，吃苦在前，享受在后，克己奉公，多做贡献。

（四）自觉遵守党的纪律，首先是党的政治纪律和政治规矩，模范遵守国家的法律法规，严格保守党和国家的秘密，执行党的决定，服从组织分配，积极完成党的任务。

（五）维护党的团结和统一，对党忠诚老实，言行一致，坚决反对一切派别组织和小集团活动，反对阳奉阴违的两面派行为和一切阴谋诡计。

（六）切实开展批评和自我批评，勇于揭露和纠正违反党的原则的言行和工作中的缺点、错误，坚决同消极腐败现象作斗争。

（七）密切联系群众，向群众宣传党的主张，遇事同群众商量，及时向党反映群众的意见和要求，维护群众的正当利益。

（八）发扬社会主义新风尚，带头实践社会主义核心价值观和社会主义荣辱观，提倡共产主义道德，弘扬中华民族传统美德，为了保护国家和人民的利益，在一切困难和危险的时刻挺身而出，英勇斗争，不怕牺牲。

同时，党员享有 8 项权利：

（一）参加党的有关会议，阅读党的有关文件，接受党的教育和培训。

（二）在党的会议上和党报党刊上，参加关于党的政策问题的讨论。

（三）对党的工作提出建议和倡议。

（四）在党的会议上有根据地批评党的任何组织和任何党员，向党负责地揭发、检举党的任何组织和任何党员违法乱纪的事实，要求处分违法乱纪的党员，要求罢免或撤换不称职的干部。

（五）行使表决权、选举权，有被选举权。

（六）在党组织讨论决定对党员的党纪处分或作出鉴定时，本人有权参加和进行申辩，其他党员可以为他作证和辩护。

（七）对党的决议和政策如有不同意见，在坚决执行的前提下，可以声明保留，并且可以把自己的意见向党的上级组织直至中央提出。

（八）向党的上级组织直至中央提出请求、申诉和控告，并要求有关组织给以负责的答复。

党的任何一级组织直至中央都无权剥夺党员的上述权利。

十七、领导干部

"干部"一词，源于拉丁语 LaDre，本意指框架、骨架。汉语中的"干部"一词，约于 20 世纪初从日本传入。1922 年，在二大制定的党章中首次使用"干部"一词。

新中国"干部"一词和干部制度曾长期受苏联的影响。20 世纪 50 年代，将干部定义为"社会主义国家党组织、政权组织、工会组织、共青团组织和其他社会组织中有一定训练的工作人员，以及科学和文化部门、武装部门、国民经济各部门各种专业人员中的常备人员"①。实际上将不是工人、农民的所有机关干部、企事业管理人员、医生、教员、艺术工作者、科学工作者都算作了干部。

经过干部人事制度的不断改革，现在，中国的干部通常指在党和国家机关、军队、人民团体、科学、文化等部门和企事业单位中担任一定公职的人员，通常分为三大类：党政机关干部、国有企业干部和事业单位干部（军队干部另有规定）。后两类主要指领导班子成员。

广义的党政机关干部指履行公职、纳入国家行政编制、由国家财政负担工资福利的工作人员，亦称国家公务员。国家公务员的职务曾多年分为领导职务与非领导职务。狭义的党政机关领导干部即指国家公务员中担任领导职务者。

2018 年 12 月 29 日，十三届全国人大常委会第七次会议修订通过的《中华人民共和国公务员法》规定："国家实行公务员职务与职级并行制度，根据公务员职位类别和职责设置公务员领导职务、职级序列。"即把原来公务员法中"领导职务""非领导职务"的设置调整为"领导职务"和"职级"，实际上取消了非领导职务。

按照党章的规定，党的干部是党的事业的骨干，是人民的公仆，要做到忠诚干净担当。党按照德才兼备、以德为先的原则选拔干部，坚持五湖四海、任人唯贤，坚持事业为上、公道正派，反对任人唯亲，努力实现干部队伍的革命化、年轻化、知识化、专业化。

党重视教育、培训、选拔、考核和监督干部，特别是培养、选拔优秀年轻干部。积极推进干部制度改革。党重视培养、选拔女干部和少数民族干部。

党的各级领导干部必须信念坚定、为民服务、勤政务实、敢于担

---

① 《新知识词典》，新知识出版社 1958 年版，第 98 页。

当、清正廉洁，模范地履行党员的各项义务，并且必须具备以下6项基本条件：

（一）具有履行职责所需要的马克思列宁主义、毛泽东思想、邓小平理论、"三个代表"重要思想、科学发展观的水平，带头贯彻落实习近平新时代中国特色社会主义思想，努力用马克思主义的立场、观点、方法分析和解决实际问题，坚持讲学习、讲政治、讲正气，经得起各种风浪的考验。

（二）具有共产主义远大理想和中国特色社会主义坚定信念，坚决执行党的基本路线和各项方针、政策，立志改革开放，献身现代化事业，在社会主义建设中艰苦创业，树立正确政绩观，做出经得起实践、人民、历史检验的实绩。

（三）坚持解放思想，实事求是，与时俱进，开拓创新，认真调查研究，能够把党的方针、政策同本地区、本部门的实际相结合，卓有成效地开展工作，讲实话，办实事，求实效。

（四）有强烈的革命事业心和政治责任感，有实践经验，有胜任领导工作的组织能力、文化水平和专业知识。

（五）正确行使人民赋予的权力，坚持原则，依法办事，清正廉洁，勤政为民，以身作则，艰苦朴素，密切联系群众，坚持党的群众路线，自觉地接受党和群众的批评和监督，加强道德修养，讲党性、重品行、作表率，做到自重、自省、自警、自励，反对形式主义、官僚主义、享乐主义和奢靡之风，反对特权思想和特权现象，反对任何滥用职权、谋求私利的行为。

（六）坚持和维护党的民主集中制，有民主作风，有全局观念，善于团结同志，包括团结同自己有不同意见的同志一道工作。

十八、党校和干部学院

党校（行政学院）和其他干部学院是中国培训、教育各级干部的专门机构。

党校（行政学院）是中国共产党领导的培养党的领导干部的学校，是党委的重要部门，是培训党的各级领导干部的主渠道，是党的思想理论建设的重要阵地，是党和国家的哲学社会科学研究机构和重要智库。

中国共产党从诞生起，就非常重视通过办学来培养干部，先后创办过不同形式的学校。1926 年前就举办了一些党校。1926 年 2 月，中共中央专门作出《开办最高党校问题》的决定。在这前后，北方区执委于 1925 年 10 月（校长罗亦农）、湖北区执委于 1926 年 11 月（校长林育南）或 12 月（校长张国焘），先后各创办了一所党校，分别承担北方地区和两湖地区干部轮训的任务。1927 年，中共中央进一步筹划创办中央党校，还设立了党校委员会。1931 年 11 月，建立了苏区中央局党校；1933 年 1 月，称中共中央局党校，校长张闻天。

1933 年 3 月，在瑞金创办马克思共产主义学校，校长李维汉。现认为该校是中共中央党校的前身。

中央红军长征到达陕北后，于 1935 年 12 月决定建立中共中央党校。抗战时期，中央党校在培养干部方面发挥了重大作用。董必武、李维汉、康生、陈云、邓发、毛泽东先后任校长。

1948 年 7 月，党中央决定建立高级党校，名为马列学院，刘少奇兼任院长。1949 年 3 月，马列学院随中共中央机关迁驻北平。1955 年 8 月 1 日，中央决定将马列学院改名为中共中央直属高级党校（简称"中央高级党校"）。"文化大革命"期间，中央高级党校停办。

1977 年 10 月，中央高级党校复校，定名为中共中央党校，地方各级党校也陆续恢复，党校进入了一个新的历史时期。

国家行政学院于 1988 年开始筹建，1994 年正式成立。主要培训高中级公务员、高层次管理人才和政策研究人才。

2018 年的十九届三中全会对深化党和国家机构改革进行总体部署，决定组建新的中共中央党校（国家行政学院）。2018 年 4 月 28 日，新组建的中央党校（国家行政学院）举行挂牌仪式。地方的行政学院也大都与党校合并。

中共中央党校（国家行政学院）是党中央培训全国高中级领导干部和优秀中青年干部的学校，是研究宣传习近平新时代中国特色社会主义思想、推进党的思想理论建设的重要阵地，是党和国家哲学社会科学研究机构和中国特色新型高端智库，是党中央直属事业单位。

除了党校和行政学院外，中组部还设立有全国组织工作干部学院、中国浦东干部学院、中国井冈山干部学院、中国延安干部学院。许多地方的组织部门也相继办起了一些干部学院。中宣部设立有全国宣传干部学院。中央统战部则负责面向民主党派的社会主义学院。

改革开放以来，各地、各部门、各企事业单位还曾举办过其他一些类型的干部学院或学校，后逐渐调整变化，现大多纳入了党校系统，有的演化为普通高等院校。一些高等院校也承担干部教育的任务。

2015 年 12 月 9 日，中共中央印发《关于加强和改进新形势下党校工作的意见》。12 月 11 日至 12 日，全国党校工作会议举行。习近平强调，必须坚持党校姓党这个党校工作根本原则，切实做好新形势下党校工作，培养造就一支具有铁一般信仰、铁一般信念、铁一般纪律、铁一般担当的干部队伍。

2019 年 10 月 25 日，中共中央发布《中国共产党党校（行政学院）工作条例》。《条例》充分体现新组建的党校（行政学院）的职能定位，充分吸收办学实践中的成熟做法，积极回应办学过程中遇到的突出问题。与《中国共产党党校工作条例》和《行政学院工作条例》相比，党校（行政学院）职能进一步扩展。《条例》还设专章对校风和学风建设的基本内容和要求作出系统规定。

按照《条例》规定，党的中央委员会和地方各级委员会分别设立中央党校（国家行政学院）、省（自治区、直辖市）委党校（行政学院）、市（地、州、盟）委党校（行政学院）、县（市、区、旗）委党校（行政学校）。新疆生产建设兵团党委、各师（市）党委设立党校（行政学院）。有条件的乡镇（街道）党（工）委，可以设立党校。党校（行政学院）发挥干部培训、思想引领、理论建设、决策咨询作用。

十九、民主党派

民主党派，指在中国大陆范围内除执政党中国共产党以外的 8 个参政党的统称。

在中华人民共和国，中国共产党是居于领导地位的执政党，各民主党派是参政党。根据 2020 年 11 月修订的《中国共产党统一战线条例》，民主党派是接受中国共产党领导、同中国共产党通力合作的亲密友党，是中国共产党的好参谋、好帮手、好同事，是中国特色社会主义参政党。

除民主党派外，中国还有无党派人士，是指没有参加任何政党、有参政议政愿望和能力、对社会有积极贡献和一定影响的人士，其主体是知识分子。

民主党派的基本职能是参政议政、民主监督、参加中国共产党领导的政治协商。无党派人士参照民主党派履行职能。

1949 年 9 月，参加中国人民政治协商会议第一届全体会议的共有 11 个民主党派，初步形成了共产党领导的多党合作和政治协商制度的格局。1949 年底，三民主义同志联合会、中国国民党民主促进会并入中国国民党革命委员会，中国人民救国会自行宣布解散，遂形成现有的 8 个民主党派的格局。

根据各民主党派自己的网站介绍，各民主党派的基本情况是：

中国国民党革命委员会，简称"民革"。1947 年 11 月，中国国民党民主派和其他爱国民主人士在香港举行第一次联合会议。1948 年 1 月 1 日，中国国民党革命委员会正式宣布成立。民革由原中国国民党人士、同民革有历史联系和社会联系的人士、同台湾各界有联系的人士以及其他人士组成，着重吸收其中有代表性的中上层人士和中高级知识分子。截至 2022 年 6 月底，民革在 30 个省、自治区、直辖市建立了组织，有党员 15.8 万余人。

中国民主同盟，简称"民盟"。1941 年 3 月 19 日，在重庆秘密成立，当时名称是中国民主政团同盟。11 月 16 日，张澜在重庆公开宣布中国民主政团同盟成立。1944 年 9 月，中国民主政团同盟在重庆召开全国代表会议，决定改名为中国民主同盟。现在主要由文化教育以及相关的科学技术领域高中级知识分子组成。截至 2023 年 12 月底，全国共有盟员 35.69 万人，其中高教界占 23.26%，基础教育界占 27.46%，文化艺术新闻出版界占 6.79%，其他重点分工领域占 5.35%。省级组织 30 个，市、县级组织 412 个。盟员中有 2.65 万余人担任各级人大代表和政协委员，有 1890 余人担任政府及司法部门县处级以上职务。

中国民主建国会，简称"民建"。1945 年 12 月 16 日，在重庆成立，当时称民主建国会。1952 年 7 月，民建第二次总会扩大会议更改为现名。民建最早由爱国的民族工商业者和有联系的知识分子发起成立，现在主要由经济界人士以及相关的专家学者组成。截至 2023 年 6 月，全会共有会员 228318 人，其中经济界会员 176112 人，占会员总数 77.2%；企业界会员 146527 人，占会员总数 64.2%；民营经济人士 51197 人，占会员总数 22.4%。担任各级人大代表、政协委员的 27828 人；在政府机关及司法部门任职县处级以上职务的 2471 人，担任市级以上特邀职务的 1601 人。

中国民主促进会，简称"民进"。1945 年 12 月 30 日，由文化教育出版界进步知识分子以及一部分工商界爱国人士在上海正式成立。民进以从事教育文化出版传媒以及相关的科学技术领域工作的高中级知识分子为主。截至 2023 年底，民进共有 29 个省级组织，274 个市级组织，54 个县级组织，9350 个基层组织，20 万余名会员。会员中，教育文化出版传媒以及相关的科学技术领域的高中级知识分子占 70.8%，各级人大代表、政协委员 1.9 万余人，在国务院和各级政府及组成部门、各级司法机关担任副处级以上职务的 1159 人。

中国农工民主党，简称"农工党"。1930 年 8 月 9 日，国民党左派领导人邓演达在上海主持召开第一次全国干部会议，成立中国国民党临时行动委员会，1935 年 11 月 10 日，改名为中华民族解放行动委员会，1947 年 2 月 3 日，改名为中国农工民主党。现在以医药卫生、人口资源和生态环境以及相关的科学技术、教育领域高中级知识分子为主，截至 2022 年 6 月底，在全国 30 个省、自治区、直辖市建立了组织，有党员 19.2 万余人。

中国致公党，简称"致公党"。1925 年 10 月，由华侨社团发起，在美国旧金山成立。1947 年 5 月，在中国香港举行第三次代表大会，由旧民主主义政党转变为新民主主义政党。现在由归侨、侨眷中的中上层人士和其他有海外关系的代表性人士为主组成，截至 2022 年 11 月，在全国 21 个省、自治区、直辖市建立了组织，有党员 6.9 万人。

九三学社。抗日战争后期，一批进步学者为争取抗战胜利和政治民主，继承和发扬五四运动的反帝爱国与民主科学精神，在重庆组织了民主科学座谈会。后为纪念1945年9月3日抗日战争和世界反法西斯战争的胜利，改建为九三学社。1946年5月4日，在重庆正式召开成立大会。现在以科学技术界高中级知识分子为主，截至2023年6月30日，全社共有30个省级组织、282个设区市市级组织、29个县级组织、7874个基层组织、211738名社员。

台湾民主自治同盟，简称"台盟"。台湾人民"二二八起义"以后，由一部分从事爱国主义运动的台湾省人士于1947年11月12日在香港成立。现在由台湾省人士组成。居住在中国大陆的台湾省籍人士，可以申请加入台盟。目前，台盟在19个省、直辖市建立了组织，有成员3000多人。

中国的各民主党派在反帝爱国、争取民主和反对独裁专制的斗争中先后建立，在从旧民主主义到新民主主义，从新民主主义到社会主义和中国特色社会主义的建设过程中，不断发展，发挥了独特的作用。现在，各民主党派是各自所联系的一部分社会主义劳动者和拥护社会主义的爱国者的政治联盟，是接受中国共产党领导的、同中国共产党通力合作、共同致力于社会主义事业的亲密友党。各民主党派积极参加国家政治生活，为改革开放和社会主义现代化建设事业作出了重要贡献。它们既是中国爱国统一战线的一支重要力量，也是维护国家安定团结、促进社会主义现代化建设和祖国统一的一支重要力量，是中国共产党领导的多党合作和政治协商制度的重要组成部分。

二十、工会

在中国，工会是中国共产党领导的职工自愿结合的工人阶级群众组织，是中国共产党联系职工群众的桥梁和纽带，是国家政权的重要社会支柱，是会员和职工利益的代表。

中国共产党成立之后，就广泛开展工人运动，建立各种类型的工会组织。1922 年 5 月，在广州召开的第一次全国劳动大会，决定以中国劳动组合书记部为全国工人团体的总通讯机关。1925 年 5 月，在广州召开的第二次全国劳动大会，宣告中华全国总工会正式成立。大革命失败后，各地工会转入地下活动。1933 年初，中华全国总工会领导机关迁往中央苏区瑞金，成立中华全国总工会苏区中央执行局。

抗日战争时期，工会一部分人在敌后领导抗日运动，参加游击战争，一部分人在敌占区坚持地下斗争，另一部分人则到国民党统治区与朱学范领导的中国劳动协会联合，进行合法运动。1937 年底，中共中央成立中央职工运动委员会。

1948 年 8 月 1 日至 22 日，在哈尔滨召开第六次全国劳动大会，决定恢复中华全国总工会。中国劳动协会作为团体会员加入中华全国总工会。1949 年 11 月，中国劳动协会决定结束其组织，实现了全国工会运动在组织上的完全统一。

从第七次全国劳动大会起，全国劳动大会改称为中国工会全国代表大会。1953 年 5 月，中国工会第七次全国代表大会在北京召开。1957 年 12 月，中国工会第八次全国代表大会在北京召开时，党和国家领导人毛泽东、刘少奇、周恩来、朱德、邓小平出席开幕式。

"文化大革命"期间，中华全国总工会及其所属各级工会组织遭到了严重的冲击、破坏。

1973 年起，根据中共中央关于整顿健全工会的通知，先后恢复了各省、自治区、直辖市及其以下各级工会组织和活动。

1978 年 10 月 11 日至 21 日，中国工会第九次全国代表大会在北京召开。邓小平代表党中央、国务院致辞。从此，工会工作全面恢复，中国工会工作进入了新的阶段。

早在 1950 年 6 月 29 日，《中华人民共和国工会法》就公布施行，这是中华人民共和国成立后最早公布施行的重要法律之一。

改革开放后，1992 年 4 月 3 日的七届全国人大五次会议通过新的《中华人民共和国工会法》。2001 年 10 月 27 日的九届全国人大常委会第二十四次会议作第一次修正。2009 年 8 月 27 日的十一届全国人大常委会第十次会议作了第二次修正。十八大以后，2021 年 12 月 24 日的十三届全国人大常委会第三十二次会议作了第三次修正。

按照工会法和工会章程的规定，凡在中国境内的企业、事业单位、机关、社会组织中以工资收入为主要生活来源或者与用人单位建立劳动关系的劳动者，不分民族、种族、性别、职业、宗教信仰、教育程度，承认工会章程，都有依法参加和组织工会的权利。

中国工会实行产业和地方相结合的组织领导原则，坚持民主集中制。

用人单位有会员 25 人以上的，应当建立基层工会委员会；不足 25 人的，可以单独建立基层工会委员会，也可以由两个以上单位的会员联合建立基层工会委员会，也可以选举组织员一人，组织会员开展活动。

企业职工较多的乡镇、城市街道，可以建立基层工会的联合会。县级以上地方建立地方各级总工会。同一行业或者性质相近的几个行业，可以根据需要建立全国的或者地方的产业工会。全国建立统一的中华全国总工会。

中国工会的基本职责是维护职工合法权益、竭诚服务职工群众。工会在维护全国人民总体利益的同时，代表和维护职工的合法权益。工会通过平等协商和集体合同制度等，推动健全劳动关系协调机制，维护职工劳动权益，构建和谐劳动关系。依照法律规定通过职工代表大会或者其他形式，组织职工参与本单位的民主选举、民主协商、民主决策、民主管理和民主监督。

工会动员和组织职工积极参加经济建设，努力完成生产任务和工作任务。教育职工不断提高思想道德、技术业务和科学文化素质，建设有理想、有道德、有文化、有纪律的职工队伍。

中华全国总工会是各地方总工会和各产业工会全国组织的领导机关，由中共中央书记处领导。中国工会已同全世界130多个国家和地区的400多个全国性工会组织以及国际和区域性工会组织建立了友好关系。

2015年1月8日，中共中央印发《关于加强和改进党的群团工作的意见》。7月6日至7日，中央党的群团工作会议召开。习近平强调，工会、共青团、妇联等群团组织要切实保持和增强党的群团工作和群团组织的政治性、先进性、群众性，开创新形势下党的群团工作新局面。会议后，中共中央办公厅相继印发《全国总工会改革试点方案》《共青团中央改革方案》《全国妇联改革方案》等，部署开展群团改革。

2023年10月9日至12日，中国工会第十八次全国代表大会举行。23日，习近平同中华全国总工会新一届领导班子成员集体谈话，强调要坚持全心全意依靠工人阶级的根本方针，充分调动广大职工群众的积极性、主动性、创造性，积极投身全面推进强国建设、民族复兴的伟大事业。

二十一、共青团

共青团，即中国共产主义青年团，是中国共产党领导的先进青年的群团组织，是广大青年在实践中学习中国特色社会主义和共产主义的学校，是中国共产党的助手和后备军。

1920 年 8 月，中国共产党在筹备建党的同时，首先在上海组织了社会主义青年团。1922 年 5 月，在广州召开第一次全国代表大会，成立了全国统一的组织。现在共青团的成立时间确定为 1922 年 5 月。

1925 年 1 月，团的第三次全国代表大会决定将中国社会主义青年团改名为中国共产主义青年团。1935 年 11 月，党决定将共青团组织改造成为抗日救国的青年团体，先后成立了中华民族解放先锋队、青年救国会、青年抗日先锋队等组织。1946 年 10 月，党中央提议建立民主青年团。1949 年元旦，党中央作出建立中国新民主主义青年团的决议。

1949 年 4 月，新民主主义青年团第一次全国代表大会宣告中国新民主主义青年团正式成立。1957 年 5 月，召开第三次全国代表大会，决定把团的名称改为中国共产主义青年团。还决定把中华人民共和国成立前后的中国社会主义青年团、共产主义青年团和新民主主义青年团的历次代表大会衔接起来。1964 年 6 月，召开了共青团第九次全国代表大会。

"文化大革命"期间，团的组织被破坏，团的工作处于停顿状态。

1978 年 10 月，中国共产主义青年团第十次全国代表大会召开，共青团进入了一个历史新时期。从 1982 年 12 月至 2023 年 6 月，共青团连续召开了从第十一次到第十九次全国代表大会。

1982 年 12 月召开的第十一次全国代表大会通过《中国共产主义青年团章程》。

按照 2023 年 6 月通过的《中国共产主义青年团章程》，年龄在 14 周岁以上，28 周岁以下的中国青年，承认团的章程，愿意参加团的一个组织并在其中积极工作、执行团的决议和按期交纳团费的，可以申请加入中国共产主义青年团。

团员年满 28 周岁，没有担任团内职务，应该办理离团手续。团员加入共产党以后仍保留团籍，年满 28 周岁，没有在团内担任职务，不再保留团籍。

截至 2023 年 12 月底，团员数量 7416.7 万人。

团是按照民主集中制组织起来的统一整体。团的各级委员会实行集体领导和个人分工负责相结合的制度。

团的全国领导机关是团的全国代表大会和它产生的中央委员会。团的全国代表大会每 5 年举行一次，由中央委员会召集，在特殊情况下，可以提前或延期举行。在全国代表大会闭会期间，中央委员会执行全国代表大会的决议，领导团的全部工作。

团的中央委员会全体会议选举常务委员若干人，组成常务委员会。选举第一书记 1 人和书记若干人，组成书记处。中央委员会全体会议由常务委员会召集，每年至少举行一次。在中央委员会全体会议和常务委员会闭会期间，书记处行使中央委员会的职权。

团的地方各级委员会在代表大会闭会期间，执行上级团组织的指示和同级团的代表大会的决议，领导本地方团的工作，定期向上级团的委员会报告工作。

企业、农村、机关、学校、医院、科研院所、街道社区、社会组织、人民解放军连队、人民武装警察部队中队和其他基层单位，凡是有团员 3 人以上的，都应当建立团的基层组织。

中国共产主义青年团中央委员会受中国共产党中央委员会领导，团的地方组织和基层组织受同级党的委员会领导，同时受团的上级组织领导。团的领导机关领导班子按照有关规定履行全面从严治党主体责任。

中国共产主义青年团受中国共产党的委托领导中国少年先锋队的

工作。中国共产主义青年团是中华全国青年联合会的核心团体会员，发挥主导作用。中国共产主义青年团在中国共产党的领导下，指导中华全国学生联合会开展工作。

中国共产主义青年团坚决贯彻党的基本理论、基本路线、基本方略，解放思想，实事求是，与时俱进，求真务实，团结全国各族青年坚定不移跟党走，为把我国建设成为富强民主文明和谐美丽的社会主义现代化强国，为最终实现共产主义而奋斗。

中国共产主义青年团有团旗、团徽。团歌为《光荣啊，中国共青团》。

2022 年 5 月 10 日，庆祝中国共产主义青年团成立 100 周年大会举行。习近平强调，共青团要坚持为党育人，始终成为引领中国青年思想进步的政治学校；自觉担当尽责，始终成为组织中国青年永久奋斗的先锋力量；心系广大青年，始终成为党联系青年最为牢固的桥梁纽带；勇于自我革命，始终成为紧跟党走在时代前列的先进组织。

二十二、妇联

妇联，即中华全国妇女联合会的简称。中华全国妇女联合会是全国各族各界妇女为争取进一步解放与发展而联合起来的群团组织，是中国共产党领导下的人民团体，是党和政府联系妇女群众的桥梁和纽带，是国家政权的重要社会支柱。

中国共产党成立后，大力开展妇女运动。1922 年，中共中央设立妇女部，向警予任第一任中央妇女部部长。在不同的历史时期，先后建立了妇女解放协会、女工农妇代表会议、妇女救国会、妇女联合会等组织。在国民党统治区或日本侵略军占领区，也建立了妇女团体。1945 年 7 月，成立了解放区妇女联合会筹备委员会。

1949 年 3 月 24 日至 4 月 3 日，中国妇女第一次全国代表大会在北平（今北京）召开，成立了中国统一的妇女组织——中华全国民主妇女联合会。1957 年 9 月，第三次全国妇代会决定改名为中华人民共和国妇女联合会。

"文化大革命"期间，妇女运动遭到严重破坏。1978 年 9 月，第四次全国妇代会召开，全面恢复了妇联的工作，并将名称改为现名"中华全国妇女联合会"。

2016 年 9 月，中共中央办公厅印发了《全国妇联改革方案》，明确了全国妇联改革的指导思想、基本原则、目标要求。

根据 2023 年修改后的《中华全国妇女联合会章程》，中华全国妇女联合会自觉坚持党中央集中统一领导。实行全国组织、地方组织、基层组织和团体会员相结合的组织制度。地方和基层组织接受同级党组织和上级妇女联合会双重领导。妇女联合会实行民主集中制。

妇女联合会的最高领导机构是全国妇女代表大会和它所产生的中华全国妇女联合会执行委员会。执行委员会的全体会议选举主席一人、专兼职副主席若干人、常务委员若干人，组成常务委员会。常务委员会下设书记处，由常务委员会推选第一书记和书记若干人组成，主持日常工作。

妇女联合会在省、自治区、直辖市，设区的市、自治州，县（旗）、自治县、不设区的市和市辖区等建立地方组织。在乡镇、街道，行政村、社区，机关和事业单位、社会组织等建立基层组织。在居住分散的农村山区、牧区，农、林、渔场，非公有制经济组织，专业市场和新就业群体等女性相对集中的地方应建妇女组织，组织形式从实际出发灵活设置。

企业基层工会女职工委员会及其以上各级工会女职工委员会是妇女联合会的团体会员。凡在民政部门注册登记的以女性为主体会员的各类为社会、为妇女服务的社会团体，自愿申请，承认本章程，经中华全国妇女联合会或当地妇女联合会同意，可成为妇女联合会的团体会员。

中华全国妇女联合会立足引领、服务、联系的职能定位，以团结引导各族各界妇女听党话、跟党走为政治责任，以围绕中心、服务大局为工作主线，以联系和服务妇女为根本任务，以代表和维护妇女权益、促进男女平等和妇女全面发展为基本职能。

中华全国妇女联合会积极发展同世界各国妇女和妇女组织的友好交往，加深了解、增进友谊、促进合作，积极参与推动共建"一带一路"，弘扬和平、发展、公平、正义、民主、自由的全人类共同价值，推动构建人类命运共同体，为维护世界和平、促进共同发展作贡献。

中华全国妇女联合会有会徽、会旗。

全国妇联长期开展全国三八红旗手标兵、全国三八红旗手（集体）评选表彰活动。1991年起，全国妇联联合中宣部、人社部等25家部委在全国城镇妇女中广泛开展"巾帼建功"活动。2014年以来，开展寻找"最美家庭"活动。

2023年10月23日至26日，中国妇女第十二次全国代表大会举行。10月30日，习近平同全国妇联新一届领导班子成员集体谈话，强调要坚定不移走中国特色社会主义妇女发展道路，激励广大妇女自尊自信、自立自强，奋进新征程、建功新时代，为中国式现代化建设贡献巾帼智慧和力量。

第七章

国家战略

一、综合国力

综合国力，是一个国家所拥有的生存、发展以及对外部施加影响的各种资源、力量和条件的总和。它包括经济、政治、科技、军事、外交、文化、精神等实力，以及其赖以存在的地理环境、自然资源、人口等基础实力。

综合国力，既包括自然因素，又包括社会因素；既包括物质因素，又包括精神因素，是各种因素、各个领域的总和，也是物质力量与精神力量的统一。

综合国力的大小强弱，反映着一个国家的发展水平，决定着它满足国民需求、解决国内问题的能力，同时，也在根本上决定着它在国际上的地位和作用。所以，每个国家，都不能不以增强自己的综合国力为追求的目标，因而，也总是在客观条件所许可的范围内，用各种方式，尽最大努力发展自己的综合国力。

综合国力不是静态的而是动态的。它表现在：随着历史条件、内外环境的变化，综合国力，包括单项实力和综合实力都在不断地发生变化；综合国力由潜在形式向现实形式转化的情况不同，因而在一定时期综合国力的表现也就不同；综合国力的作用范围也经常变动，因而其构成和状态也有所不同。

由于这种变动性，综合国力也就是相对的。纵向，相对于国家自身不同的历史时期；横向，相对于特定时期国际体系中的其他国家。

当今世界，综合国力竞争的基础和条件往往突出地表现在国际竞争力上。所以，国际上已经比较普遍地重视对国际竞争力的测定，相应地，愈加重视国际竞争力的提高问题。

在不同的历史条件下，综合国力竞争的方式、规模、程度有不同的特点。当今世界，随着经济全球化的迅猛发展，科学技术的日新月异，交通工具的日益发达，通信手段的不断改进，各个国家和民族之间的联系越来越紧密。一个国家的利益已经不仅仅限于自己的国境线之内，而是越来越多地表现在与外部世界的联系之中，包括经济的联系、政治的联系、科技的联系、文化的联系、军事的联系等等。不同国家常常在这种相互联系中体现和实现着自己的利益。

因此，全球化的发展是一个必然的趋势。零和博弈已经过时，互利共赢方为正道。丛林法则早被唾弃，不能再重新拣起。尽管当今世界仍然存有旧势力和旧思维的糟粕，但人类文明应该继续前进而不能倒退。所以，不断增强本国的综合国力，必须以推动构建人类命运共同体为总体目标，妥善处理好两者的关系。

中国的综合国力及其在世界上的排位，经历了复杂的历史变迁过程。在古代的漫长历史时期内，中国的综合国力是比较强的，但遇到国内动荡和外敌入侵，也会受到很大影响。近代以来，由于专制制度的衰朽和外国列强的侵略，中国的综合国力大大落后于世界其他大国。

中华人民共和国成立后，迅速集中全国的所有资源，加快工业化的发展，办成了很多大事难事。国家的重工业实力快速上升，军事力量不断增强。政治上先后与西方发达国家和苏东社会主义国家激烈对抗，展示了强硬态度，但也长期处于非常不利的国际环境中。由于"左"的错误的发展，国家多次陷于困顿和内乱之中，综合国力受到极大损害。习近平说，"'文化大革命'十年内乱导致我国经济濒临崩溃的边缘，人民温饱都成问题"①。

改革开放拨正了中国发展的航向。40 多年来，中国不断努力赶上时代，综合国力得到显著的增强。国内生产总值由 3679 亿元增长到 2023 年的 126 万亿元。居民人均可支配收入由 171 元增加到 2023 年的 39218 元。人民军队维护国家主权、安全、发展利益的能力显著增强。中国日益走近世界舞台中央，成为世界和平的建设者、全球发展的贡献者、国际秩序的维护者。

二、社会主义现代化

"现代化"是一个世界范畴，也是一个历史概念。它是自工业革命以来，人类社会从农业文明向工业文明转变特别是落后的农业国追赶先进的工业国的过程。

人类文明发展的不平衡规律，决定了在每一个特定时刻，总是有一些类型或国家的文明，处于比较领先亦即"现代"的水平。其他的，就要不断地追赶，力争向"现代"转"化"。至于"现代"的内容，近代迄今一直是以工业化为核心内容，但未来时代，必定会有新的要求。谁代表"现代"，都要视一定时代的实际情况而定。所谓现代化，实际上就是这样一个你追我赶、不断超越、无限发展、不断前进的广阔图景和漫长过程。

中华民族在长达 5000 多年的历史进程中，创造了辉煌的文明。但到近代，却落后了。救亡和进步，成为近代中国的两大历史性任务；在此基础上复兴中华民族，实现现代化，进入世界先进民族之列，就成为无数志士仁人不懈追求的理想和目标。为此，许多政治力

---

① 习近平：《在庆祝改革开放 40 周年大会上的讲话》（2018 年 12 月 18 日），《人民日报》2018 年 12 月 19 日。

量和先进人士提出过现代化的构想，作出过巨大的努力。

1945 年，毛泽东在七大上明确宣布："中国工人阶级的任务，不但是为着建立新民主主义的国家而斗争，而且是为着中国的工业化和农业近代化而斗争。"[①] 中华人民共和国的成立，为向现代化目标迈进创造了新的条件。20 世纪 50 年代，中国共产党逐步明确提出了现代化的目标和任务。1964 年 12 月，在三届全国人大一次会议的《政府工作报告》中，周恩来正式向世界宣布："要在不太长的历史时期内，把我国建设成为一个具有现代农业、现代工业、现代国防和现代科学技术的社会主义强国，赶上和超过世界先进水平。"

但是，"文化大革命"的发生，打断了中国现代化的进程，拉大了与世界的距离。

1978 年，十一届三中全会把全党的工作中心转移到了社会主义现代化建设上来，明确指出我们当前以及今后相当长一个历史时期的主要任务，就是搞现代化建设。以十一届三中全会为起点，中国人民为实现民族振兴、国家富强和人民幸福，开始了以社会主义现代化为目标的一场新的伟大革命。

党和国家把现代化建设作为党的路线的重要目标和任务。邓小平明确指出："我们党在现阶段的政治路线，概括地说，就是一心一意地搞四个现代化。……不管怎样表述，实质是搞四个现代化，最主要的是搞经济建设，发展国民经济，发展社会生产力。"[②] 随后中国共产党制定的基本路线，也被称为现代化建设的路线。

鉴于"十年内乱"耽误了时间，而且中国的底子还很薄，到 20世纪末实现现代化的目标已经不可能实现。所以，1979 年，邓小平在会见外宾时提出"中国式的四个现代化"概念，就是把标准降低一

---

① 《毛泽东选集》第三卷，人民出版社 1991 年版，第 1081 页。
② 《邓小平文选》第二卷，人民出版社 1994 年版，第 276 页。

点。随后，把原先到 20 世纪末实现现代化的目标改为实现小康，现代化的实现时间则推迟到 21 世纪中叶中华人民共和国成立 100 周年时，但也是"基本实现现代化"，即达到中等发达国家水平。

改革开放以来，党和国家坚持以经济建设为中心，不断解放和发展社会生产力，坚定不移地向现代化目标推进。中国成为世界第二大经济体、制造业第一大国、货物贸易第一大国、商品消费第二大国、外资流入第二大国，外汇储备连续多年位居世界第一。中国人民在富起来、强起来的征程上迈出了决定性的步伐。

到 2017 年的十九大，进一步将 2049 年现代化的目标确定为建设社会主义现代化强国，将基本实现现代化的目标提前到 2035 年。现代化的基本目标，十三大是"富强、民主、文明"。十七大增加了一个"和谐"，十九大又增加了一个"美丽"，也就是要把中国建设成为"富强民主文明和谐美丽的社会主义现代化强国"。

十九大描绘了到 21 世纪中叶现代化目标实现之时的中国图景：物质文明、政治文明、精神文明、社会文明、生态文明将全面提升，实现国家治理体系和治理能力现代化，成为综合国力和国际影响力领先的国家，全体人民共同富裕基本实现，中国人民将享有更加幸福安康的生活，中华民族将以更加昂扬的姿态屹立于世界民族之林。

全国人民都要咬定青山不放松，风雨无阻朝着这个伟大目标前进。

二十大指出："从现在起，中国共产党的中心任务就是团结带领全国各族人民全面建成社会主义现代化强国、实现第二个百年奋斗目标，以中国式现代化全面推进中华民族伟大复兴。"[1]

这一中心任务的两个"全面"，是两个战略性的任务和目标，它们前后相继，又并行不悖。到第二个一百年时全面建成社会主义现代

---

[1]　《习近平著作选读》第一卷，人民出版社 2023 年版，第 18 页。

化强国，这样一个"全面建成"的过程，也就是"全面推进"中华民族伟大复兴的过程。

这一中心任务，体现了以经济建设为中心的思想，体现了发展是治国理政第一要务的思想，抓住了当代中国社会的主要矛盾，致力于以推进现代化的宏大进程来促进和实现中国的社会进步、实现中华民族的伟大复兴。二十大对全面建成社会主义现代化强国两步走战略安排进行了宏观展望，重点部署了未来 5 年的战略任务和重大举措。这是一项伟大而艰巨的事业，前途光明，任重道远。

三、中国式现代化

"中国式现代化"，是二十大极其重要的一个关键词。

现代化是一个世界范围的运动过程，但世界是由不同种族、民族、国家、地区组成的。每个国家和民族都要向现代化前进，每个国家和民族的情况又千差万别。因此，现代化只能是普遍性与特殊性、共性与个性的统一。

现代化没有统一的模式。每个国家都要从自己的实际出发，选择最适合自己的道路，建设具有自己特色的现代化。每个国家的现代化又不能脱离人类文明的大道。只要是现代化，就必然有许多共性和普遍的方式、标准和要求。如果关起门来自我封闭、自成一统，那就谈不上什么现代化，也不可能实现现代化。

早在改革开放之初，邓小平就强调，过去搞民主革命，要适合中国情况，走毛泽东开辟的农村包围城市的道路。现在搞建设，也要适合中国情况，走出一条中国式的现代化道路。

在十九届五中全会后的省部级主要领导干部学习贯彻党的十九届五中全会精神专题研讨班上，习近平指出，"我们的任务是全面建设社会主义现代化国家，当然我们建设的现代化必须是具有中国特色、符合中国实际的，我在党的十九届五中全会上特别强调了 5 点"。

在庆祝中国共产党成立 100 周年大会上，习近平宣告：我们"创造了中国式现代化新道路"。

十九届六中全会通过的《中共中央关于党的百年奋斗重大成就和历史经验的决议》指出："党领导人民成功走出中国式现代化道路，创造了人类文明新形态，拓展了发展中国家走向现代化的途径，给世界上那些既希望加快发展又希望保持自身独立性的国家和民族提供了全新选择。"

二十大集中提出和强调了中国式现代化问题。在二十大报告中，"中国式现代化"出现了 11 次。"中国式现代化"成为二十大起领军领衔作用的一个关键词，也成为中国现代化的最新最重要的标志和要求。

二十大认为："在新中国成立特别是改革开放以来长期探索和实践基础上，经过十八大以来在理论和实践上的创新突破，我们党成功推进和拓展了中国式现代化。"

大会对中国式现代化作出解读："中国式现代化，是中国共产党领导的社会主义现代化，既有各国现代化的共同特征，更有基于自己国情的中国特色。"

——中国式现代化是人口规模巨大的现代化。我国 14 亿多人口整体迈进现代化社会，规模超过现有发达国家人口的总和，艰巨性和复杂性前所未有，发展途径和推进方式也必然具有自己的特点。我们始终从国情出发想问题、作决策、办事情，既不好高骛远，也不因循守旧，保持历史耐心，坚持稳中求进、循序渐进、持续推进。

——中国式现代化是全体人民共同富裕的现代化。共同富裕是中国特色社会主义的本质要求，也是一个长期的历史过程。我们坚持把实现人民对美好生活的向往作为现代化建设的出发点和落脚点，着力维护和促进社会公平正义，着力促进全体人民共同富裕，坚决防止两极分化。

——中国式现代化是物质文明和精神文明相协调的现代化。物质富足、精神富有是社会主义现代化的根本要求。物质贫困不是社会主义，精神贫乏也不是社会主义。我们不断厚植现代化的物质基础，不断夯实人民幸福生活的物质条件，同时大力发展社会主义先进文化，加强理想信念教育，传承中华文明，促进物的全面丰富和人的全面发展。

——中国式现代化是人与自然和谐共生的现代化。人与自然是生命共同体，无止境地向自然索取甚至破坏自然必然会遭到大自然的报复。我们坚持可持续发展，坚持节约优先、保护优先、自然恢复为主的方针，像保护眼睛一样保护自然和生态环境，坚定不移走生产发展、生活富裕、生态良好的文明发展道路，实现中华民族永续发展。

——中国式现代化是走和平发展道路的现代化。我国不走一些国家通过战争、殖民、掠夺等方式实现现代化的老路，那种损人利己、充满血腥罪恶的老路给广大发展中国家人民带来深重苦难。我们坚定站在历史正确的一边、站在人类文明进步的一边，高举和平、发展、合作、共赢旗帜，在坚定维护世界和平与发展中谋求自身发展，又以自身发展更好维护世界和平与发展。

二十大指出："中国式现代化的本质要求是：坚持中国共产党领导，坚持中国特色社会主义，实现高质量发展，发展全过程人民民主，丰富人民精神世界，实现全体人民共同富裕，促进人与自然和谐共生，推动构建人类命运共同体，创造人类文明新形态。"[1]

对中国式现代化本质要求的这个概括，简洁凝练、内涵丰富，强

---

[1] 《习近平著作选读》第一卷，人民出版社 2023 年版，第 18—20 页。

调了坚持党的领导和中国特色社会主义制度的根本要求，涵盖了富强民主文明和谐美丽的奋斗目标，也彰显了中国式现代化的世界意义和世界贡献。

中国式现代化，是对苏联式现代化的扬弃，与苏联的现代化、俄罗斯的现代化有许多差别。就其政治本质和属性来说，与西方发达国家的现代化也有极大的差别。

在纪念马克思诞辰 200 周年大会上，习近平强调："当代中国的伟大社会变革，不是简单延续我国历史文化的母版，不是简单套用马克思主义经典作家设想的模板，不是其他国家社会主义实践的再版，也不是国外现代化发展的翻版。"这四个"版（板）"的区分，高度概括了中国式现代化的创造性和独特性。

四、以经济建设为中心

以经济建设为中心，是以十一届三中全会为标志实现全党工作重心转移的重大成果，是改革开放以来社会主义现代化建设的重大战略指导思想，是中国共产党在社会主义初级阶段基本路线的中心内容。

中国共产党是中国先进生产力发展要求的忠实代表。解放和发展生产力，是社会主义的根本任务。落实到党和国家的各项工作上，就必须始终坚持以经济建设为中心，推动社会的全面发展和进步。

我国社会主义改造完成之后，毛泽东曾提出要把工作中心转到经济方面和技术革命方面来。但由于"左"的错误逐渐发展，这一转变没有实现。从 20 世纪 50 年代中后期到"文化大革命"结束，"左"的错误的集中表现，就是"以阶级斗争为纲"，把无产阶级与资产阶级、社会主义与资本主义的矛盾当作主要矛盾，忽视生产力的发展，把工作重点放在搞阶级斗争、开展各种政治运动上，把经济建设当作

"唯生产力论"加以批判，因而，严重影响了经济建设的发展和人民生活水平的提高。

1978 年十一届三中全会所作的最大的拨乱反正，就是总结历史的经验教训，把工作中心转移到社会主义现代化建设上来，集中力量抓经济建设。邓小平称之为"我国历史上的一个伟大的转折"①。从十一届三中全会开始的一系列新的方针政策，"中心点是从以阶级斗争为纲转到以发展生产力为中心，从封闭转到开放，从固守成规转到各方面的改革"②。

邓小平一再强调："同心同德地实现四个现代化，是今后一个相当长的时期内全国人民压倒一切的中心任务，是决定祖国命运的千秋大业。"③"现代化建设的任务是多方面的，各个方面需要综合平衡，不能单打一。但是说到最后，还是要把经济建设当作中心。离开了经济建设这个中心，就有丧失物质基础的危险。其他一切任务都要服从这个中心，围绕这个中心，决不能干扰它，冲击它。"④

1987 年的十三大制定了党在社会主义初级阶段的基本路线。这条路线的主要内容是"一个中心，两个基本点"。中心就是"以经济建设为中心"。此后，无论是党的代表大会和中央全会，还是全党全国的实际工作，都始终坚持以经济建设为中心不动摇，集中精力搞建设，一心一意谋发展，把发展作为执政兴国的第一要务。

坚持以经济建设为中心，不是一朝一夕的事情，而是一个长期的战略方针。邓小平总结过去工作重点未能及时转移或一有干扰便不能坚持的教训，十分突出地强调，在整个社会主义历史阶段，在不发生较大战争的情况下，都要始终抓住这个中心不放，坚持经济建设不动

---

① 《邓小平文选》第二卷，人民出版社 1994 年版，第 159 页。
② 《邓小平文选》第三卷，人民出版社 1993 年版，第 269 页。
③ 《邓小平文选》第二卷，人民出版社 1994 年版，第 208 —209 页。
④ 《邓小平文选》第二卷，人民出版社 1994 年版，第 250 页。

摇。"我们全党全民要把这个雄心壮志牢固地树立起来，扭着不放，'顽固'一点，毫不动摇。"[①]"一天也不能耽误"，"任何时候都不要受干扰"。[②]

40多年来，国内外不断地出现一些风波和干扰，但党和国家始终清醒地把握住局势，及时地排除"左"和右的错误倾向的干扰，毫不动摇地抓住经济建设这个中心，没有离开这个中心。正是由于始终坚持这个中心，才促进了生产力的大发展、综合国力的大飞跃、人民生活的大提高，为社会的全面发展和进步奠定了扎实的基础。无论遇到什么风浪，党和国家都站住了自己的脚跟。

二十大重申"坚持以经济建设为中心"，同时进一步指出："从现在起，中国共产党的中心任务就是团结带领全国各族人民全面建成社会主义现代化强国、实现第二个百年奋斗目标，以中国式现代化全面推进中华民族伟大复兴。"

五、"三步走"发展战略

"三步走"发展战略，是指中国社会主义初级阶段经济社会发展的战略目标和战略步骤，因规划在70年内分三步走实现社会主义现代化，故称"三步走"发展战略。

1954年9月15日，毛泽东在一届全国人大一次会议上致开幕词时说，准备在几个五年计划之内，将中国"建设成为一个工业化的具有高度现代文化程度的伟大的国家"。但因仅仅几个五年计划不可能实现这种目标，1964年，又把实现现代化的时间定在了20世纪末。党和国家规划的战略步骤，确定为分两步走，到20世纪末实现现代

---

① 《邓小平文选》第二卷，人民出版社1994年版，第249页。
② 《邓小平文选》第二卷，人民出版社1994年版，第276页。

化："第一步，建立一个独立的比较完整的工业体系和国民经济体系；第二步，全面实现农业、工业、国防和科学技术的现代化，使我国经济走在世界的前列。"此后到 80 年代以前，党和国家都一直沿用这样的提法，把它作为实现现代化的基本步骤。

由于"以阶级斗争为纲"的错误指导思想导致各种折腾，耽误了现代化的进程和时间，原定的"两步走"的计划没有实现。总结历史的经验教训，党和国家认识到，建设现代化必须从社会主义初级阶段的国情出发，实事求是，一步一个脚印地前进。

所以，1987 年 4 月，邓小平提出了新的"三步走"构想。据此，十三大正式确定了中国现代化建设"三步走"的发展战略，即：第一步，从 1981 年到 1990 年国民生产总值翻一番，实现温饱；第二步，从 1991 年到 20 世纪末再翻一番，达到小康；第三步，到 21 世纪中叶再翻两番，达到中等发达国家水平。

"三步走"发展战略，把我国社会主义现代化的进程具体化为切实可行的步骤，是激励全国人民为一个共同理想而努力奋斗的行动纲领，具有十分重要的战略指导意义。

按照"三步走"战略，国家在改革发展的路上不断前进，首先在 1987 年提前 3 年实现了第一步翻一番的目标。1995 年，又提前 5 年实现了翻两番的目标。到 20 世纪末，整体上进入了小康社会。

随着 21 世纪即将到来，为了把第三步即 21 世纪前 50 年的任务目标再细化，1997 年的十五大提出了新的小"三步走"战略，即到 2010 年实现国民生产总值比 2000 年翻一番，使人民的小康生活更加宽裕，形成比较完善的社会主义市场经济体制；到 2020 年，使国民经济更加发展，各项制度更加完善；到 21 世纪中叶中华人民共和国成立 100 年时，基本实现现代化，建成富强民主文明的社会主义国家。

经过将近 20 年的努力，新世纪前两步的目标又即将实现。所以，2017 年的十九大，进一步明确规划了从 2020 年到 21 世纪中叶总共 30 年的战略目标和战略步骤。主要是将 30 年分成两个阶段来安排：第一个阶段，从 2020 年到 2035 年，在全面建成小康社会的基础上，再奋斗 15 年，基本实现社会主义现代化。第二个阶段，从 2035 年到 21 世纪中叶，在基本实现现代化的基础上，再奋斗 15 年，把中国建成富强民主文明和谐美丽的社会主义现代化强国。

从全面建成小康社会到基本实现现代化，再到全面建成社会主义现代化强国，是一个新的"两步走"战略，是新时代中国特色社会主义发展的战略安排，是为未来 30 多年中国发展勾画的宏伟蓝图。

制定这样一个战略目标和战略步骤，具有长远的指导意义，必将对中国到 21 世纪中叶的战略进程产生深远的影响，也必将对外部世界产生深远的影响。到 21 世纪中叶"三步走"战略完全实现之时，中华民族将实现一次新的空前伟大的飞跃。

六、小康社会

"三步走"战略中，有一个重要的目标——"小康"和"小康社会"。

"小康"是一个中国式的概念。上千年来，"小康""小康之家""小康生活"等词在民间得到了广泛的流传。其含义，逐步地向人们的基本生活状态转移，越来越多地被解释为"略有资产，足以自给之境"，"经济较宽裕，可以不愁温饱"，有的干脆指"经济情况较为宽裕的人家"。

到 20 世纪 70 年代末，"小康"这个概念由于邓小平的倡导而被赋予了新型的时代内容。1979 年，邓小平会见日本首相大平正芳时，第一次提出了"小康之家"的概念，并明确说明中国社会到 20 世纪末的发展目标是实现小康社会。

从此，"小康""小康社会""小康生活""小康水平"等，就成了中国发展战略中的重要概念。在《邓小平文选》第二、第三卷中，一共 40 次使用了"小康"概念。1982 年 9 月，十二大正式提出到 20 世纪末使人民生活达到小康水平。1987 年 10 月，十三大正式提出"三步走"战略，其第二步的目标就是进入小康。

围绕小康做文章，符合中国的国情，也符合中国的传统文化和社会心理。以孔子为代表的中国思想家曾分别描述过"大同"和"小康"两种社会模式。虽然古代人们心目中的小康，不过是建立在落后生产力和封建私有制基础上自给自足的小农社会，但它反映了中国老百姓们对于宽裕、殷实、稳定、安宁的社会生活的向往和追求，因此有着深远的影响。只要赋予其新的社会和时代内容，用来描述我们的社会和战略，对于老百姓来说，是很亲切，也是很有感召力的。

对外，"小康"一词，给人以敦厚、朴实、和善、安定的形象。中国人民，是爱好和平的人民。中国的外交政策，是独立自主的和平外交政策。中国国际战略的中心目标，是为自己的现代化建设争取一个良好的国际环境。中国致力于建设小康社会，对中国有利，对世界也有利。一个小康的中国，不会对任何国家构成威胁。小康之家，其乐融融。与小康的中国打交道、交朋友，岂不同样是一件其乐融融的快事、好事？

经过全党和全国各族人民的共同努力，到 20 世纪末，"三步走"战略的前两步目标胜利实现，人民生活总体上达到小康水平。这是社会主义制度的伟大胜利，是中华民族发展史上一个新的里程碑。

由于刚刚进入的小康社会还是较低水平、很不平衡的小康社会，所以，进入小康社会，还不等于建成了小康社会，更不等于已经走出小康社会而进入了现代化阶段。因此，2002 年，十六大明确提出 21

世纪头 20 年的战略任务，就是"集中力量，全面建设惠及十几亿人口的更高水平的小康社会"。

全面建设，就是在现有的小康社会基础上，进一步展开建设的工程，全面推进各方面的建设事业，全面提高小康社会的水平，使经济更加发展、民主更加健全、科教更加进步、文化更加繁荣、社会更加和谐、人民生活更加殷实。

2007 年 10 月，十七大专门用一段话描绘了到 2020 年全面建设小康社会目标实现之时中国的基本情景，即：中国这个历史悠久的文明古国和发展中社会主义大国，将成为工业化基本实现、综合国力显著增强、国内市场总体规模位居世界前列的国家，成为人民富裕程度普遍提高、生活质量明显改善、生态环境良好的国家，成为人民享有更加充分民主权利、具有更高文明素质和精神追求的国家，成为各方面制度更加完善、社会更加充满活力而又安定团结的国家，成为对外更加开放、更加具有亲和力、为人类文明作出更大贡献的国家。

2012 年的十八大，又进一步提出到 2020 年"全面建成小康社会"的任务。"全面建成小康社会"与"全面建设小康社会"相比较，关键之处，是将"建设"改成了"建成"。一字之改，目标更加明确，任务更加具体，时间更加紧迫。

确定这样的目标，是中国共产党对历史、对现实、对人民、对民族、对世界作出的一个庄严承诺。能否如期实现这个目标，是对人民交出的一份答卷，也是对党执政成效的一个重要检验。因此，2020 年是现代化进程的一个重要节点。

随着 2020 年正日益逼近，2017 年的十九大鲜明地发出了"决胜全面建成小康社会"的号召。使用"决胜"一词，就是表明到了最后阶段，到了最关键时刻，甚至可以说是到了读秒阶段。在这个时刻，最紧迫、最重大的任务，就是要以巨大的努力，确保全面建成小康社会目标的如期实现。

十九大之后，全党全国人民团结奋斗，打响了决胜全面建成小康社会之战。习近平强调，全面建成小康社会，是我们对全国人民的庄严承诺。我们要立下愚公移山志，咬定目标、苦干实干，确保实现到2020年全面建成小康社会的战略目标。

2020年10月，十九届五中全会指出，决胜全面建成小康社会取得决定性成就。在实现第一个百年奋斗目标之后，要乘势而上开启全面建设社会主义现代化国家新征程、向第二个百年奋斗目标进军。

到2020年底，中国国内生产总值达101.6万亿元，稳居世界第二位。人均国内生产总值连续两年超过1万美元。年末常住人口城镇化率达到63.89%。城镇居民人均可支配收入43834元，农村居民人均可支配收入17131元。

2021年7月1日，在庆祝中国共产党成立100周年大会上，习近平"代表党和人民庄严宣告，经过全党全国各族人民持续奋斗，我们实现了第一个百年奋斗目标，在中华大地上全面建成了小康社会，历史性地解决了绝对贫困问题，正在意气风发向着全面建成社会主义现代化强国的第二个百年奋斗目标迈进"。

从小康到全面小康，从全面建设小康社会到全面建成小康社会，是中国共产党在社会主义现代化建设道路上成功实施的一项伟大的战略工程。这是中华民族亘古未有的大工程，也是世界历史上规模空前的大工程。这项工程的胜利完成，实现了中国人民千百年来对小康社会和小康生活的梦想，是载入中华民族发展史册的历史性成就。

七、"五位一体"总体布局

布局，在棋类博弈中，指棋子布设的态势。棋局一开始，双方抢占要点，布设阵势，准备进入中盘战斗。这一阶段就叫布局。扩而大之，在一般意义上，布局，就是对事物的全面规划和安排。通过这种安排，形成某种在随后的发展、博弈中可以运用、展开的基本态势。

社会主义现代化建设是一个庞大的系统工程，必须有统一谋划、整体部署，也就是要有战略上的布局。

1986 年 9 月，十二届六中全会在《关于社会主义精神文明建设指导方针的决议》中，第一次明确规定了"我国社会主义现代化建设的总体布局"。

1987 年，十三大制定了以"一个中心，两个基本点"为主要内容的社会主义初级阶段基本路线。邓小平说："十三大确定了'一个中心，两个基本点'的战略布局。""这个战略布局我们一定要坚持下去，永远不改变。"①

20 世纪 90 年代，党和国家规定了中国特色社会主义经济、政治和文化建设的基本政策和基本要求。当时虽然没有明确使用"总体布局"一词，但实际上构成了经济、政治、文化三位一体建设中国特色社会主义的总体布局。

十六大后，党中央提出构建和谐社会的要求。胡锦涛强调，这表明，中国特色社会主义事业的总体布局，更加明确地由经济建设、政治建设、文化建设"三位一体"发展为经济建设、政治建设、文化建设、社会建设"四位一体"。

2007 年的十七大，第一次使用了"生态文明"的概念。2012 年的十八大将生态文明建设正式纳入总体布局，从而使中国特色社会主义的总体布局由"四位一体"变成了"五位一体"。

因此，2012 年的十八大明确宣布："建设中国特色社会主义，总依据是社会主义初级阶段，总布局是五位一体，总任务是实现社会主

---

① 《邓小平文选》第三卷，人民出版社 1993 年版，第 345 页。

义现代化和中华民族伟大复兴。"

"五位一体"总体布局，要求牢牢抓好执政兴国的第一要务，始终代表中国先进生产力的发展要求，坚持以经济建设为中心，聚精会神搞建设、一心一意谋发展；要求坚持创新、协调、绿色、开放、共享的发展理念，全面推进经济建设、政治建设、文化建设、社会建设、生态文明建设，促进现代化建设各个环节、各个方面相协调；要求统筹兼顾，正确认识和妥善处理中国特色社会主义事业中的重大关系，促进现代化建设各方面相协调，生产关系与生产力、上层建筑与经济基础相协调。

按照"五位一体"总体布局，在经济建设方面，就要发展社会主义市场经济，发挥市场在资源配置中的决定性作用，推进供给侧结构性改革，建设社会主义新农村，走中国特色新型工业化道路，建设创新型国家和世界科技强国。

在政治建设方面，就要发展社会主义民主政治，走中国特色社会主义政治发展道路，扩大社会主义民主，建设中国特色社会主义法治体系，建设社会主义法治国家，建设社会主义政治文明。

在文化建设方面，就要发展社会主义先进文化，建设社会主义精神文明，实行依法治国和以德治国相结合，培育和践行社会主义核心价值观，提高全民族的思想道德素质和科学文化素质，建设社会主义文化强国。

在社会建设方面，就要构建社会主义和谐社会，按照民主法治、公平正义、诚信友爱、充满活力、安定有序、人与自然和谐相处的总要求，保障和改善民生，解决好人民最关心、最直接、最现实的利益问题，努力形成全体人民各尽其能、各得其所而又和谐相处的局面。

在生态文明建设方面，就要建设社会主义生态文明，树立尊重自然、顺应自然、保护自然的生态文明理念，坚持节约资源和保护环境的基本国策，坚持生产发展、生活富裕、生态良好的文明发展道路，实行最严格的生态环境保护制度，建设美丽中国，为人民创造良好生产生活环境，实现中华民族永续发展。

十八大以来，以习近平同志为核心的党中央提出实现中华民族伟大复兴的中国梦，明确"五位一体"总体布局和"四个全面"战略布局，确定稳中求进工作总基调，统筹发展和安全，明确我国社会主要矛盾是人民日益增长的美好生活需要和不平衡不充分的发展之间的矛盾，并紧紧围绕这个社会主要矛盾推进各项工作，不断取得了现代化建设的新成就。

八、"四个全面"战略布局

"四个全面"，是十八大以来以习近平同志为核心的党中央，坚持改革开放以来中国特色社会主义的战略规划，针对新形势下的机遇、挑战和历史任务而提出来的重要战略思想和战略布局。

"四个全面"中的每一个"全面"，都是自改革开放以来逐步形成、逐步发展、不断丰富、不断升华的。十八大以来又有了新的大量的扩充，展示出新形势下的新特点。

2014年12月13日至14日，习近平在江苏南京、镇江调研时，首次将"四个全面"并提，要求协调推进全面建成小康社会、全面深化改革、全面推进依法治国、全面从严治党，推动改革开放和社会主义现代化建设迈上新台阶。

2015年2月2日，在省部级主要领导干部研讨班开班式上，习近平指出："党的十八大以来，党中央从坚持和发展中国特色社会主义全局出发，提出并形成了全面建成小康社会、全面深化改革、全面依法治国、全面从严治党的战略布局。"这是第一次将"四个全面"作为战略布局提到全党全国人民面前。

2017 年，十九大将"协调推进'四个全面'战略布局"作为习近平新时代中国特色社会主义思想和治国方略的重要内容，并且写进了党章。

全面建成小康社会，是十八大在原有"全面建设小康社会"基础上提出的战略目标，即到 2021 年建党 100 周年时全面建成小康社会，这也是"两个一百年"奋斗目标的第一个目标。2020 年前，是全面建成小康社会的决胜期，全党必须为决胜全面建成小康社会、夺取新时代中国特色社会主义伟大胜利而奋斗。

全面深化改革，就是把改革开放作为坚持和发展中国特色社会主义的必由之路，以巨大的政治勇气和智慧，全面推进改革开放，把改革创新精神贯彻到治国理政各个环节，坚决破除一切不合时宜的思想观念和体制机制弊端，突破利益固化的藩篱，吸收人类文明有益成果，构建系统完备、科学规范、运行有效的制度体系，完善和发展中国特色社会主义制度、推进国家治理体系和治理能力现代化。

全面依法治国，就是坚持依法治国这个党领导人民治理国家的基本方略，坚定不移走中国特色社会主义法治道路，建设中国特色社会主义法治体系，建设社会主义法治国家，坚持依法治国、依法执政、依法行政共同推进，坚持法治国家、法治政府、法治社会一体建设，坚持依法治国和以德治国相结合，依法治国和依规治党有机统一，深化司法体制改革，提高全民族法治素养和道德素质。

全面从严治党，就是坚持和加强党的全面领导，坚持党要管党、全面从严治党，以加强党的长期执政能力建设、先进性和纯洁性建设为主线，以党的政治建设为统领，坚定不移推进党的自我革命，统筹推进党的各项建设，清除一切侵蚀党的健康肌体的病毒，不断开展反腐败斗争，以零容忍态度惩治腐败，不断增强党的政治领导力、思想引领力、群众组织力、社会号召力。

全面建成小康社会的战略目标实现后，"四个全面"战略布局中的全面建成小康社会，就改成了"全面建设社会主义现代化国家"，相应地，"四个全面"战略布局就成为协调推进全面建设社会主义现代化国家、全面深化改革、全面依法治国、全面从严治党。

九、科教兴国战略

科技、教育在中华人民共和国的发展中发挥了极其重要的作用。

1949 年中华人民共和国成立后，党和政府首先构建新的科技体制和教育体制，相继建立了中国科学院等科研机构，逐步恢复和发展科技和教育事业。1949 年即召开第一次全国教育工作会议，提出教育必须为国家建设服务，学校必须为工农开门。1952 年，进行高等院校的院系调整。

1956 年，周恩来代表党中央发出"向科学进军"的号召。国务院成立科学规划委员会，编制了《1956 —1967 年科学技术发展远景规划》。在实施"156 项工程"（连同"二五"一共 304 项，实际完成或由中国接续完成 215 项）过程中，引进苏联东欧技术，初步建立起比较齐全的工业门类。50 年代至 70 年代，先后在原子弹、喷气技术、人工合成结晶牛胰岛素、油田开发、青蒿素等方面取得了重大突破。

但出于"左"的错误的发展，科技教育事业始终没有得到正确的定位和尊重，尤其是被当作政治的工具，受到极大的干扰和损害。特别是"文化大革命"中，"知识无用论"盛极一时，知识分子被当成继地、富、反、坏、右、叛徒、特务、"走资派"之后的"臭老九"。除了个别通过"集中力量办大事"而取得的重大成果外，整个科技教育事业处于一片凋零的状态。

"文化大革命"结束以后，邓小平自告奋勇当科技、教育事业的"后勤部长"。坚决推倒了"两个估计"，开始了科技教育领域的拨乱反正。科技、教育的春天开始来到。

1977 年，邓小平提出："我们要实现现代化，关键是科学技术要能上去。……靠空讲不能实现现代化，必须有知识，有人才。"① "不抓科学、教育，四个现代化就没有希望，就成为一句空话。"② 1985 年，中共中央先后发出《关于科学技术体制改革的决定》和《关于教育体制改革的决定》。1988 年，邓小平又进一步提出："科学技术是第一生产力"③。党和国家采取了一系列重大措施，加快发展科学技术和教育事业。

1995 年 5 月，《中共中央　国务院关于加速科技进步的决定》首次提出"科教兴国"的战略。同月，中共中央、国务院在北京召开全国科学技术大会，全面部署落实这一决定。1996 年 3 月，八届全国人大四次会议正式批准的《国民经济和社会发展"九五"计划和 2010 年远景目标纲要》，将科教兴国作为一条重要的指导方针和发展战略上升为国家意志。

科教兴国战略的主要内容是：在科学技术是第一生产力思想的指导下，坚持教育为本，把科技和教育摆在经济、社会发展的重要位置，增强国家的科技实力及向现实生产力转化的能力，提高全民族的科技文化素质，把经济建设转移到依靠科技进步和提高劳动者素质的轨道上来，加快建设富强民主文明和谐美丽的社会主义现代化强国。

科教兴国战略把科技、教育进步作为经济和社会发展的强大动力，是确保经济社会持续、快速、健康发展，增强国际竞争力的根本措施，是党和政府从中国国情和现代化建设的实际出发，在分析世界经济与科学技术发展趋势的基础上，为实现现代化建设"三步走"宏伟目标作出的一项重大战略部署，对现代化建设的不断推进具有重大

---

① 《邓小平文选》第二卷，人民出版社 1994 年版，第 40 页。
② 《邓小平文选》第二卷，人民出版社 1994 年版，第 68 页。
③ 《邓小平文选》第三卷，人民出版社 1993 年版，第 274 页。

的意义。

十九大要求"坚定实施科教兴国战略",加快建设创新型国家。瞄准世界科技前沿,强化基础研究,加强应用基础研究,拓展实施国家重大科技项目,加强国家创新体系建设,强化战略科技力量,深化科技体制改革,建立以企业为主体、市场为导向、产学研深度融合的技术创新体系。把教育事业放在优先位置,深化教育改革,加快教育现代化,办好人民满意的教育。

新时代 10 年来,党和国家加快推进科技自立自强,全社会研发经费支出从 1 万亿元增加到 2.8 万亿元,居世界第二位,研发人员总量居世界首位。基础研究和原始创新不断加强,一些关键核心技术实现突破,战略性新兴产业发展壮大,载人航天、探月探火、深海深地探测、超级计算机、卫星导航、量子信息、核电技术、新能源技术、大飞机制造、生物医药等取得重大成果,进入创新型国家行列。

二十大对"实施科教兴国战略,强化现代化建设人才支撑"作出了进一步部署,要求坚持创新在我国现代化建设全局中的核心地位。完善党中央对科技工作统一领导的体制,健全新型举国体制,强化国家战略科技力量,优化配置创新资源,优化国家科研机构、高水平研究型大学、科技领军企业定位和布局,形成国家实验室体系,统筹推进国际科技创新中心、区域科技创新中心建设,加强科技基础能力建设,强化科技战略咨询,提升国家创新体系整体效能。深化科技体制改革,深化科技评价改革,加大多元化科技投入,加强知识产权法治保障,形成支持全面创新的基础制度。培育创新文化,弘扬科学家精神,涵养优良学风,营造创新氛围。扩大国际科技交流合作,加强国际化科研环境建设,形成具有全球竞争力的开放创新生态。[①]

---

① 《习近平著作选读》第一卷,人民出版社 2023 年版,第 29 页。

十、人才强国战略

人才强国战略，是改革开放以来党和国家实施的一项战略。其内容，就是要把人才队伍建设提升到国家战略的高度，牢固树立人才资源是第一资源的观念，建设规模宏大、结构合理、素质较高的人才队伍，充分发挥各类人才的积极性、主动性和创造性，开创人才辈出、人尽其才的新局面，大力提升国家核心竞争力和综合国力，为全面建设小康社会和实现中华民族的伟大复兴提供重要保证。

1951 年，刘少奇在向出席中国共产党第一次全国宣传工作会议的干部和马列学院第一班学员作报告时，就讲到文化上要准备人才，很好地利用现有的知识分子。

1956 年的八大提出，必须加强专门人才的培养。1956 年知识分子问题会议后，党中央提出，必须培养出在数量上和质量上能够独立解决我国现代化的工业、农业、交通运输、国防、卫生事业和其他各个部门技术问题的专家，培养出接近现代先进水平的物理学家、化学家、数学家、生物学家和其他理论科学家，培养出教育事业和文化艺术事业方面的专家，培养出哲学和社会科学各学科门类的专家。

1961 年，在周恩来领导下制定的科学、高教、文艺等条例，针对"大跃进"以来出现的问题，明确规定：科学研究机构的根本任务是出成果，出人才；高等学校的基本任务是为社会主义建设培养合格的各种专门人才。

在社会主义建设过程中，中国培养造就了一大批科学技术人才。至 1965 年底，全国自然科学技术人员共有 245.8 万人，其中研究生毕业 1.6 万人，大学毕业生 113 万人。全国专门的科学研究机构达到1714 个，专门从事科学研究的人员达到了 12 万人。其中，既有著名科学家，也有年轻一代极富创造力的科学家群体。

但是，"左"的错误的发展，特别是贬低知识和人才，把知识分子划为资产阶级的做法，沉重打击了人才队伍。"文化大革命"的一段时间里，学校关闭、学生停课，文化园地荒芜，科研机构被大量撤销。10年间，高等教育和中专学校少培养几百万专业人才，我国知识分子队伍建设出现了长期空白，科学技术水平同世界先进国家的差距拉得更大。上千万知识青年上山下乡造成人才生成的断层，给国家的现代化建设带来长远的危害。

改革开放以后，邓小平大力倡导尊重劳动，尊重人才，"知识分子的名誉要恢复"[①]。2002年，十六大把"两个尊重"进一步发展为"四个尊重"：尊重劳动、尊重知识、尊重人才、尊重创造。2003年12月，中央专门召开全国人才工作会议，对人才工作进行全面部署，推动实施人才强国战略，会议讨论通过《中共中央 国务院关于进一步加强人才工作的决定》。

2006年3月，十届全国人大四次会议审议批准的"十一五"规划纲要明确提出，推进人才强国战略，促进人口大国向人力资本强国转变，为全面建设小康社会、加快推进社会主义现代化提供人才支撑。2007年10月，十七大将人才强国战略与科教兴国战略、可持续发展战略确立为经济社会发展的三大国家战略，并写进了党章。

十八大以来，以习近平同志为核心的党中央把加快建设人才强国摆到更加突出的位置。习近平多次强调，要树立强烈的人才意识，寻觅人才求贤若渴，发现人才如获至宝，举荐人才不拘一格，使用人才各尽其能；要择天下英才而用之；不唯地域引进人才，不求所有开发人才，不拘一格用好人才。国家还实施了一系列重大人才工程，如"万人计划"等。

人才强国战略的实施，调动了各类人才的积极性和创造性，激发

---

① 《邓小平文选》第二卷，人民出版社1994年版，第49—51页。

了经济社会各项事业发展的活力。中国的人才队伍规模日益壮大，人才体制机制改革和政策创新稳步推进，人才环境日益优化，重大人才工程引领示范作用不断增强，人才服务体系逐步健全，各项人才工作取得积极进展。

二十大强调人才是第一资源，培养造就大批德才兼备的高素质人才是国家和民族长远发展大计。要深入实施人才强国战略，坚持为党育人、为国育才，全面提高人才自主培养质量，着力造就拔尖创新人才，聚天下英才而用之。坚持党管人才原则，坚持尊重劳动、尊重知识、尊重人才、尊重创造，实施更加积极、更加开放、更加有效的人才政策，引导广大人才爱党报国、敬业奉献、服务人民。完善人才战略布局，坚持各方面人才一起抓，建设规模宏大、结构合理、素质优良的人才队伍。加快建设世界重要人才中心和创新高地，促进人才区域合理布局和协调发展，着力形成人才国际竞争的比较优势。加快建设国家战略人才力量，努力培养造就更多大师、战略科学家、一流科技领军人才和创新团队、青年科技人才、卓越工程师、大国工匠、高技能人才。加强人才国际交流，用好用活各类人才。深化人才发展体制机制改革，真心爱才、悉心育才、倾心引才、精心用才，求贤若渴，不拘一格，把各方面优秀人才集聚到党和人民事业中来。[1]

十一、可持续发展战略

可持续发展战略，是 20 世纪 90 年代党和国家适应新的发展要求和时代潮流而开始实施的一项重要战略。就是把推进生产发展、实现生活富裕、保持生态良好有机统一起来，既使当前人类的各种需要得到满足，又要保护资源和生态环境，不对后代人的生存和发展构成威

---

[1]　《习近平著作选读》第一卷，人民出版社 2023 年版，第 28、30 页。

胁，努力实现社会经济系统和自然生态系统的良性循环。

1971年冬到1972年初，北京官厅水库发生的死鱼事件，唤起了党和政府的环保意识。从1970年到1974年，周恩来数十次对环境保护作出讲话、批示。1973年8月5日至20日，国务院召开首次全国环境保护会议，制定了《关于保护和改善环境的若干规定》。这是中国第一部环境保护的综合性法规，也揭开了中国环境保护事业的序幕。此后，中央到地方相继建立环境保护机构，有关环境保护的法规先后出台。

改革开放后，环境保护工作更加突出。1979年颁布的《环境保护法》，使其步入法制轨道。1983年召开的第二次全国环境保护会议，正式把环境保护确定为我国的一项基本国策。

随着改革开放的推进，我国经济社会发展取得了举世瞩目的成就，但由于经济增长过度依赖资源消耗的传统发展模式，特别是随着我国工业化、城镇化的加快发展和人口不断增加，能源、水、土地、矿产等资源不足的问题越来越突出。能否在保护环境的基础上进一步实现可持续发展，成为国家面临的一个重大课题。

1992年，中国政府向联合国环境与发展大会提交了《中华人民共和国环境与发展报告》，阐述了中国关于可持续发展的基本立场和观点。1994年，中国政府制定并批准通过了《中国21世纪议程——中国21世纪人口、环境与发展白皮书》，确立了中国可持续发展的总体战略框架和各个领域的主要目标。

1995年，十四届五中全会提出，要把实现可持续发展作为一项重大战略。1997年，十五大进一步明确将可持续发展战略作为中国经济发展的战略之一。此后的历次党代会、人大会议，都突出强调了可持续发展战略的实施和要求。

为了实施可持续发展战略，中共中央、国务院制定了一系列适合中国国情的方针政策，正确处理和协调环境与发展二者之间的关系。大力开展了江河污染治理、国土资源整治、荒漠化治理、防护体系建设、生物多样性保护等工程。发展循环经济，把可持续发展的理念和要求渗透到经济建设和其他各方面建设事业中，大力倡导和建设生态文明。

2012 年的十八大，进一步把生态文明建设纳入中国特色社会主义事业"五位一体"总体布局，提出了"走向生态文明新时代"的预言和号召，指出："走向生态文明新时代，建设美丽中国，是实现中华民族伟大复兴的中国梦的重要内容。"随后的顶层设计与战略部署密集推出，可持续发展战略得到进一步落实和推进。

2015 年的十八届五中全会，提出"五大发展理念"，将绿色发展作为"十三五"乃至更长时期经济社会发展的一个重要理念，成为中国共产党关于生态文明建设、社会主义现代化建设规律性认识的最新成果。

到 2017 年的十九大，习近平进一步强调建设生态文明是中华民族永续发展的千年大计，并把"坚持人与自然和谐共生"作为十四条基本方略之一。

新时代坚持可持续发展战略，就是要树立和践行绿水青山就是金山银山的理念，坚持节约资源和保护环境的基本国策，像对待生命一样对待生态环境，统筹山水林田湖草沙系统治理，实行最严格的生态环境保护制度，形成绿色发展方式和生活方式，坚定走生产发展、生活富裕、生态良好的文明发展道路，建设美丽中国，为人民创造良好生产生活环境，为全球生态安全作出贡献。

二十大从中国式现代化的高度进一步强调，中国式现代化是人与自然和谐共生的现代化。人与自然是生命共同体，无止境地向自然索取甚至破坏自然必然会遭到大自然的报复。我们坚持可持续发展，坚持节约优先、保护优先、自然恢复为主的方针，像保护眼睛一样保护自然和生态环境，坚定不移走生产发展、生活富裕、生态良好的文明发展道路，实现中华民族永续发展。

十二、区域协调发展总体战略

区域协调发展总体战略，就是要统筹区域发展，发挥各个地区的优势和积极性，逐步形成东中西部相互促进、优势互补、共同发展的新格局。

中国是世界上最大的发展中国家，地域辽阔，人口众多，各个区域的自然禀赋和人文条件很不一样，长期以来发展很不平衡。近代以来，工业发展和经济重心主要集中于东部沿海、东北和部分江河沿岸地区。抗日战争全面爆发之初，沿海工业大规模内迁，加大了西部地区工业、经济的分量，但国民经济区域不平衡的局面始终长期存在。中华人民共和国成立前，70% 的工业分布在东南沿海，而且主要集中在几个大城市。

中华人民共和国成立后，如何统筹不同地区共同发展和进步，一直是党和国家必须考虑和解决的重大问题。1956 年 4 月，毛泽东发表《论十大关系》的重要讲话，其中特别论述了沿海工业和内地工业的关系。

"一五"计划期间由苏联援助的"156 项"工程，考虑到国家安全和区域布局，广泛分布在近 20 个省、自治区、直辖市，其中 70% 的项目安排在东北、西北和西南地区。这些项目的实施，带动了中西部地区、北方地区的发展，对争取形成比较均衡的工业布局，发挥了战略性的作用。

20 世纪 60 年代至 70 年代的三线建设，虽然付出了巨大代价，但在西部地区建成一大批重点企业和基地，显著改善了中国的工业布局；先后建成一批重要铁路、公路干支线，改善了西部地区的交通条件，促进了当地经济发展和社会进步。

改革开放后，东部沿海地区首先放开政策，推进改革开放，加上原有的基础，率先取得较大的发展和进步。但如何带动中西部地区发展，需要有战略上的考虑和安排。因此，20 世纪 80 年代，邓小平提出"两个大局"的思想，即东部沿海地区加快对外开放，率先发展起来，这是一个大局；东部发展到一定时期，要帮助中西部地区加快发展，这也是一个大局。

邓小平在 1992 年初设想，在 20 世纪末达到小康水平的时候，要突出地提出和解决地区发展差距的问题。十四届五中全会根据这一思想，及时把"坚持区域经济协调发展，逐步缩小地区发展差距"作为一个重要方针提了出来。

1999 年，党和国家作出抓紧实施西部大开发的战略决策。2003 年 10 月，中共中央、国务院下发《关于实施东北地区等老工业基地振兴战略的若干意见》，明确提出了振兴东北地区等老工业基地的指导思想、方针任务和政策措施。2006 年 4 月，《中共中央　国务院关于促进中部地区崛起的若干意见》强调，促进中部地区崛起，是我国新阶段总体发展战略布局的重要组成部分。

在此基础上，党和国家进一步统筹不同地区的发展战略，提出了区域发展总体战略。十六大、十七大都提出了相应的要求和部署。

区域发展总体战略的基本内容，就是要积极推进西部大开发，振兴东北地区等老工业基地，促进中部地区崛起，鼓励东部地区率先发展，继续发挥各个地区的优势和积极性，通过健全市场机制、合作机制、互助机制、扶持机制，逐步扭转区域发展差距拉大的趋势，形成东中西相互促进、优势互补、共同发展的新格局。

区域发展总体战略，除了对全国不同区域的发展进行统筹协调外，还采取了一个跨区域的重大战略举措——划分不同类型的主体功能区，按照主体功能定位调整完善区域政策和绩效评价，规范空间开发秩序，形成合理的空间开发结构。

十八大以来，以习近平同志为核心的党中央提出并贯彻新发展理念，着力推进高质量发展，推动构建新发展格局，实施供给侧结构性改革，高度重视区域协调发展问题，制定一系列具有全局性意义的区域重大战略，采取有效措施，创新区域发展政策，完善区域发展机制，促进区域协调、协同、共同发展，努力缩小区域发展差距。区域协调发展总体战略持续向前深入推进，取得了显著的成绩。

面向未来，将继续促进区域协调发展。深入实施区域协调发展战略、区域重大战略、主体功能区战略、新型城镇化战略，优化重大生产力布局，构建优势互补、高质量发展的区域经济布局和国土空间体系。推动西部大开发形成新格局，推动东北全面振兴取得新突破，促进中部地区加快崛起，鼓励东部地区加快推进现代化。支持革命老区、民族地区加快发展，加强边疆地区建设，推进兴边富民、稳边固边。推进京津冀协同发展、长江经济带发展、长三角一体化发展，推动黄河流域生态保护和高质量发展。高标准、高质量建设雄安新区，推动成渝地区双城经济圈建设。健全主体功能区制度，优化国土空间发展格局。推进以人为核心的新型城镇化，加快农业转移人口市民化。以城市群、都市圈为依托构建大中小城市协调发展格局，推进以县城为重要载体的城镇化建设。①

---

① 《习近平著作选读》第一卷，人民出版社2023年版，第26—27页。

十三、全面深化改革

从十一届三中全会以来，改革大潮从农村到城市、从经济领域到其他各个领域全面展开并不断推进；对外开放从沿海到沿江沿边，从东部到中西部全面拓展并不断深化。这场历史上从未有过的大改革大开放，极大地调动了亿万人民的积极性，使中国成功实现了从高度集中的计划经济体制到充满活力的社会主义市场经济体制、从封闭半封闭到全方位开放的伟大历史转折。

但是，改革开放并没有终结，历史的任务还没有完成。所以，十八大以来，以习近平同志为核心的党中央发出了"全面深化改革"的号令，并将此作为"四个全面"战略布局的重要组成部分。

2012 年的十八大统一提出了全面建成小康社会和全面深化改革开放的目标，强调必须以更大的政治勇气和智慧，不失时机深化重要领域改革。习近平鲜明地指出，改革开放只有进行时，没有完成时。面对新形势新任务，我们必须通过全面深化改革，着力解决我国发展面临的一系列突出矛盾和问题，不断推进中国特色社会主义制度自我完善和发展。

2012 年 12 月 7 日至 11 日，习近平在广东深圳、珠海、佛山、广州等地考察，要求增强改革的系统性、整体性、协同性，做到改革不停顿、开放不止步。

2013 年，十八届三中全会专题研究改革问题，作出《中共中央关于全面深化改革若干重大问题的决定》，深刻阐明了全面深化改革的重大意义和未来走向，提出了全面深化改革的指导思想、目标任务、重大原则，描绘了全面深化改革的新蓝图、新愿景、新目标。

全面深化改革，就是要紧紧围绕使市场在资源配置中起决定性作用深化经济体制改革，紧紧围绕坚持党的领导、人民当家作主、依法治国有机统一深化政治体制改革，紧紧围绕建设社会主义核心价值体系、社会主义文化强国深化文化体制改革，紧紧围绕更好保障和改善民生、促进社会公平正义深化社会体制改革，紧紧围绕建设美丽中国深化生态文明体制改革，紧紧围绕提高科学执政、民主执政、依法执政水平深化党的建设制度改革。

为了更好地推进全面深化改革，以习近平同志为核心的党中央加强了对改革的顶层设计。2013年12月30日，中央政治局会议决定成立中央全面深化改革领导小组。2014年1月22日，领导小组召开第一次会议，习近平强调要把握大局、审时度势、统筹兼顾、科学实施，坚定不移朝着全面深化改革目标前进。会议决定下设经济体制和生态文明体制改革、民主法制领域改革、文化体制改革、社会体制改革、党的建设制度改革、纪律检查体制改革6个专项小组。2018年党和国家机构改革中，中央全面深化改革领导小组改为中央全面深化改革委员会。

2017年的十九大，把"坚持全面深化改革"作为新时代坚持和发展中国特色社会主义基本方略的第三条，并对各方面改革作出了进一步部署。

在庆祝改革开放40周年大会上，习近平总结十八大以来全面深化改革的进展和成绩，指出：我们以巨大的政治勇气和智慧，提出全面深化改革总目标是完善和发展中国特色社会主义制度、推进国家治理体系和治理能力现代化，着力增强改革系统性、整体性、协同性，着力抓好重大制度创新，着力提升人民群众获得感、幸福感、安全感，推出1600多项改革方案，啃下了不少硬骨头，闯过了不少急流险滩，改革呈现全面发力、多点突破、蹄疾步稳、纵深推进的局面。

"从以经济体制改革为主到全面深化经济、政治、文化、社会、生态文明体制和党的建设制度改革，党和国家机构改革、行政管理体制改革、依法治国体制改革、司法体制改革、外事体制改革、社会治理体制改革、生态环境督察体制改革、国家安全体制改革、国防和军队改革、党的领导和党的建设制度改革、纪检监察制度改革等一系列重大改革扎实推进，各项便民、惠民、利民举措持续实施，使改革开放成为当代中国最显著的特征、最壮丽的气象。"

二十大进一步总结，十八大以来，我们以巨大的政治勇气全面深化改革，打响改革攻坚战，加强改革顶层设计，敢于突进深水区，敢于啃硬骨头，敢于涉险滩，敢于面对新矛盾新挑战，冲破思想观念束缚，突破利益固化藩篱，坚决破除各方面体制机制弊端，各领域基础性制度框架基本建立，许多领域实现历史性变革、系统性重塑、整体性重构，新一轮党和国家机构改革全面完成，中国特色社会主义制度更加成熟更加定型，国家治理体系和治理能力现代化水平明显提高。①

二十大把"坚持深化改革开放"作为前进道路上必须牢牢把握的重大原则之一，要求深入推进改革创新，坚定不移扩大开放，着力破解深层次体制机制障碍，不断彰显中国特色社会主义制度优势，不断增强社会主义现代化建设的动力和活力，把我国制度优势更好转化为国家治理效能。②

2024 年 7 月召开的二十届三中全会，是全面深化改革的又一次重要会议。

十四、国家治理体系和治理能力现代化

十八届三中全会通过的《中共中央关于全面深化改革若干重大问

---

① 《习近平著作选读》第一卷，人民出版社 2023 年版，第 7 — 8 页。
② 《习近平著作选读》第一卷，人民出版社 2023 年版，第 23 页。

题的决定》鲜明地提出："全面深化改革的总目标是完善和发展中国特色社会主义制度，推进国家治理体系和治理能力现代化。"

"推进国家治理体系和治理能力现代化"是一个新的重大的命题。"国家治理"这个概念在党的文件中同样是第一次出现。《决定》中一共 24 次使用了"治理"概念，包括国家治理、政府治理、国际经济治理、社会治理、社区治理、法人治理、环境治理、综合治理、系统治理、依法治理、源头治理等。

这里说的国家治理体系，就是党领导人民治理国家的制度和管理体系，包括经济、政治、文化、社会、生态文明和党的建设等各领域的体制、机制、法律、法规，也包括国家的政治体系、行政体系和其他管理体系，也就是一整套紧密相连、相互协调的国家制度和管理体系的总和。国家治理能力，则是运用国家制度、统驭管理体系，管理国家和社会各方面事务的能力，包括统筹推进改革发展稳定、内政外交国防、治党治国治军等各个方面的能力。

国家治理体系和治理能力是一个有机整体，相辅相成，有了科学的国家治理体系才能孕育高水平的治理能力，不断提高国家治理能力才能充分发挥国家治理体系的效能。

国家治理体系和治理能力是一个国家制度和制度执行能力的集中体现。

推进国家治理体系和治理能力现代化，就是要适应时代变化，既改革不适应实践发展要求的体制机制、法律法规，又不断构建新的体制机制、法律法规，使各方面制度更加科学、更加完善，实现党、国家、社会各项事务治理制度化、规范化、程序化；使国家治理者善于运用法治思维和法律制度治理国家，把各方面的制度优势转化为治理国家的效能，提高党科学执政、民主执政、依法执政的水平。

制度与治理是辩证统一的关系。制度是相对固化的，而治理是相对活化的；制度侧重于规范本身，而治理侧重于进行管理；制度侧重于文本载明的约束，而治理侧重于人的主体性活动；制度一般是治理的基础，而治理可能会依赖制度进行，但也有可能不按制度办事而靠主观意志行事；制度的优势要转化为治理的效能，而治理的科学性和有效性也应该建立在科学的制度之上；制度是否科学、合理，要由治理的成效来展示和检验，而治理的成效，可能与制度有关，也可能与人的主体性活动有关。

使用"国家治理体系和治理能力"这个概念，表明我们的价值取向，更加注重于国家和社会的治理及其效果。制度好不好，检验和评价的标准是什么？归根结底要看治理的效果。但同时，治理效果的好坏，根本上还是取决于制度是否科学和完善。所以，一定要把总目标中的两个方面有机地结合起来，真正把中国特色社会主义制度的优势转化为治理国家的效能。

推进国家治理体系和治理能力现代化，就要适应时代变化，既改革不适应实践发展要求的体制机制、法律法规，又不断构建新的体制机制、法律法规，使各方面制度机制更加科学、更加完善，实现党、国家、社会各项事务治理民主化、法治化、科学化、制度化、规范化、程序化、高效化；同时，还要使国家治理者善于运用法治思维和法律制度治理国家，把各方面的制度优势转化为治理国家的效能，提高党科学执政、民主执政、依法执政的水平，提高各级干部和公务人员参与国家和社会治理的素质和能力。

按照二十大精神，要以坚持和完善中国特色社会主义制度、推进国家治理体系和治理能力现代化为主轴，把制度建设和治理能力建设摆到更加突出的位置，继续深化各领域各方面体制机制改革，推动各方面制度更加成熟更加定型，加强治理体系和治理能力的建设，加强系统治理、依法治理、综合治理、源头治理，真正把中国特色社会主义的制度优势体现在国家治理的效能上。

十五、新发展理念

发展理念是发展思路、发展方向、发展着力点的集中体现，是所有发展行动的先导和基础。一切发展都是在一定的理念指导下进行的，也体现着一定的发展理念。所以，发展理念是管全局、管根本、管方向、管长远的东西。

在改革开放进程中，党和国家逐步形成了一系列重要的发展理念。2015 年 10 月，十八届五中全会指出，实现"十三五"时期发展目标，破解发展难题，厚植发展优势，必须牢固树立并切实贯彻创新、协调、绿色、开放、共享的发展理念。这是关系我国发展全局的一场深刻变革。

"创新、协调、绿色、开放、共享"，这 10 个字是以习近平同志为核心的党中央提出的重要理念和重大战略思想。新发展理念，是改革开放 40 多年来中国发展经验的集中体现，是中国共产党对中国发展规律的新认识、新揭示。

新发展理念，具有直接的针对性，同时包含着丰富的内容。

创新是引领发展的第一动力。坚持创新发展，主要是解决发展动力问题。中国的发展，长时间靠投资拉动，扩大规模，在高速发展的同时也带来了高耗能、高污染等问题。这种增长方式难以为继，必须转换。因此，必须把创新摆在国家发展全局的核心位置，不断推进理论创新、制度创新、科技创新、文化创新等各方面创新。让创新贯穿党和国家一切工作，让创新在全社会蔚然成风。推动大众创业、万众创新，培育发展新动力，拓展发展新空间，构建产业新体系和发展新体制。

协调是持续健康发展的内在要求。坚持协调发展，主要是解决发展不平衡问题，包括城乡不平衡、收入不平衡、区域不平衡、人与自然不平衡等等。科学发展观要求全面、协调、可持续发展。近年来，不平衡状态有所改变，但还需要继续努力。所以，必须牢牢把握中国特色社会主义事业总体布局，正确处理发展中的重大关系，重点促进城乡区域协调发展，促进经济社会协调发展，促进新型工业化、信息化、城镇化、农业现代化同步发展，在增强国家硬实力的同时注重提升国家软实力，不断增强发展整体性。

绿色是永续发展的必要条件和人民对美好生活追求的重要体现。坚持绿色发展，主要是解决人与自然的和谐共生问题。节约资源和保护环境的基本国策已经实行多年并取得了很大成就，但我们面临的生态和环境压力依然很大。因此，保护环境，绿色发展已成为广大人民群众的普遍要求。必须坚持节约资源和保护环境的基本国策，坚持可持续发展，坚定走生产发展、生活富裕、生态良好的文明发展道路，加快建设资源节约型、环境友好型社会，形成人与自然和谐发展现代化建设新格局，推进美丽中国建设，为全球生态安全作出新贡献。

开放是国家繁荣发展的必由之路。坚持开放发展，主要是解决国内国际两个大局统筹联动问题。新形势下，中国与世界的内外联动已经日益加强。为此，必须顺应中国经济深度融入世界经济的趋势，进一步奉行互利共赢的开放战略，坚持内外需协调、进出口平衡、引进来和走出去并重、引资和引技引智并举，发展更高层次的开放型经济，特别是要积极参与全球经济治理和公共产品供给，提高中国在全球经济治理中的制度性话语权，构建广泛的利益共同体。推进同有关国家和地区多领域互利共赢的务实合作，推进国际产能和装备制造合作，打造陆海内外联动、东西双向开放的全面开放新格局。

共享是中国特色社会主义的本质要求。坚持共享发展，主要是解决公平正义问题。人民群众是中国发展的主体。中国 40 多年来高速发展的业绩，主要是人民群众创造的，当然也要由人民群众共享。新形势下，必须坚持发展为了人民、发展依靠人民、发展成果由人民共享，作出更有效的制度安排，使全体人民在共建共享发展中有更多获得感，增强发展动力，增进人民团结，朝着共同富裕方向稳步前进。

新发展理念是不可分割的整体，相互联系、相互贯通、相互促进，要一体坚持、一体贯彻，不能顾此失彼，也不能相互替代。

提出新发展理念，是关系中国发展全局的一场深刻变革。新发展理念就是指挥棒，要坚决贯彻。对不适应、不适合甚至违背新发展理念的认识要立即调整，对不适应、不适合甚至违背新发展理念的行为要坚决纠正，对不适应、不适合甚至违背新发展理念的做法要彻底摒弃。不能简单以生产总值增长率论英雄，要将新发展理念完整全面地贯穿于经济社会发展的全过程、各领域、各环节，坚持创新发展、协调发展、绿色发展、开放发展、共享发展，走出一条新常态下新发展的新路子来。必须实现创新成为第一动力、协调成为内生特点、绿色成为普遍形态、开放成为必由之路、共享成为根本目的的高质量发展，推动经济发展质量变革、效率变革、动力变革。

十九大把"坚持新发展理念"作为基本方略的第四条。强调："发展是解决我国一切问题的基础和关键，发展必须是科学发展，必须坚定不移贯彻创新、协调、绿色、开放、共享的发展理念。"十九届五中全会把坚持新发展理念作为"十四五"时期经济社会发展必须遵循的原则之一，突出新发展理念的引领作用。

二十大把对新发展理念学习贯彻的要求集中在"完整、准确、全面"三个词上。按照这一要求，必须克服思想上和行为上的惯性，准确把握和切实践行新发展理念，坚持系统观念，不断推动发展方式系统性变革、整体性转变，努力实现发展质量、结构、规模、速度、效益、安全相统一。

十六、五大文明建设

千百年来，人类不断地改造着客观世界和主观世界。这种改造的成果，集中归结为一个词——文明。人类社会的发展，根本上是人类文明的发展。人类社会的进步，根本上是人类文明的进步。

中华文明，是人类文明的一个重要组成部分。在绵延 5000 多年的发展过程中，中华文明形成了自己鲜明的特色，成为一个世所公认丰富多彩而又博大精深的文明类型。中华人民共和国成立后，又迈开了建设新型文明的脚步，并取得了丰硕的成果。

改革开放以来，党和国家开始在正式文件中使用"文明"这一概念。1979 年 1 月 1 日，全国人大常委会在《告台湾同胞书》中指出："我们中华民族是伟大的民族，占世界人口近四分之一，享有悠久的历史和优秀的文化，对世界文明和人类发展的卓越贡献，举世共认。"之后，党和国家逐步强调"文明"的建设，历经 40 多年，先后提出了物质文明、精神文明、政治文明、生态文明、社会文明五大概念，中国特色社会主义的文明建设也归总为五大文明建设。

人类的世界首先是物质的世界。人类的生存首先依赖于物质财富的生产和增长。人类的一切生产活动，首先是要创造更多的物质财富。物质生产的成果，首先归结为物质文明。只有物质文明发展了，才可能有其他文明的发展。中国的现代化建设，建设中国特色社会主义，首先就要大力发展物质文明。所以，1979 年 9 月 29 日，在经中央政治局审议通过、庆祝中华人民共和国成立 30 周年大会上的讲话中，叶剑英第一次正式使用了"物质文明"的概念。之后，物质文明的建设，就一直是中国特色社会主义建设的首要任务。

　　精神文明是人类改造客观世界和主观世界的精神成果，是物质文明在精神上的反映，是社会进步的重要标志。物质文明的建设离不开精神文明。所以，1979 年，叶剑英的讲话同时提出了精神文明建设的任务。邓小平同年 10 月 30 日在中国文学艺术工作者第四次代表大会上的祝词中，强调"我们要在建设高度物质文明的同时，提高全民族的教育科学文化水平和健康水平，树立崇高的革命理想和革命道德风尚，发展高尚的丰富多彩的文化生活，建设高度的社会主义精神文明"。改革开放 40 多年来，党和国家一直高度重视精神文明的建设。十二届六中全会和十四届六中全会先后两次通过关于精神文明的决议，对社会主义精神文明的建设进行了深刻的理论阐述和全面的工作部署。

　　政治文明是人类政治活动和政治文化进步的成果。千百年来，人类在政治领域，如同在其他领域一样，积累了丰富的文明成果。民主的政治制度，法律的严格规范，自由、平等、互助、人权的价值观念等等，都是人类社会应该尊重和维护的宝贵财富。2001 年 1 月，随着社会主义民主政治的发展，江泽民提出"政治文明"的重要概念。随后，又把政治文明与其他两个文明并列，作为社会主义现代化建设的重要目标，强调"建设有中国特色社会主义，应该是我国经济、政治、文化全面发展的进程，是我国社会主义物质文明、政治文明、精神文明全面建设的进程"[1]。

　　2007 年，十七大第一次明确把"建设生态文明"作为全面建设小康社会的新要求。2012 年的十八大，发出了"走向生态文明新时代"的号召。到十九大，生态文明建设更上一层楼，被确认为中华民族永续发展的千年大计。

　　十九大报告还第一次使用了"社会文明"的概念，将我们所要建

---

[1]　《江泽民文选》第三卷，人民出版社 2006 年版，第 490—491 页。

设的文明扩充为 5 个文明。从学理上来说，社会文明有广义和狭义之分。广义的社会文明，在"社会形态"的层面上运用，包括一切文明成果。狭义的社会文明，主要是与物质文明、政治文明、精神文明相并列，直接表现在社会主体和社会关系上的"社会文明"。

中国共产党在社会主义初级阶段基本路线的奋斗目标中，一开始就包含了"文明"一词。这里的文明，最初主要是指精神文明，但随着文明外延的扩展，在一定程度上也可以广义理解为五大文明。

五大文明建设，充分体现了中国特色社会主义是全面发展的社会主义，中国的现代化是全面进步的现代化。中国特色社会主义的建设成果，归根结底要体现在五大文明的提升上。人民对于未来中国的向往，说到底也要落实到五大文明的提升上。五大文明的发展和进步，意味着中华民族文明水准的不断发展和提升。社会主义现代化的进程，就是这五大文明不断提升的进程。

十七、生态文明建设

生态文明，是对人类文明分解和深化认识后而界定的一种新型文明，是人类对传统文明形态特别是工业文明进行深刻反思和探索的认识成果，也是人类在发展物质文明过程中保护和改善生态环境的实践成果。生态文明是在人类历史发展过程中形成的人与自然、人与社会环境和谐统一、可持续发展的文化成果的总和，主要表现为人与自然和谐程度的提高和人们生态观念的增强，是一种人与自然交流融通的状态。

改革开放以来，中国发展取得了令世人惊叹的成就，经济高速增长，人民生活水平显著提高。但同时，生态形势也十分严峻。由于长期实行粗放型经济增长方式，我国承受着传统发展模式给资源环境带来的较大压力。面对新形势新任务，一定要走出一条投入少、产出多、科技含量高、资源消耗低、经济效益好、环境污染小、人力资源得到充分发挥的新型发展道路。

因此，2007 年的十七大第一次使用了"生态文明"的概念，要求在全社会牢固树立生态文明观念。2012 年的十八大，进一步把生态文明建设纳入中国特色社会主义事业"五位一体"总体布局。2015 年 4 月，中共中央、国务院印发《关于加快推进生态文明建设的意见》，明确了生态文明建设的总体要求、目标愿景、重点任务、制度体系。9 月，又出台了《生态文明体制改革总体方案》。

十九大进一步强调，建设生态文明是中华民族永续发展的千年大计。在全面建成社会主义现代化强国的目标中，增加了"美丽"一词。在修改的党章中，增写了"增强绿水青山就是金山银山的意识""实行最严格的生态环境保护制度"等内容。发展生态文明、建设美丽中国，成为"两个一百年"奋斗目标和中华民族伟大复兴中国梦的内容之一。

按照《关于加快推进生态文明建设的意见》，生态文明建设的主要目标是，到 2020 年，资源节约型和环境友好型社会建设取得重大进展，主体功能区布局基本形成，经济发展质量和效益显著提高，生态文明主流价值观在全社会得到推行，生态文明建设水平与全面建成小康社会目标相适应。

生态文明建设的基本原则是：

坚持把节约优先、保护优先、自然恢复为主作为基本方针。在资源开发与节约中，把节约放在优先位置，以最少的资源消耗支撑经济社会持续发展；在环境保护与发展中，把保护放在优先位置，在发展中保护、在保护中发展；在生态建设与修复中，以自然恢复为主，与人工修复相结合。

坚持把绿色发展、循环发展、低碳发展作为基本途径。经济社会发展必须建立在资源得到高效循环利用、生态环境受到严格保护的基础上，与生态文明建设相协调，形成节约资源和保护环境的空间格局、产业结构、生产方式。

坚持把深化改革和创新驱动作为基本动力。充分发挥市场在资源配置中的决定性作用和更好发挥政府作用，不断深化制度改革和科技创新，建立系统完整的生态文明制度体系，强化科技创新引领作用，为生态文明建设注入强大动力。

坚持把培育生态文化作为重要支撑。将生态文明纳入社会主义核心价值体系，加强生态文化的宣传教育，倡导勤俭节约、绿色低碳、文明健康的生活方式和消费模式，提高全社会生态文明意识。

坚持把重点突破和整体推进作为工作方式。既立足当前，着力解决对经济社会可持续发展制约性强、群众反映强烈的突出问题，打好生态文明建设攻坚战；又着眼长远，加强顶层设计与鼓励基层探索相结合，持之以恒全面推进生态文明建设。

十八大以来，生态文明建设的力度进一步加大并取得了显著的成绩。全党全国贯彻绿色发展理念的自觉性和主动性显著增强，忽视生态环境保护的状况明显改变。生态文明制度体系加快形成，主体功能区制度逐步健全，国家公园体制试点积极推进。全面节约资源有效推进，能源资源消耗强度大幅下降。重大生态保护和修复工程进展顺利，森林覆盖率持续提高。生态环境治理明显加强，环境状况得到改善。引导应对气候变化国际合作，成为全球生态文明建设的重要参与者、贡献者、引领者。

二十大进一步指出，大自然是人类赖以生存发展的基本条件。尊重自然、顺应自然、保护自然，是全面建设社会主义现代化国家的内在要求。必须牢固树立和践行绿水青山就是金山银山的理念，站在人与自然和谐共生的高度谋划发展。我们要推进美丽中国建设，坚持山水林田湖草沙一体化保护和系统治理，统筹产业结构调整、污染治理、生态保护、应对气候变化，协同推进降碳、减污、扩绿、增长，推进生态优先、节约集约、绿色低碳发展。[①]

十八、供给侧结构性改革

供给侧结构性改革，是相对于以往需求侧改革而提出的新概念和新思路，指从过去着重强调需求扩张提供动力，转变到着重提高供给体系质量和效率来提供新动力。重点是推进产业结构、区域结构、要素投入结构、排放结构、经济增长动力结构和收入分配结构等 6 个方面的结构性改革，促进经济转型升级。

供给侧结构性改革，是十八大以来以习近平同志为核心的党中央大力推进的主要改革，是经济体制等方面的改革在新时代的发展和深化。

供给与需求，是经济运行中的一对基本矛盾。两者始终处在辩证运动中。健康的经济，必须保持供给与需求的平衡。因此，任何时期的经济建设，都要既重视供给侧，也要重视需求侧。但在实际生活中，供给与需求并不总是平衡的。因此，宏观经济管理就必须根据实际情况，或者着重在供给侧发力，或者在需求侧发力，力求使双方最大限度地趋于平衡。一般来说，需求侧调控主要依靠投资、消费、出口三驾马车，供给侧调控则主要抓住劳动力、土地、资本、制度创造、创新等要素。

中华人民共和国成立以来，中国经济长期处于供给不足的状态。人民的需求十分迫切和旺盛，但生产力不发达，产品和服务的供给难

---

① 《习近平著作选读》第一卷，人民出版社 2023 年版，第 41 页。

以满足人民日益增长的物质和文化需求。

改革开放极大地解放和发展了生产力，中国经济连续几十年高速增长。进入新时代，从需求来说，人民群众已经从温饱不足进入全面小康，居民消费需求已经从数量型转向质量型，对产品和服务质量要求越来越高，消费品供给结构升级滞后已成为消费市场扩大的严重障碍。从供给来说，中国产能已经非常强大，220多种主要工农业产品生产能力稳居世界第一。但在结构上，这些产能大多数只能满足中低端、低质量、低价格的需求，供给结构不适应需求新变化，有效供给严重不足，旅游、体育、健康、养老、家政等领域供给不能满足居民需要。因此，中国供需关系正面临着不可忽视的结构性失衡。

改革开放以来，我国推动计划经济体制向市场经济体制转轨的同时，十分重视需求管理。政府拉动经济增长主要在投资与出口两个方向上用力。后来又着力扩大内需，也是在需求侧上下功夫。但经过几十年的高速发展后，中国经济已由高速增长阶段转向高质量发展阶段，供需错位成为阻挡中国经济持续增长的新的路障。

因此，以习近平同志为核心的党中央决定实施供给侧结构性改革。2015年11月10日，习近平在中央财经领导小组第十一次会议上强调，要在适度扩大总需求的同时，着力加强供给侧结构性改革。2016年1月27日，习近平又主持召开中央财经领导小组第十二次会议，研究供给侧结构性改革方案。2017年10月，十九大报告指出，必须坚持质量第一、效率优先，以供给侧结构性改革为主线，推动经济发展质量变革、效率变革、动力变革，提高全要素生产率。这是党和国家对供给侧结构性改革这条经济发展和经济工作主线的新定位、新要求。

实施供给侧结构性改革，就是要在适度扩大总需求的同时，去产能、去库存、去杠杆、降成本、补短板，从生产领域加强优质供给，减少无效和低端供给，扩大有效和中高端供给，提高供给结构对需求变化的适应性和灵活性，提高全要素生产率，使供给体系更好适应需求结构变化。

用学术语言来说，就是要从提高供给质量出发，用改革的办法推进结构调整，矫正要素配置扭曲，扩大有效供给，提高供给结构对需求变化的适应性和灵活性，提高全要素生产率，更好满足广大人民群众的需要，促进经济社会持续健康发展。

供给侧结构性改革，既强调供给又关注需求，既突出发展社会生产力又注重完善生产关系，既发挥市场在资源配置中的决定性作用又更好发挥政府作用，既着眼当前又立足长远。

供给侧结构性改革，主要是抓好去产能、去库存、去杠杆、降成本、补短板 5 大任务。重点是解放和发展社会生产力，用改革的办法推进结构调整，供给侧改革，完整地说是"供给侧结构性改革"。"结构性" 3 个字十分重要，简称"供给侧改革"也可以，但不能忘了"结构性" 3 个字。

供给侧结构性改革的措施主要包括：持续扩大去产能，这是优化存量资源配置的根本途径；因城施策去库存，这是改善房地产市场供求关系的重要举措；积极稳妥去杠杆，这是防范化解金融风险的重要内容；综合施策降成本，这是增强企业竞争力、扩大优质增量供给的重要举措；扎实有效补短板，这是扩大有效供给的重要手段。

推进供给侧结构性改革，是适应和引领经济发展新常态的重大创新，是完成我国经济转型升级的突破口和着力点。经过几年的努力，供给侧结构性改革取得了重要阶段性成效，但是我国经济运行的主要矛盾仍然是供给侧结构性的。因此，必须坚持以供给侧结构性改革为主线不动摇，更多采取改革的办法，更多运用市场化、法治化手段，在"巩固、增强、提升、畅通" 8 个字上下功夫。

巩固，就是要巩固"三去一降一补"成果，加大破、立、降力度；增强，就是要增强微观主体活力，发挥企业和企业家主观能动性，破除各类要素流动壁垒，促进正向激励和优胜劣汰；提升，就是要提升产业链水平，注重利用技术创新和规模效应形成新的竞争优势，加快解决关键核心技术"卡脖子"问题，培育和发展新的产业集群；畅通，就是要畅通国民经济循环，形成国内市场和生产主体、经济增长和就业扩大、金融和实体经济良性循环。"巩固、增强、提升、畅通"八字方针，是当前和今后一个时期深化供给侧结构性改革、推动经济高质量发展管总的要求。

十九、创新驱动战略

创新，作为一个普通的名词，久已有之。作为一个具有指导性、方针性、战略性的要求和范畴，其内涵和外延，则经历了一个逐步扩展的过程。

十一届三中全会以来，邓小平用过 4 次"创新"概念。邓小平的全部思想中，都贯穿着创新精神。

从 1989 年开始，江泽民多次提出科技创新问题。1995 年，在全国科学技术大会上，江泽民指出："创新是一个民族进步的灵魂，是一个国家兴旺发达的不竭动力。……一个没有创新能力的民族，难以屹立于世界先进民族之林。"[①]创新的范围，从技术的层面进一步扩展为"技术创新""科技创新""知识创新"等一组概念。同时还相应地提出了"创新精神""创新意识""创新能力""创新人才""国家创新体系"等要求。2000 年 6 月，江泽民又指出："创新，包括理论创新、体制创新、科技创新及其他创新。"同时，更加全面地指出：

---

① 《江泽民文选》第一卷，人民出版社 2006 年版，第 432 页。

"创新是一个民族进步的灵魂，是一个国家兴旺发达的不竭动力，也是一个政党永葆生机的源泉。"[①]

由此，创新成为中国发展和进步的基本要求和战略。十八大之后，以习近平同志为核心的党中央进一步提出了"创新驱动发展战略"。

2012 年，十八大把"实施创新驱动发展战略"作为"加快完善社会主义市场经济体制和加快转变经济发展方式"的重要内容和措施之一。强调要坚持走中国特色自主创新道路，以全球视野谋划和推动创新，提高原始创新、集成创新和引进消化吸收再创新能力，更加注重协同创新。

2015 年 3 月 13 日，中共中央、国务院印发《关于深化体制机制改革加快实施创新驱动发展战略的若干意见》。2016 年 1 月 18 日，中共中央、国务院又印发《国家创新驱动发展战略纲要》。

2017 年的十九大，要求加快建设创新型国家，强调创新是引领发展的第一动力，是建设现代化经济体系的战略支撑。

根据《国家创新驱动发展战略纲要》的界定，创新驱动，就是创新成为引领发展的第一动力，科技创新与制度创新、管理创新、商业模式创新、业态创新和文化创新相结合，推动发展方式向依靠持续的知识积累、技术进步和劳动力素质提升转变，促进经济向形态更高级、分工更精细、结构更合理的阶段演进。

而创新驱动发展战略，是党和国家在新的发展阶段确立的立足全局、面向全球、聚焦关键、带动整体的国家重大发展战略。

创新驱动是国家命运所系，是世界大势所趋，是发展形势所迫。习近平在对"十三五"规划建议作说明时指出，当前，我国科技创新已步入以跟踪为主转向跟踪和并跑、领跑并存的新阶段，急需以国家

---

① 《江泽民文选》第三卷，人民出版社 2006 年版，第 64 页。

目标和战略需求为导向，瞄准国际科技前沿，布局一批体量更大、学科交叉融合、综合集成的国家实验室，优化配置人财物资源，形成协同创新新格局。主要考虑在一些重大创新领域组建一批国家实验室，打造聚集国内外一流人才的高地，组织具有重大引领作用的协同攻关，形成代表国家水平、国际同行认可、在国际上拥有话语权的科技创新实力，成为抢占国际科技制高点的重要战略创新力量。

创新驱动的战略目标分"三步走"：第一步，到 2020 年，进入创新型国家行列；第二步，到 2030 年，跻身创新型国家前列；第三步，到 2050 年，建成世界科技创新强国。从"行列"，到"前列"，再到"强国"，形成一个"三级跳"。

实现创新驱动是一个系统性的变革，要按照"坚持双轮驱动、构建一个体系、推动六大转变"进行布局，构建新的发展动力系统。紧紧围绕经济竞争力提升的核心关键、社会发展的紧迫需求、国家安全的重大挑战，采取差异化策略和非对称路径，强化重点领域和关键环节的任务部署。

实施创新驱动发展战略，不断取得重大成果。科技创新的系统能力显著提升，某些创新指标进入世界前列。中国已成为全球第二大研发投入大国和第二大知识产出大国。在量子通信、光量子计算机、高温超导、中微子振荡、干细胞、合成生物学、结构生物学、纳米催化、极地研究等领域取得一批重大原创成果。创新推动新动能不断成长，促进传统动能改造提升，对供给侧结构性改革发挥了显著的支撑引领作用。

二十大要求加快实施创新驱动发展战略。坚持面向世界科技前沿、面向经济主战场、面向国家重大需求、面向人民生命健康，加快实现高水平科技自立自强。以国家战略需求为导向，集聚力量进行原创性引领性科技攻关，坚决打赢关键核心技术攻坚战。加快实施一批具有战略性全局性前瞻性的国家重大科技项目，增强自主创新能力。[①]

二十、脱贫攻坚战略

贫困问题是一个世界性的难题，消除贫困是人类梦寐以求的理想。中华人民共和国成立以来，特别是改革开放以来，中国共产党和中国政府从基本国情出发，致力于减贫脱贫，努力保障和改善民生，发展各项社会事业，虽历经艰难，但取得了举世瞩目的成就。

中华人民共和国成立时，基本上是一个贫困落后的国家。特别是由于长期战争的破坏，生产力非常落后，人民生活非常困难。1949年，城镇居民的人均现金收入不过 100 元，农村居民家庭人均纯收入只有 44 元。

1949 年至 1977 年，党和国家通过多种方式努力解决民生问题，提高人民生活水平。在农村，通过土地改革、大规模的农田水利建设，发展了农村生产力。同时，建立了农村供销合作系统，形成了以"五保"制度和特困群体救济为主要内容的社会基本保障体系，从而在一定程度上减少了农村贫困的程度。

但由于"左"的错误的发展，农村生产力一度受到很大破坏，农村贫困问题没有得到真正解决。从 1957 年到 1978 年的 21 年间，农业生产总值只增长了 83.97%，农民人均纯收入只从 72.95 元增加到 133.57 元，平均每年只增加 2.88 元。到 1978 年改革开放前，农村绝对贫困人口仍有 2.5 亿之多，占农村人口总数的 30% 左右。

改革开放之后，党和国家坚持以经济建设为中心，大力解放和发展生产力，不断提高了广大人民群众的生活水平。针对大量贫困人

[①] 《习近平著作选读》第一卷，人民出版社 2023 年版，第 29 页。

口，又特别采取了一系列政策和措施，实施了扶贫开发战略。1984年9月，中共中央和国务院联合发出了《关于帮助贫困地区尽快改变面貌的通知》，要求集中力量解决十几个连片贫困地区的问题。1986年开始，对传统的救济式扶贫进行改革，实行开发式扶贫的方针。据此，在全国范围内开展了有计划、有组织、大规模的扶贫开发。90年代后，先后实施了《国家八七扶贫攻坚计划（1994—2000年）》《中国农村扶贫开发纲要（2001—2010年）》《中国农村扶贫开发纲要（2011—2020年）》等中长期扶贫规划，不断加大扶贫力度，成立专门扶贫工作机构，确定重点扶持地区和群体，安排专项资金，制定适合现实国情的贫困标准和专门的优惠政策，在全国范围内开展了有计划有组织的大规模开发式扶贫。

十八大以来，以习近平同志为核心的党中央把扶贫开发摆到治国理政的重要位置，提升到事关全面建成小康社会、实现第一个百年奋斗目标的新高度，打响了一场新的脱贫攻坚战。习近平提出精准扶贫、精准脱贫的要求，并把精准扶贫、精准脱贫作为扶贫攻坚的基本方略。十八届五中全会提出了贫困人口全部脱贫、贫困县全部摘帽的目标任务。中央召开扶贫开发工作会议，中共中央、国务院印发关于打赢脱贫攻坚战的决定，对"十三五"脱贫攻坚作出全面部署。"十三五"规划第一次把脱贫攻坚作为五年规划纲要的重要内容，第一次把贫困人口脱贫作为五年规划的约束性指标，第一次由省区市党政一把手向中央签署《脱贫攻坚责任书》，并层层立下军令状。

"十三五"（2016—2020年）脱贫攻坚的总体目标是：到2020年，稳定实现农村贫困人口不愁吃、不愁穿，义务教育、基本医疗和住房安全有保障；实现贫困地区农民人均可支配收入增长幅度高于全国平均水平，基本公共服务主要领域指标接近全国平均水平；确保现行标准下农村贫困人口实现脱贫，贫困县全部摘帽，解决区域性整体贫困。

小康不小康，关键看老乡。脱贫攻坚是全面建成小康社会的底线任务，只有打赢脱贫攻坚战，才能确保全面建成小康社会、实现第一个百年奋斗目标。党中央要求以更大决心、更精准思路、更有力措施，采取超常举措，实施脱贫攻坚工程。党和国家坚持精准扶贫，确立不愁吃、不愁穿和义务教育、基本医疗、住房安全有保障工作目标，实行"军令状"式责任制，动员全党全国全社会力量，上下同心、尽锐出战，攻克坚中之坚、解决难中之难，组织实施了人类历史上规模最大、力度最强的脱贫攻坚战，形成了伟大脱贫攻坚精神。

经过举国攻坚，到 2020 年底，全国 832 个贫困县全部摘帽，12.8万个贫困村全部出列，现行标准下近 1 亿农村贫困人口实现脱贫，区域性整体贫困得到解决，提前 10 年实现联合国 2030 年可持续发展议程减贫目标，历史性地解决了中国延续千年的绝对贫困问题。

中国对全球减贫的贡献率超过 70%，成为世界上减贫人口最多的国家，创造了人类减贫史上的奇迹，为全球减贫事业作出了重大贡献，得到了国际社会的广泛赞誉。

2021 年 2 月 25 日，全国脱贫攻坚总结表彰大会召开。习近平宣告，我国脱贫攻坚战取得了全面胜利。脱贫攻坚伟大斗争，锻造形成了"上下同心、尽锐出战、精准务实、开拓创新、攻坚克难、不负人民"的脱贫攻坚精神。我们走出了一条中国特色减贫道路，形成了中国特色反贫困理论。

二十一、乡村振兴战略

中华人民共和国成立以来，一直高度重视农村的发展，把农业现代化作为现代化总体目标的内容之一，采取了许多措施加强农村建设，发展农村经济，改善农村面貌。

改革开放以来，从 1982 年至 1986 年，中共中央连续 5 年发布以农业、农村和农民为主题的中央一号文件。从 2004 年至 2024 年，又连续 21 年发布以"三农"为主题的中央一号文件，对"三农"的改革和发展进行部署和改革。

2005 年 10 月，十六届五中全会提出建设社会主义新农村的任务。12 月，中共中央、国务院发出《关于推进社会主义新农村建设的若干意见》，要求按照"生产发展、生活宽裕、乡风文明、村容整洁、管理民主"的要求，协调推进农村各方面建设。

十八大之后，党和国家进一步加强"三农"建设。2017 年 10 月 18 日，习近平在十九大报告中明确提出实施乡村振兴战略。2018 年的中央一号文件，就是《中共中央 国务院关于实施乡村振兴战略的意见》。5 月 31 日，中共中央政治局召开会议，审议《乡村振兴战略规划（2018—2022 年）》。9 月，中共中央、国务院印发了《乡村振兴战略规划（2018—2022 年）》，并发出通知，要求各地区各部门结合实际认真贯彻落实。

2018 年 9 月 21 日，中共中央政治局就实施乡村振兴战略进行第八次集体学习。习近平在主持学习时强调，乡村振兴战略是党的十九大提出的一项重大战略，是关系全面建设社会主义现代化国家的全局性、历史性任务，是新时代"三农"工作总抓手。

全面建成小康社会和全面建设社会主义现代化国家，最艰巨最繁重的任务在农村，最广泛最深厚的基础在农村，最大的潜力和后劲也在农村。实施乡村振兴战略，是解决新时代社会主要矛盾、实现"两个一百年"奋斗目标和中华民族伟大复兴中国梦的必然要求，具有重大现实意义和深远历史意义。

实施乡村振兴战略，就是坚持农业农村优先发展，按照产业兴旺、生态宜居、乡风文明、治理有效、生活富裕的总要求，建立健全城乡融合发展体制机制和政策体系，统筹推进农村经济建设、政治建设、文化建设、社会建设、生态文明建设和党的建设，加快推进乡村治理体系和治理能力现代化，加快推进农业农村现代化，走中国特色社会主义乡村振兴道路，让农业成为有奔头的产业，让农民成为有吸引力的职业，让农村成为安居乐业的美丽家园。

相较于十六届五中全会提出的社会主义新农村建设 20 字要求，实施乡村振兴战略的 20 字总要求，更加注重促进乡村整体发展，是新农村建设的升级版、宏观版，内涵更丰富了，部署更明确了，要求也更高了，体现了时代的进步，回应了群众的期待。

实施乡村振兴战略的目标任务是：到 2020 年，乡村振兴取得重要进展，制度框架和政策体系基本形成；到 2035 年，乡村振兴取得决定性进展，农业农村现代化基本实现；到 2050 年，乡村全面振兴，农业强、农村美、农民富全面实现。

到 2020 年底，中国完成了消灭绝对贫困的任务。但脱贫摘帽不是终点，而是新生活、新奋斗的起点。打赢脱贫攻坚战、全面建成小康社会后，要在巩固拓展脱贫攻坚成果的基础上，做好乡村振兴这篇大文章，接续推进脱贫地区发展和群众生活改善。要将巩固拓展脱贫攻坚成果同乡村振兴有效衔接起来，实现"三农"工作重心的历史性转移。2021 年 1 月 4 日，中共中央、国务院印发《关于全面推进乡村振兴加快农业农村现代化的意见》。习近平要求，坚持把解决好"三农"问题作为全党工作重中之重，举全党全社会之力推动乡村振兴。

二十大对全面推进乡村振兴作出新的部署，特别是提出"建设宜居宜业和美乡村"的要求，提出了全面推进乡村振兴的一系列重要措施。要求坚持农业农村优先发展，坚持城乡融合发展，畅通城乡要素流动。加快建设农业强国，确保中国人的饭碗牢牢端在自己手中，统筹乡村基础设施和公共服务布局，建设宜居宜业和美乡村，巩固和完善农村基本经营制度，深化农村土地制度改革，等等。

二十二、新质生产力

新质生产力是习近平 2023 年提出的一个新概念。如何定义？专家学者们都还在研究探讨中。

综合现有各方面专家学者的意见，我们认为，所谓新质生产力，就是指由创新发挥主导作用，超越传统增长方式，开辟新的发展路径、运用前沿技术成果、拓展新的产业领域，具有高科技、高质量、高效益、低能耗、可持续优势，符合新发展理念的先进生产力质态。

2023 年 9 月 7 日下午，习近平在哈尔滨主持召开新时代推动东北全面振兴座谈会时说："积极培育新能源、新材料、先进制造、电子信息等战略性新兴产业，积极培育未来产业，加快形成新质生产力，增强发展新动能。"

9 月 8 日上午，习近平在听取黑龙江省委和省政府工作汇报时强调："整合科技创新资源，引领发展战略性新兴产业和未来产业，加快形成新质生产力。"

2023 年 12 月 11 日至 12 日的中央经济工作会议要求：以科技创新引领现代化产业体系建设。要以科技创新推动产业创新，特别是以颠覆性技术和前沿技术催生新产业、新模式、新动能，发展新质生产力。

2024 年 3 月 5 日，李强在政府工作报告中强调："大力推进现代化产业体系建设，加快发展新质生产力。"

2024 年 4 月 30 日，中共中央政治局召开会议，决定 2024 年 7 月在北京召开二十届三中全会。会议在分析研究当前经济形势和经济工作时强调，要因地制宜发展新质生产力。加强国家战略科技力量布局，培育壮大新兴产业，超前布局建设未来产业，运用先进技术赋能传统产业转型升级，积极发展风险投资，壮大耐心资本。

新质生产力的概念和理念提出后，引起了社会各界的广泛关注。许多专家学者从不同角度进行了日渐深入的研究讨论。

一般来说，新质生产力是随着现代化发展而出现的一类具有高科技、高质量、高效益、低能耗、可持续特征且具有很多新优势的新型生产力。它是在科技革命迅速发展，信息化、自动化、数字化、智能化、绿色化出现跃进式提升的大背景下，通过一系列关键领域的科技创新而获得的生产力的大进步。

新质生产力有的是在传统生产力的基础上，通过创新改造而获得的重大进步，有的则是由于科学新发现、技术新发明而产生的新兴领域和新兴产业。无论如何产生，新质生产力在核心理念、核心技术、核心材料、核心装备上，相比于传统生产力和传统产业，都具有某种质的提升和飞跃。主要表现为涉及领域新、科技含量高、技术路线新、产出效益高、资源耗费少、引领范围广，在产业链中处于龙头地位和关键节点，往往能大幅度提升全要素生产率，甚至催生或带动起一个新的产业。所谓原创性、前沿性、颠覆性的科技创新及其大规模向产业应用的转化，正是新质生产力发展和进步的基础和过程。

新质生产力，顾名思义，集中体现在"新"的"质"上。按照生产力三要素，新质生产力集中表现为三要素的全面提升或改造，其中，知识和技术的创新对推动劳动工具的革命性变革起着关键作用，劳动对象也往往会发生转换或改造，劳动者的素质既是其他两要素变革的推手，也会进一步提升自身的素质。三要素在变革提升的同时，往往会改变三要素的结合方式，产生一种新结构、新组合、新模式、新业态、新市场。

有学者形象地概括：新质生产力＝（科学技术革命性突破＋生产要素创新性配置＋产业深度转型升级）×（劳动力＋劳动工具＋劳动对象）优化组合。

新质生产力一般集中体现在战略性新兴产业如新一代信息技术、生物技术、新能源、新材料、高端装备、绿色环保以及航空航天、海洋装备等领域中，更反映在未来产业如类脑智能、量子信息、基因技术、未来网络、深海空天开发、氢能与储能等领域中。这些产业之所以具有先进性、战略性、前沿性、未来性，就因为其中包含了具领先地位的新质生产力。

新质生产力的形成和发展，既得益于世界范围内现代化发展的进程和科技革命的进步，也取决于科教兴国战略和创新驱动战略的推进。"科技是第一生产力、人才是第一资源、创新是第一动力"，新质生产力就是科技、人才、创新这三大要素共同作用的结果。新质生产力的进一步发展和提升，也需要这三大要素继续合力推进。

"新质生产力"概念和理念的提出，创新了马克思主义的生产力理论，指明了生产力发展的方向和前沿目标，也为中国式现代化的推进提供了关键性的路径。中国现有生产力的基本面是传统的，但随着创新驱动战略的实施，已经越来越多地出现新质生产力的萌芽和要素，有的甚至已处于与世界并跑的水平。未来的生产力发展，既需要传统生产力继续发挥基础性作用，又要下更大的气力推动新质生产力的发展和提升。

新质生产力预示着现代化发展的方向。不断推进新质生产力的发展，将为中国式现代化提供新动能、新路径、新赛道，更加有力地保证中国走在时代潮流的前列，更加有力地推动全面建设社会主义现代化国家的进程。

推动新质生产力发展是我们在现代化进程中的重要任务，需要各方面扎扎实实地努力。由于新质生产力是一个探索、发展的过程，不可避免地会有不同程度的风险。所以，发展新质生产力不能刮风，一会儿一拥而上，一会儿又一拥而退。不能把功夫下在玩弄名词概念上，一说新质生产力，就把什么都贴上新质生产力的标签。要处理好新质生产力与传统生产力的关系，既要大力发展新质生产力，又要充分利用和发挥传统生产力的潜力。既要积极作为，又要量力而行，防止可能出现的各种风险。

二十三、"互联网 +"

互联网是人类智慧的结晶，20 世纪的重大科技发明，当代先进生产力的重要标志。互联网深刻影响着世界经济、政治、文化和社会的发展，促进了社会生产生活和信息传播的变革。

在互联网快速发展的基础上，党和国家提出了"互联网 +"的重要概念。所谓"互联网 +"，就是指一种新的经济形态，即充分发挥互联网在生产要素配置中的优化和集成作用，将互联网的创新成果深度融合于经济社会各领域之中，提升实体经济的创新力和生产力，形成更广泛的以互联网为基础设施和实现工具的经济发展新形态。

通俗地说，"互联网 +"就是"互联网 + 各个传统行业"，但这并不是简单的两者相加，而是利用信息通信技术以及互联网平台，让互联网与传统行业进行深度融合，创造新的发展生态。

1994 年 4 月 20 日，中国第一次接入国际互联网，成为互联网大家庭的第 77 名成员。随后，互联网便以排山倒海之势在中国发展，渗透到社会生活的所有领域。

根据中国互联网络信息中心（CNNIC）发布的第 43 次《中国互联网络发展状况统计报告》，截至 2018 年 12 月，中国网民规模为

8.29 亿，互联网普及率达 59.6%，手机网民规模达 8.17 亿，使用手机上网的比例由 2017 年底的 97.5% 提升至 2018 年底的 98.6%。

十八大以来，以习近平同志为核心的党中央高度重视互联网的发展和安全，就如何认识、运用、发展、管理互联网等提出了一系列战略性、前瞻性、创新性观点，揭示了互联网的本质特征、发展规律、发展路径，回答了中国发展互联网的一系列理论和实践问题。

2014 年 2 月 27 日，中央网络安全和信息化领导小组召开第一次会议，习近平亲自担任领导小组组长并主持会议，提出要总体布局，统筹各方，创新发展，努力把我国建设成为网络强国。

2015 年 3 月 5 日，李克强在政府工作报告中首次提出"互联网 +"行动计划，指出要"制定'互联网 +'行动计划，推动移动互联网、云计算、大数据、物联网等与现代制造业结合，促进电子商务、工业互联网和互联网金融（ITFIN）健康发展，引导互联网企业拓展国际市场"。

2015 年 7 月，国务院印发《关于积极推进"互联网 +"行动的指导意见》。意见指出，积极发挥我国互联网已经形成的比较优势，把握机遇，增强信心，加快推进"互联网 +"发展，有利于重塑创新体系、激发创新活力、培育新兴业态和创新公共服务模式，对打造大众创业、万众创新和增加公共产品、公共服务"双引擎"，主动适应和引领经济发展新常态，形成经济发展新动能，实现中国经济提质增效升级具有重要意义。

十八届五中全会关于"十三五"规划的《建议》，明确提出实施网络强国战略以及与之密切相关的"互联网 +"行动计划。

专家认为，"互联网 +"有六大特征：一是跨界融合，二是创新驱动，三是重塑结构，四是尊重人性，五是开放生态，六是连接一切。

根据《关于积极推进"互联网+"行动的指导意见》，推进"互联网+"行动的总体思路是，顺应世界"互联网+"发展趋势，充分发挥我国互联网的规模优势和应用优势，推动互联网由消费领域向生产领域拓展，加速提升产业发展水平，增强各行业创新能力，构筑经济社会发展新优势和新动能。坚持改革创新和市场需求导向，突出企业的主体作用，大力拓展互联网与经济社会各领域融合的广度和深度。着力深化体制机制改革，释放发展潜力和活力；着力做优存量，推动经济提质增效和转型升级；着力做大增量，培育新兴业态，打造新的增长点；着力创新政府服务模式，夯实网络发展基础，营造安全网络环境，提升公共服务水平。

推进"互联网+"有 11 项重点行动，分别是："互联网+"创业创新，"互联网+"协同制造，"互联网+"现代农业，"互联网+"智慧能源，"互联网+"普惠金融，"互联网+"益民服务，"互联网+"高效物流，"互联网+"电子商务，"互联网+"便捷交通，"互联网+"绿色生态，"互联网+"人工智能。

推进"互联网+"需要七方面的保障措施：一是夯实发展基础，二是强化创新驱动，三是营造宽松环境，四是拓展海外合作，五是加强智力建设，六是加强引导支持，七是做好组织实施。

2019 年 6 月 6 日，工业和信息化部向四家运营商颁发 5G 牌照，中国通信行业进入 5G 时代。到 2022 年 7 月底，我国已建成全球规模最大的 5G 网络，开通 5G 基站 196.8 万个，所有地级市城区、县城城区和 96% 的乡镇镇区实现 5G 网络覆盖。

"互联网+"行动取得显著效果。根据国家统计局 2024 年 2 月发布的《中华人民共和国 2023 年国民经济和社会发展统计公报》，2023 年全国固定互联网宽带接入用户 63631 万户，比上年末增加 4666 万户，其中 100M 速率及以上的宽带接入用户 60136 万户，增加 4756 万户。蜂窝物联网终端用户 23.32 亿户，增加 4.88 亿户。互联网上网人数 10.92 亿人，其中手机上网人数 10.91 亿人。互联网普及率为 77.5%，其中农村地区互联网普及率为 66.5%。全年移动互联网用户接入流量 3015 亿 GB，比上年增长 15.2%。软件和信息技术服务业完成软件业务收入 123258 亿元，比上年增长 13.4%。

互联网在加快推进新型工业化、发展新质生产力、助力经济社会发展等方面发挥了重要作用。5G、量子信息、人工智能、云计算、大数据、区块链、虚拟现实、物联网标识、超级计算等领域发展势头向好。全面带动智能制造、智慧城市、乡村振兴、文化旅游等各个领域创新发展。"互联网＋政务服务"也深化发展，各级政府依托网上政务服务平台，推动线上线下集成融合，进一步提高了政府效率。互联网的发展为制造强国、网络强国、数字中国建设提供了坚实基础和有力支撑。

互联网发展也带来新的挑战。针对网络诈骗行为，2022 年 4 月，中共中央办公厅、国务院办公厅印发《关于加强打击治理电信网络诈骗违法犯罪工作的意见》。2022 年 9 月 2 日，十三届全国人大常委会第三十六次会议通过《中华人民共和国反电信网络诈骗法》。

二十四、国家安全战略

国家安全，是一个国家处于没有危险的客观状态，也就是国家既没有外部的威胁和侵害、又没有内部的混乱和疾患的客观状态。

按照《中华人民共和国国家安全法》（2015）第二条的界定："国家安全是指国家政权、主权、统一和领土完整、人民福祉、经济社会可持续发展和国家其他重大利益相对处于没有危险和不受内外威胁的状态，以及保障持续安全状态的能力。"

国家安全是安邦定国的重要基石，是全国各族人民根本利益所在，是关系一个国家生存和发展的基本问题。所以，中华人民共和国成立以来，一直高度重视国家安全问题，制定和实施了一系列保障国家安全的战略和举措。

毛泽东历来高度警惕一切外来威胁和内部风险。一直认为中国在国际上面临着世界大战的威胁，国内面临着"修正主义"和"资本主义复辟"的危险。因此，长期高举"打倒帝修反"的旗帜，采取一系列"反修防修反复辟"的措施，坚决防范、打击一切认为可能影响国家安全的因素和势力。

改革开放以后，邓小平明确提出和平与发展是世界的两大主题，必须集中精力把自己国家的事情办好，以经济建设为中心，增强综合国力，为国家安全奠定坚实的基础。党和国家始终关注国家安全问题。邓小平甚至连个人的退休都与国家的安全联系在一起，"考虑到中国的安全，现在退比发生了事情退或者在职位上去世有利"。

2001年，江泽民提出："要头脑清醒、居安思危，深刻认识新形势下维护国家政治安全、经济安全、国防安全的极端重要性和紧迫性，确保信息安全、金融安全和粮食、石油等重要战略物资的安全。"[①] 胡锦涛根据新世纪新阶段国际国内的形势发展，明确提出了要确保国家政治安全、经济安全、文化安全、信息安全、国防安全。

十八大以来，以习近平同志为核心的党中央高度重视国家安全问题，把国家安全放在"四个全面"战略布局中统一运筹，强调国家安全是安邦定国的重要基石，主持制定了国家安全战略。

2014年1月24日，中共中央决定设立国家安全委员会，由习近平任主席。国家安全委员会负责国家安全工作的决策和议事协调，研究制定、指导实施国家安全战略和有关重大方针政策，统筹协调国家安

---

① 《江泽民文选》第三卷，人民出版社2006年版，第370页。

全重大事项和重要工作，推动国家安全法治建设。

在 2014 年 4 月国家安全委员会第一次会议上，习近平首次提出"总体国家安全观"，强调要以人民安全为宗旨，以政治安全为根本，以经济安全为基础，以军事、文化、社会安全为保障，以促进国际安全为依托，走出一条中国特色国家安全道路。习近平还提出了政治安全、国土安全、军事安全、经济安全、文化安全、社会安全、科技安全、信息安全、生态安全、资源安全、核安全等 11 个安全。

2015 年 1 月 23 日，中共中央政治局会议审议通过《国家安全战略纲要》。制定和实施《国家安全战略纲要》，是有效维护国家安全的迫切需要，是完善中国特色社会主义制度、推进国家治理体系和治理能力现代化的必然要求。

按照党中央和《国家安全战略纲要》的要求，在新形势下维护国家安全，必须坚持以总体国家安全观为指导，坚决维护国家核心和重大利益，以人民安全为宗旨，在发展和改革开放中促安全，走中国特色国家安全道路。做好各领域国家安全工作，大力推进国家安全各种保障能力建设，把法治贯穿于维护国家安全的全过程。

2015 年 7 月，十二届全国人大常委会第十五次会议通过了《中华人民共和国国家安全法》。此前的国家安全法于 1993 年制定，主要规定国家安全机关的职权和反间谍工作，其内容已难以适应全面维护各领域国家安全的需要，所以于 2014 年 11 月 1 日被废止，其大部分内容进入新反间谍法。新的国家安全法共 7 章 84 条，明确规定了政治安全、国土安全、军事安全、文化安全、科技安全等 11 个领域的国家安全任务。自 2015 年 7 月 1 日起施行。

十九大把"坚持总体国家安全观"作为基本方略之一。要求有效维护国家安全；完善国家安全战略和国家安全政策，坚决维护国家政治安全，统筹推进各项安全工作；健全国家安全体系，加强国家安法治保障，提高防范和抵御安全风险能力；严密防范和坚决打击各种渗透颠覆破坏活动、暴力恐怖活动、民族分裂活动、宗教极端活动；加强国家安全教育，增强全党全国人民国家安全意识，推动全社会形成维护国家安全的强大合力。

2019年1月，中央在中央党校举办省部级主要领导干部坚持底线思维着力防范化解重大风险专题研讨班。习近平在讲话中强调，面对波谲云诡的国际形势、复杂敏感的周边环境、艰巨繁重的改革发展稳定任务，必须始终保持高度警惕，既要高度警惕"黑天鹅"事件，也要防范"灰犀牛"事件；既要有防范风险的先手，也要有应对和化解风险挑战的高招；既要打好防范和抵御风险的有准备之战，也要打好化险为夷、转危为机的战略主动战。

"十四五"规划纲要部署："坚持总体国家安全观，实施国家安全战略，维护和塑造国家安全，统筹传统安全和非传统安全，把安全发展贯穿国家发展各领域和全过程，防范和化解影响我国现代化进程的各种风险，筑牢国家安全屏障。"

《中共中央关于党的百年奋斗重大成就和历史经验的决议》指出："习近平同志强调保证国家安全是头等大事，提出总体国家安全观，涵盖政治、军事、国土、经济、文化、社会、科技、网络、生态、资源、核、海外利益、太空、深海、极地、生物等诸多领域，要求全党增强斗争精神、提高斗争本领，落实防范化解各种风险的领导责任和工作责任。"

二十大强调："国家安全是民族复兴的根基，社会稳定是国家强盛的前提。必须坚定不移贯彻总体国家安全观，把维护国家安全贯穿党和国家工作各方面全过程，确保国家安全和社会稳定。"

"我们要坚持以人民安全为宗旨、以政治安全为根本、以经济安全为基础、以军事科技文化社会安全为保障、以促进国际安全为依托，统筹外部安全和内部安全、国土安全和国民安全、传统安全和非传统安全、自身安全和共同安全，统筹维护和塑造国家安全，夯实国家安全和社会稳定基层基础，完善参与全球安全治理机制，建设更高水平的平安中国，以新安全格局保障新发展格局。"[①]

二十五、京津冀协同发展战略

北京、河北、天津三地同属京畿重地，历史上行政区划多有变动和交叉。三地人口加起来有 1 亿多，土地面积有 21.6 万平方公里，京津冀地缘相接、人缘相亲，地域一体、文化一脉，历史渊源深厚、交往半径相宜。北京作为中华人民共和国的首都，发挥着独特的作用。天津和河北为首都的建设、发展和稳定作出了重要贡献。

为了首都发展和建设的需要，1956 年，昌平县所属行政区域（高丽营镇除外）划归北京市。将河北省通县所属的金盏、长店、北皋、孙河、崔各庄、上新堡、前苇沟等 7 个乡归北京市。1958 年 3 月，河北省通县专区所属通县、顺义、大兴、良乡、房山等 5 县及通州市划入北京市。1958 年 10 月，河北省所属怀柔、密云、平谷、延庆 4 县划入北京市。

改革开放以后，国家开始实施国土整治战略，曾经将京津冀地区作为"四大"试点地区之一，要求环渤海和京津冀地区开展全面的国土整治，以实现区域分工协作、发挥资源比较优势、治理生态环境、开展跨区域基础设施建设、优化产业和人口布局，实现区域协调发展。进入新世纪之后，为配合北京市新的功能定位和天津滨海新区大规模建设，国家发展改革委有关部门一直在起草有关合作规划和文件。但由于种种原因，一直没有出台。

[①] 《习近平著作选读》第一卷，人民出版社 2023 年版，第 43 页。

经过几十年的改革开放，京津冀地区已成为我国经济最具活力、开放程度最高、创新能力最强、吸纳人口最多的地区之一，也是拉动我国经济发展的重要引擎。但京津冀地区的发展也面临诸多困难和问题，特别是北京集聚过多的非首都功能，"大城市病"问题突出。迫切需要国家层面加强统筹，有序疏解北京非首都功能，推动京津冀三省市整体协同发展。

2013 年 8 月，习近平在北戴河主持会议研究河北发展问题，提出推动京津冀协同发展。2014 年 2 月 26 日，习近平听取京津冀协同发展专题汇报，强调实现京津冀协同发展是重大国家战略，全面深刻阐述了京津冀协同发展战略的重大意义、推进思路和重点任务。

2014 年 12 月 26 日，京津冀协同发展工作推进会议举行，研究京津冀协同发展规划。之后，国务院 30 多个部门、三省市和京津冀协同发展专家咨询委员会，多次深入实际调查研究，科学论证京津冀区域功能定位；组织专门班子，集中开展规划纲要编制工作。

2015 年 6 月，中共中央、国务院颁布《京津冀协同发展规划纲要》。《规划纲要》从战略意义、总体要求、定位布局、有序疏解北京非首都功能、推动重点领域率先突破、促进创新驱动发展、统筹协同发展相关任务、深化体制机制改革、开展试点示范、加强组织实施等方面，描绘了京津冀协同发展的宏伟蓝图。

推动京津冀协同发展的指导思想是，以有序疏解北京非首都功能、解决北京"大城市病"为基本出发点，坚持问题导向，坚持重点突破，坚持改革创新，立足各自比较优势、立足现代产业分工要求、立足区域优势互补原则、立足合作共赢理念，以资源环境承载能力为基础、以京津冀城市群建设为载体、以优化区域分工和产业布局为重点、以资源要素空间统筹规划利用为主线、以构建长效体制机制为抓手，着力调整优化经济结构和空间结构，着力构建现代化交通网络系统，着力扩大环境容量生态空间，着力推进产业升级转移，着力推动公共服务共建共享，着力加快市场一体化进程，加快打造现代化新型首都圈，努力形成京津冀目标同向、措施一体、优势互补、互利共赢的协同发展新格局，打造中国经济发展新的支撑带。

功能定位是科学推动京津冀协同发展的重要前提和基本遵循。经反复研究论证，京津冀区域整体定位和三省市功能定位各4句话。京津冀整体定位是"以首都为核心的世界级城市群、区域整体协同发展改革引领区、全国创新驱动经济增长新引擎、生态修复环境改善示范区"。三省市定位分别为，北京市是"全国政治中心、文化中心、国际交往中心、科技创新中心"；天津市是"全国先进制造研发基地、北方国际航运核心区、金融创新运营示范区、改革开放先行区"；河北省是"全国现代商贸物流重要基地、产业转型升级试验区、新型城镇化与城乡统筹示范区、京津冀生态环境支撑区"。区域整体定位体现了三省市"一盘棋"的思想，突出了功能互补、错位发展、相辅相成；三省市定位服从和服务于区域整体定位，增强整体性，符合京津冀协同发展的战略需要。

2016年5月，中共中央政治局会议审议《关于规划建设北京城市副中心和研究设立河北雄安新区的有关情况的汇报》。建设北京城市副中心和雄安新区两个新城，形成北京新的"两翼"，成为推进京津冀协同发展的重要抓手。同年，北京市完成副中心总体城市设计和6个重点地区详细城市设计，统筹实施基础设施、生态环境等5大领域350项重点工程。

2017年2月，习近平专程到河北省安新县实地察看规划新区核心区概貌，随后又亲临北京城市副中心建设工地考察，详细了解建设理念、工程进程、群众搬迁安置等方面的情况。2017年4月，党中央、国务院决定设立河北雄安新区。从编制《河北雄安新区规划纲要》到出台《关于支持河北雄安新区全面深化改革和扩大开放的指导意见》，一系列顶层设计高水平完成，为新区发展提供了强有力的政策支撑。

2018年4月14日，中共中央、国务院批复同意《河北雄安新区规划纲要》。2019年1月，印发《中共中央 国务院关于支持河北雄安新区全面深化改革和扩大开放的指导意见》。中共中央、国务院明确要求以疏解北京非首都功能为"牛鼻子"，推动京津冀协同发展，调整区域经济结构和空间结构，推动河北雄安新区和北京城市副中心建设，探索超大城市、特大城市等人口经济密集地区有序疏解功能、有效治理"大城市病"的优化开发模式。

京津冀协同发展战略实施以来，取得了明显进展。从规划纲要，到跨行政区的京津冀"十三五"规划，再到12个专项规划，京津冀协同发展规划体系不断落实落细。北京城市副中心控制性详细规划批复实施，高质量发展的指导意见制定完成，加强城市副中心政策集成创新意见出台，北京市四套班子及有关部门相继迁入副中心办公。按照《国务院关于河北雄安新区总体规划（2018—2035年）》，雄安新区的建设抓紧推进。

2019年1月16日至18日，习近平在京津冀考察，主持召开京津冀协同发展第二次座谈会并发表重要讲话，提出6个方面要求，推动京津冀协同发展取得新的更大进展，强调"要保持历史耐心和战略定力，做好这件历史性工程"。

2019年9月25日，习近平出席北京大兴国际机场投运仪式并宣布机场正式投入运营。

2020年8月21日，中共中央、国务院批复《首都功能核心区控制性详细规划（街区层面）（2018年—2035年）》。

2021年4月8日，党中央审议通过北京非首都功能疏解相关方案和政策。28 日，首家注册落户雄安新区的中央企业中国卫星网络集团有限公司在雄安新区揭牌，部分在京高校、医院、央企总部等疏解到雄安新区开始有序落地实施。

2023 年 5 月 11 日至 12 日，习近平在河北考察，主持召开深入推进京津冀协同发展座谈会并发表重要讲话，要求"以更加奋发有为的精神状态推进各项工作，推动京津冀协同发展不断迈上新台阶，努力使京津冀成为中国式现代化建设的先行区、示范区"。

2023 年 12 月，京津冀三地在雄安新区共同签署了《京津冀自贸试验区协同发展行动方案》，重点实施 5 大行动共 16 条具体举措，以务实举措推进京津冀三地自贸试验区协同发展。

2024 年是京津冀协同发展战略实施 10 周年，2 月 22 日，京津冀联合办组织召开京津冀协同发展 10 年成效新闻发布会，亮出了协同发展 10 年"成绩单"。10 年来，非首都功能有序疏解，北京"新两翼"联动发展，共同唱响京津"双城记"，京津冀逐步形成了目标同向、措施一体、优势互补、互利共赢的发展格局。

三地经济总量连跨 5 个万亿元台阶，2023 年达到 10.4 万亿元，是 2013 年的 1.9 倍。2023 年，京津冀地区工业增加值达到 2.43 万亿元，人均可支配收入增长均超 6.9%，外贸总值增至 5.03 万亿元。"轨道上的京津冀"加速形成，京张高铁、京沈高铁、京唐城际、津兴城际等开通运营，京津冀铁路营业里程超 1.1 万公里，较 2013 年增长超 3 成。京昆、京台、京秦、京雄等 9 条高速公路通车。

2014 年以来，北京累计退出一般制造业企业超 3000 家，疏解和升级区域性专业市场和物流中心近 1000 个。中关村企业在津冀分支机构突破 1 万家。推进建设 40 个京津冀医联体。首都功能核心区人口、建筑、商业、旅游"四个密度"稳步下降。北京城市副中心规划建设有序推进。2019 年 1 月，北京市级行政中心正式迁入城市副中心，第一批 35 个部门、165 家单位搬迁。截至 2024 年 1 月，北京市级机关第二批集中搬迁工作顺利完成，35 个部门、1 万余名干部职工迁入北京城市副中心。行政办公、商务服务、文化旅游三大功能区呈现生机活力。北京艺术中心、北京城市图书馆、北京大运河博物馆三大文化建筑建成投用。

雄安新区站位世界前沿，高标准编制和实施"1+4+26"规划体系，突出"高端、创新、细致、严谨"导向和"绿色、智慧、韧性"三重底色，建设"未来之城"。稳步推进基础设施和配套公共服务设施建设。首批央企总部以及高校、医院、研发机构等重点承接疏解项目陆续落地建设，北京援建的"三校一院"投入运营。截至 2023 年底，雄安新区累计投资超过 7100 亿元。中央企业在雄安新区设立子公司及各类分支机构 200 多家。中关村科技园实质运营，空天飞行技术全国重点实验室、雄安创新研究院等创新平台有序运转。高新技术企业达 323 家，国家级科技型中小企业 404 家。

二十六、长江经济带建设战略

长江是世界第三大河，亚洲第一大河。长江发源于"世界屋脊"，全长约 6300 千米，比黄河（5464 千米）长 800 余千米。

长江经济带横跨我国东中西三大区域，覆盖上海、江苏、浙江、安徽、江西、湖北、湖南、重庆、四川、云南、贵州等 11 省市，涉及沿江 9 省市（青、藏除外）的 43 个地市。面积约 205 万平方千米，占全国的 21%，人口和经济总量均超过全国的 40%，具有独特优势和巨大发展潜力。

在中国历史上，无论哪个朝代，无论是从开发角度还是从防患角度，都不能不重视长江问题。

中华人民共和国成立以来，党和国家一直把长江流域的水患整治和开发建设作为一项战略性的大事来研究和解决。

1957年和1968年，武汉、南京长江大桥先后建成通车，昔日天堑变通途。

1970年12月，中共中央批准兴建长江葛洲坝水利枢纽工程。1989年1月，工程全部建成。

1985年，中共中央、国务院决定将长江三角洲开辟为沿海经济开放区。

1998年6月中旬至9月上旬，我国南方特别是长江流域及北方的嫩江、松花江流域出现历史上罕见的特大洪灾。在中共中央、国务院、中央军委的领导下，全党全军全国人民团结奋战，取得了抗洪抢险斗争的全面胜利。

这几件大事，凸现了长江开发、保护、防患的基本历程。

改革开放以来，长江经济带已发展成为我国综合实力最强、战略支撑作用最大的区域之一，但也面临诸多亟待解决的困难和问题。

十八大以来，中共中央、国务院审时度势，谋划中国经济新棋局，依托黄金水道推动长江经济带发展，打造中国经济新支撑带的重大战略决策。

2016年1月5日，在重庆召开的推动长江经济带发展座谈会强调，"共抓大保护、不搞大开发，努力把长江经济带建设成为生态更优美、交通更顺畅、经济更协调、市场更统一、机制更科学的黄金经济带"。3月25日，中共中央政治局会议审议通过了《长江经济带发展规划纲要》。9月，《长江经济带发展规划纲要》正式印发。

纲要从规划背景、总体要求、大力保护长江生态环境、加快构建综合立体交通走廊、创新驱动产业转型升级、积极推进新型城镇化、努力构建全方位开放新格局、创新区域协调发展体制机制、保障措施等方面描绘了长江经济带发展的宏伟蓝图。

长江经济带的战略定位，是打造成为具有全球影响力的内河经济带、东中西互动合作的协调发展带、沿海沿江沿边全面推进的对内对外开放带、生态文明建设的先行示范带。

长江经济带建设的任务，具体包括保护和修复长江生态环境，建设综合立体交通走廊，创新驱动产业转型，新型城镇化，构建东西双向、海陆统筹的对外开放新格局等。

在空间布局上，实施"一轴、两翼、三极、多点"的发展新格局。"一轴"，是以长江黄金水道为依托，发挥上海、武汉、重庆的核心作用，构建沿江绿色发展轴；"两翼"，分别指沪瑞和沪蓉南北两大运输通道，通过促进交通的互联互通，增强南北两侧腹地重要节点城市人口和产业集聚能力；"三极"指的是长江三角洲、长江中游和成渝三个城市群，充分发挥中心城市的辐射作用，打造长江经济带的三大增长极；"多点"是指发挥三大城市群以外地级城市的支撑作用，加强与中心城市的经济联系与互动，带动地区经济发展。

2018年4月26日，习近平在武汉主持召开深入推动长江经济带发展座谈会并发表重要讲话，强调推动长江经济带发展是党中央作出的重大决策，是关系国家发展全局的重大战略。新形势下推动长江经济带发展，关键是要正确把握整体推进和重点突破、生态环境保护和经济发展、总体谋划和久久为功、破除旧动能和培育新动能、自我发展和协同发展的关系，坚持新发展理念，坚持稳中求进工作总基调，坚持共抓大保护、不搞大开发，加强改革创新、战略统筹、规划引导，以长江经济带发展推动经济高质量发展。

2018年11月，中共中央、国务院明确要求充分发挥长江经济带横跨东中西三大板块的区位优势，以共抓大保护、不搞大开发为导向，以生态优先、绿色发展为引领，依托长江黄金水道，推动长江上中下游地区协调发展和沿江地区高质量发展。

2020 年 11 月 14 日，在南京召开的全面推动长江经济带发展座谈会强调，"坚定不移贯彻新发展理念，推动长江经济带高质量发展"，"使长江经济带成为我国生态优先绿色发展主战场、畅通国内国际双循环主动脉、引领经济高质量发展主力军"。

8 年来，习近平亲自主持了分别在长江上中下游的重庆、武汉、南京召开的 3 次长江经济带发展座谈会，从"推动""深入推动""全面推动"到"进一步推动"，绘就了长江经济带高质量发展的蓝图。

8 年来，长江经济带协同发展，沿江省市和有关部门不断推进生态环境整治，促进经济社会发展全面绿色转型。2020 年 1 月 1 日起，《长江十年禁渔计划》正式实行。2021 年 3 月 1 日，我国首部流域法《中华人民共和国长江保护法》正式施行。2021 年 4 月出台《支持长江全流域建立横向生态保护补偿机制的实施方案》。2021 年 10 月，推动长江经济带发展领导小组办公室印发《"十四五"长江经济带综合交通运输体系规划》。2022 年 8 月发布《深入打好长江保护修复攻坚战行动方案》。2023 年 11 月 27 日，中共中央政治局会议审议《关于进一步推动长江经济带高质量发展若干政策措施的意见》。

长江沿线各省市坚持以保护为主、以发展为要，走绿色低碳发展道路，因地制宜地促进经济社会发展全面绿色转型，以优质生态环境增进民生福祉。2020 年长江经济带规模以上工业企业 R&D 经费投入 7724.2 亿元，占全国的 50.6%，分别比 2015 年提高 68.1% 和 4.7 个百分点。交通网络通达能力持续优化，沿江大通道建设稳步推进，城市群交通一体化水平不断提升，"轨道上的长三角"日渐成型。2022 年长江流域国控断面水质优良比例达 98.1%，长江干流水质连续 3 年达到 Ⅱ 类标准。长江禁渔成效显著。长江经济带经济总量占全国比重达 46.5%，实现了在发展中保护、在保护中发展。

2023 年 10 月 12 日，在南昌召开的进一步推动长江经济带高质量发展座谈会上，习近平充分肯定，长江经济带发展战略实施近 8 年来，沿江省市和中央有关部门认真贯彻落实党中央决策部署，坚持共抓大保护、不搞大开发，坚持生态优先、绿色发展，扎实推进长江生态环境保护修复，积极促进经济社会发展全面绿色转型，决心之大、力度之大前所未有，长江经济带发展发生了重大变化。思想认识发生重大转变，共抓大保护、不搞大开发成为共识；生态环境保护和修复取得重大成就，"一江碧水向东流"美景重现；发展方式发生重大变革，创新驱动发展全面起势；区域融合实现重大提升，区域协同联动不断加强；改革开放取得重大进展，全方位对内对外开放态势加速形成。

习近平强调，要完整、准确、全面贯彻新发展理念，坚持共抓大保护、不搞大开发，坚持生态优先、绿色发展，以科技创新为引领，统筹推进生态环境保护和经济社会发展，加强政策协同和工作协同，谋长远之势、行长久之策、建久安之基，进一步推动长江经济带高质量发展，更好支撑和服务中国式现代化。

二十七、粤港澳大湾区建设

建设粤港澳大湾区，是习近平亲自谋划、亲自部署、亲自推动的国家战略，是新时代推动形成全面开放新格局的新举措，也是推动"一国两制"事业发展的新实践。

粤港澳大湾区包括香港特别行政区、澳门特别行政区和广东省广州市、深圳市、珠海市、佛山市、惠州市、东莞市、中山市、江门市、肇庆市，总面积 5.6 万平方公里，2017 年末总人口约 7000 万人，是我国开放程度最高、经济活力最强的区域之一，在国家发展大局中具有重要战略地位。

改革开放以来，特别是香港、澳门回归祖国后，粤港澳合作不断深化实化。2009 年 10 月 28 日，粤港澳三地政府有关部门在澳门联合发布《大珠江三角洲城镇群协调发展规划研究》，提出构建珠江口湾区，粤港澳共建世界级城镇群。

2016 年 3 月，《中华人民共和国国民经济和社会发展第十三个五年规划纲要》明确提出"支持港澳在泛珠三角区域合作中发挥重要作用，推动粤港澳大湾区和跨省区重大合作平台建设"；同月，国务院印发《关于深化泛珠三角区域合作的指导意见》，明确要求广州、深圳携手港澳，共同打造粤港澳大湾区，建设世界级城市群。

2017 年 3 月 5 日，十二届全国人大五次会议的政府工作报告明确提出："要推动内地与港澳深化合作，研究制定粤港澳大湾区城市群发展规划，发挥港澳独特优势，提升在国家经济发展和对外开放中的地位与功能。"

2017 年 7 月 1 日，《深化粤港澳合作　推进大湾区建设框架协议》在香港签署。国家主席习近平出席签署仪式并见证了香港特别行政区行政长官林郑月娥、澳门特别行政区行政长官崔世安、国家发展和改革委员会主任何立峰、广东省省长马兴瑞共同签署了《深化粤港澳合作　推进大湾区建设框架协议》。

2017 年 10 月 18 日，习近平在十九大报告中指出："要支持香港、澳门融入国家发展大局，以粤港澳大湾区建设、粤港澳合作、泛珠三角区域合作等为重点，全面推进内地同香港、澳门互利合作，制定完善便利香港、澳门居民在内地发展的政策措施。"

2017 年 12 月 18 日，习近平在中央经济工作会议上指出，粤港澳大湾区建设要科学规划，加快建立协调机制。

2018 年 3 月 7 日，习近平在参加广东代表团审议时指出，要抓住建设粤港澳大湾区重大机遇，携手港澳加快推进相关工作，打造国际一流湾区和世界级城市群。

2018年5月10日和5月31日，习近平先后主持召开中央政治局常委会会议和中央政治局会议，对《粤港澳大湾区发展规划纲要》进行审议。

2018年7月12日，中共中央、国务院印发《粤港澳大湾区发展规划纲要》，推动建设富有活力和国际竞争力的一流湾区和世界级城市群，打造高质量发展的典范。8月15日，韩正主持召开粤港澳大湾区建设领导小组全体会议。

2018年11月，《中共中央 国务院关于建立更加有效的区域协调发展新机制的意见》明确指出，以香港、澳门、广州、深圳为中心引领粤港澳大湾区建设，带动珠江—西江经济带创新绿色发展。

粤港澳大湾区区位优势明显，经济实力雄厚，创新要素集聚，国际化水平领先，合作基础良好。建设粤港澳大湾区，就是要将粤港澳大湾区打造成为充满活力的世界级城市群、具有全球影响力的国际科技创新中心、"一带一路"建设的重要支撑、内地与港澳深度合作示范区、宜居宜业宜游的优质生活圈。

粤港澳大湾区建设的指导思想是：深入贯彻习近平新时代中国特色社会主义思想和党的十九大精神，统筹推进"五位一体"总体布局和协调推进"四个全面"战略布局，全面准确贯彻"一国两制""港人治港""澳人治澳"、高度自治的方针，严格依照宪法和基本法办事，坚持新发展理念，充分认识和利用"一国两制"制度优势、港澳独特优势和广东改革开放先行先试优势，解放思想、大胆探索，不断深化粤港澳互利合作，进一步建立互利共赢的区域合作关系，推动区域经济协同发展，为港澳发展注入新动能，为全国推进供给侧结构性改革、实施创新驱动发展战略、构建开放型经济新体制提供支撑，建设富有活力和国际竞争力的一流湾区和世界级城市群，打造高质量发展的典范。

粤港澳大湾区建设的基本原则是：创新驱动，改革引领；协调发展，统筹兼顾；绿色发展，保护生态；开放合作，互利共赢；共享发展，改善民生；"一国两制"，依法办事。

粤港澳大湾区建设的发展目标是：

到 2022 年，粤港澳大湾区综合实力显著增强，粤港澳合作更加深入广泛，区域内生发展动力进一步提升，发展活力充沛、创新能力突出、产业结构优化、要素流动顺畅、生态环境优美的国际一流湾区和世界级城市群框架基本形成。

到 2035 年，大湾区形成以创新为主要支撑的经济体系和发展模式，经济实力、科技实力大幅跃升，国际竞争力、影响力进一步增强；大湾区内市场高水平互联互通基本实现，各类资源要素高效便捷流动；区域发展协调性显著增强，对周边地区的引领带动能力进一步提升；人民生活更加富裕；社会文明程度达到新高度，文化软实力显著增强，中华文化影响更加广泛深入，多元文化进一步交流融合；资源节约集约利用水平显著提高，生态环境得到有效保护，宜居宜业宜游的国际一流湾区全面建成。

粤港澳大湾区建设的主要内容是：建设国际科技创新中心；加快基础设施互联互通；构建具有国际竞争力的现代产业体系；推进生态文明建设；建设宜居宜业宜游的优质生活圈；紧密合作共同参与"一带一路"建设；共建粤港澳合作发展平台。

在空间布局上，粤港澳大湾区建设将坚持极点带动、轴带支撑、辐射周边，推动大中小城市合理分工、功能互补，进一步提高区域发展协调性，促进城乡融合发展，构建结构科学、集约高效的大湾区发展格局。

打造粤港澳大湾区，建设世界级城市群，有利于丰富"一国两制"实践内涵，进一步密切内地与港澳交流合作，为港澳经济社会发展以及港澳同胞到内地发展提供更多机会，保持港澳长期繁荣稳定；有利于贯彻落实新发展理念，深入推进供给侧结构性改革，加快培育发展新动能、实现创新驱动发展，为我国经济创新力和竞争力不断增强提供支撑；有利于进一步深化改革、扩大开放，建立与国际接轨的开放型经济新体制，建设高水平参与国际经济合作新平台；有利于推进"一带一路"建设，通过区域双向开放，构筑丝绸之路经济带和21世纪海上丝绸之路对接融汇的重要支撑区。

2021年4月23日，中共中央、国务院印发《横琴粤澳深度合作区建设总体方案》，并于9月5日向社会公布。9月17日，横琴粤澳深度合作区管理机构揭牌仪式在广东珠海举行。

2021年9月，中共中央、国务院印发了《全面深化前海深港现代服务业合作区改革开放方案》。

以《粤港澳大湾区发展规划纲要》为统领，国家发展改革委会同有关部门不断完善"1+N+X"政策体系，先后出台了《横琴粤澳深度合作区总体发展规划》《前海深港现代服务业合作区总体发展规划》《关于支持横琴粤澳深度合作区放宽市场准入特别措施的意见》《粤港澳大湾区国际一流营商环境建设三年行动计划》等，既包括重大合作平台的规划政策文件，也包括重点领域的指导性文件。

粤港澳大湾区建设战略实施以来，已经取得了显著的成绩。内联外通、高效衔接的基础设施网络加快形成。目前，大湾区拥有7座运输机场，机场密度国内最高，机场群航线网络遍及全球主要城市，联通全球230多个通航点。2023年，大湾区内地9市进出口值达7.95万亿元，占全国进出口总值的19%。港珠澳大桥、广深港高铁、南沙大桥、赣深高铁、广汕高铁等开通运营，莲塘/香园围口岸、新横琴口岸等粤港、粤澳间口岸相继开通，"一地两检""合作查验、一次放行"等通关模式推广实施，人员往来更为便利。港澳人员在粤就业许可已全面取消，超过 20 万港澳居民在粤工作，3100 多名港澳专业人士取得内地注册执业资格，港澳项目累计孵化近 4000 个，吸纳港澳青年就业近 5500 人。广东区域创新综合能力连续 7 年居全国第一，"深圳—香港—广州创新集群"连续 4 年位居全球创新指数第二，进一步推动经济结构转型升级。

第八章

国家精神

一、伟大建党精神

二十大的主题明确要求："弘扬伟大建党精神"。

1921 年中共一大在上海和浙江嘉兴南湖的召开，宣告了中国共产党的正式成立。

2021 年，在庆祝中国共产党成立 100 周年大会上，习近平回顾百年奋斗的光辉历程，明确指出："一百年前，中国共产党的先驱们创建了中国共产党，形成了坚持真理、坚守理想，践行初心、担当使命，不怕牺牲、英勇斗争，对党忠诚、不负人民的伟大建党精神，这是中国共产党的精神之源。"

"一百年来，中国共产党弘扬伟大建党精神，在长期奋斗中构建起中国共产党人的精神谱系，锤炼出鲜明的政治品格。历史川流不息，精神代代相传。我们要继续弘扬光荣传统、赓续红色血脉，永远把伟大建党精神继承下去、发扬光大！"

伟大建党精神集中体现了中国共产党的性质宗旨、初心使命、理想信念，高度凝练了中国共产党人的政治信仰、精神品质、价值追求，是对中国共产党人精神谱系的最新总结概括和提炼。

坚持真理、坚守理想。中国共产党从成立之日起，就把马克思主义作为根本指导思想，镌刻在自己的光辉旗帜上，并在实践中不断丰富和发展，推进马克思主义中国化。对共产主义的信仰，对中国特色社会主义的信念，是中国共产党人的政治灵魂。坚持马克思主义的立场、观点、方法，坚定理想信念，才能在充满风险挑战的考验面前坚持正确的前进方向。

　　践行初心、担当使命。为中国人民谋幸福、为中华民族谋复兴，是中国共产党人的初心和使命，是党的性质宗旨、理想信念、奋斗目标的集中体现，是激励一代代中国共产党人前赴后继、英勇奋斗的根本动力。践行初心，就是要牢记全心全意为人民服务的根本宗旨，牢记人民对美好生活的向往就是党的奋斗目标。担当使命，就是要勇于担当负责，积极主动作为，以坚忍不拔的意志和无私无畏的勇气，向着实现中华民族伟大复兴的目标进发。

　　不怕牺牲、英勇斗争。这是中国共产党人的政治担当。中国共产党是在斗争中成长和壮大起来的，有斗争，就会有牺牲。在进行具有许多新的历史特点的伟大斗争中，必须继承和发扬共产党人的斗争精神，不怕牺牲，顽强拼搏，努力书写无愧于历史，无愧于人民，无愧于时代的篇章。

　　对党忠诚、不负人民。就是忠诚于党的事业，不辜负人民群众对党的信任和重托，坚持人民至上，兢兢业业为人民谋幸福。对党忠诚的本质要求是不负人民。江山就是人民、人民就是江山。党与人民风雨同舟、生死与共，始终保持血肉联系，是党战胜一切困难和风险的根本保证。

　　《中共中央关于党的百年奋斗重大成就和历史经验的决议》指出：100 年来，党坚持性质宗旨，坚持理想信念，坚守初心使命，勇于自我革命，在生死斗争和艰苦奋斗中经受住各种风险考验、付出巨大牺牲，锤炼出鲜明政治品格，形成了以伟大建党精神为源头的精神谱系，保持了党的先进性和纯洁性，党的执政能力和领导水平不断提高，正领导中国人民在中国特色社会主义道路上不可逆转地走向中华民族伟大复兴。

　　党中央号召："大力弘扬伟大建党精神，勿忘昨天的苦难辉煌，无愧今天的使命担当，不负明天的伟大梦想，以史为鉴、开创未来，埋头苦干、勇毅前行,为实现第二个百年奋斗目标、实现中华民族伟大复兴的中国梦而不懈奋斗。"

二十大总结 10 年来的成就,其中包括:"号召全党学习和践行伟大建党精神,在新的征程上更加坚定、更加自觉地牢记初心使命、开创美好未来。"大会再一次强调和要求,"弘扬以伟大建党精神为源头的中国共产党人精神谱系"。①

二、中国共产党人的精神谱系

2021 年 2 月 20 日,在党史学习教育动员大会上,习近平指出:"在一百年的非凡奋斗历程中,一代又一代中国共产党人顽强拼搏、不懈奋斗,涌现了一大批视死如归的革命烈士、一大批顽强奋斗的英雄人物、一大批忘我奉献的先进模范,形成了一系列伟大精神,构筑起了中国共产党人的精神谱系,为我们立党兴党强党提供了丰厚滋养。"

精神,从广义上来说,是指人类的心理状态、观念意识。从哲学层面来说,精神与存在、物质相对应。党史上所说的精神,主要指党在实践活动中表现出的观念、气质、信念、意志、风范等非物质现象;也特指各种精神类型,即在一定时期、一定环境下形成的,具有特定内涵外延以及种种特点的某种精神类型。

物质与精神是一对辩证关系。马克思主义告诉我们,物质是基础,物质决定精神,精神反映物质。在中国共产党的奋斗过程中,很多时候,物质力量是不够的,但最后还是战胜了各种艰难困苦,取得了胜利,精神力量在这里面起到了巨大作用。

伟大事业孕育伟大精神。100 多年来,中国共产党培育形成了一

---

① 《习近平著作选读》第一卷,人民出版社 2023 年版,第 3、36 页。

系列展现共产党人精神风貌的精神。这种精神，革命时期可以概括为革命精神，建设时期可以概括为建设精神、创业精神，改革开放时期可以叫改革创新精神、时代精神。它们集中体现了党的光荣传统和优良作风，构成了中国共产党人特有的精神标识，为中华民族精神注入了丰富内涵。

习近平说："这些宝贵精神财富跨越时空、历久弥新，集中体现了党的坚定信念、根本宗旨、优良作风，凝聚着中国共产党人艰苦奋斗、牺牲奉献、开拓进取的伟大品格，深深融入我们党、国家、民族、人民的血脉之中，为我们立党兴党强党提供了丰厚滋养。"

2021年9月29日，经党中央批准，中宣部公布了第一批纳入中国共产党人精神谱系的伟大精神，它们是：

建党精神；

井冈山精神、苏区精神、长征精神、遵义会议精神、延安精神、抗战精神、红岩精神、西柏坡精神、照金精神、东北抗联精神、南泥湾精神、太行精神（吕梁精神）、大别山精神、沂蒙精神、老区精神、张思德精神；

抗美援朝精神、"两弹一星"精神、雷锋精神、焦裕禄精神、大庆精神（铁人精神）、红旗渠精神、北大荒精神、塞罕坝精神、"两路"精神、老西藏精神（孔繁森精神）、西迁精神、王杰精神；

改革开放精神、特区精神、抗洪精神、抗击"非典"精神、抗震救灾精神、载人航天精神、劳模精神（劳动精神、工匠精神）、青藏铁路精神、女排精神；

脱贫攻坚精神、抗疫精神、"三牛"精神、科学家精神、企业家精神、探月精神、新时代北斗精神、丝路精神。

三、共和国的精神典范

中华人民共和国成立 70 多年来，党领导全国各族人民在建设和改革事业中，形成和培育了一系列重要的精神，涌现出众多精神典范，在革命时期崇高精神的基础上，又形成了新的丰富的精神谱系。

社会主义革命和建设时期的精神大致可以归纳为：建设国家、无私奉献、自力更生、艰苦创业等。

主要的精神典范有：

（一）大庆精神

1964 年，毛泽东发出"工业学大庆"的号召。大庆精神的基本内涵是："为国争光、为民族争气的爱国主义精神；独立自主、自力更生的艰苦创业精神；讲究科学、'三老四严'（即当老实人、说老实话、做老实事，严格的要求、严密的组织、严肃的态度、严明的纪律）的求实精神；胸怀全局、为国分忧的奉献精神。"1990 年，江泽民概括了"爱国、创业、求实、奉献"的大庆精神。

（二）红旗渠精神

1995 年 4 月，胡锦涛在视察红旗渠时，概括了红旗渠精神，指出红旗渠是一个典范，它体现了自力更生、艰苦创业、团结协作、无私奉献的可贵精神。

（三）"两弹一星"精神

1999 年 9 月，江泽民在表彰为研制"两弹一星"作出突出贡献的科技专家大会上，概括了"两弹一星"精神，即"热爱祖国、无私奉献，自力更生、艰苦奋斗，大力协同、勇于登攀"的精神。

（四）雷锋精神

雷锋，一生把有限生命投入到无限的为人民服务中。1963 年 3 月 5 日，毛泽东题词："向雷锋同志学习"。刘少奇、周恩来、朱德、邓小平等也先后题词。周恩来的题词是："向雷锋同志学习憎爱分明的阶级立场，言行一致的革命精神，公而忘私的共产主义风格，奋不顾身的无产阶级斗志。"

（五）焦裕禄精神

2009年4月，习近平在兰考县考察时，概括了焦裕禄精神，即：亲民爱民、艰苦奋斗、科学求实、迎难而上、无私奉献的精神。

（六）"南京路上好八连"精神

上海警备区某部八连，始终保持艰苦奋斗、全心全意为人民服务优良传统。1963年4月25日，国防部授予该连"南京路上好八连"称号。8月1日，毛泽东赋诗《八连颂》予以赞扬："好八连，天下传。为什么？意志坚。为人民，几十年。拒腐蚀，永不沾。因此叫，好八连。"周恩来、朱德、陈云、邓小平、陈毅等先后为八连题词。全国全军广泛开展学习"南京路上好八连"活动。1991年3月10日，在"南京路上好八连"命名28周年前夕，江泽民题词："学习好八连优良传统和作风，推进现代化正规化革命军队建设"。

除此之外，党和人民还形成了抗美援朝精神、北大荒精神、兵团精神、老西藏精神、时传祥精神、塞罕坝精神、西迁精神等等。

改革开放和社会主义现代化建设新时期，党带领人民培育形成了新的时代精神。这些精神的内容大致可以归纳为：解放思想、实事求是、与时俱进、求真务实、敢闯新路、开拓创新等。

其突出的精神典范有：

（一）五种革命精神

1980年12月，邓小平在中央工作会议上概括了五种革命精神：发扬革命和拼命精神；严守纪律和自我牺牲精神；大公无私和先人后己精神；压倒一切敌人、压倒一切困难的精神；坚持革命乐观主义、排除万难去争取胜利的精神。

（二）六十四字创业精神

1993 年 3 月，江泽民在八届全国人大一次会议闭幕式上的讲话中，提出了六十四字的创业精神，即：解放思想、实事求是，积极探索、勇于创新，艰苦奋斗、知难而进，学习外国、自强不息，谦虚谨慎、不骄不躁，同心同德、顾全大局，勤俭节约、清正廉洁，励精图治、无私奉献。

（三）抗洪精神

1998 年 9 月，江泽民在全国抗洪抢险总结表彰大会上，概括了伟大的抗洪精神，即：万众一心、众志成城，不怕困难、顽强拼搏，坚韧不拔、敢于胜利的伟大抗洪精神。

（四）五种精神

2001 年 1 月，江泽民在全国宣传部长会议上，提出要在全党和全社会大力弘扬"五种精神"：解放思想、实事求是的精神；紧跟时代、勇于创新的精神；知难而进、一往无前的精神；艰苦奋斗、务求实效的精神；淡泊名利、无私奉献的精神。

（五）载人航天精神

2005 年 11 月，胡锦涛在庆祝神舟六号载人航天飞行圆满成功大会上的讲话中，概括了载人航天精神，即：牢记使命、不负重托，培养和发扬了特别能吃苦、特别能战斗、特别能攻关、特别能奉献的精神。

（六）抗震救灾精神

2008 年 7 月，胡锦涛在抗震救灾先进基层党组织和优秀共产党员代表座谈会上的讲话中，概括了抗震救灾精神，即：万众一心、众志成城，不畏艰险、百折不挠，以人为本、尊重科学的精神。

（七）北京奥运精神

2008 年 9 月，胡锦涛在北京奥运会、残奥会总结表彰大会上，概括和盛赞了北京奥运精神，即：为国争光的爱国精神，艰苦奋斗的奉献精神，精益求精的敬业精神，勇攀高峰的创新精神，团结协作的团队精神。

在改革开放和社会主义现代化建设进程中，党还领导人民培育形成了特区精神、浦东精神、女排精神、科学家精神、企业家精神等等。

十八大以来，习近平进一步提出了"中国精神""劳模精神"等重要概念，充分肯定和阐释了党和人民形成的一系列重要精神，并进一步肯定了在许多先进模范群体和个人身上表现出来的精神典范。2021 年 2 月，在党史学习教育动员大会上，习近平具体列举了一系列精神，其中中华人民共和国成立以后的有抗美援朝精神、"两弹一星"精神、特区精神、抗洪精神、抗震救灾精神、抗疫精神等。

这些精神都是全党、全军和全国各族人民的共同财富，是推动新中国发展、改革开放和社会主义现代化建设的不竭动力。

四、工业学大庆

工业学大庆，是 1964 年党中央向全国工业战线发出的号召和随之开展的学习大庆先进人物和先进精神的群众运动。

中国在近代历史上曾被认为是一个"贫油"国家。中华人民共和国成立后，国家投入大量人力物力进行石油勘探和开发。20 世纪 50 年代建成了新疆克拉玛依、甘肃玉门和青海冷湖 3 个油田。从 1955 年开始，在李四光的地质理论指导下，对松辽盆地进行地质调查。1959 年 9 月，发现大油田。这是中国石油地质勘探工作的一个重大成果。因新中国成立 10 周年大庆临近，便将油田命名为"大庆油田"。

1960 年 2 月，中央决定在黑龙江省大庆地区进行石油勘探开发大会战。会战以石油部、地质部为主，其他部门提供大力支援。中央还决定从当年退伍的军人中，动员 3 万人参加石油会战。全国各石油管理局和 30 余个石油厂矿、院校，共抽调几十支优秀钻井队、几千名科技人员、上万名工人和 7 万余吨器材、设备参加会战。

在会战中，以王进喜为代表的大庆石油工人、科学技术人员和干部，吃大苦，耐大劳，公而忘私，奋勇拼搏。"宁肯少活二十年，拼命也要拿下大油田"。"有条件要上，没有条件创造条件也要上"。坚持"当老实人、说老实话、做老实事"，"严格的要求、严密的组织、严肃的态度、严明的纪律"，以及"黑夜和白天干工作一个样、坏天气和好天气干工作一个样、领导不在场和领导在场干工作一个样、没人检查和有人检查干工作一个样"等"三老""四严""四个一样"的工作作风，创造了极不平凡的业绩，表现了中国工人阶级的时代风貌。王进喜从安装钻机到钻出第一口井，一连七天七夜不下"火线"。当地老乡感动地说："王队长可真是铁人啊！"从此，"铁人"这个响亮的名字，传遍了全大庆，传遍了全中国。

经过 3 年多奋战，到 1963 年，高速度、高水平地探明和建设了年产 600 万吨原油的大庆油田。1963 年 12 月，周恩来在第二届全国人民代表大会第四次会议上庄严宣布："我国需要的石油，现在可以基本自给了。"至 1965 年底，中国原油产量达到 1131 万吨，实现了国内消费原油和石油产品的全部自给。其中，大庆油田提供的高产原油，起到了决定性的作用。

大庆油田后来成为世界上特大油田之一，探明储量为 267000 万吨，运营开采了几十年，对中国的国民经济和人民生活作出了历史性贡献。改革开放后，大庆在继承和发扬优良传统的同时，和全国其他各行各业一起，走上自我完善、自我发展的改革开放之路，继续为建设中国特色社会主义作出新的贡献。

由于大庆人创造出了辉煌业绩，表现出了伟大的奉献精神，党中央和毛泽东于 1964 年提出了"全国工业学大庆"的号召。党和国家领导人多次到大庆视察。在整个工业战线，涌现出一批学习大庆的先进单位和先进个人，产生了许多大庆式的企业。这对完成国民经济调整任务，建立起现代化工业基础，起到了重要的推动作用。当然，多少也出现过一些形式主义的现象。

"文化大革命"中，大庆一度被"四人帮"当成"唯生产力论"的典型。1977 年 4 月至 5 月的"全国工业学大庆会议"，重新肯定了大庆的成绩和经验，肯定了工业学大庆运动的作用和意义。

1990 年 2 月，江泽民在黑龙江考察工作时说，"铁人"艰苦奋斗、自力更生、奋发图强的精神，不仅石油战线要学习，全国的工人都应该学习，知识分子应该学习，各行各业都应该学习。

2009 年 6 月，胡锦涛在大庆考察时说，50 年来，以铁人王进喜同志为代表的一代又一代大庆油田创业者，怀着为国争光、为民族争气的远大胸怀，克服重重困难，创造了极不平凡的业绩，生产了大量国家经济发展所需要的宝贵石油产品，培育了爱国、创业、求实、奉献的大庆精神。

2009 年 9 月 22 日，习近平在大庆油田发现 50 周年庆祝大会上发表讲话，充分肯定大庆油田的开发建设，铸就了以"爱国、创业、求实、奉献"为主要内涵的大庆精神和铁人精神。

五、农业学大寨

农业学大寨，是 20 世纪 60 年代党中央向全国农业战线发出的号召和随之开展的以山西大寨为榜样推动农业农村发展的群众运动，一直延续到改革开放初期。

20 世纪 60 年代初，面对经济困难，中国人民展开了一场同自然灾害和物质匮乏的斗争。其中大寨人自力更生、艰苦奋斗、重新安排山河的壮举，是杰出的代表之一。

大寨是山西省昔阳县大寨公社的一个生产大队，位于晋中太行山麓海拔 1000 多米的山区。自然条件恶劣，土地贫瘠，全村耕地被沟壑切割成无数小块，分散在七沟、八梁、一面坡上。大寨人在党支部及其书记陈永贵的领导下，从 1953 年开始，用 5 年时间，改造了全村七条大沟，把深沟变成了良田，总共垒起了长 15 里的 180 多条大坝，将 300 亩坡地垒成了水平梯田，将 4700 多个分散地块修整成了 2900 块，还增加了 80 多亩好地。

在浩大的治沟工程中，大寨人没向国家要一分钱，完全凭借自己的双手，苦干、实干、拼命干。1962 年，在全国严重困难的年景下，大寨粮食亩产竟达到 774 斤，高出同县平均产量 530 斤，创造了令人惊羡的奇迹。

党和政府极为重视大寨人艰苦奋斗的事迹。1964 年 2 月 10 日《人民日报》发表新华社记者写的通讯报道《大寨之路》，同时发表《用革命精神建设山区的好榜样》的社论，介绍大寨大队在贫瘠的山梁上艰苦奋斗、发展生产的事迹。

毛泽东在听取山西省委的介绍时，赞赏和肯定了大寨人的艰苦奋斗精神。农业部专门派出调查组到大寨做全面考察，并在调查报告中肯定了"大寨是全国农业战线的一面红旗"。1964 年 12 月，周恩来在三届全国人大一次会议的《政府工作报告》中，发出了"工业学大庆，农业学大寨，全国学人民解放军"的号召，并把大寨精神概括为："政治挂帅、思想领先的原则，自力更生、艰苦奋斗的精神，爱国家爱集体的共产主义风格。"

此后，全国农村掀起了农业学大寨运动。国家领导人纷纷到大寨考察，各地组织大批有关人员到大寨参观学习，外国元首也先后造访。全国农村以大寨为榜样，以改天换地的精神，加强农民思想教育，大搞农田基本建设，努力发展农业生产，对中国农业和农村的发展产生了重大和持久的影响。

但在学大寨运动中，也出现了形式主义的现象。因追求开荒造田，有些地方造成了一定的生态破坏。后来，学大寨又演变为推行"左"倾政策的政治运动。1975 年 9 月，在大寨召开的全国农业学大寨会议，发出"全党动员，大办农业，为普及大寨县而奋斗"的号召。邓小平与江青发生了一场如何看待农业形势的冲突。后来，不仅农业学大寨，而且教育、卫生、司法、财贸等行业和部门都要学大寨。

1980 年 11 月 23 日，中共中央转发中共山西省委《关于农业学大寨运动中经验教训的检查报告》。中央在批语中指出，山西省委总结了大寨大队从农业战线的先进典型变成执行"左"倾路线的典型的经验教训。历史已经证明，把先进典型的经验模式化、绝对化、永恒化的做法，是错误的、有害的。

改革开放后，大寨在继续发扬自力更生、艰苦奋斗精神的同时，也积极走发展市场经济之路，取得了新的成绩。大寨本来的奋斗精神对建设中国特色社会主义、向着第二个百年奋斗目标前进仍然具有积极的意义。

六、向雷锋同志学习

"向雷锋同志学习"，是毛泽东 1963 年 3 月的题词，也是此后党和国家一直倡导开展的群众运动，一直持续到当今，主要目的是号召全国人民学习雷锋优秀品质，发扬共产主义精神，提高全社会的思想道德水平。

20世纪60年代，在战胜严重经济困难的过程中，社会各界涌现出许多英雄模范人物，雷锋就是其中的杰出代表。

雷锋，1940年出生，湖南省望城县人，是沈阳军区某部运输连战士。在平凡的工作岗位上，他以"甘当螺丝钉"的精神，全心全意为人民服务。工作勤勤恳恳，吃苦耐劳，刻苦钻研技术，干一行爱一行专一行；艰苦朴素，廉洁奉公，处处为人民的利益着想；为人民群众做了数不清的好事，真正做到了毫不利己，专门利人。他在日记中写道："人的生命是有限的，但为人民服务是无限的。我要把有限的生命投入到无限的为人民服务之中去。"1962年8月15日，雷锋不幸因公殉职，年仅22岁。

1963年初，雷锋的优秀事迹公开报道。3月5日，《人民日报》发表毛泽东亲笔题词："向雷锋同志学习"。随后，刘少奇、周恩来、朱德、邓小平等也先后题词。

刘少奇的题词是："学习雷锋同志平凡而伟大的共产主义精神"。

周恩来的题词是："向雷锋同志学习憎爱分明的阶级立场，言行一致的革命精神，公而忘私的共产主义风格，奋不顾身的无产阶级斗志。"

朱德的题词是："学习雷锋，做毛主席的好战士。"

邓小平的题词是："谁愿当一个真正的共产主义者，就应该向雷锋同志的品德和风格学习。"

陈云的题词是："雷锋同志是中国人民的好儿子，大家向他学习。"

一个全国范围的学雷锋热潮随即迅速兴起。《人民日报》《解放军报》《中国青年报》《光明日报》以及地方报纸，都用大量篇幅报道了雷锋事迹、雷锋日记等。学习雷锋的活动从军队向全国各行各业发展。共青团中央、全国总工会和全国妇联相继作出决定，并以各种形式组织了学习和宣传雷锋的活动。文化艺术和出版部门还出版了图书和画册，演映了雷锋的电影。

随着学雷锋活动的深入开展，全国各行各业和各条战线上，涌现出成千上万雷锋式的先进人物，社会上迅速出现了一种奋发图强、积极向上的精神，进一步形成了一种良好的社会新风气。雷锋成为一个时代的楷模和做人的标杆。像雷锋那样做人，像雷锋那样工作、学习和生活，在全国蔚然成风。

此后，3月5日被定为学雷锋纪念日。

改革开放后，学雷锋活动继续深入发展，中央领导同志继续题词。

2009年9月10日，雷锋被评为"100位新中国成立以来感动中国人物"之一。

2012年2月9日，中共中央办公厅印发《关于深入开展学雷锋活动的意见》。3月2日，深入开展学雷锋活动座谈会召开。李长春讲话。中央精神文明建设指导委员会授予鞍山钢铁集团职工郭明义"当代雷锋"荣誉称号。

十八大以来，习近平对弘扬雷锋精神作出一系列重要论述，指出：雷锋、郭明义、罗阳身上所具有的信念的能量、大爱的胸怀、忘我的精神、进取的锐气，正是我们民族精神的最好写照，他们都是我们"民族的脊梁"。习近平强调，要"让雷锋精神在新时代绽放更加璀璨的光芒，为全面建设社会主义现代化国家、全面推进中华民族伟大复兴凝聚强大力量"。

七、学习焦裕禄

焦裕禄，是河南省兰考县原县委书记，各级领导干部的楷模。学习焦裕禄，是从 20 世纪 60 年代开始的在全国干部中向焦裕禄学习的活动，一直持续至今。

焦裕禄（1922 年 8 月 16 日—1964 年 5 月 14 日），山东淄博博山县北崮山村人。1946 年加入中国共产党，1950 年任河南省尉氏县大营区委副书记兼区长，1953 年调到洛阳矿山机器制造厂参加工业建设。1962 年 6 月，为了加强农村工作，又调回尉氏县，任县委书记处书记。1962 年调到兰考县，先后任县委第二书记、书记。1964 年因肝癌病逝于郑州，终年 42 岁。

兰考是黄河故道上著名的灾区县，长期遭受风沙、内涝和盐碱等"三害"袭扰，经济发展水平非常低下。在三年困难时期，兰考人民生产、生活更面临极大困境。1962 年全县粮食产量下降到历史最低水平，大量人口外出逃荒。正是在灾情最严重的时候，焦裕禄来到了兰考。

焦裕禄带领县委一班人，抓住治沙这一关键环节，深入实地调查，多方了解治沙的办法。在 1 年多的时间里，跋涉 5000 余华里，把全县 86 个风口、261 个大沙丘、17 条大沙龙全部做了编号，绘制成地图，最终形成了以种植速生泡桐林来治理"三害"的方案。

焦裕禄心中装着兰考的老百姓，唯独没有他自己。他积劳成疾，在晚期肝癌的病痛折磨下，仍带领群众坚持在治沙第一线。他临终前对组织上唯一的要求，就是他死后"把我运回兰考，埋在沙堆上。活着我没有治好沙丘，死了也要看着你们把沙丘治好"。

1964 年 11 月，中共河南省委号召全省干部学习焦裕禄忠心耿耿为党为人民工作的革命精神。1966 年 2 月 1 日，河南省人民政府追认焦裕禄为革命烈士。

1966年2月7日，《人民日报》发表长篇通讯《县委书记的榜样——焦裕禄》，全面介绍了焦裕禄的感人事迹，同时还刊登了《向毛泽东同志的好学生——焦裕禄同志学习》的社论，在全国引起强烈反响。焦裕禄精神感召、鼓舞了一代又一代党员干部和普通群众。

1966年9月15日，毛泽东亲切接见焦裕禄的三女儿焦守云，并合影留念。同年10月1日，又接见了焦裕禄的大儿子焦国庆。周恩来也接见了焦裕禄的大女儿焦守凤。

1990年5月10日，《人民日报》发表《领导干部要学焦裕禄》的社论，在全国再掀学习焦裕禄的热潮。

1990年6月15日，邓小平为华夏出版社出版的纪实文学《焦裕禄》题写书名。

1991年2月，江泽民视察兰考，题词：向焦裕禄同志学习，全心全意为人民服务。

1994年5月，胡锦涛在焦裕禄逝世30周年纪念大会上指出：焦裕禄同志是全党同志和全国各族人民公认的中国共产党的好党员，人民的好公仆，县委书记和广大干部的榜样。1994年5月和2003年12月，胡锦涛先后两次视察兰考，并为"焦裕禄同志纪念馆"落成剪彩暨焦裕禄铜像揭幕。

1990年，习近平担任福州市委书记时，在7月16日《福州晚报》上发表《念奴娇·追思焦裕禄》一词。2009年4月1日，习近平专程赶赴焦裕禄纪念馆，向焦裕禄陵墓敬献花篮。在兰考县考察时，习近平高度概括了焦裕禄精神，即亲民爱民、艰苦奋斗、科学求实、迎难而上、无私奉献的精神。

2009年9月10日，在中央宣传部、中央组织部等11个部门联合组织的评选活动中，焦裕禄被评为"100位新中国成立以来感动中国人物"之一。

习近平指出：焦裕禄同志是县委书记的榜样，也是全党的榜样。无论过去、现在还是将来，都永远是亿万人们心中一座永不磨灭的丰碑，永远是鼓舞我们艰苦奋斗、执政为民的强大思想动力，永远是激励我们求真务实、开拓进取的宝贵精神财富，永远不会过时。

八、解放思想、实事求是、与时俱进、求真务实

解放思想、实事求是、与时俱进、求真务实，是中国共产党思想路线的核心内容，是科学治国理政和推进各项事业不可或缺的思想方法和工作作风，也是改革开放和社会主义现代化建设新时期形成的伟大民族精神。

中国共产党 100 多年的历史、中华人民共和国 70 多年的历程都告诉我们，无论革命、建设、改革，都要有一条正确的思想路线，都要坚持解放思想、实事求是、与时俱进、求真务实。

正确的思想路线指导中国革命取得了胜利，也指导中国的社会主义建设事业取得了成就。但是由于"左"的错误的发展，党的思想路线也曾经遭到破坏。

1978 年 5 月，在胡耀邦组织下，《理论动态》和《光明日报》发表特约评论员文章《实践是检验真理的唯一标准》，在全国引发了一场关于真理标准问题的大讨论。

1978 年 12 月，在中央工作会议上，邓小平作题为《解放思想，实事求是，团结一致向前看》的报告，强调坚持解放思想、实事求是的极端重要性。

十一届三中全会高度评价真理标准问题的讨论，恢复了马克思主义的思想路线。1980 年 2 月，邓小平概括了思想路线的内容，指出：

"实事求是，一切从实际出发，理论联系实际，坚持实践是检验真理的标准，这就是我们党的思想路线。"

两年后的十二大，将思想路线写进了党章，指出："党的思想路线是一切从实际出发，理论联系实际，实事求是，在实践中检验真理和发展真理。"在这段文字之前，明确提出坚持"解放思想、实事求是"的要求。

十四大报告在回顾真理标准问题讨论时指出，这场讨论"重新确立了解放思想、实事求是的思想路线"。所以，此后我们一般都称思想路线是"解放思想、实事求是"8个字。

解放思想，就是在马克思主义指导下打破习惯势力和主观偏见的束缚，研究新情况，解决新问题。实事求是，就是一切从实际出发、理论和实践相结合，保持、尊重和客观反映事物的本来面目。解放思想和实事求是在根本上是统一的。只有解放思想，才能达到实事求是；只有实事求是，才是真正的解放思想。

2001年，江泽民明确提出"与时俱进"的概念和要求。十六大报告对"与时俱进"的科学内涵作了更加明确的界定，指出："与时俱进，就是党的全部理论和工作要体现时代性，把握规律性，富于创造性。"[①] 十六大修改后的党章，在"坚持解放思想、实事求是"之后，加上了"与时俱进"一词。

十八大党章在十二个字后面，又加了一句"求真务实"。"求真务实"四个字，并非新词，中国共产党多年来一直强调它，提倡它。江泽民也一再强调："实干兴邦，空谈误国。"胡锦涛要求在全党大力弘扬求真务实精神，大兴求真务实之风。新形势下进一步强调求真务实，表明了这个要求的现实紧迫性。

十九大再次肯定了"解放思想、实事求是、与时俱进、求真务

---

① 《中国共产党第十六次全国代表大会文件汇编》，人民出版社2002年版，第12页。

实"的要求，说明正是在坚持这些要求的过程中，形成了习近平新时代中国特色社会主义思想。

二十大要求："我们必须坚持解放思想、实事求是、与时俱进、求真务实，一切从实际出发，着眼解决新时代改革开放和社会主义现代化建设的实际问题，不断回答中国之问、世界之问、人民之问、时代之问，作出符合中国实际和时代要求的正确回答，得出符合客观规律的科学认识，形成与时俱进的理论成果，更好指导中国实践。"[①]

坚持解放思想、实事求是、与时俱进、求真务实，是我们党保持先进性、增强创造力的决定性因素，是我们国家走在正确道路上的思想保证，是中华民族极其宝贵的伟大精神。没有这十六个字的精神，就不会有改革开放的伟大成就，就不会有中国特色社会主义的创立和发展，也不会有中国今天在国际上的地位。面向未来，我们仍然要始终坚持解放思想、实事求是、与时俱进、求真务实。

九、精神文明建设

千百年来，人类不断地改造着世界，同时也不断改造着自身。这种改造的成果和水平，就是文明。改造自然界的物质成果就是物质文明，它表现为人们物质生产的进步和物质生活的改善。改造主观世界的成果就是精神文明，它表现为教育、科学、文化知识的发达和人们思想、政治、道德水平的提高。

精神文明是社会主义社会的一个重要特征，是社会主义制度优越性的重要表现。社会主义的进步性质及其对人民的价值，不仅在于能够促进生产力的更快发展，而且在于能够消除种种腐朽现象，实现人类价值体系和精神世界的根本变革，建设起与物质文明相适应的社会

---

① 《习近平著作选读》第一卷，人民出版社 2023 年版，第 15 页。

主义精神文明。

十一届三中全会以来，党和国家在加强物质文明建设的同时，明确提出了"精神文明"的概念和理论，将"文明"作为现代化建设的战略目标之一，对社会主义精神文明建设的战略地位、指导方针、根本任务、奋斗目标、基本内容以及有关政策和措施等，作了系统的阐发。同时，制定了一系列文件，采取了大量措施，不断推进社会主义精神文明的建设。

早在 1979 年，邓小平就指出："我们要在建设高度物质文明的同时，提高全民族的科学文化水平，发展高尚的丰富多彩的文化生活，建设高度的社会主义精神文明。"[①] 十二大对社会主义精神文明作了深刻的阐述，第一次明确提出："社会主义精神文明是社会主义的重要特征，是社会主义优越性的重要表现。"十三大将这一观点归纳进"建设有中国特色的社会主义理论的轮廓"中。

1986 年 9 月，十二届六中全会专门研究精神文明建设问题，作出了《中共中央关于社会主义精神文明建设指导方针的决议》。

时隔 10 年之后，1996 年，十四届六中全会再次专门研究精神文明建设问题，作出了《中共中央关于加强社会主义精神文明建设若干重要问题的决议》，系统地制定了跨世纪精神文明建设的发展战略。

精神文明建设的根本任务是适应改革开放和社会主义现代化建设的需要，培育有理想、有道德、有文化、有纪律的社会主义新人，提高整个中华民族的思想道德素质和科学文化素质。

社会主义精神文明建设的基本内容包括思想道德建设和教育科学文化建设两个方面。思想道德建设，要解决的是整个社会的共同理想和精神支柱的问题。教育科学文化建设，要解决的是整个民族的科学文化素质和现代化建设的智力支持问题。

---

① 《邓小平文选》第二卷，人民出版社 1994 年版，第 208 页。

围绕精神文明建设的目标任务，改革开放以来，党和国家组织开展了一系列活动，推进了一系列重要工作。

20 世纪 80 年代，开展了以讲文明、讲礼貌、讲卫生、讲秩序、讲道德和心灵美、语言美、行为美、环境美为内容的"五讲""四美"文明礼貌活动。

持续开展学雷锋和其他英雄模范的活动。发布《关于深入开展学雷锋活动的意见》。组织学习张海迪，授予郭明义"当代雷锋"荣誉称号。2014 年，将每年的 9 月 30 日设立为烈士纪念日。

建设"全国文明城市（区）""全国文明村镇""全国文明单位"，定期授予相应称号。

实施马克思主义理论研究和建设工程。自 2004 年启动以来，已成为思想理论建设的标志性工程，取得了重大阶段性成果，推动了党的思想理论建设和哲学社会科学的繁荣发展。

加强社会主义核心价值观建设。大力倡导社会主义核心价值观。

加强道德建设。印发《公民道德建设实施纲要》，大力倡导"爱国守法、明礼诚信、团结友善、勤俭自强、敬业奉献"的基本道德规范。评选和表彰全国道德模范。

实施精神文明建设"五个一工程"。即定期评选一本好书、一台好戏、一部优秀影片、一部优秀电视剧（片）、一篇或几篇有创见有说服力的文章。到 2023 年，已经持续表彰了 16 届。

2015 年 12 月 25 日，中共中央印发《关于建立健全党和国家功勋荣誉表彰制度的意见》，对党和国家功勋荣誉表彰制度进行整体设计，决定成立党和国家功勋荣誉表彰工作委员会。12 月 27 日，十二届全国人大常委会第十八次会议通过《中华人民共和国国家勋章和国家荣誉称号法》，决定设立"共和国勋章""友谊勋章"和国家荣誉称号。2017 年 8 月 8 日，中共中央印发《中国共产党党内功勋荣誉表彰条例》，设立"七一勋章"；中共中央、国务院印发《国家功勋荣誉表彰条例》。2019年9月29日，举行了中华人民共和国国家勋章和国家荣誉称号颁授仪式。

2016年12月12日，习近平在会见第一届全国文明家庭代表时讲话强调，要注重家庭、家教、家风，推动形成爱国爱家、相亲相爱、向上向善、共建共享的社会主义家庭文明新风尚。2017年1月24日，中共中央办公厅、国务院办公厅印发《关于实施中华优秀传统文化传承发展工程的意见》。2019年10月17日，中共中央、国务院印发《新时代公民道德建设实施纲要》。2019年10月31日，印发《新时代爱国主义教育实施纲要》。

不断推进的精神文明建设，取得了明显的成效。2020年11月20日，全国精神文明建设表彰大会举行。习近平会见参加大会的新一届全国文明城市、文明村镇、文明单位、文明家庭、文明校园以及未成年人思想道德建设工作先进代表。2021年11月5日，第八届全国道德模范座谈会举行，习近平会见全国道德模范及提名奖获得者。

十、社会主义核心价值观

社会主义核心价值观，是2012年的十八大第一次在党和国家文件中正式使用的重要概念。

在政治经济学中，价值和使用价值是两个基础性的概念。所谓使用价值，是指物品的有用性，即它能满足人们某种需要的属性。所谓价值，是凝结在商品中的无差别的人类劳动，由交换价值来表现。商品是使用价值和价值的统一体。

在社会领域和思想理论上使用的价值概念，不完全等同于经济学上作为一般人类劳动凝结的价值。它的含义，比较完整地说，一是指某种物品、形制、规范或活动对于人类的有用性；二是据此确立的人类崇尚、追求的某种事物、目标；三是进而引申出来的判断是非好坏、对错优劣的标准。所谓价值标准，其实就是判断是非、对错、好坏的标准。价值的表达方式一般是某个单词或词组，如民主、法治等。

价值有基本价值、一般价值、特殊价值等不同层级的价值。在不同的时代和环境条件下，价值会有不同的要求和内容。但贯穿其中的，必有它的核心价值。社会主义同样有它的核心价值。核心价值是最基本的价值，也是比较恒定的价值。

价值观，则是由人们主张的某种价值而引申阐发出来的重要观点和主张。一般是一种判断、一个命题、一条准则，等等。它是由若干词汇要素按照一定的语法规则和逻辑关系组合起来的完整的句式，是这种句式所表达的一种思想，如"发展是硬道理""没有民主就没有社会主义"等。

价值观如同价值一样，也有一般的价值观和核心价值观。

由于人的社会关系的复杂性，价值必然非常广泛和众多。但对于每一个时代、每一个国家、每一个民族来说，都必有其崇尚的核心内容，即核心价值。核心价值是价值体系中最关键最核心的内容。核心价值体系，则是包含核心价值、核心价值观在内的诸多思想理论的集合体。

改革开放以来，在哲学领域，逐步提出了价值和价值论的概念，并进行了越来越多的研究。在社会和政治生活中，也越来越多地使用了价值观、价值观念的概念，要求人们树立正确的价值观。

但在社会主义领域，价值却长期被认为是资产阶级的东西，不被认可和使用。但随着改革开放的深入，许多理论和实践问题都越来越触及价值、价值观念、核心价值等问题，并逐渐进入党和国家的话语体系和文件中。

邓小平没有专门研究过价值问题，但在讲到其他一些问题时，曾经使用过"价值""价值观"等概念。

1989年十三届四中全会后，整个社会对于价值问题的研究愈益展开，人们对于价值问题的重视程度越来越高，"价值观念""价值取向"等概念也越来越成为社会流行的话语了。在这样的大背景下，江泽民不仅对价值问题给予了越来越大的关注，而且在一系列讲话中赋予了价值问题更高的理论地位、思想地位乃至政治地位。党和国家的文件也较多地出现了有关价值的词汇和论述。

2006年，十六届六中全会第一次使用"社会主义核心价值体系"的概念，并提出建设社会主义核心价值体系的任务。这是理论上的一个重要进步。社会主义核心价值体系包含丰富的内容。其中，马克思主义指导思想是社会主义核心价值体系的灵魂，中国特色社会主义共同理想是社会主义核心价值体系的主题，以爱国主义为核心的民族精神和以改革创新为核心的时代精神是社会主义核心价值体系的精髓，社会主义荣辱观是社会主义核心价值体系的基础。

2017年的十九大进一步要求："倡导富强、民主、文明、和谐，倡导自由、平等、公正、法治，倡导爱国、敬业、诚信、友善，积极培育和践行社会主义核心价值观"。

社会主义核心价值体系和社会主义核心价值观提出之后，党和国家采取了一系列措施，做了大量建设、学习和宣传工作。在十九大上，"坚持社会主义核心价值体系""培育和践行社会主义核心价值观"都被列入了新时代坚持和发展中国特色社会主义的基本方略。

社会主义核心价值观是当代中国精神的集中体现，凝结着全体人民共同的价值追求。按照十九大的要求，培育和践行社会主义核心价值观，要以培养担当民族复兴大任的时代新人为着眼点，强化教育引导、实践养成、制度保障，发挥社会主义核心价值观对国民教育、精神文明创建、精神文化产品创作生产传播的引领作用，把社会主义核心价值观融入社会发展各方面，转化为人们的情感认同和行为习惯。

二十大强调社会主义核心价值观是凝聚人心、汇聚民力的强大力量，要求以社会主义核心价值观为引领，发展社会主义先进文化，弘扬革命文化，传承中华优秀传统文化。要广泛践行社会主义核心价值观，深入开展社会主义核心价值观宣传教育，用社会主义核心价值观铸魂育人，把社会主义核心价值观融入法治建设、融入社会发展、融入日常生活。[①]

十一、革命遗址

中国共产党在领导各族人民进行新民主主义革命的斗争过程中，留下了许多珍贵的革命遗址。这些遗址（有的也称旧址、故址、史迹、胜迹、旧居、故居等），包括党的重要机构旧址；重要党史人物的故居、旧居、活动地；重要事件、重大战役战斗遗址；具有重要影响的革命烈士事迹发生地或墓地。也包括中华人民共和国成立以来兴建的内容涉及新民主主义革命时期的各类纪念馆、展览馆等纪念设施，以及能够反映革命时期党的重要历史活动、进程、思想、文化的各种遗迹等。

这些革命遗址，是中国革命的重要历史见证，是宝贵的革命历史文化遗产，是中华民族物质和非物质文化遗产的重要组成部分，也是人类文明史上独特的文化遗存。

中华人民共和国成立以来，很多重要的革命遗址得到了有效的保护、利用和开发，一些新的缅怀革命历史的纪念设施也陆续建立起

---

① 《习近平著作选读》第一卷，人民出版社 2023 年版，第 35—36 页。

来，成为爱国主义教育和革命传统教育的重要基地。

2010 年印发的《中共中央关于加强和改进新形势下党史工作的意见》明确要求："加强党史遗址保护，搞好纪念场馆建设"，"组织开展党史遗址普查，重点摸清革命遗址底数，同时注重调查党史方面的非物质文化遗产"。

2006 年至 2011 年间，在中共中央党史研究室的组织、指导、推动下，全国党史部门对 1949 年中华人民共和国成立之前所有新民主主义革命遗址进行了全面、广泛、深入的普查工作，取得了显著成果。

普查的具体内容包括，每处革命遗址的名称、地址、面积、建筑样式及材质、形成时间、利用时间等基本情况；遗址本体的历史由来、使用状况、保存状况、陈列物品情况；遗址使用管理的所有权属、经费来源、工作人员状况；遗址周围的环境状况（包括自然环境和人文环境）等信息，以及图片资料和文字资料。

通过普查，基本摸清了全国革命遗址的底数，掌握了全国党史资源的分布情况，其中新发现了许多革命遗址和相关资料，填补了历史空白。全国共登记中国共产党的革命遗址近 5 万处，其他相关联如涉及国民党抗战的等遗址 5000 余处。革命遗址中保存较为完好的约占 30%，保存一般的约占 40%，保存较差的（包括拆除消失的）约占 30%，而已经损毁、不复存在的则约占 21.4%，没有列入文物保护范围的约占 78%。

这些革命遗址，有的已列为革命文物，为大众熟知，有的很少被社会了解。大量的处于原始状态。如福建很多地方，留有成批的红军标语，有的还是红军和白军的叠加在一起。这些遗址，都留下了历史的印记，具有特殊的价值。

为了使普查所得到的全部成果能够永久保存，为了使每个遗址所记载的党的历史信息能够留传后世，中共中央党史研究室组织全国党史部门统一编纂了《全国革命遗址普查成果丛书》，采取统一规范，将所有普查成果全部编辑出版，为进一步开展保护、展示工作奠定了重要基础。

各地运用普查成果，对革命遗址进行了积极的利用和宣传。四川省委党史研究室把全省革命遗址普查的成果制成展板，在全省各地基层巡回展出，大大扩大了受众面。河北省委党史研究室创办 3D 网上党史展览馆，上线运行。山东省委党史研究室与省委组织部等部门联合，精选 1100 多幅珍贵史料图片，并配以文字说明，依托网络，建成静态三维效果模拟实体展馆，综合运用场景动画、音频解说等方式，形象直观地反映各个时期山东的发展历程，取得了良好的效果。

2014 年 8 月 24 日，国务院公布第一批 80 处国家级抗战纪念设施、遗址名录。2015 年 8 月 13 日，国务院又公布第二批 100 处国家级抗战纪念设施、遗址名录。

2017 年 10 月 31 日，十九大刚刚结束，习近平带领中共中央政治局常委瞻仰上海中共一大会址和浙江嘉兴南湖红船。

2021 年 6 月 18 日，中国共产党历史展览馆开馆。习近平参观"'不忘初心、牢记使命'中国共产党历史展览"，并带领党员领导同志重温入党誓词。

十二、文化遗产

文化遗产包括物质文化遗产和非物质文化遗产。

物质文化遗产是具有历史、艺术和科学价值的文物，包括古遗址、古墓葬、古建筑、石窟寺、石刻、壁画、近代现代重要史迹及代表性建筑等不可移动文物，历史上各时代的重要实物、艺术品、文献、手稿、图书资料等可移动文物；以及在建筑式样、分布均匀或与环境景色结合方面具有突出普遍价值的历史文化名城（街区、村镇）。

非物质文化遗产是指各种以非物质形态存在的与群众生活密切相关、世代相承的传统文化表现形式，包括口头传统、传统表演艺术、民俗活动和礼仪与节庆、有关自然界和宇宙的民间传统知识和实践、传统手工艺技能等以及与上述传统文化表现形式相关的文化空间。

中国是历史悠久的文明古国。在漫长的岁月中，中华民族创造了丰富多彩、弥足珍贵的文化遗产。这些文化遗产蕴含着中华民族特有的精神价值、思维方式、想象力，体现着中华民族的生命力和创造力，是各民族智慧的结晶，也是全人类文明的瑰宝。

截至 2021 年，我国国家、省、市、县四级非物质文化遗产名录已经认定非遗代表性项目 10 万余项。到 2022 年 12 月，中国已有 43 项进入联合国教科文组织的非物质文化遗产名录，位居世界第一。所有这些项目均具有非常鲜明的民族特色、地域特色、历史特色，是中华文明多样性的极好的代表。

文化遗产是不可再生的珍贵资源。保护文化遗产，保持民族文化的传承，是联结民族情感纽带、增进民族团结和维护国家统一及社会稳定的重要文化基础，也是维护世界文化多样性和创造性，促进人类共同发展的前提。加强文化遗产保护，是建设中国特色社会主义文化的必然要求。

党和国家历来高度重视文化遗产保护工作。中华人民共和国成立后，相继认定和公布了多批国家和省市级的文物保护单位名单。2005 年，国务院印发了《关于加强文化遗产保护的通知》，并决定从 2006 年起，每年 6 月的第二个星期六为我国的"文化遗产日"。在全社会的共同努力下，我国文化遗产保护取得了明显成效。

物质文化遗产保护的方针是："保护为主、抢救第一、合理利用、加强管理"。非物质文化遗产保护的方针是："保护为主、抢救第一、合理利用、传承发展"。

物质文化遗产保护的主要工作有：切实做好文物调查研究和不可移动文物保护规划的制定实施工作，改进和完善重大建设工程中的文物保护工作，切实抓好重点文物维修工程，加强历史文化名城（街区、村镇）保护，提高馆藏文物保护和展示水平，清理整顿文物流通市场。

非物质文化遗产保护的主要工作有：开展非物质文化遗产普查工作，制定非物质文化遗产保护规划，抢救珍贵非物质文化遗产，建立非物质文化遗产名录体系，加强少数民族文化遗产和文化生态区的保护。

十三、世界文化与自然遗产

世界遗产分为世界文化遗产、世界自然遗产、世界文化与自然双重遗产、世界文化景观遗产4类。是一项由联合国发起、联合国教育科学文化组织负责执行的国际公约建制，以保存对全世界人类都具有杰出普遍性价值的自然或文化处所为目的。

1972年，联合国教科文组织在巴黎通过了《保护世界文化和自然遗产公约》，成立联合国教科文组织世界遗产委员会，其宗旨在于促进各国和各国人民之间的合作，为合理保护和恢复全人类共同的遗产作出积极的贡献。

世界文化遗产，是文化保护与传承的最高等级，属于世界遗产范畴。世界文化遗产专指"有形"的文化遗产，和联合国教科文组织的另一项"非物质文化遗产"是不同的两个类别。

凡提名列入《世界遗产名录》的文化遗产项目，必须符合下列一项或几项标准：代表一种独特的艺术成就，一种创造性的天才杰作；在一定时期内或世界某一文化区域内，对建筑艺术、纪念物艺术、城镇规划或景观设计方面的发展产生过大影响；能为一种已消逝的文明或文化传统提供一种独特的至少是特殊的见证；可作为一种建筑或建筑群或景观的杰出范例，展示出人类历史上一个（或几个）重要阶段；可作为传统的人类居住地或使用地的杰出范例，代表一种（或几种）文化，尤其在不可逆转之变化的影响下变得易于损坏；与具特殊普遍意义的事件或现行传统或思想或信仰或文学艺术作品有直接或实质的联系。

世界自然遗产，是联合国教科文组织为了保护自然遗产而设立的，凡提名列入《世界遗产名录》的自然遗产项目，必须符合下列一项或几项标准：构成代表地球演化史中重要阶段的突出例证；构成代表进行中的生态和生物的进化过程和陆地、水生、海岸、海洋生态系统和动植物社区发展的突出例证；独特、稀有或绝妙的自然现象、地貌或具有罕见自然美的地带；尚存的珍稀或濒危动植物种的栖息地。

世界文化与自然双重遗产，又名复合遗产，是同时具备自然遗产与文化遗产两种条件者，即兼具自然与文化之美的代表。早期复合遗产的登录名单当中，有先被登录为自然遗产或文化遗产，之后也被评价为另一种遗产，因而成为复合遗产。

1992年12月，联合国教科文组织世界遗产委员会第16届会议提出"文化景观"概念，并纳入《世界遗产名录》，从而使世界遗产增为4类。文化景观遗产是指人类罕见的、目前无法替代的文化景观，是全人类公认的具有突出意义和普遍价值的"自然和人类的共同作品"。其中包括由人类有意设计和建筑的景观、有机进化的景观、关联性文化景观。文化景观遗产的评定采用文化遗产的标准，同时参考自然遗产的标准。

1985 年 12 月 12 日，中华人民共和国加入《保护世界文化和自然遗产公约》的缔约国行列。

2017 年 7 月 7 日、8 日，青海可可西里、"鼓浪屿：历史国际社区"入选《世界遗产名录》。至此，中国有 52 个项目列入《世界遗产名录》，位列世界第二；31 个项目列入《人类非物质文化遗产代表作名录》，7 个项目列入《急需保护名录》，1 个项目列入《优秀实践名册》，总数位列世界第一。

截至 2018 年 7 月 2 日的第 42 届世界遗产大会，被联合国教科文组织审核批准列入《世界遗产名录》的中国世界遗产共有 53 项，其中世界文化遗产 31 项、世界文化景观遗产 5 项、世界文化与自然双重遗产 4 项、世界自然遗产 13 项，《世界遗产名录》国家排名与意大利并列第一（都为 53 项）。4 项世界文化与自然双重遗产分别为：黄山、泰山、峨眉山—乐山大佛、武夷山。世界文化景观遗产为庐山、五台山、杭州西湖文化景观、红河哈尼梯田、花山岩画。

2023 年 9 月 17 日，在沙特阿拉伯利雅得举行的联合国教科文组织第 45 届世界遗产大会通过决议，将"普洱景迈山古茶林文化景观"列入《世界遗产名录》。这是全球首个茶主题世界文化遗产。至此，中国世界遗产数量增至 57 项。

第九章

国家科学文化和社会生活

一、向科学技术进军

向科学技术进军，是 20 世纪 50 年代党和国家发出的战略性号召。

中华人民共和国成立之初，工业和科研基础都十分薄弱。科学技术专业人员严重不足，科学技术非常落后。

为了适应国民经济恢复发展的需要，党和国家开始有组织地发展科学技术事业。1949 年 11 月成立中国科学院，1950 年 8 月成立了中华全国自然科学专门学会联合会和中华全国科学技术普及协会。召开了第一次全国自然科学工作者代表大会，对科研机构进行调整和补充，加快培养科技人才，吸引海外科技人员回国。至 1953 年，约有 2000 名欧美留学生陆续回国。到 1955 年底，全国科学技术人员已达 40 余万人，专业的科研机构超过 800 个。

当时中国科技发展的一个重要特点，是向苏联学习。从 1950 年 9 月至 1960 年，先后选派了 1000 多名考察专家、8310 名留学生和实习生到苏联学习。科技界兴起学习俄语的热潮。1954 年，中苏两国签订了《中苏科学技术合作协定》。中国科学院聘请苏联科学院通讯院士、土壤学家柯夫达担任中国科学院总顾问，一些研究所也聘请苏联顾问帮助工作。苏联还派出大批科技专家来华帮助开展经济建设。

在此基础上，为适应国家实施"一五"计划、开展大规模工业化建设、提高中国自身科技水平的需要，党和国家提出了"向科学技术进军"的号召。

1956 年 1 月 14 日，中共中央在北京召开关于知识分子问题的会议。毛泽东在会上讲话，号召全党努力学习科学知识，同党外知识分子团结一致，为迅速赶上世界科学先进水平而奋斗。[①] 周恩来于 1 月 14 日代表中共中央作《关于知识分子问题的报告》，指出，现代科学技术正在一日千里地突飞猛进，人类面临着一个新的科学技术和工业革命的前夕。我们必须急起直追，"向现代科学进军"。[②]

这次会议向全国人民发出了"向科学进军"的伟大号召。在这一号召感召下，全国掀起了学科学、用科学的高潮。

1956 年 1 月 25 日，毛泽东在最高国务会议上的讲话中指出："我国人民应有一个远大的规划，要在几十年内，努力改变我国在经济上和科学文化上的落后状况，迅速达到世界上的先进水平。"

随后的 1 月 30 日，周恩来在全国政协二届二次会议的政治报告中正式提出"向现代科学技术大进军"的号召。

1956 年 3 月，国务院成立科学规划委员会。6 月，成立国家技术委员会。1958 年 11 月，将两个委员会合并为国家科学技术委员会。为了发展导弹和航空科技事业，1958 年在国防部成立了航空委员会，后又调整成立了国防科学技术委员会。这样，就形成了由国家科委、国防科委和中国科学院组成的国家科技管理体系。

在"向科学技术进军"的口号下，科技战线出现了热气腾腾的局面。但是 1957 年发生的反右斗争扩大化，挫伤了知识分子的积极性，甚至一些回国的科学家也受到了怀疑和打击。为了纠正"左"倾错误，聂荣臻领导制定了《关于自然科学研究机构当前工作的十四条意见（草案）》（简称"科研工作十四条"），随后，又形成了《关于自然科学工作中若干政策问题的请示报告》，经中央批准后下发，对稳定科研工作起到了重要作用。

①　《中共中央召开关于知识分子问题会议》，《人民日报》1956 年 1 月 30 日。
②　《建国以来重要文献选编》第八册，中央文献出版社 1999 年版，第 13、16、35、36、41 页。

1962 年 2 月至 3 月，在广州召开全国科技工作会议和全国话剧、歌剧、儿童剧创作座谈会。参会人员对几年来知识分子工作中"左"的偏向提出不少批评意见。一位科学家直言不讳地对知识分子头顶上还戴着"资产阶级"的帽子表示强烈的不同意见。有人说，一提知识分子就是资产阶级，子女也因此遭到歧视，从没听到有谁是无产阶级知识分子。周恩来在北京了解到会议反映的情况后，便与陈毅专程赶到广州，听取专家意见，然后作了关于知识分子问题的重要报告，重申中国知识分子绝大多数已属于劳动人民的观点，再次肯定知识分子在社会主义建设中的重要地位和作用。陈毅明确宣布为知识分子"脱帽加冕"，摘掉"资产阶级知识分子"的帽子，使知识分子深受鼓舞。

"向科学技术进军"的一项重大措施，是编制和实施《一九五六——一九六七年科学技术发展远景规划纲要（修正草案）》，推动科技工作取得了一系列重大成果。

二、科学技术是第一生产力

"科学技术是第一生产力"，这是指导我国科学技术发展和现代化建设的重要指导思想，是制定和实施科教兴国战略的理论基础。

1975 年，邓小平主持全面整顿。5 月 21 日，在主持国务院办公会议时，邓小平强调指出："搞社会主义建设，不能不搞生产，不能不搞科学技术。我们强调劳动生产率，强调科学技术，不能算作'唯生产力论'。"①

这一年，中央派胡耀邦到中国科学院工作。为加强被"四人帮"耽误了的科技工作，胡耀邦等人起草了《关于科技工作的几个问题

---

① 《邓小平年谱（1975—1997）》（上），中央文献出版社 2004 年版，第 48 页。

（汇报提纲）》，后来修改为《科学院工作汇报提纲》。《汇报提纲》指出："科学技术也是生产力。科研要走在前面，推动生产向前发展。"9月26日，邓小平在国务院会议上听取胡耀邦等人的汇报，赞同《汇报提纲》所提的观点和加强科研工作的各项措施，指出：科学研究是一件大事。"科学技术叫生产力，科技人员就是劳动者！"

但是这一正确的观点很快就被"四人帮"当作修正主义和右倾翻案而遭到猛批。1975年的整顿被迫中止，科学技术和现代化建设的步伐也被延缓。

"文化大革命"结束后，拨乱反正的一项重要任务，就是要恢复科学技术和知识分子的地位。

1978年3月，在全国科学大会上，邓小平从理论与实践的结合上，全面论述了"科学技术是生产力"的观点，指出：社会生产力的巨大发展、劳动生产率的大幅度提高，"最主要的是靠科学的力量、技术的力量"。"科学技术作为生产力，越来越显示出巨大的作用。"[①]

10年之后的1988年，邓小平又对科学技术在当代生产力和社会经济发展中的第一位变革作用进行新的理论概括。9月5日，他在会见外宾时进一步指出："科学技术是第一生产力。""马克思讲过科学技术是生产力，这是非常正确的，现在看来这样说可能不够，恐怕是第一生产力。"[②]

邓小平的这一重要论断，既坚持了马克思主义的观点，又发展了马克思主义的观点，反映了科学技术在当代发展的新形势和对我国现代化建设的新要求，从更高的层次上揭示了科学技术对于整个社会历史发展所具有的战略意义。

1992年，在南方谈话中邓小平重申了这一观点："我说科学技术

---

① 《邓小平文选》第二卷，人民出版社1994年版，第87页。
② 《邓小平文选》第三卷，人民出版社1993年版，第274、275页。

是第一生产力。近一二十年来，世界科学技术发展得多快啊！""我们自己这几年，离开科学技术能增长得这么快吗？要提倡科学，靠科学才有希望。"[①]

邓小平的这些论断明确地告诉我们，在社会主义的诸多任务中，要把发展生产力摆在中心的地位；在发展生产力的诸多任务中，要把科学技术摆在第一的地位。只有这样认识，才能充分理解和准确把握社会主义的根本任务。"科学技术是第一生产力"的思想，对改革开放和当代中国的发展变化，起了巨大的指导和推动作用。

三、高考制度

中华人民共和国成立后，教育的指导思想发生重大变化。早在1949年12月，教育部召开第一次全国教育工作会议，就明确了改革旧教育的方针和步骤，提出教育必须为国家建设服务，学校必须为工农开门。后来，毛泽东等中央领导人多次表达对教育制度和高考制度的不满，大力推动"教育改革"。因此，高考制度从中华人民共和国成立之初就开始发生了变化。

1950年，中国人民大学专门招收了300名产业工人入学。经过3年速成学习，于1953年毕业。

1952年，政务院、中革军委决定调派机关和军队的大批干部进入高等学校学习。入校后，先进"干部补习班"，补习数理化课程，3个月后，再根据成绩和志愿，分配到各校学习。各高校还创办工农速成中学，先安排工人农民到中学学习，然后进入大学。

普通的学生基本上实行统一高考的办法入学。但招生的条件越来越强调政治审查，主要是看家庭出身。"出身不好"的学生大量被排

---

① 《邓小平文选》第三卷，人民出版社1993年版，第377—378页。

斥在外。

1966 年，"文化大革命"爆发。6 月 13 日，中共中央、国务院发出通知，说"文化大革命正在兴起，要把这一运动搞深搞透，没有一定时间是不行的"。而且，高等学校招生考试办法"基本上没有跳出资产阶级考试制度的框框"，"必须彻底改革"，因此，决定 1966 年高校招生推迟半年进行。

7 月 24 日，中共中央、国务院又发出《关于改革高等学校招生工作的通知》，决定"从今年起，高等学校招生取消考试，采取推荐与选拔相结合的办法"。选拔新生，应贯彻执行党的阶级路线，工人、贫下中农、干部、军烈属子女优先录取，对剥削阶级子女要严加审查。由于随后高校和中学全部"停课闹革命"，半年后并没有恢复招生。高校实际停止招生达 6 年之久。

1968 年 7 月 21 日，毛泽东对《从上海机床厂看培养工程技术人员的道路》的调查报告作批示："大学还是要办的，我这里主要说的是理工科大学还要办，但学制要缩短，教育要革命"，"要从有实践经验的工人农民中间选拔学生"。

1970 年 6 月 27 日，中共中央、国务院批转《北京大学、清华大学关于招生（试点）的请示报告》，同意部分高校试点招生复课，但明确规定，废除以前实行的通过全国统一考试录取新生的制度，改为"实行群众推荐、领导批准和学校复审相结合的办法"。招收对象是"有实践经验"的工农分子，而不是高中毕业生。学制缩短为 3 年。"工农兵学员"的任务是"上大学、管大学、用毛泽东思想改造大学"。

据此，1970 年，部分高校试点招收了 41870 名"工农兵学员"。高校招生部分恢复。根据北京市对一所高校的调查，"工农兵学员"中初中以上文化程度的只占 22%，初中文化程度的近 60%，相当于小学程度的占 20%。一些数学系学生竟闹出 1/2+1/2=2/4 的笑话。

"文化大革命"期间，由于大学停办和半停办长达 11 年之久，按当时正常规模，我国少培养了 100 多万大专毕业生和 200 多万中专毕业生，知识分子队伍出现了巨大断层。

"文化大革命"结束后，在邓小平的大力推动下，1977 年恢复"文化大革命"中被废弃的高考制度。全国约 570 万青年参加高考，27.3 万人被录取。1978 年上半年，又有 610 万考生参加考试。

大批被"文化大革命"耽误的青年通过公平竞争获得了接受高等教育的机会，尊重知识、尊重人才的风尚重新在社会上形成，国家现代化建设所需的大批人才开始得到有计划的培养。

在随后的改革开放进程中，现有的高考制度也暴露出一些缺陷和弊端，社会各方面都有不少批评，党和国家不断进行了很多改革尝试。但到目前为止，还没有找到足以取代它的更好的考试制度。现有高考制度仍然是目前相对而言最公平的人才选拔制度。如何使之更加完善，需要我们做出新的更大的探索和努力。

四、中国科学院

中国科学院，是中国自然科学最高学术机构、科学技术最高咨询机构、自然科学与高技术综合研究发展中心，国务院直属事业单位。成立于 1949 年 11 月。

1949 年 3 月下旬，中共中央进驻北平，开始酝酿中国科学院的建设，由郭沫若负责。9 月 27 日，中国科学院被列为政务院下设单位，行使管理全国科学研究事业的政府行政职能。10 月 19 日，中央人民政府委员会任命郭沫若为第一任中国科学院院长，陈伯达、李四光、陶孟和、竺可桢为第一任中国科学院副院长。11 月 1 日，中国科学院在北京开始办公，并将 11 月 1 日定为中国科学院成立日。

1949 年 11 月 5 日，中国科学院接收国立北平研究院总办事处及所属的原子学、物理学、化学、植物学、动物学和史学 6 个研究所，以及原中央研究院历史语言研究所在北京的图书史料整理处所。

1950 年 5 月，首批 15 个研究机构及 3 个研究机构筹备处成立。1954 年 3 月，中央确立建设以中国科学院为中心的国家科技体系。1954 年 9 月 21 日，一届全国人大一次会议通过《中华人民共和国国务院组织法》，不再把科学院列为政府部门。

1955 年 6 月，中国科学院学部成立。首批选聘 233 位学部委员。学部是国家在科学技术方面的最高咨询机构，负责对国家科学技术发展规划、计划和重大科学技术决策提供咨询，对国家经济建设和社会发展中的重大科学技术问题提出研究报告，对学科发展战略和中长期目标提出建议，对重要研究领域和研究机构的学术问题进行评议和指导。

1961 年 6 月至 1962 年底，进行大规模精简，撤销除新疆分院外的各省级分院和大批研究所，成立 5 个大区分院和华北办事处。

1968 年至 1972 年，中国科学院大批院属机构被划归国防部门，或下放地方，或撤销。1975 年 7 月至 11 月，胡耀邦等整顿中国科学院。

1977 年 5 月，哲学社会科学部改称中国社会科学院。1977 年 9 月 18 日起，中国科学院不再承担原国家科委的职能。

1978 年 4 月，中国科学院开始大规模收回和新建研究所，重建分院。

1979 年 1 月，中国科学院学部恢复活动。次年 10 月，增补 283 位学部委员。

1984 年 1 月，中央宣布中国科学院实行院长负责制。中国科学院试行博士后制度。8 月 8 日,建立研究所开放日制度,每年在建院周年日(11 月 1 日)前后开放一次,每次开放 3 天左右。

1991 年,中国科学院增选 210 名学部委员,确定了规范化的增选制度。1993 年 10 月,国务院批准"中国科学院学部委员"改称"中国科学院院士"。

1998 年 2 月 4 日,江泽民批示支持中国科学院先行进行国家创新体系试点。7 月 9 日,知识创新工程正式启动。

2010 年 3 月 31 日,国务院决定中国科学院实施"创新 2020"。

2011 年 3 月,中国科学院提出"民主办院、开放兴院、人才强院"发展战略。

2013 年 7 月 17 日,习近平考察中国科学院,提出"四个率先",即率先实现科学技术跨越发展,率先建成国家创新人才高地,率先建成国家高水平科技智库,率先建设国际一流科研机构。

2023 年 7 月 11 日,中国科学院办公厅发布关于中国科学院简称的通知,中国科学院全称和简称均为"中国科学院"。

中国科学院还拥有北京、沈阳、长春、上海、南京、武汉、广州、成都、昆明、西安、兰州、新疆等多个分院。

根据中国科学院官网截至 2022 年 8 月的简介,中国科学院共有 11 个分院、100 多家科研院所、3 所大学(中国科学院大学、中国科学技术大学,与上海市共建上海科技大学)、130 多个国家级重点实验室和工程中心、68 个国家野外观测研究站、20 个国家科技资源共享服务平台,承担 30 余项国家重大科技基础设施的建设与运行,正式职工 6.9 万余人,在学研究生 7.9 万余人。

中国科学院建成了完整的自然科学学科体系,物理、化学、材料科学、数学、环境与生态学、地球科学等学科整体水平已进入世界先进行列,一些领域方向也具备了进入世界第一方阵的良好态势。在解决关系国家全局和长远发展的重大问题上，已成为不可替代的国家战略科技力量。一批科学家在国家重大科技任务中发挥了关键和中坚作用，并作为中国科技界的代表活跃在国际科技前沿。

中国科学院院士从全国最优秀的科学家中选出，每两年增选一次。全体院士大会是学部的最高组织形式，学部主席团是院士大会闭会期间的常设领导机构，由中国科学院院长担任学部主席团执行主席。设有数学物理学部、化学部、生命科学和医学学部、地学部、信息技术科学部、技术科学部6个学部。

据2024年中国科学院官网显示，中国科学院有院士858人，其中数学物理学部160人，化学部134人，生命科学和医学学部154人，地学部144人，信息技术科学部112人，技术科学部154人；外籍院士151人；已故院士702人，已故外籍院士35人。

截至2020年5月，中国科学院院士工作地分布在全国27个省、自治区、直辖市，其中北京市418人，上海市103人，江苏省47人，湖北省25人，陕西省23人，广东省22人，安徽省21人，香港特别行政区20人，辽宁省19人，浙江省18人；以上10个省、自治区、直辖市共有院士716人，占全体院士的87%；院士性别比例，男性占94%，女性占6%；院士平均年龄为73岁。

2021年中国科学院增选院士65人。

2023年中国科学院增选院士59人。

据2019年8月中国科学院官网显示，中国科学院重大科技基础设施运行设施有：北京正负电子对撞机、"科学"号海洋科学综合考察船、X射线自由电子激光试验装置、高能同步辐射光源验证装置、大连相干光源、航空遥感系统、陆地观测卫星数据全国接收站网、兰州重离子研究装置、郭守敬望远镜（LAMOST）、合肥同步辐射装置、全超导托卡马克核聚变实验装置HT-7U（EAST）、遥感飞机、中国遥感卫星地面站、长短波授时系统、神光Ⅱ高功率激光物理实验装置、中国西南野生生物种质资源库、上海光源线站工程、中国散裂中子源、稳态强磁场实验装置、上海光源、大亚湾反应堆中微子实验、武汉国家生物安全实验室、国家蛋白质科学研究（上海）设施、"实验1"科学考察船、东半球空间环境地基综合监测子午链（子午工程）、500米口径球面射电望远镜等。此后又陆续建立一系列重要设施。

多年来，中国科学院取得了一系列开创性成果。从"两弹一星"到载人航天和探月工程以及载人深潜、深渊科考关键核心科技问题的攻克，为国家安全和战略科技任务作出了重大贡献。从成功研制第一台计算机、曙光超级计算机、龙芯系列通用芯片，到单精度千万亿次超级计算系统、寒武纪人工智能处理器，在中国计算机技术自主创新中发挥了骨干作用。从发出中国第一个电子邮件，到建立中国互联网信息中心、中国网通与无线传感试验网，成为网络科技和网络产业的开拓者。从顺丁橡胶工业生产新技术，到煤制乙二醇技术、甲醇制烯烃技术、煤合成油技术、煤制烯烃技术及工业化应用，不断开辟我国化学工业的新方向和生长点。从陆相成油理论，到海相成油的探索，为我国摘掉贫油帽子、大规模开发油气田提供了科学理论支持。从自主研制的氯霉素、青霉素，到原创的青蒿素合成、丹参多酚酸盐、盐酸安妥沙星，在我国药物自主创新方面走在了前列。从开创中国海洋养殖业，到黄淮海中低产田改造，到生物育种，引领了我国高新农业科技的发展。从在世界上首次完成人工合成牛胰岛素，到首次证明诱导多能干细胞、人类基因测序、首次实现体细胞克隆猴，在生命科学领域取得了重要原创成果。从开创数学机械化证明、有限元方法，到多元复变函数论、辛几何、哥德巴赫猜想研究方面登上世界数学的高峰，奠定了数学研究国家科学中心的地位。从北京正负电子对撞机，到建成上海光源、"中国天眼"FAST 等一批大科学装置，打造了多学科创新的重要平台。从铁基超导纪录刷新，到中微子振荡模式、量子通信、量子反常霍尔效应、三重简并费米子的研究，在物理学领域不断实现新的突破。从暗物质卫星"悟空"发射成功，到我国首颗 X 射线天文卫星"慧眼"遨游太空，推动我国空间科学研究走向世界前沿。

中国科学院汇聚和造就出一大批为新中国科技事业作出重大贡献的科学家、国家最高科技奖获得者、新中国主要学科的奠基人和开拓者。

五、中国工程院

中国工程院，是中国工程技术界最高荣誉性、咨询性学术机构，国务院直属事业单位。1994 年 6 月 3 日在北京成立。

1954 年 1 月，中国科学院技术科学部启动，1955 年 6 月正式成立。

1981 年夏，中国科学院技术科学部在长春召开学部大会，提出了关于成立"中国工程与技术科学院"的问题，当即责成学部常委中的张光斗、吴仲华、罗沛霖和师昌绪对其成立的必要性和初步方案进行讨论。

1992 年春，6 位学部委员张光斗、王大珩、师昌绪、张维、侯祥麟、罗沛霖再一次提出《关于早日建立中国工程与技术科学院的建议》。江泽民于 5 月 11 日批给温家宝："此事已提过不少次，看来要与各方面交换意见研究决策"。温家宝于次日批示："可否请中科院牵头商讨有关方面提出意见"。

1994 年 2 月 25 日，国务院批转《国家科委、中国科学院关于建立中国工程院请示的通知》，正式批准成立中国工程院。组建工作正式开始。

1994 年 6 月 3 日，中国工程院在北京成立。党和国家领导人出席成立大会。江泽民在讲话中指出："中国在现代化建设中取得的一切成就，都离不开工程科技的巨大支撑。尊重工程师的创造性劳动，培养大批工程技术人才，是推进经济建设和社会发展的必然要求。这就是中国成立中国工程院的原因所在。"

中国工程院由院士大会、主席团、院领导、7 个专门委员会、9 个学部及内设机构等组成。中国工程院设立院士制度。院士是国家设立的工程技术方面的最高学术称号，每两年增选一次。1995 年，《中国工程院章程》正式通过。1996 年，中国科学院和中国工程院决定，今后两院院士大会同时同地联合举行，时间定在每逢双年 6 月的第一个星期。

中国工程院的主要任务是促进全国工程科学技术界的团结与合作，推动中国工程科学技术水平的不断提高，加强工程科学技术队伍和优秀人才的建设与培养，为国民经济的持续发展服务。

中国工程院按照"服务决策、适度超前"的原则，以服务党和政府决策为宗旨，以工程科技战略咨询为主攻方向，统筹协调科技服务、学术引领、人才培养，坚持高起点推进、高水平建设，着力建设"创新引领、国家倚重、社会信任、国际知名"的高水平科技创新智库，以科学咨询支撑科学决策，以科学决策引领科学发展。

中国工程院积极组织研究、讨论工程技术领域的重大、关键性问题；对国家重大工程科学技术问题组织开展战略性研究，提供决策咨询，接受政府和有关方面委托，对重大工程技术发展规划、方案及其实施提供咨询；促进全国工程技术界的团结与合作，推动我国工程科学技术水平不断提高和工程科学技术队伍建设，激励优秀人才成长；

组织开展工程技术领域的学术交流与合作，代表中国工程技术界，参加相应的国际组织和有关国际学术活动；弘扬科学精神，传播科学思想，倡导先进科学文化，维护科学道德尊严，普及科学技术知识，取得了显著的成就。

据 2024 年 6 月中国工程院官网显示，中国工程院共有院士 961 人，其中机械与运载工程学部 134 人，信息与电子工程学部 139 人，化工、冶金与材料工程学部 117 人，能源与矿业工程学部 126 人，土木、水利与建筑工程学部 107 人，环境与轻纺工程学部 74 人，农业学部 91 人，医药卫生学部 133 人，工程管理学部 67 人（其中跨学部院士 27 人）；此外还有外籍院士 124 人。已故院士 337 人，已故外籍院士 22 人。全体院士中，资深院士 413 人。2021 年增选院士 84 人。2023 年增选院士 74 人。

六、中国社会科学院

中国社会科学院，是中共中央直接领导、国务院直属的中国哲学社会科学研究的最高学术机构和综合研究中心，其前身是 1955 年成立的中国科学院哲学社会科学部。

1949 年 11 月 1 日，中国科学院成立，是一个集自然科学和人文社会科学于一身的综合性研究机构。中国科学院接收了多个 1949 年之前建立的人文社会科学研究机构，也先后新建了若干研究所。

1954 年 1 月 28 日，周恩来主持政务院第 204 次政务会议，决定建立中国科学院学部和实行学部委员制度。1956 年，国家在制定 12 年科学技术发展远景规划的同时，也制定了《哲学社会科学规划草案（1956—1967）》，推动了院属哲学社会科学研究机构的发展。到"文化大革命"之前，哲学社会科学部有 14 个研究机构，包括哲学所、经济所、世界经济所、文学所、外国文学所、语言所、历史所、近代史所、世界历史所、考古所、民族所、法学所、世界宗教所和情报所。

20世纪60年代初，哲学社会学部逐步从中国科学院分离出来。1960年，哲学社会科学部划归中宣部直接领导。1961年以后，该学部所属研究所不再列入中国科学院院属机构。但哲学社会科学部及其所属单位仍与中国科学院有着种种联系。

1967年1月，各自然科学类学部被迫停止活动。哲学社会科学部亦遭严重破坏。1969年以后，绝大部分人员下放农村参加劳动。1972年，由于周恩来的过问，院部才回到北京，逐步恢复工作，学部由国务院科教组代管。其隶属关系后多有变动。

1975年9月，国务院公布《国务院关于哲学社会科学若干事项的通知》，规定中国科学院哲学社会科学部"直接受国务院指导，其地位同于科学院，相当于部委一级单位"。10月4日，胡耀邦被邓小平提名任命为中国科学院"党的核心领导小组"第一副组长后，在牵头制定中国科学院整顿规划时，也开始为建立单独的中国社会科学院制定规划。

1977年4月5日，中国科学院哲学社会科学部向中央递交《关于哲学社会科学学部改变名称的请示报告》。5月7日，中共中央批准了该报告，决定将中国科学院哲学社会科学部改名为"中国社会科学院"，地位与中国科学院等同，相当于部委一级。学部时期的14个研究所全部划归过去。至此，哲学社会科学部正式从中国科学院独立出去。11月24日，国务院颁发的"中国社会科学院"印章正式启用。随后，中央任命胡乔木出任中国社会科学院第一任院长兼党组书记。

2006年8月3日，中国社会科学院学部成立，作为院务会议领导下的学术指导、学术咨询和科研协调机构。与中国科学院、中国工程院不同，其学部是中国社会科学院内部的一个学术机构，并不从中国社会科学院外部遴选人选，因而也并不代表全国社会科学研究的最高水平。

2011年3月，中国社会科学院正式启动"哲学社会科学创新工程"。2015年1月，中共中央办公厅、国务院办公厅印发《关于加强中国特色新型智库建设的意见》，提出，"发挥中国社会科学院作为国家级综合性高端智库的优势，使其成为具有国际影响力的世界知名智库"。

2017年12月，中国社会科学院习近平新时代中国特色社会主义思想研究中心（院）成立。

根据2022年《中国社会科学院职能配置、内设机构和人员编制规定》，现在中国社会科学院的职能定位是：马克思主义的理论阵地、为党中央和国家决策服务的思想库、中国哲学社会科学研究的最高学术机构和全国哲学社会科学综合研究中心。

根据2024年中国社会科学院官网介绍的概况，中国社会科学院现有研究所31个，研究中心45个，含二三级学科近300个，其中重点学科120个。全院总人数4200多人，科研业务人员3200多人，其中高级专业人员1676名。另外，还代管中国地方志指导小组办公室。

建院以来，全院共出版学术著作4293本，科学论文54517篇，调查报告、研究报告7268份，翻译著作2787本，翻译论文16108篇，以及相当数量的古籍整理、校勘、注释、各种工具书和普及读物。年平均出版学术著作300本、科学论文3890多种、研究报告510篇。《中国社会科学》《历史研究》《考古》《哲学研究》《经济研究》《法学研究》《文学评论》《世界经济》等82种学术刊物，比较集中地反映了中国社会科学研究的最新成果和学术信息。

七、建设创新型国家

建设创新型国家，是党和国家在实施科教兴国战略过程中进一步提出的战略目标，是提高综合国力的关键，是事关社会主义现代化建设全局的重大战略抉择。

20 世纪中期以来，世界上一些国家把科技创新作为基本战略，大幅度提高科技创新能力，形成日益强大的竞争优势，国际社会经常把这一类国家称为创新型国家。目前世界上公认的创新型国家有 20 个左右，包括美国、日本、芬兰、韩国等。

改革开放以来，中国社会主义现代化建设取得了举世瞩目的伟大成就，但科技创新能力不足日益制约着我国经济社会的发展，同时还面临着来自发达国家在科技方面占有优势的巨大压力。

为了抓住机遇、迎接挑战，中国比以往任何时候都更加需要紧紧依靠科技进步和创新，带动生产力质的飞跃，推动经济社会全面、协调、可持续发展。建设创新型国家成了我国有效应对未来国际竞争的重大战略选择。

1995 年 5 月，江泽民在全国科学技术大会上指出，创新是一个民族进步的灵魂，是一个国家兴旺发达的不竭动力。

2005 年 10 月，十六届五中全会提出，要把增强自主创新能力作为国家战略，致力于建设创新型国家。随后国务院发布《国家中长期科学和技术发展规划纲要（2006—2020 年）》，以增强自主创新能力为主线，以建设创新型国家为奋斗目标，对我国未来 15 年科学和技术发展作出全面规划和部署。

十七大提出，要坚持走中国特色自主创新道路，把增强自主创新能力贯彻到现代化建设各个方面。

十八大提出，到 2020 年中国进入创新型国家行列。

2014 年 6 月 9 日，在中国科学院第十七次院士大会、中国工程院第十二次院士大会上，习近平强调，要实施创新驱动发展战略，坚定不移走中国特色自主创新道路，坚持自主创新、重点跨越、支撑发展、引领未来的方针，加快创新型国家建设步伐。

2015 年 3 月 13 日，中共中央、国务院印发《关于深化体制机制改革加快实施创新驱动发展战略的若干意见》。2016 年 1 月 18 日，中共中央、国务院印发《国家创新驱动发展战略纲要》。

按照《国家创新驱动发展战略纲要》，中国将分三步走建成创新型国家。

第一步，到 2020 年进入创新型国家行列，基本建成中国特色国家创新体系，有力支撑全面建成小康社会目标的实现。

——创新型经济格局初步形成。若干重点产业进入全球价值链中高端，成长起一批具有国际竞争力的创新型企业和产业集群。科技进步贡献率提高到 60% 以上，知识密集型服务业增加值占国内生产总值的 20%。

——自主创新能力大幅提升。形成面向未来发展、迎接科技革命、促进产业变革的创新布局，突破制约经济社会发展和国家安全的一系列重大瓶颈问题，初步扭转关键核心技术长期受制于人的被动局面，在若干战略必争领域形成独特优势，为国家繁荣发展提供战略储备、拓展战略空间。研究与试验发展（R&D）经费支出占国内生产总值比重达到 2.5%。

——创新体系协同高效。科技与经济融合更加顺畅，创新主体充满活力，创新链条有机衔接，创新治理更加科学，创新效率大幅提高。

——创新环境更加优化。激励创新的政策法规更加健全，知识产权保护更加严格，形成崇尚创新创业、勇于创新创业、激励创新创业的价值导向和文化氛围。

第二步，到 2030 年跻身创新型国家前列，发展驱动力实现根本转换，经济社会发展水平和国际竞争力大幅提升，为建成经济强国和共同富裕社会奠定坚实基础。

——主要产业进入全球价值链中高端。不断创造新技术和新产品、新模式和新业态、新需求和新市场，实现更可持续的发展、更高质量的就业、更高水平的收入、更高品质的生活。

——总体上扭转科技创新以跟踪为主的局面。在若干战略领域由并行走向领跑，形成引领全球学术发展的中国学派，产出对世界科技发展和人类文明进步有重要影响的原创成果。攻克制约国防科技的主要瓶颈问题。研究与试验发展（R&D）经费支出占国内生产总值比重达到 2.8%。

——国家创新体系更加完备。实现科技与经济深度融合、相互促进。

——创新文化氛围浓厚，法治保障有力，全社会形成创新活力竞相迸发、创新源泉不断涌流的生动局面。

第三步，到 2050 年建成世界科技创新强国，成为世界主要科学中心和创新高地，为我国建成富强民主文明和谐的社会主义现代化国家、实现中华民族伟大复兴的中国梦提供强大支撑。

——科技和人才成为国力强盛最重要的战略资源，创新成为政策制定和制度安排的核心因素。

——劳动生产率、社会生产力提高主要依靠科技进步和全面创新，经济发展质量高、能源资源消耗低、产业核心竞争力强。国防科技达到世界领先水平。

——拥有一批世界一流的科研机构、研究型大学和创新型企业，涌现出一批重大原创性科学成果和国际顶尖水平的科学大师，成为全球高端人才创新创业的重要聚集地。

——创新的制度环境、市场环境和文化环境更加优化，尊重知识、崇尚创新、保护产权、包容多元成为全社会的共同理念和价值导向。

建设创新型国家，要紧紧围绕经济竞争力提升的核心关键、社会发展的紧迫需求、国家安全的重大挑战，采取差异化策略和非对称路径，强化重点领域和关键环节的任务部署。推送产业技术体系创新，创造发展新优势；强化原始创新，增强源头供给；优化区域创新布局，打造区域经济增长极；深化军民融合，促进创新互动；壮大创新主体，引领创新发展；实施重大科技项目和工程，实现重点跨越；建设高水平人才队伍，筑牢创新根基；推动创新创业，激发全社会创造活力。

十九大要求加快建设创新型国家，加强国家创新体系建设，突出关键共性技术、前沿引领技术、现代工程技术、颠覆性技术创新，为建设科技强国、质量强国、航天强国、网络强国、交通强国、数字中国、智慧社会提供有力支撑。

二十大认为，我国已进入创新型国家行列，2035 年要"实现高水平科技自立自强，进入创新型国家前列"。为此要完善科技创新体系，加快实施创新驱动发展战略。

八、国家科学技术奖

为奖励在科技进步活动中作出突出贡献的公民、组织，党和国家设立了 5 项国家科学技术奖：国家最高科学技术奖、国家自然科学奖、国家技术发明奖、国家科学技术进步奖和中华人民共和国国际科学技术合作奖。

1950 年至 1966 年，国家先后发布了《中华人民共和国发明奖励条例》等文件，初步创建起国家科技奖励制度，对推动科技发展和进步发挥了积极作用。

1978 年开始，国家对科技奖励制度进行了改革和完善。1984 年颁布的《中华人民共和国科学技术进步奖励条例》，成为我国第一个全面的科技奖励条例。1993 年的《中华人民共和国科学技术进步法》，进一步奠定了科技奖励制度的法律地位。

1999 年，国家对科技奖励制度再次进行较大改革，取消了部门设奖，调整奖项设置，2000 年增设了国家最高科学技术奖。

2003 年 12 月 20 日，新的《国家科学技术奖励条例》对奖项再次调整，在国家自然科学奖、技术发明奖、科技进步奖中增设了特等奖。加大对在科学技术领域作出特别重大科学发现或者技术发明，具有特别重大意义的科学技术项目的奖励力度，赋予他们更高的荣誉。

2005 年起，为适应科技发展战略和市场经济体制的不断完善，对国家科技奖励制度及其评审体系进行了改革和完善，建立科技网络推荐系统，引入海外专家直接参与网络评审，调整自然科学奖励方向，以项目奖励和人物奖励并重，加大表彰工人、农民的技术革新成果，并正式将科普工作纳入国家科技进步的奖励范围。成立科技奖励监督委员会，保证国家科技奖励的公正性。

现有的 5 个奖项是：

（一）国家最高科学技术奖

授予在当代科学技术前沿取得重大突破或者在科学技术发展中有卓越建树，在科学技术创新、科学技术成果转化和高技术产业化中创造巨大经济效益或者社会效益的科学技术工作者。国家最高科学技术奖每年授予人数不超过 2 名。该奖项 2000 年设立。

（二）国家自然科学奖

奖励在数学、物理、化学、天文学、地球科学、生命科学等基础研究和信息、材料、工程技术等领域的应用基础研究中，阐明自然现象、特征和规律、做出重大科学发现的中国公民。国家自然科学奖不授予组织。

（三）国家技术发明奖

授予运用科学技术知识做出产品、工艺、材料及其系统等重大技术发明的中国公民。国家技术发明奖不授予组织。

（四）国家科学技术进步奖

授予在技术研究、技术开发、技术创新、推广应用先进科学技术成果、促进高新技术产业化，以及完成重大科学技术工程、计划等过程中作出创造性贡献的中国公民和组织。

（五）中华人民共和国国际科学技术合作奖

授予对中国科学事业作出重要贡献的个人或组织。中华人民共和国国际科学技术合作奖由国务院颁发证书；奖项不分等级。

这些奖项每年评审一次。其中，国家最高科学技术奖报请国家主席签署并颁发证书和奖金，中华人民共和国国际科学技术合作奖由国务院颁发证书，这两个奖项不分等级。其他 3 个奖项由国务院颁发证书和奖金，分为一、二等奖两个等级；对作出特别重大科学发现或者技术发明的公民，对完成具有特别重大意义的科学技术工程、计划、项目等作出突出贡献的公民、组织，可以授予特等奖。

国家最高科学技术奖历届获得者为：

2000 年：吴文俊（1919 年 5 月 12 日—2017 年 5 月 7 日，数学家）、袁隆平（1930 年 9 月 7 日—2021 年 5 月 22 日，杂交水稻之父）；

2001 年：王选（1937 年 2 月 5 日—2006 年 2 月 13 日，汉字激

光照排系统创始人）、黄昆（1919 年 9 月 2 日—2005 年 7 月 6 日，物理学家）；

2002 年：金怡濂（1929 年 9 月 5 日—　，高性能计算机专家）；

2003 年：刘东生（1917 年 11 月 24 日—2008 年 3 月 6 日，地球环境科学家）、王永志（1932 年 11 月 17 日—2024 年 6 月 11 日，航天技术专家）；

2004 年：［空缺］

2005 年：叶笃正（1916 年 2 月 21 日—2013 年 10 月 16 日，气象学家）、吴孟超（1922 年 8 月 31 日—2021 年 5 月 22 日，肝胆外科专家）；

2006 年：李振声（1931 年 2 月 25 日—　，小麦遗传育种学家、小麦远缘杂交育种奠基人）；

2007 年：闵恩泽（1924 年 2 月 8 日—2016 年 3 月 7 日，石油化工催化剂专家）、吴征镒（1916 年 6 月 13 日—2013 年 6 月 20 日，植物学家）；

2008 年：王忠诚（1925 年 12 月 20 日—2012 年 9 月 30 日，神经外科专家、中国神经外科事业的开拓者）、徐光宪（1920 年 11 月 7 日—2015 年 4 月 28 日，化学家、教育家）；

2009 年：谷超豪（1926 年 5 月 15 日—2012 年 6 月 24 日，数学家）、孙家栋（1929 年 4 月 8 日—　，运载火箭与卫星技术专家）；

2010 年：师昌绪（1920 年 11 月 15 日—2014 年 11 月 10 日，金属学及材料科学家）、王振义（1924 年 11 月 30 日—　，内科血液学专家）；

2011 年：谢家麟（1920 年 8 月 8 日—2016 年 2 月 20 日，加速器物理及技术专家）、吴良镛（1922 年 5 月 7 日—　，建筑及城市规划学家）；

2012 年：郑哲敏（1924 年 10 月 2 日—2021 年 8 月 25 日，力学家、爆炸力学专家）、王小谟（1938 年 11 月 11 日—2023 年 3 月 6 日，雷达工程专家）；

2013 年：张存浩（1928 年 2 月 23 日—　，物理化学家、第三世界科学院院士）、程开甲（1918 年 8 月 3 日—2018 年 11 月 17 日，核武器技术专家、"两弹一星"元勋）；

2014 年：于敏（1926 年 8 月 16 日—2019 年 1 月 16 日，核物理学家、"中国的氢弹之父"）；

2015 年：［空缺］

2016 年：赵忠贤（1941 年 1 月 30 日—　，超导物理学家）、屠呦呦（1930 年 12 月 30 日—　，中药学家、2015 年诺贝尔生理学或医学奖得主）；

2017 年：王泽山（1935 年 10 月 10 日—　，火炸药专家）、侯云德（1929 年 7 月 13 日—　，现代传染病防控技术体系的主要奠基人）。

2018 年度国家科学技术奖共评选出 278 个项目和 7 名科技专家。其中，国家自然科学奖 38 项，一等奖 1 项，二等奖 37 项；国家技术发明奖 67 项，一等奖 4 项，二等奖 63 项；国家科学技术进步奖 173 项，特等奖 2 项，一等奖 23 项（含创新团队 3 项），二等奖 148 项。5 名外籍科学家获得中华人民共和国国际科学技术合作奖。分量最重的国家最高科学技术奖分别颁给了哈尔滨工业大学刘永坦院士和中国人民解放军陆军工程大学钱七虎院士。

2018 年度国家科学技术奖奖金标准也进行了调整。其中，国家最高科学技术奖奖金额度由设立之初的 500 万元 / 人调整为 800 万元 / 人，奖金分配结构调整，全部由获奖者个人支配，国家科学技术奖三大奖奖金额度也同步提高 50%。

十九大至二十大期间，中共中央、国务院共举行了4次国家科学技术奖励大会。王泽山、侯云德、刘永坦、钱七虎、黄旭华、曾庆存、顾诵芬、王大中先后获国家最高科学技术奖。

2023年度国家科学技术奖共评选出250个项目和12名科技专家，李德仁、薛其坤获国家最高科学技术奖。

九、文化

文化，是非常重要的人类现象，也是一个非常复杂的概念，各种定义五花八门。最早的"文化"，是指与"武力"相对的教化，故有"人文化成"的意思。到当代，广义上，指人类改造客观世界和主观世界的活动及其成果的总和，这是"大文化"，包括物质文化和精神文化两大类。

物质文化，是通过物质活动及其成果来体现的人类文化，如石器文化、青铜文化等。精神文化，则是通过人的精神活动及其成果来体现的人类文化。通常所称的"文化"，大致是指这种精神文化，相当于"中文化"。

但这种"中文化"的内部也很复杂，大致可分为六种：一是语言文字文化；二是社会习俗文化；三是文学艺术文化；四是思想道德文化；五是科学理性文化；六是制度规范文化。

通常所说的"学文化"，首先是学语言文字文化。而文化部门所抓的文化工作，主要是文学艺术文化。文物部门所抓的，又主要是历史遗存的物质文化和非物质文化。

文化作为人类改造世界的活动及其成果，始终伴随着人类的活动而生成、发展。中华民族有悠久的历史文化传统，在当代中国，又进一步融汇形成了中国特色社会主义文化。中国特色社会主义文化，源自于中华民族 5000 多年文明历史所孕育的中华优秀传统文化，熔铸于党领导人民在革命、建设、改革中创造的革命文化和社会主义先进文化，植根于中国特色社会主义伟大实践。

文化是国家本体不可缺少的组成部分，规范和指导着国家的发展方向，渗透和作用于国家的物质基础，是推动国家发展的强大精神力量，是一个国家强盛和发展的软实力。

所以，中华人民共和国成立以来，始终高度重视文化的建设和发展。虽然由于"左"的错误，特别是"文化大革命"，对文化发展也造成了很大的破坏。但总体上来说，新中国的文化建设还是取得了很大的成就。

改革开放以来，党和国家更加重视文化建设，把文化建设作为中国特色社会主义的一项重要内容不断加以推进，一直要求"弘扬民族优秀传统文化，繁荣和发展社会主义文化"。

1997 年的十五大界定，建设中国特色社会主义文化，就是以马克思主义为指导，以培育有理想、有道德、有文化、有纪律的公民为目标，发展面向现代化、面向世界、面向未来的，民族的科学的大众的社会主义文化。

2007 年的十七大，第一次使用了"软实力"的概念，明确提出"提高国家文化软实力"。

2012 年的十八大，明确提出"建设社会主义文化强国"的战略目标。

十八大以来，以习近平同志为核心的党中央站在民族复兴的高度，把文化建设摆在更加突出的位置上，先后出台了《关于繁荣发展社会主义文艺的意见》《关于培育和践行社会主义核心价值观的意见》《关于实施中华优秀传统文化传承发展工程的意见》《关于加快构建中国特色哲学社会科学的意见》等一系列文件。

2017 年的十九大，在原有的中国特色社会主义道路、理论体系和制度外，又加上了中国特色社会主义文化，并要求坚持包括文化自信在内的"四个自信"，强调文化自信是一个国家、一个民族发展中更基本、更深沉、更持久的力量。要求全党全国坚持马克思主义，牢固树立共产主义远大理想和中国特色社会主义共同理想，培育和践行社会主义核心价值观，不断增强意识形态领域主导权和话语权，推动中华优秀传统文化创造性转化、创新性发展，继承革命文化，发展社会主义先进文化，不忘本来、吸收外来、面向未来，更好构筑中国精神、中国价值、中国力量，为人民提供精神指引。

在庆祝中国共产党成立 100 周年大会上，习近平要求，在新的征程上，我们必须"坚持把马克思主义基本原理同中国具体实际相结合、同中华优秀传统文化相结合，用马克思主义观察时代、把握时代、引领时代，继续发展当代中国马克思主义、21 世纪马克思主义"。二十大把文化提升到党的指导思想的高度，强调要把马克思主义基本原理同中华优秀传统文化相结合。随后，习近平明确提出了建设中华民族现代文明的要求。

十、中华优秀传统文化

中华文化源远流长、博大精深，是中华民族生存发展的历史之源、历史之根。中华民族传统文化中包含着丰富的内容：独特的语言文字构建了系统完整的文明体系，久远的农耕文化奠定了中华民族生存发展的基础，严密的治理结构维护了数千年国家的统一完整，深邃的儒释道思想提供了维系社会的价值观念，华美的诗词歌赋陶冶了中华子民的心智素质，以四大文明为代表的科技成果对中国和世界产生了深远的影响。

当代中国的文化，已经融合了中华传统文化、革命文化、社会主义文化，以及新时期以来的改革创新文化，成为新型的中国文化和中华文明。

中国地域辽阔，人口众多。不仅拥有 56 个民族，而且拥有丰富多彩的地域文化。在长期的历史发展过程中，各民族、各地域、各方面的文化交流融合，才逐步形成了博大精深的中国文化和中华文明。到当代，中华文化不仅包括大陆的主流文化，而且理所当然地包括港澳台同胞传承和创造的文化，同时，还应该包括广大海外侨胞传承和创造的文化。因此，习近平使用的"中华民族优秀传统文化"，是比"中国优秀传统文化"更为宽广的一个概念。

中华民族 5000 多年的历史，留下了丰富的文明成果。比如古代诗文，就是其中非常重要的一个方面。五彩斑斓的历史画面、深邃高超的治国理念、惊心动魄的沙场搏击、催人泪下的绵绵情意，都往往能融汇和凝聚在短短几十字、几百字的诗文中。读起这些诗文，不仅其朗朗上口的平仄音韵，犹如弹奏一首首抑扬顿挫的美妙音乐，演绎着风声、雨声、琴声、鼓号声的千年交响；而且其深深蕴藏的生动意境，更如铺展一幅幅气势宏伟的巨幅画卷，浮现着躬读、农耕、戍边、治国理政的历史进程。诗中有画，画中有诗。诗以言志，文以载道。阅读这类诗文，就仿佛走进艺术的殿堂和历史的隧道，与自然融为了一体，与历史融为了一体，与人类高尚的文明融为了一体。

中华传统文化中也有很多糟粕，随着近代以来的一次次社会变革，这些糟粕中的大多数相继被淘汰。时代演进到今天，我们对残存的封建糟粕和愚昧思想仍须继续加以清除，对各种逆文明和反智主义思潮的卷土重来仍须保持高度的警惕，但总体上，中华优秀传统文化的光芒穿过千年隧道仍然熠熠生辉。我们对中华优秀传统文化必须倍加珍惜，精心呵护。在某种意义上，中华优秀传统文化就是中华文明进一步发展进步的"干细胞",是中华民族现代文明的基因和资源,既可以在新时代生长出中华民族现代文明的多种细胞和元素,也可以对现代化进程中的某些偏差进行修补和纠偏。

二十大报告一共使用了 58 次"文化"一词。用一个专门的部分论述文化建设问题。特别是对传统文化给予了前所未有的高度肯定,强调指出:"中华优秀传统文化源远流长、博大精深,是中华文明的智慧结晶,其中蕴含的天下为公、民为邦本、为政以德、革故鼎新、任人唯贤、天人合一、自强不息、厚德载物、讲信修睦、亲仁善邻等,是中国人民在长期生产生活中积累的宇宙观、天下观、社会观、道德观的重要体现,同科学社会主义价值观主张具有高度契合性。"[1]在党代会的报告中专门列举中华文化中这么多精髓思想和观点,这是过去从来没有过的。

中国共产党成立 100 多年来,始终不懈地思考和探索如何把马克思主义与中国实际相结合的问题。1938 年扩大的六届六中全会号召全党学习和研究马克思主义,研究中华民族的历史和中国革命的实际,把马列主义与中国革命实际相结合,使马列主义中国化。

1943 年 5 月,《中国共产党中央委员会关于共产国际执委主席团提议解散共产国际的决定》指出:"中国共产党人是马克思列宁主义者。因为马克思列宁主义是科学,而科学是没有国界的。中国共产党人必将继续根据自己的国情,灵活地运用和发挥马克思列宁主义,以服务于我民族的抗战建国事业。中国共产党人是我们民族一切文化、思想、道德的最优秀传统的继承者,把这一切优秀的传统看成和自己血肉相连的东西,而且将继续加以发扬光大。中国共产党近年来所进行的反主观主义、反宗派主义、反党八股的整风运动就是要使得马克思列宁主义这一革命科学更进一步地和中国革命实践、中国历史、中

---

[1] 《习近平著作选读》第一卷,人民出版社 2023 年版,第 15 页。

国文化深相结合起来。"

这段话中明确提出了马克思主义与中国文化相结合的问题，并明确宣布："中国共产党人是我们民族一切文化、思想、道德的最优秀传统的继承者，把这一切优秀的传统看成和自己血肉相连的东西，而且将继续加以发扬光大。"

二十大在长期坚持的"把马克思主义基本原理同中国具体实际相结合"的基础上，提出了"第二个结合"，即"同中华优秀传统文化相结合"。强调指出："坚持和发展马克思主义，必须同中华优秀传统文化相结合。只有植根本国、本民族历史文化沃土，马克思主义真理之树才能根深叶茂。"[①]

这"第二个结合"必将使党的理论与中华民族 5000 多年辉煌灿烂的文明史更紧密地结合起来，获得更加充沛的思想文化资源。建设中国式现代化，必须充分发挥优秀传统文化在建设中国式现代化中的重要作用。

近年来，中共中央、国务院及有关部门发布了一系列保护、挖掘和利用各方面传统文化的文件。《关于实施中华优秀传统文化传承发展工程的意见》首次以中央文件的形式推动延续中华文脉、传承中华文化基因；《关于支持戏曲传承发展的若干政策》《关于加强文物保护利用改革的若干意见》《关于在城乡建设中加强历史文化保护传承的意见》，"长城、大运河、长征、黄河、长江国家文化公园建设方案"等相继出台。"传承中华优秀传统文化"被写入"十四五"规划纲要和二十大报告，使中华优秀传统文化的传承有了新的抓手、发展有了更宽路径。

---

① 《习近平著作选读》第一卷，人民出版社 2023 年版，第 15 页。

十一、建设中华民族现代文明

中华文明源远流长，至少经历了 5000 年的发展历史。按现在的考古发现，还可以追溯到七八千年甚至 1 万年以前。从大禹治水的历史传说，到春秋战国的百家争鸣；从"天下"一统的车书同制，到历经千年的郡县架构；从孔孟代表的儒家学说，到卷帙浩繁的二十四史；从精妙绝伦的唐诗宋词，到流光溢彩的中国建筑；从影响世界的四大发明，到天人合一的思想理念；从开眼求知的国门初启，到革故鼎新的革命洗礼；从追赶潮流的现代梦想，到改革开放的关键一招；从绝对贫困的挥手告别，到百年目标的持续进军……中华民族历史上一个个这样的节点和成就，连接起了中华文明漫长的历史画卷。

中华文明是一个永远"在路上"的过程。长达 5000 多年的历史，屈指计算，已足够长远，但用天文学的眼光来看，不过是白驹过隙。时间的长短，能说明很多问题，但并不是判断一种文明长短优劣的根本标准。其关键在于它是不是具有内在的强大活力，是不是始终走在时代的前列，是不是代表人民的根本利益。漫长的历史，说明其具有顽强的韧性，但也可能隐含着长久的保守和停滞。旧事物的过于成熟，或许更利于守旧而不利于创新。中国共产党从来认为，中华文明既有精华，也有糟粕。当年，马克思、恩格斯高度评价了中国文明对于世界历史的贡献，但也尖锐批评了当时中国与世隔绝的落后状态，称中国是"世界上最古老最巩固的帝国"，是"活的化石"，甚至是"最反动最保守的堡垒"。正是在这种科学和辩证解析中华文明的基础上，马克思、恩格斯才对未来中国寄予热切的期望。

历史在前进。中华文明也在前进。

改革开放以来，中国共产党不断深化对文明问题的认识，提出了把我国建成富强民主文明和谐美丽的社会主义现代化强国的目标，并逐步提出了物质文明、政治文明、精神文明、社会文明、生态文明建设的要求，推动中国文明不断丰富和发展。

十八大以来，党和国家不断从文明新形态的高度，解读中国制度，讲述中国故事，传播中国声音，提供中国方案。

十九大提出，到 2035 年时，我国物质文明、政治文明、精神文明、社会文明、生态文明将全面提升，中华民族将以更加昂扬的姿态屹立于世界民族之林。同时，在国际上，要求尊重世界文明多样性，以文明交流超越文明隔阂、文明互鉴超越文明冲突、文明共存超越文明优越。

十九届六中全会通过的《中共中央关于党的百年奋斗重大成就和历史经验的决议》明确宣布："党领导人民成功走出中国式现代化道路，创造了人类文明新形态，拓展了发展中国家走向现代化的途径，给世界上那些既希望加快发展又希望保持自身独立性的国家和民族提供了全新选择。"

二十大明确使用了"人类文明新形态"的重要概念，提出要"不断丰富和发展人类文明新形态"，强调"中国式现代化的本质要求"之一，就是"创造人类文明新形态"。

二十大之后，习近平明确提出"建设中华民族现代文明"的号召和要求，从文明发展的高度指出了中华民族发展进步的方向，进一步激发了全国各族人民向着现代文明的目标奋力前行的热情和动力。

当代中国的文化，已经融合了中华传统文化、革命文化、社会主义文化，以及新时期以来的改革创新文化，成为新型的中国文化和中华文明。中国特色社会主义各项事业的发展，书写了中华文明的新篇章。但这样的篇章没有结束，而是要继续写下去。

所以，2023 年 6 月 2 日习近平在出席文化传承发展座谈会时，强调要"在新的历史起点上继续推动文化繁荣、建设文化强国、建设中华民族现代文明"，要秉持开放包容，"坚持马克思主义中国化时代化，传承发展中华优秀传统文化，促进外来文化本土化，不断培育和创造新时代中国特色社会主义文化"。6月7日，习近平致信首届文化强国建设高峰论坛，强调要更好担负起新的文化使命，坚定文化自信，秉持开放包容，坚持守正创新，激发全民族文化创新创造活力，在新的历史起点上继续推动文化繁荣、建设文化强国、建设中华民族现代文明，不断促进人类文明交流互鉴，为强国建设、民族复兴注入强大精神力量。

现代化与文明密不可分。无论中国式现代化，还是中国特色社会主义，说到底都是一种文明发展的进程。这种文明新形态的内容，包含物质、政治、精神、社会、生态五大文明的发展和成果，其本质，是中华文明在新的历史条件下的发展进步。

建设中华民族现代文明，就是要在以中国式现代化全面推进中华民族伟大复兴过程中，以更大的力度、更大的规模、更高的标准，推动中华文明获得新的发展，在集5000多年中华文明大成基础上，发展成为一种新型的中华民族现代文明。

建设中华民族现代文明，需要中国特色加世界眼光，祖国根基加世界胸怀。特色要鲜明，视野要广阔。根基要扎实，胸怀要博大。两者紧密结合起来，才能真正立于时代的制高点上，跟上和引领世界文明潮流的前进。因此，建设中华民族现代文明，必须坚持弘扬平等、互鉴、对话、包容的文明观，以宽广胸怀理解不同文明对价值内涵的认识，尊重不同国家人民对自身发展道路的探索，以文明交流超越文明隔阂，以文明互鉴超越文明冲突，以文明共存超越文明优越，弘扬中华文明蕴含的全人类共同价值，推动构建人类命运共同体。

十二、"双百"方针

"双百"方针，即"百花齐放，百家争鸣"方针的简称，是党中央确定的繁荣和发展社会主义科学文化事业的指导方针。具体内容，就是在文艺创作上，允许不同风格、不同流派、不同题材、不同手法的作品同时存在，自由发展；在学术理论上，提倡不同学派、不同观点互相争鸣，自由讨论。"百花齐放"是一个形象的比喻，"百家争鸣"借用了历史典故。

1956年，对生产资料私有制的社会主义改造基本完成后，党和国家面临的迫切任务，是要调动一切积极因素建设社会主义，迅速发展我国的经济、科学和文化。

早在1951年，毛泽东就为中国戏曲研究院题词："百花齐放，推陈出新"。1953年，他就中国历史研究问题提出了"百家争鸣"的主张。

1956年4月，中央政治局扩大会议在讨论毛泽东《论十大关系》讲话过程中，提出要把政治思想问题同学术性质的、艺术性质的、技术性质的问题区分开来；为了发展文化和科学，要贯彻毛泽东过去吸收党内意见分别提过的"百花齐放""百家争鸣"两个口号。

4月28日，毛泽东在作会议总结发言时明确提出："艺术问题上的百花齐放，学术问题上的百家争鸣，我看应该成为我们的方针。……讲学术，这种学术也可以讲，那种学术也可以讲，不要拿一种学术压倒一切。你讲的如果是真理，信的人势必就会越来越多。"[①]

随后在5月2日的最高国务会议上，毛泽东正式宣布将"百花齐放，百家争鸣"作为党发展科学、繁荣文学艺术的方针。他阐释说："春天来了嘛，一百种花都让它开放，不要只让几种花开放，还

---

① 《毛泽东文集》第七卷，人民出版社1999年版，第54—55页。

有几种花不让它开放，这就叫百花齐放。百家争鸣，是说春秋战国时代，有许多学派，诸子百家，大家自由争论。现在我们也需要这个。""在中华人民共和国宪法范围之内，各种学术思想，正确的、错误的，让他们去说，不去干涉他们。"①

5月26日，在中南海怀仁堂召开的知识界会议上，中央宣传部部长陆定一作题为《百花齐放，百家争鸣》的讲话，对党中央的这个方针作了全面的阐述。他指出，我们所主张的"百花齐放，百家争鸣"，是提倡在文学艺术工作和科学研究工作中有独立思考的自由，有辩论的自由，有创作和批评的自由，有发表自己的意见、坚持自己的意见和保留自己的意见的自由。

1956年9月，八大关于政治报告的决议确认"百花齐放，百家争鸣"为繁荣科学和文化艺术工作的指导方针，指出："用行政的方法对于科学和艺术实行强制和专断，是错误的。对于封建主义和资本主义的思想，必须继续进行批判。但是，对于中国过去的和外国的一切有益的文化知识，必须加以继承和吸收，并且必须利用现代的科学文化来整理我国优秀的文化遗产，努力创造社会主义的民族的新文化。"

但是，此后这一方针没有得到很好的执行，文化和思想领域一度处于百花凋零、万马齐喑的状态。

改革开放后，"双百"方针作为社会主义科学文化建设的重要方针继续得到坚持，并被给予了富有时代特色的解读。2014年10月15日，习近平主持召开文艺工作座谈会并发表讲话强调指出："要坚持百花齐放、百家争鸣的方针，发扬学术民主、艺术民主，营造积极健康、宽松和谐的氛围，提倡不同观点和学派充分讨论，提倡体裁、题材、形式、手段充分发展，推动观念、内容、风格、流派切磋

---

① 《毛泽东年谱（1949—1976）》第二卷，中央文献出版社2013年版，第574、575页。

互鉴。"

2016 年 5 月 17 日，习近平在哲学社会科学工作座谈会上的讲话中进一步指出："百花齐放、百家争鸣，是繁荣发展我国哲学社会科学的重要方针。要提倡理论创新和知识创新，鼓励大胆探索，开展平等、健康、活泼和充分说理的学术争鸣，活跃学术空气。要坚持和发扬学术民主，尊重差异，包容多样，提倡不同学术观点、不同风格学派相互切磋、平等讨论。"

十三、京剧

京剧，曾称平剧，中国五大戏曲剧种之一，中国戏剧艺术的典型代表，被视为国粹。

京剧由徽剧演化而来。从清代乾隆五十五年（1790 年）起，原在南方演出的四大徽班陆续进京，他们与来自湖北的汉调艺人合作，同时又接受了昆曲、秦腔的部分剧目、曲调和表演方法，吸收了一些地方民间曲调，通过不断的交流、融合，最终形成京剧。京剧形成后在清朝宫廷内开始快速发展，直至民国得到空前的繁荣。1917 年以来，京剧优秀演员大量涌现，呈现出流派纷呈的繁盛局面，由成熟期发展到鼎盛期。

京剧舞台艺术在文学、表演、音乐、唱腔、锣鼓、化妆、脸谱等各个方面，通过无数艺人的长期舞台实践，构成了一套互相制约、相得益彰的格律化和规范化的程式。

京剧表演的 4 种艺术手法：唱、念、做、打，也是京剧表演 4 项基本功。

唱指歌唱，念指具有音乐性的念白，二者相辅相成，构成歌舞化的京剧表演艺术两大要素之一的"歌"；做指舞蹈化的形体动作，打指武打和翻跌的技艺，二者相互结合，构成歌舞化的京剧表演艺术两大要素之一的"舞"。

京剧有唱，有舞，有对白，有武打，有各种象征性的动作，是一种高度综合性的艺术。

京剧舞台上的一切都不是按照生活里的原貌出现的。京剧舞台上的角色也不是按照生活当中人的本来面貌出现的，而是根据所扮演角色的性别、性格、年龄、职业以及社会地位等，在化妆、服装各方面加以若干艺术的夸张，这样就把舞台上的角色划分成为生、旦、净、丑4种类型。这4种类型在京剧里的专门名词叫作"行当"。

京剧脸谱分类：红脸含有褒义，代表忠勇；黑脸为中性，代表猛智；蓝脸和绿脸也为中性，代表草莽英雄；黄脸和白脸含贬义，代表凶诈凶恶；金脸和银脸是神秘，代表神妖。

京剧伴奏乐器分打击乐器与管弦乐器。打击乐器有板、单皮鼓、大锣、铙、钹等，称为"武场"。管弦乐器有京胡、京二胡、月琴、三弦，称为"文场"。

中华人民共和国成立后，经过戏曲工作者和广大戏曲演员相互合作，共同进行整理修改，其中优秀的剧目作为民族文化艺术遗产列入中国新文化艺术林苑而被保留下来，继续在舞台上广泛流传。这类剧目据估计大约有200余出，其题材和表现形式是多种多样的，有文戏、武戏、唱功戏、做功戏、对儿戏、群戏、折子戏、本戏等。各种形式的剧目，统称为传统戏。

中华人民共和国成立后，京剧成为国家的文化使者。梅兰芳先后于1952年、1957年和1960年赴苏联访问，1956年第三次访问日本，为中国传统文化在海外赢得了巨大荣誉。20世纪六七十年代，京剧艺术得到广泛的普及。

京剧是中华民族传统文化的重要表现形式，其中的多种艺术元素被喻作中国传统文化的象征符号。2006年5月，京剧被国务院批准列入第一批国家级非物质文化遗产名录。2010年11月16日，京剧被列入联合国教科文组织人类非物质文化遗产代表作名录。

2023年10月31日，国家级非物质文化遗产代表性项目保护单位名单公布，京剧项目保护单位北京京剧院、天津京剧院、沈阳市公共文化服务中心（沈阳市文化演艺中心）、上海京剧院、山东省京剧院、国家京剧院、湖北省京剧院、江苏省演艺集团有限公司、江苏省长荣京剧院评估合格。

十四、央视春晚

央视春晚，即中央电视台春节联欢晚会，是中央电视台在每年除夕之夜为了庆祝农历新年而开办的综合性文艺晚会。1983年正式开办，已融进了中国人的生活方式，成为中国人欢度春节的一项重要活动。

春节联欢晚会是现代媒体和传统民俗相结合的产物。1979年，中央电视台录制、播出了"茶座式"晚会，名为"迎新春文艺晚会"，由邓在军以及《西游记》的导演杨洁执导。开了"春晚"的先河，但那时影响还不是很大。

20世纪80年代初，电视在中国迅速普及，人民对文化娱乐生活的追求也日益强烈。春节作为传统的重要节日，对电视和文娱都提出了新的要求。因此，1983年，中央电视台举办第一届春节联欢晚会，把电视、娱乐与春节结合起来，打造了一种独特的春节联欢晚会形式，为全国人民奉上了一道精美的文化盛宴。

央视春晚由此迅速走红，每年都要举办一届，成为中国人民热切期望、不可缺少的一台节目，也成为中国人过年的一种崭新方式。

2014 年被定位为国家项目。到 2024 年春节，已经连续举办了 42 届。

央视春晚的观众不仅是国内的中国人，也广受全球华人的欢迎。央视春晚将悠久厚重的中华文明、伦理情感、幸福心愿，通过丰富多彩的节目形式表达出来，洋溢着欢乐、平安、团结、祥和的气氛，满足了广大受众的需求。

央视春晚 42 年的实践，形成了一些基本的经验：坚持方向性、注重文化性、增强艺术性；爱国思家、祈福迎祥；欢乐祥和、喜气洋洋；内容为王、镜头为要；努力推出新人新作、精品力作，满足人民年节期间的文化需求；等等。

央视春晚形成了一套基本的模式，但又不断创新，以满足人们日益增长的文化娱乐、欢度春节的需要。晚会涵盖歌曲、舞蹈、相声、小品、戏曲、武术、魔术、杂技、音乐剧、微电影等各类型节目。一般来说，央视春晚均以歌舞秀开场，以歌舞、曲艺、戏曲节目为主体，用《难忘今宵》作为结束曲为晚会画上句号。在传播方式上，以现场直播为基本手段，多机拍摄，现场切换，同期录音，实现了拍摄与播出的同时性，增强了观众的现场感和参与感，又将各个表演层面和侧面展示给电视机前的观众。

在创作方式上，2005 年提出"开门办春晚"的口号，广泛吸纳社会的创作人才和节目资源，群策群力、集智汇优。此后一直坚持至今。

在晚会形式上，1996 年第一次设立了春晚分会场。20 年后，2016 年的央视春晚又在全国东、西、南、北设四个分会场，和央视主会场同步直播，这一形式在后来的春晚中保留了下来，体现了"东西南北中、全民大联欢"的基调。

根据实际情况，还有一些特殊的连线。2008 年的央视春晚，现场连线南方各地抗击雨雪冰冻灾害的场面；2009 年的央视春晚，展示在汶川地震中的抗震英雄。

1983 年的第一届央视春晚为《乡恋》解禁，成为音乐界思想解放的一个成果和标志，也进一步推动了文艺领域思想解放的发展。在央视春晚上，许多优秀的作品迅速走红。从《爱的奉献》《涛声依旧》，到《相约九八》《常回家看看》，再到舞蹈《两棵树》《千手观音》《俏夕阳》《小城雨巷》，等等，都受到广大群众的欢迎。

《难忘今宵》由乔羽作词，王酩作曲，李谷一演唱。已经 33 次作为压轴的结束曲，将晚会推向高潮，并以其浓厚的情感、深厚的底蕴、优美的旋律征服了一代又一代人。其中有一年，曾试图换一首歌曲，但一试不行，第二年又重新换上了《难忘今宵》。

1996 年，中央电视台建立央视网，并于 2001 年对央视春晚进行了首次互联网直播。自此，央视春晚的国际传播渠道拓宽为广播、电视和网络三头并进的新格局。

进入 21 世纪，央视春晚舞台上逐渐增加了巨型背景屏幕、先进机械摄制和舞美装置，VR（虚拟现实）、AR（增强现实）等未来影像技术手段和"竖屏看春晚"的创新应用也更进一步增强了视听体验。

2005 年春节联欢晚会实行"开门办春晚"，通过众多渠道、面向全中国以及世界征集节目。众多来自民间的节目登上了舞台，使央视春晚与普通老百姓拉近了距离。

2016 年春节联欢晚会设立福建泉州、陕西西安、广东广州、内蒙古呼伦贝尔 4 个分会场，以体现"东西南北中、全民大联欢"的基调。此后，多次采用多个会场的形式。

央视春晚的收视率，2001—2014 年每年都超过 30%，2005 年达到最高 37.6%，2015 年创新低，为 28.37%，2016 年为 30.98%。2017 年晚会总收视份额达到 78.72%，全国电视直播（含转播）收视率为 30.88%。

2019 年央视春晚跨屏总收视率达 30.07%，海内外收视观众总规模超过 11.7 亿，其中通过新媒体端直播和点播春晚的用户规模为 5.27 亿人。

2016 年 2 月 8 日，《新闻联播》首次在头条报道 2016 年中央电视台春节联欢晚会，这也是央视春晚创办 34 年来首次登上新闻联播头条。

全方位的科技驱动和技术创新是 2019 年春节联欢晚会的亮点。在 4K、5G、VR、AR、AI 等多方面进行技术创新，实现了通过 5G 网络实时传输 4K 高清视频结合 VR 技术向全中国转播分会场节目。

2020 年春节联欢晚会现场采用 5G+8K 技术实现多机位拍摄，并制作 8K 版春晚。5G 网络已全面覆盖春晚主会场与分会场。现场还采用虚拟网络交互制作模式（VNIS）实现主持人与嘉宾的互动场景演示。

2024 年春节联欢晚会以"龙行龘龘，欣欣家国"为主题，创新"思想 + 艺术 + 技术"融合传播。晚会采用"1+4"的模式，由一个主会场和四个分会场构成。

春晚通过对国家重大政治事件和社会热点问题的展示，向观众展现了中国安定团结的社会环境和政治经济各领域的进步。

从 2011 年开始，还推出了网络春晚的新形式。参演人员不仅有明星，还有一些草根民众。网络春晚以"网聚正能量，青春中国梦"为口号，以独具一格的内容在网络娱乐和电视综艺之间搭起了一座沟通的桥梁，构成了新媒体时代一道别致亮丽的文化风景，得到了观众和网友的广泛好评。

经历多年发展，央视春晚已成为电视技术与文化发展相结合的产物，是中国国家形象、国家科技、国家文化等艺术的传达，具有人民性、民族性、民俗性、时代性和国际性特点。央视春晚已经成为中国现代化发展的文化符号，成为国家交流和对外传播的品牌和名片，成为彰显中国文化软实力的代表。

央视春晚创造了许多辉煌时刻，但也不断遭遇批评和质疑，总的来说，它用极具观赏性和艺术性的方式，承载了主流意识形态的内容，也能贴近百姓生活，反映时代特征，给人们带来了欢声笑语和难忘回忆。央视春晚陪伴电视机前的无数个家庭走过了40多年的历程，观众也见证了春晚的成长与变化。

十五、国家大剧院

国家大剧院，即中国国家大剧院，是中国国家表演艺术的最高殿堂、中外文化交流的最大平台、中国文化创意产业的重要基地。位于北京市中心天安门广场西侧。

国家大剧院占地 11.89 万平方米，总建筑面积约 16.5 万平方米，其中主体建筑 10.5 万平方米，地下附属设施 6 万平方米。设有歌剧院、音乐厅、戏剧场以及艺术展厅、艺术交流中心、音像商店等配套设施。

国家大剧院主体结构造型独特，外环一池清澈见底的湖水，外围则有大面积的绿地、树木和花卉，体现了人与人、人与艺术、人与自然和谐共融、相得益彰的理念。

1958 年，为迎接国庆 10 周年，党和国家决定在北京建设一批大型公共建筑，当时国家大剧院曾名列其中。周恩来亲自确定了建设地点、审定了设计方案。

1996 年 10 月，十四届六中全会通过的《中共中央关于加强社会主义精神文明建设若干重要问题的决议》，明确指出要有计划地建成国家博物馆、国家大剧院等具有重要影响的国家重点文化工程。

1997 年 10 月，中央政治局布置北京市筹建国家大剧院。1998 年 1 月，国家大剧院建设领导小组成立，确定建筑设计方案以邀请方式为主进行国际招标。

1998 年 4 月，国务院发出《国务院批转国家发展计划委员会关于建设国家大剧院有关问题请示的通知》，批准国家大剧院工程立项建设。当月 13 日开始了建筑设计方案的国际邀请竞赛。

7 月，国家大剧院竞赛第一轮拉开序幕，来自 10 个国家的 36 个设计单位参赛，一共提交了 69 个方案参加评选。

8 月，展出了第一轮设计方案的模型。专家委员会由 11 位评委组成，其中 8 名中国人、3 名外国人。大剧院业主委员会发布此次竞标的原则是：第一，它是世界一流的剧院；第二，它不能抢过人民大会堂。

国家大剧院建筑设计方案经过两轮竞赛 3 次修改，经过反复筛选、论证，并征求人大代表、政协委员意见，最终报中央批准，采用保罗·安德鲁设计、清华大学配合的圆形方案。

2000 年 4 月 1 日，国家计委批准国家大剧院工程开始施工现场前期准备。但 2000 年 6 月 10 日，140 名院士和 114 名建筑师联名上书反对这个方案。为了慎重起见，国家发展改革委委托国际工程咨询公司组织研究和论证。论证会上，争论非常激烈，但最后还是通过了这个方案。国家发展改革委再次向中央报告了国际工程咨询公司的论证结果。

2001 年 12 月 13 日，国家大剧院工程正式开工建设。2007 年 12 月 22 日，国家大剧院建成开业。

国家大剧院外部为钢结构壳体，呈半椭球形，平面投影东西方向长轴长度 212.2 米，南北方向短轴长度 143.64 米，建筑物高度 46.285

米，比人民大会堂略低 3.32 米，基础最深部分达到 −32.5 米，有 10 层楼高。18000 多块钛金属板和 1200 多块超白透明玻璃形成 3.6 万平方米的巨大天穹。钛金属板经过特殊氧化处理，其表面金属光泽极具质感，且 15 年不变颜色。星星点点、错落有致的"蘑菇灯"，如同点点繁星，与夜空遥相呼应，使大剧院充满了别致的韵味与美感。椭球壳体外环绕人工湖，湖面面积达 3.55 万平方米，冬季水不结冰。各种通道和入口都设在水面下。行人需从一条 80 米长的水下通道进入演出大厅。

国家大剧院造型新颖、前卫，构思独特，是传统与现代、浪漫与现实的结合。大剧院庞大的椭圆外形在长安街上显得像个"天外来客"，又犹如"湖中明珠"。还有人说像一个"蛋壳"，而"蛋壳"里面孕育的正是充满生机的生命。

歌剧院是国家大剧院内最宏伟的建筑，以华丽辉煌的金色为主色调。主要上演歌剧、舞剧、芭蕾舞及大型文艺演出。共有观众席 2207 个（含站席）。有具备推、拉、升、降、转功能的先进舞台，可倾斜的芭蕾舞台板，可容纳三管乐队的升降乐池。

音乐厅风格清新、高雅，适于演奏大型交响乐、民族乐，并可举办各种音乐会，有 1859 个席位（含站席）。装饰设计能令声音均匀、柔和地扩散反射。安放于音乐厅的管风琴造型典雅，音色饱满，是中国国内体积最大、栓数最多、音管最多、音色最丰富的一架，被形象地称为音乐厅的"镇厅之宝"。

戏剧场是国家大剧院最具民族特色的剧场，以中国红为主色调，真丝墙面烘托出传统热烈的气氛。主要上演话剧、歌剧、地方戏曲等。共有 1036 个席位（含站席）。拥有先进的舞台机械设备。其独特的伸出式台唇设计，非常符合中国传统戏剧表演的特点。

为了建设一座世界一流的剧院，完美体现设计方案，国家大剧院的建设攻克了很多技术难关。

国家大剧院，作为国家表演艺术中心，它的诞生，是中国经济文化发展的必然产物；它的成长，是新时代文化繁荣的一个缩影。

国家大剧院建成开业以来，坚持高品位、高水准的高雅艺术和优秀民族艺术的定位。2007—2018 年共计演出 9600 余场，共有 1000 多万人次观众观看演出。大剧院大力推进自制剧目生产，大力对公众开展艺术普及教育。11 年来共开展各类艺术普及教育演出及活动近 1.2 万场。致力于为中外优秀文化提供一个相互了解、相互借鉴、相互融合的平台，艺术交流活跃频繁。11 年来累计举办各类展览近 400 场。至 2018 年底累计拍摄 28 部歌剧电影。

国家大剧院目前已形成一院三址的基本格局。在国家大剧院的基础上，2014 年 11 月在北京市通州区台湖镇开工建设国家大剧院台湖舞美艺术中心，2018 年 9 月竣工验收并投入使用，包括国家大剧院台湖剧场、台湖露天剧场、艺术公寓、艺术交流楼、舞美创意空间、舞美制作工坊等。北京艺术中心 2023 年建成，坐落在大运河畔，形似古粮仓，由 3 座独立的建筑体组成，包括 4 个室内剧场，分别是歌剧院、音乐厅、戏剧场、小剧场和 1 个户外露天剧场。国家大剧院突出综合性，台湖舞美艺术中心突出专业性，北京艺术中心突出现代性。三址形成既各具特色、自成体系，又同源共流、互促互补的局面。

十六、《新闻联播》

《新闻联播》，是中央电视台播出的晚间新闻节目，1978 年 1 月 1 日正式开播，已成为中国收视率最高、影响力最大的电视新闻栏目，也是中国新闻媒体的一个品牌。

《新闻联播》节目以政治、经济、科技、社会、军事、外交、文化、体育、农业、交通等方面重要新闻为主。每天晚 7 点在中央电视台新闻频道、综合频道直播，各省级卫视新闻频道进行转播。

1958 年 9 月 2 日晚 7 点，北京电视台《电视新闻》开播。

1976 年 7 月 1 日，北京电视台第一次试播全国电视新闻联播节目，向全国 10 多个省、直辖市电视台传送信号，该节目成为《新闻联播》的雏形。

1978 年 1 月 1 日，《新闻联播》开播，每晚 7 点左右播出，播出时长 20 分钟。5 月 1 日，经中共中央批准，北京电视台更名为中央电视台。

1978 年 12 月，《新闻联播》主播首次面对观众，赵忠祥成为节目开播以来第一位出镜播音员。

1979 年 9 月 1 日，央视《国际新闻》开播，1980 年 5 月 1 日保留名称并入《新闻联播》，之后完全并入《新闻联播》。7 月 7 日，《新闻联播》后面开始播出中央气象台的《天气预报》。

1982 年 9 月 1 日，中央规定，重大时政的发布时间从 20 点提前至 19 点，重要新闻首先在《新闻联播》中发布。由此开始奠定《新闻联播》作为官方新闻发布管道的重要地位。时政报道作为《新闻联播》的传统题材和优势资源，在整个节目中一直占据主要地位。要了解国内外重要时政，一般都要首先看《新闻联播》。

1996 年 1 月 1 日，《新闻联播》由录播形式改为现场直播。一些大段口播新闻仍然录播。

2010 年 10 月 1 日，《新闻联播》打破常规，在国庆节当天采用"画中画"模式在节目中两次直播嫦娥二号卫星发射和"星箭分离"的实况，成为开播 32 年来现场新闻直播的创新和突破。

2013 年 1 月 23 日，《新闻联播》首次引入评论员。同年 1 月 26 日，首次连线外景记者。2 月 9 日，切入多路信号直播各地迎接农历新年的场景。

2017 年 10 月 25 日，因播送十九届一中全会，《新闻联播》延长至 140 分钟，成为迄今为止最长的《新闻联播》。

2018 年 9 月 14 日，《新闻联播》在报道中国残疾人联合会第七次全国代表大会在京开幕时，首次引入手语播报。

2019 年 6 月底开始，《新闻联播》栏目由原央视新闻中心改为中央广播电视总台新闻节目中心管理。

2020 年 7 月 18 日起，《新闻联播》再次更换片头，首次启用 16：9 高清片头。

2023 年 5 月 1 日，《新闻联播》栏目开播 45 周年座谈会在北京召开。

十七、国球

国球，指一个国家由法律或者事实上被选择为全民体育运动项目的球类运动。世界上大部分国家都有国球项目。中国并未由法律或政府确定哪种球类运动为国球，但在人民心目中，国球非乒乓球莫属。乒乓球运动在中国十分普及，是事实上的国球。

乒乓球是一种世界流行的球类体育项目。比赛分团体、单打、双打等数种；2001 年 9 月 1 日前以 21 分为一局，现以 11 分为一局；采用五局三胜，或者七局四胜。

20 世纪初，乒乓球运动在欧洲和亚洲蓬勃开展起来。1926 年，在德国柏林举行了国际乒乓球邀请赛，后被追认为第一届世界乒乓球锦标赛。同时成立了国际乒乓球联合会。

1904 年，乒乓球运动传入中国。在中华人民共和国成立之前，中国从来没有得过世界冠军。参加过三次奥运会，一块奖牌也没拿到。

中华人民共和国成立后，乒乓球运动在全国广泛开展。1959年，容国团成为第一个夺取世界冠军的中国人。那句"人生能有几回搏，此时不搏更待何时"的格言，激励着一代又一代的中国青年前进。

此后，中国运动员在国际乒坛上崭露头角。在1961年第26届世界锦标赛中，中国队第一次夺得了男子团体世界冠军。后又连续获得了第27、第28届男子团体冠军。1964年，获得世锦赛女团冠军。

中国运动员在实践中逐渐形成了以"快、准、狠、变"为技术风格的直拍近台快攻打法。在世界乒乓三大赛事中金牌数均居世界第一位。20世纪60年代以来，中国选手取得世界乒乓球比赛的大部分冠军，甚至多次包揽整个赛事的所有冠军。以世界锦标赛为例，截至2017年，共获得世界锦标赛男子团体冠军21次、女子团体冠军21次、男子单打冠军19次、女子单打冠军22次、男子双打冠军17次、女子双打冠军22次、混合双打冠军19次。在历届奥运会上获得的金牌数：汉城奥运会2枚，巴塞罗那奥运会3枚，亚特兰大奥运会4枚，悉尼奥运会4枚，雅典奥运会3枚……中国的乒乓运动长盛不衰。截至2019年11月10日，中国乒乓球队116人成为世界冠军，共获得240枚金牌。

多年来，中国选手在乒乓球项目中有着极为出色的表现。男子运动员，从早年的庄则栋、张燮林、徐寅生，到后来的郗恩庭、郭跃华、蔡振华、江嘉良，到近年的王励勤、王皓、马琳、王涛、刘国梁、马龙；女子运动员，从早年的邱钟慧、林惠卿，中间的多位运动员，再到后来的邓亚萍、乔红、王楠、张怡宁、丁宁等，冠军球员群星璀璨。截至2016年8月12日，国际乒坛上一共有10位获得奥林匹克运动会单打冠军、世界锦标赛单打冠军、世界杯单打冠军大满贯的运动员，中国占了9位，其中有邓亚萍、刘国梁、王楠、张怡宁、李晓霞、丁宁、马龙等。

乒乓球运动在中国十分普及。它开展的条件简单，可参与性强。男女老少都能打，室内室外都能打，条件好的用正规球台打，条件差的往往建水泥球台，没有球台就用几张桌子拼起来。乒乓球运动是一项全身运动，健体健脑又健心。相对于足球篮球，没有直接的身体对抗，自己可以控制运动量，非常有利于普及。所以，这项运动特别适合中国的国情，深得中国人的喜爱。

乒乓球还发挥过特殊作用。1971 年 4 月，中国乒乓球队参加在日本名古屋举行的第 31 届世乒赛。当时中美关系已经有了缓和的迹象。4 月 4 日，美国球员科恩无意中搭上中国球员的交通车，庄则栋主动赠送一幅绣有黄山风景图的杭州织锦给科恩，科恩后来回送庄则栋一件带有和平标志的运动衫。这一戏剧性事件顿时成为轰动性新闻。

4 月 7 日，毛泽东在比赛闭幕前夕决定邀请美国队访华，尼克松立即同意了中方的邀请。1971 年的春天，美国乒乓球代表团实现了对中国的历史性访问，中美两国的乒乓球友谊赛在北京举行，造成的政治影响却向太平洋两岸传播开来，为中美人民的交往和中美两国的外交突破敲开了大门。这就是被周恩来称为小球推动大球的"乒乓外交"。1971 年联合国大会以 76 票赞成恢复了中华人民共和国在联合国的合法席位。之后，很多西方国家纷纷与中国建交。"乒乓外交"成为一个特殊的名词，在外交史上被称为"小球转动了大球"。

中国乒乓球运动的成绩，既是靠个人的努力，更是靠集体的力量，靠团结合作和各方面的支持。乒乓球运动充分展示了中国举国体制的优越性。

十八、构建社会主义和谐社会

构建社会主义和谐社会，是十六大之后党中央提出的重大战略任务，也是社会建设、社会管理、社会发展的重要指导思想。

在改革开放进程中，党和国家愈益注意社会的全面发展，注意处理各方面的关系和矛盾。十六大把"社会更加和谐"纳入全面建设小康社会的战略目标，要求"努力形成全体人民各尽其能、各得其所而又和谐相处的局面"。十六届四中全会进一步概括形成"和谐社会"的概念，要求把和谐社会建设摆在重要位置，不断提高构建社会主义和谐社会的能力。

2006年的十六届六中全会专题研究构建社会主义和谐社会问题，作出专门决定，把构建社会主义和谐社会作为一个重大的战略目标，进一步提到全党和全国人民的面前，并对如何实现这一目标作出了系统的部署。

十七大进一步论述了科学发展与社会和谐的辩证关系，强调深入贯彻落实科学发展观，必须积极构建社会主义和谐社会。十七大修改后的党章，在现代化建设的目标中，增加了一个"和谐"。

构建社会主义和谐社会，是党和国家从中国特色社会主义事业总体布局和全面建成小康社会出发提出的重大战略任务。建设和谐社会，把党长期持有的关于全面、协调、稳定、社会进步、处理好各方面利益关系等的思想，集中了起来，形成了中国特色社会主义的一个重要内容和目标。

社会，作为一个表征人类社会有机体的重要范畴，有广义和狭义之分。广义的"社会"，即大社会，包含经济、政治、文化等各方面的内容。狭义的"社会"，即小社会，与经济、政治、文化并列，特指社会生活、社会关系、社会环境、社会管理等等。

建设和谐社会，既是从"大社会"着眼，把和谐社会建设落实到包括经济建设、政治建设、文化建设、社会建设和党的建设等在内的党和国家全部工作之中。又是从"小社会"着手，来部署构建社会主义和谐社会的战略任务，着重围绕社会建设和社会管理方面的突出问题，加强和谐社会的建设。

中国特色社会主义是发展的社会主义，也应该是和谐的社会主义。社会和谐是中国特色社会主义的本质属性，是国家富强、民族振兴、人民幸福的重要保证。提出构建社会主义和谐社会的任务，总结了历史的经验教训，反映了建设富强民主文明和谐美丽的社会主义现代化国家的内在要求，体现了全党全国各族人民的共同愿望。

我们要构建的社会主义和谐社会，是在中国特色社会主义道路上，中国共产党领导全体人民共同建设、共同享有的和谐社会，是经济建设、政治建设、文化建设、社会建设协调发展的社会，是人与人、人与社会、人与自然整体和谐的社会。

到 2020 年，构建社会主义和谐社会的目标和主要任务是：社会主义民主法制更加完善，依法治国基本方略得到全面落实，人民的权益得到切实尊重和保障；城乡、区域发展差距扩大的趋势逐步扭转，合理有序的收入分配格局基本形成，家庭财产普遍增加，人民过上更加富足的生活；社会就业比较充分，覆盖城乡居民的社会保障体系基本建立；基本公共服务体系更加完备，政府管理和服务水平有较大提高；全民族的思想道德素质、科学文化素质和健康素质明显提高，良好道德风尚、和谐人际关系进一步形成；全社会创造活力显著增强，创新型国家基本建成；社会管理体系更加完善，社会秩序良好；资源利用效率显著提高，生态环境明显好转；实现全面建成小康社会的目标，努力形成全体人民各尽其能、各得其所而又和谐相处的局面。

到现在，这一目标中的有些内容已经实现，也有一些还需要作出更大的努力。

现行党章规定：中国共产党领导人民构建社会主义和谐社会。按照民主法治、公平正义、诚信友爱、充满活力、安定有序、人与自然和谐相处的总要求和共同建设、共同享有的原则，以保障和改善民生为重点，解决好人民最关心、最直接、最现实的利益问题，使发展成果更多更公平惠及全体人民，不断增强人民群众获得感，努力形成全体人民各尽其能、各得其所而又和谐相处的局面。加强和创新社会治理。严格区分和正确处理敌我矛盾和人民内部矛盾这两类不同性质的矛盾。加强社会治安综合治理，依法坚决打击各种危害国家安全和利益、危害社会稳定和经济发展的犯罪活动和犯罪分子，保持社会长期稳定。坚持总体国家安全观，统筹发展和安全，坚决维护国家主权、安全、发展利益。

二十大报告 5 次使用"和谐"一词，强调"中国式现代化是人与自然和谐共生的现代化"，中国式现代化的本质要求之一，是"促进人与自然和谐共生"，"站在人与自然和谐共生的高度谋划发展"。这些论断已经把"和谐"的要求从社会内部进一步扩大到社会与自然、人与自然的关系中了。

十九、户籍制度

户籍制度，是一项基本的国家行政制度，是国家依法收集、确认、登记公民出生、死亡、亲属关系、法定地址等公民人口基本信息，并按一定原则进行立户、分类、编制、管理的法律制度。包括两方面的内容，一是登记制度，二是管理制度。

中国是世界上最早进行人口调查并制定和执行一套严密户籍管理制度的国家，最早可追溯到商代。民国时期，1931 年制定了《户籍法》，1935 年颁布实施细则。1937 年颁布《保甲条例》，在全国统一建立保甲组织。1946 年推行国民身份证制度，1947 年出台《户口普查法》，建立了各级户政机构。

中华人民共和国成立以后，废止了旧的户口制度。为了稳定局势，清除敌对势力，在一定时间内采取军事管制的办法。同时，加强对人口的清查、登记和管理。1950 年 8 月 12 日，公安系统在内部颁发了《特种人口管理暂行办法（草案）》，正式开始了对重点人口的管理工作，这是新中国户籍制度的最初起点。

1951 年 7 月 16 日，公安部公布《城市户口管理暂行条例》，规定了对人口出生、死亡、迁入、迁出、"社会变动"（社会身份）等事项的管制办法。这是中华人民共和国成立后第一部户口管理条例，基本统一了全国城市的户口登记制度。

1953 年，在第一次全国人口普查的基础上，大部分农村建立起了户口登记制度。

从 1953 年开始实行第一个五年计划，计划经济开始建立。此后的户籍制度不仅成为社会管理、政治控制的重要手段，而且与计划经济联系了起来，强化了户籍制度的有效性、严密性、强制性。

1955 年，国务院发布《关于建立经常户口登记制度的指示》，进一步统一全国城乡的户口登记工作，规定全国城市、集镇、乡村都要建立户口登记制度，户口登记的统计时间为每年一次。

由于从 1953 年开始实行粮食统购统销政策，户口登记与粮食供应建立了紧密的联系。全社会所需粮食全部按国家规定的标准和价格统一配售。农民生产的粮食除了一部分口粮和种子外都要上缴。城镇居民实行粮食定量供应。所有家庭每家发放一个粮本，凭粮本供应粮食，每人按年龄状况和工作种类每月分配一定口粮。如果没有城市户口，就不可能买到粮食。户籍制度成为计划经济的重要内容和保障。

与此相联系，户口身份被当作执行不同的科教、卫生、医疗、就业等一系列政策的依据。

1956 年、1957 年不到两年的时间，国家连续颁发 4 个限制和控制农民"盲目"流入城市的文件。

1958年1月，全国人大常委会通过《中华人民共和国户口登记条例》，第一次明确将城乡居民区分为农业户口和非农业户口两种不同户籍，严格限制迁徙。以此为标志，开始对人口自由流动实行严格限制和政府管制，事实上废弃了1954年宪法关于迁徙自由的规定，奠定了户籍管理制度的基本格局，形成了严格的城乡二元分隔状态。

1964年8月，《公安部关于处理户口迁移的规定（草案）》出台，集中体现了该时期户口迁移的两个"严加限制"基本精神，即：对从农村迁往城市、集镇的要严加限制；对从集镇迁往城市的要严加限制。

1975年，宪法正式取消了有关迁徙自由的规定，此后一直没有恢复。

改革开放之后，市场经济发展，人口流动加速，按照原来的规定严格管控人口，限制流动和迁徙，已经日益困难。国家对长期形成的户籍制度开始进行谨慎和缓慢的调整和松动。

1984年10月，国务院发布《关于农民进入集镇落户问题的通知》，允许农民自理口粮进集镇落户，户籍严控制度开始松动。

1985年7月，公安部颁布《关于城镇人口管理的暂行规定》，将"农转非"内部指标定在每年万分之二。全国人大常委会决定从1985年9月起实施居民身份证制度，这为实行现代化的人口管理制度奠定了基础。

1997年6月，《国务院批转公安部小城镇户籍管理制度改革试点方案和关于完善农村户籍管理制度意见的通知》，规定已在小城镇就业、居住并符合一定条件的农村人口，可以在小城镇办理城镇常住户口。

1998年7月，《国务院批转公安部关于解决当前户口管理工作中几个突出问题意见的通知》，规定新生婴儿随父落户、夫妻分居、老人投靠子女以及在城市投资、兴办实业、购买商品房的公民及随其共同居住的直系亲属，凡在城市有合法固定的住房、合法稳定的职业或者生活来源，已居住一定年限并符合当地政府有关规定的，可准予落户。

2001年3月30日，国务院批转公安部《关于推进小城镇户籍管理制度改革的意见》，对办理小城镇常住户口的人员，不再实行计划指标管理。

2011年2月，国务院办公厅发出《关于积极稳妥推进户籍管理制度改革的通知》，要求引导非农产业和农村人口有序向中小城市和建制镇转移，逐步满足符合条件的农村人口落户需求，逐步实现城乡基本公共服务均等化。

加快户籍制度改革，是十八大和十八届三中全会部署的一项重点改革，是推进中国特色新型城镇化的一项重大任务。

2012年十八大提出："加快改革户籍制度，有序推进农业转移人口市民化，努力实现城镇基本公共服务常住人口全覆盖。"

2013年11月，《中共中央关于全面深化改革若干重大问题的决定》指出，要"创新人口管理，加快户籍制度改革，全面放开建制镇和小城市落户限制，有序放开中等城市落户限制，合理确定大城市落户条件，严格控制特大城市人口规模"。

经过近1年酝酿，《国务院关于进一步推进户籍制度改革的意见》于2014年7月30日正式发布。《意见》规定，要进一步调整户口迁移政策，统一城乡户口登记制度，全面实施居住证制度，加快建设和共享国家人口基础信息库，稳步推进义务教育、就业服务、基本养老、基本医疗卫生、住房保障等城镇基本公共服务覆盖全部常住人口。到2020年，基本建立与全面建成小康社会相适应，有效支撑社会管理和公共服务，依法保障公民权利，以人为本、科学高效、规范有序的新型户籍制度，努力实现 1 亿左右农业转移人口和其他常住人口在城镇落户。

2016 年 2 月，国务院印发《关于深入推进新型城镇化建设的若干意见》，要求加快落实户籍制度改革政策，鼓励各地区进一步放宽落户条件，除极少数超大城市外，允许农业转移人口在就业地落户。2017 年 2 月 9 日，公安部召开全国户籍制度改革专题视频培训会，部署深入扎实推进户籍制度改革工作。

2022 年 5 月，国务院批准印发国家发展改革委《"十四五"新型城镇化实施方案》。方案肯定，"十三五"以来，新型城镇化取得重大进展，城镇化水平和质量大幅提升，2020 年末全国常住人口城镇化率达到 63.89%，户籍人口城镇化率提高到 45.4%。农业转移人口市民化成效显著，户籍制度改革取得历史性突破，1 亿农业转移人口和其他常住人口在城镇落户目标顺利实现，居住证制度全面实施，基本公共服务覆盖范围和均等化水平显著提高。

方案要求深化户籍制度改革。提出放开放宽除个别超大城市外的落户限制，试行以经常居住地登记户口制度。全面取消城区常住人口 300 万以下的城市落户限制，确保外地与本地农业转移人口进城落户标准一视同仁。全面放宽城区常住人口 300 万至 500 万的 I 型大城市落户条件。完善城区常住人口 500 万以上的超大特大城市积分落户政策，精简积分项目，确保社会保险缴纳年限和居住年限分数占主要比例，鼓励取消年度落户名额限制。各城市因地制宜制定具体落户办法，促进在城镇稳定就业和生活的农业转移人口举家进城落户，并与城镇居民享有同等权利、履行同等义务。完善全国公开统一的户籍管理政务服务平台，提高户籍登记和迁移便利度。依法保障进城落户农民的农村土地承包权、宅基地使用权、集体收益分配权，健全农户"三权"市场化退出机制和配套政策。

2023 年 8 月，公安部发布 26 项便民措施，其中在推进户籍制度改革方面有，健全以常住地登记户口制度，进一步放宽落户条件、降低落户门槛，促进有能力在城镇稳定就业和生活的农业转移人口举家进城落户。调整优化超大、特大城市落户政策，完善积分落户制度，更好地解决进城普通劳动者的落户问题。进一步放宽集体户设立条件，鼓励有条件的地方取消人才市场、众创空间等单位设立集体户限制，推行乡镇（街道）或村（社区）设立公共集体户，便利各类人员落户。支持具备条件的都市圈或城市群探索实行户籍准入年限同城化累计互认、居住证互通互认。对农村籍大学生、科技人才、退伍军人因实际居住、就业创业等申请落户的，可以迁入原籍地或就业创业地，助力城乡融合发展。

二十、住房制度

住房制度，是指有关住房规划、建设、分配、买卖、交接、管理等方面的法律、法规及政策等一整套规范，是国家和社会为居民提供满足其基本生活所需住房的制度安排，关系每个公民的切身利益，关系国家的国计民生和经济社会发展。住房制度的主要内容包括：城镇住房建设投资方式、住房供应方式、住房分配方式、住房社会保障方式、住房管理方式等。

世界主要国家的住房制度，大体上分为两大类型：一类是计划型、福利性、实物分配、行政性管理的住房体制；一类是市场型、商品性、工资化分配、社会化管理的住房体制。

中华人民共和国成立之后，随着计划经济的形成和城乡二元化壁垒的设立，全国居民的住房首先分成了截然不同的两大类型。

一类是农村。随着生产资料所有制的变化，农村土地从最初的农民私有变成半私有，然后归集体所有。农民的住房在土改中实行了基本平均的分配，地主富农超出平均数量的住房被无偿没收，分配给贫雇农。此后虽然实行集体化，但除了短时间的"共产风"外，始终还是农民私有。所以，农民的住房问题基本上都是由农民自行解决。

另一类是城市。政府先是通过接受、没收、代管等方式将敌伪房产、反革命分子及官僚资本家的房产收归国有，再无偿分配或租给国家工作人员和其他城镇居民居住。从1956年起，通过对私人出租房进行社会主义改造，采取公私合营与统一经租的方式分配给城镇居民居住，共改造了私有房屋约1亿平方米。一些城市平民的原有少量住房仍归私人所有。政府或企业后来也逐渐投资建设或更新改造一些住房。机关、企业、事业等单位，大都由单位设法为职工分配和建造住房。因此，城市的住房，大都是国家所有，居民或是无偿，或是以低租金长期居住。这种住房制度还与户籍、教育、粮食、水电供应、社会管理等制度紧紧结合在一起。

因此，改革开放前城市居民的住房制度实行的是"统一分配、统一管理"。建造新房则是"统一规划、统一投资、统一设计、统一施工、统一分配、统一管理"。原有旧房之外的新房建设只能由政府统一进行，居民无权也无能力自己建造住房。除了居民的私有住房可以租赁外，所有的公共住房都不能进入市场流通。

这种住房制度，是典型的计划型、福利性、实物分配、行政性管理的住房体制。长处是几乎所有人都有了一个居所，但多数人的居所是非常简陋的，而且长期没有得到什么改善。所有新增住房都要靠政府来投资建设。政府所背的包袱越来越重，根本满足不了广大居民的住房需求。改革开放之前，全国住宅建设投资占非生产性投资的比重，"三五"计划时期只有4%，"四五"计划时期只有5.7%。加之人口多，所以，住房建设始终不能满足城镇居民的需求。全国城镇人均住房面积，1949 年为 4.9 平方米，到 1978 年，不仅没有增长，反而下降到 3.6 平方米。缺房户达 869 万户，占城市总户数的 47.5%。城市居民住房十分拥挤。中国的贫穷落后，从住房状况就能直接感受和反映出来。

这样的住房制度实在无法维持下去，所以，改革开放后，改革住房制度的问题不可避免地提上了日程。但如何改革，却始终是一个大难题。40 年来，经历了非常复杂的探索过程。

大体来说，从 1978 年开始，首先是由国家和企业增加住房投资，加快住房建设步伐。1980 年 4 月，提出住房改革要走商品化的路子，由此揭开了住房制度改革的大幕。其间，试行了一些办法，但都遇到各种困难。

1991 年 6 月，国务院发出《关于继续积极稳妥地进行城镇住房制度改革的通知》。11 月，国务院办公厅转发国务院住房制度改革领导小组《关于全面推进城镇住房制度改革的意见》，确定房改的总目标是：从改革公房低租金制度入手，从公房的实物福利分配逐步转变为货币工资分配，由住户通过买房或租房取得住房的所有权或使用权，使住房作为商品进入市场，实现住房资金投入、产出的良性循环。

1994 年 7 月，国务院下发《关于深化城镇住房制度改革的决定》，开启了城镇住房商品化的大门，标志着住房市场化改革的全面推进。实质性的措施，是通过向城镇职工出售原公有住房，逐步完成住房私有化的进程。1998 年 7 月，国务院又发布《关于进一步深化城镇住房制度改革加快住房建设的通知》，宣布从同年下半年开始全面停止住房实物分配，实行住房分配货币化，全面推行和不断完善住房公积金制度，并首次提出建立和完善以经济适用住房为主的多层次城镇住房供应体系。

到 1998 年底，全国全面停止实物分房，中国城镇住房制度发生了一次根本性的转变。但在改革中，也出现了很多问题，经济适用住房并没有成为供应主渠道。

2003 年以来，中央一方面继续推进住房制度改革，一方面加大对房地产市场的调控力度。国务院先后颁发"前国八条""后国八条""国六条"等一系列文件，提出在稳定住房价格（特别是普通商品住房和经济适用住房价格）的同时，加快建立和完善适合中国国情的住房保障制度。

2007 年 10 月，十七大提出要加快推进以改善民生为重点的社会建设，努力使全体人民"住有所居"。11 月，温家宝在新加坡国立大学明确阐述了中国住宅政策的原则，被称为"房产新政"：一是政府最重要的职责是搞好廉租房，让那些买不起房或进城打工的农民工能够租得起房、住得上房；二是建设主要面向中产阶级的经济适用房；三是高档住房主要靠市场调节，但必须有国家的宏观调控，防止利用房地产炒作，造成市场混乱。

通过改革，中国城镇已基本停止实物分房，逐步实行以建立住房公积金制度、发放一次性住房补贴或按月发放住房公积金补贴等形式的住房货币化补贴制度，初步建立了收入高的家庭购买或租赁市场价商品房、中低收入家庭购买经济适用住房或普通商品住房、最低收入家庭租赁由政府或单位提供的廉租住房、共有住房等形式的住房供应体系。

但在住房已经商品化、人民对住房需求进一步加大的情况下，受各种复杂因素的影响，商品房的价格迅速上升，成为影响经济社会发展和人民生活的一个重大问题。所以，随后住房制度的改革重点，转为如何遏制房价过快上涨。党中央和国务院先后下达了一系列文件，采取了一系列措施，但房价上涨的势头没有得到遏制。

2016 年，中央经济工作会议明确提出房子是用来住的，不是用来炒的。政府加大遏制房价过快上涨的政策力度，先后出台了一系列政策，使房价趋于平稳。

2021 年 6 月 24 日，国务院办公厅印发《关于加快发展保障性租赁住房的意见》，明确保障性租赁住房主要解决符合条件的新市民、青年人等群体的住房困难问题。

2023 年 8 月 25 日，国务院总理李强主持召开国务院常务会议，审议通过《关于规划建设保障性住房的指导意见》，规划建设保障性住房，着力解决工薪收入群体买不起商品住房、保障性住房又供给不足的突出问题。更好发挥政府作用，尽快补齐保障性住房建设短板，提高保障性住房在住房总供给中的比例，不断满足工薪收入群体的基本住房需求。推动建立房地产业转型发展新模式，让商品住房回归商品属性、满足改善性住房需求，促进稳地价、稳房价、稳预期，推动房地产业转型和高质量发展。做好保障性住房的规划设计，用改革创新的办法推进建设，确保住房建设质量，同时注重加强配套设施建设和公共服务供给。

住房制度改革的最大成果，是绝大多数城镇居民都有了属于自己的住房，住房条件也不断改善；最大问题和难点，则是房价疯涨畸高，使新的需房者改善者难以满足需求。采取严格调控措施后，房地产市场又陷入低迷，影响整体经济的增长。如何真正解决住房和房价问题，仍然有待理性的探索。

农村的住房问题，随着农村改革发展和农民外出打工，农民的收入不断增加，农村住宅已大为改观。通过社会主义新农村建设和乡村振兴战略，国家以不同方式帮助农民规划、改造和建设新房，加快了农民住房改善的速度。但在城乡一体化进程中，如何将农村和城市的住房制度统一起来，基本上还没有破题。

二十一、离退休制度

离退休制度，是指国家公务人员和企事业单位员工工作到一定年龄和年限，按规定退出公职或劳动岗位，享受一定保障待遇以安度晚年的制度。包括离退休原则、条件、待遇、审批手续、安置管理等规定。广义上还包括社会保险、社会保险基金等制度。

中华人民共和国成立后，政务院在 1951 年 2 月公布的《中华人民共和国劳动保险条例》中，对养老待遇作了一定规定。

1980 年 10 月，首次公布实施《国务院关于老干部离职休养的暂行规定》。1982 年 2 月 20 日，中共中央作出《关于建立老干部退休制度的决定》，干部退休制度正式确立。4 月 10 日，国务院发布《关于老干部离职休养制度的几项规定》。十二大通过的党章规定："党的各级领导干部，无论是由民主选举产生的，或是由领导机关任命的，他们的职务都不是终身的，都可以变动或解除。"① 实行离退休制度，从根本上解决了干部实际上的领导职务终身制问题。

与此同时，1982 年 2 月，国务院首次公布了《国务院关于工人、职员退休处理暂行规定》，以后根据实际情况有所修订。特别是通过劳动法等有关法律，从法律上作了明确规定。

国家的退休制度原则规定：退休年龄为男 60 岁、女 55 岁，繁重及有损健康的劳动可提前 5 年，高级知识分子及科技人员可推迟 5 年；退休工龄条件规定，最低连续工龄须满 5 年，一般工龄满 15 年；退休金根据工作年限分别按本人标准工资 60%—90% 发给。除此之外，退休制度包括退休年龄和待遇还有不少更具体的规定，并逐步走向完善。1984 年以来，全国各省、自治区、直辖市均根据当地条件适当增加了补助金。一些规定也有多次局部调整。

---

① 《中国共产党章程》，人民出版社 1987 年版，第 30 页。

根据经济发展和生活水平的提高，国家不断逐步提高退休待遇。2012 年 1 月 1 日开始，为 2011 年 12 月 31 日前已经办理退休手续并按月领取基本养老金的企业退休人员再次提高基本养老金水平。至此，企业退休人员基本养老金标准实现了"八连增"。

对于领导干部和其他公务人员而言，省部级领导干部的退休年龄，正职一般不超过 65 岁，副职除人大、政协、纪检书记外，一般不超过 60 岁。厅局一级的领导干部退休年龄一般不超过 60 岁。党政领导干部及国家公务员退休后，享受国家规定的退休金和其他待遇。

在离退休制度中，与退休有所差别的，还有一种离休的类型。它适用于 1949 年 9 月 30 日前参加革命工作、脱产享受供给制待遇和从事地下革命工作的老干部。1958 年 6 月，中共中央《关于安排部分老同志担任各种荣誉职务的通知》，是干部离休制度的雏形。1978 年 6 月国务院颁发的《关于安置老弱病残干部的暂行办法》（国发〔1978〕104 号），将离职休养、工资照发作为特殊的退休制度确定下来。1980 年 10 月和 1982 年 4 月两次作了补充和修订，提出了离休干部"基本政治待遇不变，生活待遇略为从优"的原则。

退休制度既保持了劳动力的正常流动和更新，又保障了退休人员的生活和福利待遇。对退休制度的不断完善，对退休待遇的不断提高，体现了国家以人为本的理念和对于退休人员的关心。干部离退休制度的建立，为废除长期存在的干部领导职务实际上的终身制奠定了基础，是改革开放的重要成果和历史的重要进步。

二十二、中国传统节日

中国传统节日，是中华民族在长期发展过程中形成的节庆日子，是全部或部分民众共同认可并在每年固定时间由一定习俗加以表现的生活方式。中国传统节日，形式多样、内容丰富，是中华民族悠久历史文化的重要组成部分。

中国的传统节日，大部分源于上古时代，在先秦时期初露端倪，大多与天文、历法、数学，以及后来划分出的节气有关。到汉代，政治经济稳定，科学文化有很大发展，主要的传统节日基本定型。到唐代，传统节日从原始祭拜、禁忌神秘的气氛中解放出来，转化为娱乐礼仪型的佳节良辰。节日变得欢快喜庆，丰富多彩。许多体育、享乐的活动内容出现，并很快成为一种时尚流行开来。这些风俗此后一直延续发展，经久不衰。

中国的传统节日很多，主要有春节、元宵节、龙抬头、上巳节、清明节、端午节、七夕节、七月半、中秋节、重阳节、冬至节、除夕等。

有人根据其特点、普及程度和重要性，从不同角度选择若干，称其为主要的传统节日。有的社团组织将春节、元宵、清明、端午、七夕、中秋、重阳作为中国七大传统节日，发布形象标识，并发起申遗行动。

在中国的法定节日中，春节（农历新年，正月初一、初二、初三放假三天）；清明节（清明当日，放假一天）；端午节（农历端午当日，放假一天）；中秋节（农历中秋当日，放假一天）4个属于中国传统节日。

春节，时间是农历正月初一，又叫阴历年，为新一年的开头，俗称"过年"。春节是中国民间最隆重、最热闹的一个传统节日，已有4000多年历史。1911年辛亥革命后，中国采用公历纪年，农历新年便改称"春节"。春节时，家家贴春联，贴年画，装饰居室。春节前一夜叫"除夕"，是家庭团聚的重要时刻，全家人欢聚一起，吃一顿丰盛的"年夜饭"；许多人通宵不眠，称"守岁"。次日，大家便开始到亲朋好友家里"拜年"，相互问候，祝愿在新的一年里万事如意。春节期间，传统的文娱活动以狮子舞、龙灯舞、划旱船、踩高跷最为普遍。

清明节，时间是干支历节气清明当日，公历（阳历）4月5日前后，是二十四节气之一，在24个节气中既是节气又是节日的只有清明。清明节是中国最重要的祭祀节日，是扫墓祭祖的日子，已有2000多年历史。清明时分，天气转暖，草木复萌，人们常常结伴到郊外踏青、放风筝、欣赏春光，所以清明节有时也被称作"踏青节"。

端午节，时间是农历五月初五。端午节是中华民族最古老的传统节日。源自天象崇拜，由古越人于午月午日（干支历）举行龙图腾祭祀演变而来。一般认为，它是为纪念中国古代诗人屈原而产生的。但也有专家考证认为，端午节并非为纪念屈原而设立，但之后端午节的一些习俗受到屈原的影响。每逢此节，民间有佩戴香袋、吃粽子、赛龙舟习俗。香袋表示屈原的品德节操万古流芳；粽子原是防止鱼吃屈原，后成为节日食品；划龙船则表示去营救屈原。

中秋节，时间是农历八月十五，居秋季之中，故名"中秋"。最早源于古代帝王秋天祭月的礼制。中秋习俗定型于唐朝初年，盛行于宋朝。至明清时，中秋已与年节齐名，成为中国的主要节日之一。中秋节自古便有祭月、赏月、拜月、吃月饼、赏桂花、饮桂花酒等习俗。人们用精制的糕饼祭奉月神，祭奉之后，全家人分吃，表示合家团圆欢聚。这种风俗，流传至今，经久不息。

此外，比较重要的还有：

元宵节，时间是农历正月十五日。这天是一年中第一个月圆之夜，也是一元复始，大地回春的夜晚，人们对此加以庆祝，也是庆贺新春的延续，因此又称"上元节"。过元宵节，有吃元宵和观灯的习俗。每到元宵节之夜，许多城市举办灯会，展出各种彩灯，造型新奇，千姿百态；在农村，则放焰火、踩高跷、耍龙灯、扭秧歌、荡秋千等。

七夕节，时间是农历七月初七，最早来源于人们对自然天象的崇拜，中国民间传说牛郎织女此夜在天河鹊桥相会，因而七夕被当作象征爱情的节日，在当代更产生了"中国情人节"的文化含义。

重阳节，时间是农历九月初九，是魏晋以后兴起的节日。"重阳""重九"之名，肇于三国时代。主要有登高、插茱萸、饮酒赏菊、食重阳糕、开展敬老活动五种传统习俗。1989年，政府把每年的农历九月初九定为老年节，传统与现代结合，成为尊老、敬老、爱老、助老的节日。

腊八节，时间是农历十二月（又称腊月）初八。早先传说是释迦牟尼成道的日子，寺院都要煮粥祭佛，后来成为民间习俗，以示五谷丰登。腊八粥原有的宗教意味逐渐隐退，到如今已成为节令美食。专家考证，腊八节至今已有1000多年的历史。

中国各少数民族也都保留着自己的传统节日，诸如傣族的泼水节、蒙古族的那达慕大会、彝族的火把节、瑶族的达努节、白族的三月街、壮族的歌圩、藏族的藏历年和望果节、苗族的跳花节等。

每年1月1日被称为元旦，元旦是公元纪年每年的第一天。但据考证，"元旦"一词最早出现于《晋书》。元旦起于三皇五帝之一的颛顼，距今已有4000多年的历史。

在漫长的历史时期中，历代的文人雅士、诗人墨客，为一个个节日谱写了许多千古名篇，这些诗文脍炙人口，被广为传颂，使中国的传统节日渗透出深厚的文化底蕴，精彩浪漫，成为中华文化的宝贵财富。

中国传统节日作为中华民族悠久历史文化的重要组成部分，反映了古代人民丰富的社会文化生活，也积淀着博大精深的中国历史文化内涵，蕴含着注重血缘、敬天爱人、崇尚团圆、以和为贵、礼尚往来等宝贵精神和伦理思想。传统节日既使人们在节日中增长知识，受到教益，又有助于彰显文化、弘扬美德、陶冶情操、继承传统，在增强民族凝聚力和国家认同、维护社会和谐稳定、增强国家软实力、提升国家竞争力等方面发挥着重要的作用。

二十三、法定节日和纪念日

法定节日和纪念日，就是由国家规定的节日和纪念日，由国务院颁布文件专门规定。

早在 1949 年 12 月 23 日，中华人民共和国政务院第 12 次政务会议，就通过并发布了《全国年节及纪念日放假办法》：

为统一全国之年节及纪念日放假之起见，规定下列各项办法：

甲、属于全体者：

一、新年，放假一日，一月一日；

二、春节，放假三日，夏历正月初一日，初二日，初三日；

三、劳动节，放假一日，五月一日；

四、国庆纪念日，放假两日，十月一日，二日。

乙、属于部分人民之节日，为了便于部分人民的群众活动，得放假半天，或只其中一部分人放假，其他一部分人得推代表参加庆祝。

一、妇女节（限于妇女），三月八日；

二、青年节（限于中等学校以上学生），五月四日；

三、儿童节，六月一日；

四、人民解放军建军纪念日（限于军队和军事机关），八月一日。

丙、其他：

一、凡属少数民族习惯之节日，由各少数民族集聚地区之地方人民政府，斟酌各该民族习惯，规定放假日期；

二、其他各种纪念节日，如二七纪念、五卅纪念、七七抗战纪念、八一五抗战胜利纪念、九一八纪念、护士节、教师节、记者节等，均不必放假。

丁、凡属于全体之假日，如适逢星期日，应在次日补假。凡属于部分人民之假日，则不补假。

此后，该办法在不同时期作了一些修订。大的框架和原则基本没变。2007 年 12 月 14 日，国务院公布修改后的《全国年节及纪念日放假办法》。2013 年，国务院又对这一办法作了修改。

与 1949 年的规定相比较，变化的有：1951 年 8 月 13 日政务院通告，将"八一五抗战胜利纪念日"改为每年 9 月 3 日。

增加了中国传统节日。2007 年 12 月 14 日，国务院公布修改后的《全国年节及纪念日放假办法》，将清明节、端午节、中秋节列入法定节假日。

放假的时间也有增加。2013 年，国务院修改这一办法，规定"春节，放假 3 天（农历正月初一、初二、初三）"。

原先一直实行每周 6 天工作日制，自 1995 年 5 月 1 日起，改为 5 天工作制，每周有两个休息日，节假日需根据这个时间具体调整和安排。放假的具体日期，现在国务院办公厅每年都会发一个通知来具体确定。

1949 年，在《共同纲领》中使用的是"国民""人民"的概念，还没有使用"公民"概念。改革开放后，则使用了"公民"概念。

按照 2007 年国务院修改后的《全国年节及纪念日放假办法》，传统的节日有春节、清明节、端午节、中秋节。相对于传统节日的新的节日有劳动节、国庆节，这是全体公民放假的节日；妇女节、儿童节、青年节、建军节，这是部分公民放假的节日及纪念日；其他不放假的节日纪念日有：二七纪念日、五卅纪念日、七七抗战纪念日、九三抗战胜利纪念日、九一八纪念日、教师节、护士节、记者节、植树节等，加了植树节。"新年"则是世界性的公元纪年的节日。

教师节，在不同历史时期有过 6 月 6 日、8 月 27 日几种不同日期。中华人民共和国成立后，中央人民政府曾恢复 6 月 6 日为教师节。1951 年，教育部宣布五一国际劳动节同时为教师节。但这样做不能体现教师节的特点。1985 年 1 月 21 日，六届全国人大常委会第九次会议作出决议，将每年的 9 月 10 日定为教师节。

2014 年 11 月 1 日，十二届全国人大常委会第十一次会议通过《关于设立国家宪法日的决定》，将 12 月 4 日设立为国家宪法日。

改革开放以来，根据国家形势发展的需要，还规定了其他一些纪念日或节日。

中国共产党第一次全国代表大会于 1921 年 7 月 23 日至 8 月初在上海和浙江嘉兴南湖召开，宣告中国共产党成立。1938 年，将 7 月 1 日确定为中国共产党成立的纪念日。但一直未规定其为正式的节日。

迄今，全年的法定节日有：

元旦，1 月 1 日。

中国人民警察节，1 月 10 日（2021 年起）。

春节，农历正月初一。

妇女节，3 月 8 日。

植树节，3 月 12 日。

清明节，4 月 5 日前后。

劳动节，5月1日。

青年节，5月4日。

护士节，5月12日。

全民科技工作者日，5月30日（2017年起）。

儿童节，6月1日。

端午节，农历五月初五。

建军节，8月1日。

中国医师节，8月19日（2018年起）。

教师节，9月10日（1985年起）。

中秋节，农历八月十五。

中国农民丰收节，农历秋分日（2018年起）。

国庆节，10月1日。

老年节，农历九月初九。

记者节，11月8日（2000年起）。

法定纪念日、公祭日、活动日有：

"二七"纪念日，2月7日。

全民国家安全教育日，4月15日（2016年起）。

中国航天日，4月24日（2016年起）。

中国品牌日，5月10日（2017年起）。

全国防灾减灾日，5月12日（2009年起）。

中国旅游日，5月19日（2011年起）。

全国助残日，5月的第三个星期日。

五卅纪念日，5月30日。

环境日，6月5日。

文化和自然遗产日，6月的第二个星期六（2017年起），由原"文化遗产日"调整设立。

全国土地日，6 月 25 日（1991 年起）。

七七抗战纪念日，7 月 7 日。

中国航海日，7 月 11 日（2005 年起）。

全民健身日，8 月 8 日（2009 年起）。

全国生态日，8 月 15 日（2023 年起）。

残疾预防日，8 月 25 日（2017 年起）。

中国人民抗日战争胜利纪念日，9 月 3 日。

中华慈善日，9 月 5 日（2016 年起）。

九一八纪念日，9 月 18 日。

全民国防教育日，9 月的第三个星期六。

烈士纪念日，9 月 30 日（2014 年起）。

国家扶贫日，10 月 17 日（2014 年起）。

全国交通安全日，12 月 2 日（2012 年起）。

国家宪法日，12 月 4 日（2014 年起）。

全国法制宣传日，12 月 4 日（2001 年起）。

南京大屠杀死难者国家公祭日，12 月 13 日（2014 年起）。

二十四、法定工作时间

法定工作时间，就是按照国家法律明文规定的劳动者最多工作的时间。法定工作时间由一定的社会历史和经济条件决定，也反映了一个社会和国家的发展程度和文明水平。

争取合理的劳动时间，是国际工人运动和中国共产党长期追求的目标。早在 1817 年 8 月，空想社会主义者罗伯特·欧文就提出"8小时劳动，8 小时休闲，8 个小时休息"的口号。1866 年 9 月在日内瓦召开的国际工人代表大会，根据马克思的倡议，提出"8 小时工作，8 小时自己支配，8 小时休息"的口号，要求各国制定法律给予确认。十月革命胜利后，苏维埃政权于 1917 年 11 月 11 日颁布了《关于 8 小时工作制》的法令。第一次世界大战后，8 小时工作制被 1919 年 10 月的国际劳工会议所承认。世界各国陆续确认了 8 小时工作制，此后很多国家还进一步减少每天和每周的工作时间。

中国共产党从成立开始，就提出了实行 8 小时工作制的要求，为改善工人阶级的待遇而斗争。中华人民共和国成立后，把规定合理的劳动和工作时间作为一项非常重要的政策，不断加以完善。1949 年的《共同纲领》规定，公私营企业一般实行 8 小时至 10 小时的工作时间制度。1952 年，政务院在《关于劳动就业问题的决定》中规定："为保障职工健康，提高劳动生产率，并扩大就业面，应有计划有步骤地坚决贯彻八小时至十小时工作制"。1956 年 6 月 8 日，国务院发布了《关于建筑业实行 8 小时，小礼拜工作制度的规定》。

随着改革开放的发展和深入，中国关于工作时间的法律制度日趋完备。1994 年 2 月 3 日，国务院发布了《关于职工工作时间的规定》，规定"国家实行职工每日工作 8 小时，平均每周工作 44 小时的工作制度"。1994 年 7 月 5 日，八届全国人大常委会第八次会议通过《中华人民共和国劳动法》，不但将新工时制度上升为国家的法律制度，同时强调两个"不超过"的工时制度。即规定，"国家实行劳动者每日工作时间不超过 8 小时，平均每周工作时间不超过 40 小时的工时制度"。1995 年 1 月 1 日起劳动法生效。1995 年 3 月 25 日，国务院又对《国务院关于职工工作时间的规定》作了修订，从 1995 年 5 月 1 日起施行。

我国劳动法规定的工时制度有三种，即标准工时制、综合工时制和不定时工时制。我国目前实行劳动者每日工作 8 小时、每周工作 40 小时这一标准工时制。有条件的企业应实行标准工时制。

按照劳动法和国务院规定，因工作性质或者生产特点的限制，不能实行标准工时制度的，可以实行其他工作和休息办法，应保证劳动者每天工作不超过 8 小时、每周工作不超过 40 小时、每周至少休息一天。任何单位和个人不得擅自延长职工工作时间。因特殊情况和紧急任务确需延长工作时间的，按照国家有关规定执行。国家机关、事业单位实行统一的工作时间，星期六和星期日为周休息日。企业和不能实行统一工作时间的事业单位，可以根据实际情况灵活安排周休息日。

用人单位在下列节日期间应当依法安排劳动者休假：（一）元旦；（二）春节；（三）国际劳动节；（四）国庆节；（五）法律、法规规定的其他休假节日。国家实行带薪年休假制度。劳动者连续工作一年以上的，享受带薪年休假。

安排劳动者延长工作时间的，支付不低于工资 150% 的工资报酬；休息日安排劳动者工作又不能安排补休的，支付不低于工资 200% 的工资报酬；法定休假日安排劳动者工作的，支付不低于工资 300% 的工资报酬。

第十章

国家对外开放

一、对外开放

对外开放，与改革紧紧联系在一起，是总结国际国内历史经验作出的重大战略决策，是十一届三中全会以来中国的基本国策、社会主义建设新时期的显著特征、中国经济腾飞的一个秘诀，也是中国全面建成小康社会的一件法宝。

对外开放，就其政策取向而言，一是指国家积极主动地扩大对外经济交往；二是指放开或者取消各种政策限制，不再采取封锁国内市场和投资场所的保护政策，发展开放型经济；三是指加强与世界各国的经济、政治、文化、科技等多方面的交流与合作；四是指放宽人员往来和流动，允许公民依法出入境，学生出国留学，公民依法出国出境从事劳务活动、贸易往来等。

中华人民共和国成立后，实行"一边倒"的外交政策，与苏联东欧国家等结成社会主义阵营。80%以上的对外贸易都是与这些社会主义国家进行。由于受西方国家的封锁和禁运，加上思想上、政策上的自我封闭，与世界其他国家基本处于隔绝的状态。20世纪50年代末以后，随着中苏矛盾的尖锐化，中国提出"打倒帝修反"的口号，实行"两个拳头打人"的政策，与整个外部世界都陷入了隔绝半隔绝的状态。尼克松访华后，中国对外经济关系一度有所松动，1972—1973年间，曾从西方发达国家进口了一大批设备。

"文化大革命"结束后，中国与外部世界的关系逐步缓和，对外交往也明显增加。特别是中国有大量华侨在外，香港、澳门在中国内地与外部世界的联系中发挥着特殊的作用。因此，放宽放松对外交往和经济联系的政策成为历史的必然选择。

1978 年，党和国家组织了一系列代表团、考察团出国访问。仅副总理和副委员长以上领导人的出访就有 20 多次，访问的国家达 50 多个，其中既有发展中国家，也有资本主义发达国家。通过这些访问，改善了与许多国家的关系，也增加了对外部世界的了解。特别是 1978 年 10 月邓小平对日本的访问，不仅把中日两国的友好关系推进到新的阶段，而且也为中国引进国外先进的技术设备和管理方法，加快现代化建设步伐，打开了局面。

1978 年 12 月，在中央工作会议上经过认真讨论后，十一届三中全会作出了在自力更生的基础上积极发展同世界各国的经济合作，努力采用世界先进技术和先进装备的重大决策。由此确定了对外开放的基本国策，中国的大门迅速打开。

1979 年 1 月，邓小平在与荣毅仁等工商业家座谈时，明确提出了"对外开放"的要求。1980 年 12 月 25 日，邓小平在中央工作会议上明确指出："要继续在独立自主、自力更生的前提下，执行一系列已定的对外开放的经济政策，并总结经验，加以改进。在这方面由于多年闭关自守，没有经验，我们确实付出了重大的代价。责任主要在中央。我个人也要负责。"1982 年 12 月，对外开放政策被正式写入宪法。

实行对外开放，是社会化大生产和经济生活国际化的客观要求，是当今世界发展的基本趋势和共同特点，是对过去国内外历史教训的科学总结，是中国现代化建设的战略需要，也是发展社会主义市场经济的内在要求，是经济体制改革的重要内容。邓小平指出："中国在西方国家产业革命以后变得落后了，一个重要原因就是闭关自守。建国以后，人家封锁我们，在某种程度上我们也还是闭关自守，这给我们带来了一些困难。三十几年的经验教训告诉我们，关起门来搞建设是不行的，发展不起来。"①

40 多年来，中国的对外开放主要采取了以下几种途径、形式、方法和措施：

第一，利用外资。改革开放前的 30 年，除了苏联东欧在 20 世纪 50 年代的援助外，中国基本没有利用外资，也没有企业海外投资。我国现代化建设面临的一个严重问题，就是资金不足。利用国外资金，是缓解国内资金短缺的一条有效途径。所以，对外开放一开始，首先提出的就是吸引外资问题。利用外资扩大了中国同各国之间经济技术的交流与合作，促进了国内经济的发展。自 1982 年 3 月与瑞典签署第一个双边投资协定以来，中国已经和 135 个国家和地区签订了双边投资协定。

第二，引进技术。针对中国科技力量薄弱的现状，国家积极引进发达国家的先进技术和管理经验，也包括先进的设备，来促进我国科技的发展和管理水平的提高。仅 1978 年 1 年，我国同西方发达国家就先后签订了 22 个成套引进项目的合同，其中投资规模最大的是上海宝山钢铁厂。虽然当时出现了规模过大、要求过急的问题，但毕竟为中国的现代化建设提供了比较先进的技术装备和较高的起点。

第三，对外贸易。努力打开世界市场，开辟贸易途径，提高中国产品的竞争能力和创汇能力，通过获得广阔的国际市场来实现中国经济发展的战略目标。扩大对外贸易，不但使我们获得了实现现代化所必需的技术设备或产品，而且为我们进入世界市场、积累资金、获得技术信息提供了重要途径。中国已成为 140 多个国家和地区的主要贸易伙伴，货物贸易总额居世界第一。

第四，创建经济特区。选择若干对外交通便利的地区，在对外经济活动中采取更加灵活和开放的特殊政策，实行减免关税、降低地价

---

① 《邓小平文选》第三卷，人民出版社 1993 年版，第 64 页。

等优惠办法，创造良好的投资环境，鼓励和吸引外商、外资办企业和其他事业，以达到发展经济的目的。建立对外经济特区，对中国更好地利用外资、引进国外先进技术、发展对外贸易、提高企业管理水平发挥了重要作用。

40多年来对外开放不断扩大，不断提高水平。

以十一届三中全会作出实行改革开放的历史性决策为标志，首先通过试办深圳等经济特区，大力吸引外资、发展劳动密集型出口加工业。1984年，进一步开放14个沿海开放城市，设立国家级经济技术开发区，初步形成由点及线、由线及面的开放格局。

以1992年邓小平发表南方谈话和十四大决定建立社会主义市场经济体制为标志，对外开放范围由沿海扩大到沿江、内陆和沿边，形成了全方位、多层次、宽领域的对外开放格局。

以2001年加入世贸组织为标志，从单方面自主开放转变为与世贸组织成员在国际规则下相互开放。加入世贸组织开启了中国全面参与经济全球化、充分利用两个市场、两种资源的新时期。十七大报告进一步指出，要"扩大开放领域，优化开放结构，提高开放质量"。

2012年以来，进入全面开放阶段。以推动形成全面开放新格局、对外商投资实行准入前国民待遇加负面清单管理制度为标志。按十八大要求，适应经济全球化新形势，实行更加积极主动的开放战略。十八届三中全会提出了探索对外商投资实行准入前国民待遇加负面清单的管理模式、建设上海自贸试验区、扩大内陆沿边开放等改革任务。2015年5月，中共中央、国务院发布了《关于构建开放型经济新体制的若干意见》。党中央、国务院先后决定设立了上海等12个自贸试验区。

在十九大报告中，习近平指出，要推动形成全面开放新格局。中国开放的大门不会关闭，只会越开越大。要以"一带一路"建设为重点，坚持引进来和走出去并重，遵循共商共建共享原则，加强创新能力开放合作，形成陆海内外联动、东西双向互济的开放格局。

2020年9月4日，2020年中国国际服务贸易交易会全球服务贸易峰会在北京举行。习近平通过视频方式致辞，强调中国将坚定不移扩大对外开放，建立健全跨境服务贸易负面清单管理制度，继续放宽服务业市场准入，发展服务贸易新业态新模式，支持组建全球服务贸易联盟，支持北京打造国家服务业扩大开放综合示范区，带动形成更高层次改革开放新格局。

二十大指出，10年来，"我们实行更加积极主动的开放战略，构建面向全球的高标准自由贸易区网络，加快推进自由贸易试验区、海南自由贸易港建设，共建'一带一路'成为深受欢迎的国际公共产品和国际合作平台。我国成为一百四十多个国家和地区的主要贸易伙伴，货物贸易总额居世界第一，吸引外资和对外投资居世界前列，形成更大范围、更宽领域、更深层次对外开放格局"[1]。

二十大要求推进高水平对外开放。依托我国超大规模市场优势，以国内大循环吸引全球资源要素，增强国内国际两个市场两种资源联动效应，提升贸易投资合作质量和水平。稳步扩大规则、规制、管理、标准等制度型开放。推动货物贸易优化升级，创新服务贸易发展机制，发展数字贸易，加快建设贸易强国。合理缩减外资准入负面清单，依法保护外商投资权益，营造市场化、法治化、国际化一流营商环境。推动共建"一带一路"高质量发展。优化区域开放布局，巩固东部沿海地区开放先导地位，提高中西部和东北地区开放水平。加快建设西部陆海新通道。加快建设海南自由贸易港，实施自由贸易试验区提升战略，扩大面向全球的高标准自由贸易区网络。有序推进人民币国际化。深度参与全球产业分工和合作，维护多元稳定的国际经济

---

① 《习近平著作选读》第一卷，人民出版社2023年版，第8页。

格局和经贸关系。^①

二、利用外资

利用外资，是中国对外开放的一种重要方式。

外资，是指其他国家地区（包括港澳台地区）法人或自然人以独资、合资、参股等方式对大陆进行的投资。一般在三种意义上使用：一是指境外资本、境外货币或境外资金；二是指外国或境外的投资行为；三是指外国或境外投资者。在中国大陆，外资的利用方式主要分为三种：外商直接投资（FDI）、对外借款和外商其他投资，其中外商直接投资占有很大比例。

利用外资，就是利用来自国外的货币资金（如借入国外资金、吸收国外投资、接受国外经济援助等）和以物资、技术、专利等表现的国外资本，以解决本国资金、设备不足的困难，或进行资金调节，达到发展本国经济的目的。

中国是发展中国家，物质基础薄弱，建设资金匮乏。要实现社会主义现代化建设"三步走"的战略目标，必须筹集充足的资金，包括国内的资金和国外的资金。

1978年7月6日至9月9日，国务院召开务虚会，研究加快四个现代化建设问题，强调要放手利用国外资金，大量引进国外先进技术设备。

1979年1月17日，邓小平约见胡厥文、胡子昂、荣毅仁、周叔弢、古耕虞等工商业家座谈如何加快经济建设。邓小平谈起合资问题："现在经济建设的摊子铺得大了，感到知识不够，资金也不足。""现在搞建设，门路要多一点，可以利用外国的资金和技术，

---

① 《习近平著作选读》第一卷，人民出版社2023年版，第27页。

华侨、华裔也可以回来办工厂。吸收外资可以采取补偿贸易的办法，也可以搞合营，先选择资金周转快的行业做起。"

改革开放 40 多年来中国大陆利用外资的历史进程，大致可以分为 4 个阶段。

一是从 1978 年到 1991 年的试点探索阶段。1979 年 6 月，《政府工作报告》正式提出"采用国际通用的各种合理的形式吸收国外资金"，吸引外资工作全面展开。1979 年 7 月 8 日颁布施行《中华人民共和国中外合资经营企业法》；1986 年，六届全国人大四次会议通过《中华人民共和国外资企业法》；1988 年，七届全国人大一次会议通过《中华人民共和国中外合作经营企业法》，共同组成了利用外资的三部基本法律（统称"外资三法"）。与此相应，1983 年 9 月，国务院发布《中华人民共和国中外合资经营企业法实施条例》。1986 年，国务院发布《关于鼓励外商投资的规定》，在税收、信贷、进出口等方面提出了一系列鼓励外商投资的政策措施。这一阶段，年均实际使用外资 17.9 亿美元，1991 年实际使用外资达到 43.7 亿美元。

二是从 1992 年至 2000 年的快速发展阶段。外商投资领域从出口加工业扩大到高新技术等产业，从制造业扩大到服务业，形成了全方位、多层次、宽领域的对外开放格局。1998 年，中共中央、国务院发布了《关于进一步扩大对外开放、提高利用外资水平的若干意见》。这一阶段，年均实际使用外资近 360 亿美元，2000 年实际使用外资达到 407.2 亿美元。

三是从 2001 年至 2011 年的高层次开放阶段。以 2001 年加入世贸组织为标志，开启了全面参与经济全球化、充分利用两个市场两种资源的新时期。加入世贸组织前后，履行入世承诺的需要，对涉外经贸法律法规进行了大规模的清理和修订。九届全国人大常委会于 2000 年和 2001 年通过了对"外资三法"的修改决定，国务院也对

"外资三法"的实施条例和细则进行了修改。十七大报告指出，"扩大开放领域，优化开放结构，提高开放质量"。2010 年，国务院发布《关于进一步做好利用外资工作的若干意见》，强调进一步提高利用外资质量和水平，更好地发挥利用外资在推动科技创新、产业升级、区域协调发展等方面的积极作用。为在扩大开放的同时维护国家安全，借鉴国际通行做法，于 2011 年建立了外国投资者并购境内企业安全审查制度。利用外资更加注重促进产业优化升级和区域协调发展，年均实际使用外资 803.2 亿美元，2011 年实际使用外资达到 1239.9 亿美元。

四是 2012 年以来的全面开放阶段。2013 年 11 月，十八届三中全会提出探索对外商投资实行准入前国民待遇加负面清单的管理模式、统一内外资法律法规、加快商签投资协定、改革涉外投资审批体制、放宽投资准入、建设上海自贸试验区、扩大内陆沿边开放等改革任务，明确了新时期利用外资的顶层设计。经过试点，2016 年 9 月，全国人大常委会作出修改"外资三法"和《中华人民共和国台湾同胞投资保护法》的决定，将不涉及国家规定实施准入特别管理措施的外商投资企业设立及变更由审批改为备案管理，投资自由化便利化水平大幅提升。2015 年 5 月，中共中央、国务院发布了《关于构建开放型经济新体制的若干意见》，对创新外商投资管理体制作出了全面部署。

这一阶段，中国外商投资管理体制实现历史性变革，将实行了30 多年的全链条审批制度改为有限范围内的审批和告知性备案的管理制度，营商环境持续改善。在全球范围内国际直接投资流量下降的大背景下，中国利用外资逆势增长，年均实际使用外资 1300 亿美元。2015 年，中国对外直接投资流量为 1456.7 亿美元，实际利用外资 1356 亿美元，对外投资首超吸引外资，首次成为资本净输出国。

2017年1月12日，国务院发出《关于扩大对外开放积极利用外资若干措施的通知》。2017年8月8日、2018年6月10日，又相继发出《关于促进外资增长若干措施的通知》《关于积极有效利用外资推动经济高质量发展若干措施的通知》。

经过几十年的发展，中国吸引和利用外资的渠道和形式已经日益多样化。目前大致分为三类：对外借款，包括外国政府、国际金融组织贷款以及外国商业银行贷款、出口信贷、对外发行债券等；外商直接投资，包括中外合资、合作企业、外商独资企业以及合作开发项目等；外商其他投资，包括国际租赁、补偿贸易、加工装配以及对外发行股票等。

改革开放40多年来，中国利用外资规模不断扩大，质量不断提升，取得了举世瞩目的成就。截至2018年底，我国累计设立外商投资企业约96万家，累计实际使用外资超过2.1万亿美元。据联合国贸发会议统计，自1992年以来，中国实际使用外资连续27年居发展中国家首位。2018年，中国实际使用外资达到1349.7亿美元（不含银行、证券、保险领域数据），位居世界第二，约为1992年的12倍，1983年的150倍。2018年，服务业、制造业实际使用外资占比分别为68.1%和30.5%。1998年以来，高技术产业实际使用外资增长了16倍；2018年占比达23.5%。跨国公司在华投资地区总部、研发中心超过2000家。

十八大以来的10年，利用外资继续取得显著成效。根据商务部公布的数据，2021年中国实际使用外资以人民币计首次突破万亿元，达到11493.6亿元（不含银行、证券、保险领域，下同），较2012年（7057.5亿元）增长62.9%。引资规模近10年稳居发展中国家首位。高技术产业实际使用外资3469.5亿元，较2012年（978.7亿元）增长254.5%，占比从2012年的13.9%提高至2021年的30.2%。

2020 年，规上外资工业企业研发经费支出、专利申请数、新产品开发经费支出分别占全国的 19.6%、13% 和 20.4%，有力推动了科技创新和产业升级。

对外投资合作也平稳发展。2021 年中国对外直接投资 1451.9 亿美元，同比增长 9.2%。2012—2021 年对外直接投资累计 1.4 万亿美元，年均增长 5.7%，近 10 年稳居世界前三，其中 2020 年对外直接投资 1537 亿美元，居全球首位，占全球比重达 20%。2020 年末，对外直接投资存量 2.6 万亿美元，是 2012 年末存量的 4.9 倍。2012—2021 年，我国对外承包工程累计完成营业额 1.5 万亿美元，新签合同额 2.3 万亿美元，年均分别增长 3.2% 和 5.7%。78 家中国企业入围 2021 年度"全球最大 250 家国际承包商"，连续 8 年位居世界第一。

三、经济特区

兴办经济特区，是党和国家为推进改革开放和社会主义现代化建设作出的重大决策，是中国对外开放富有特色的重要形式。

1978 年 4 月 10 日—5 月 6 日，受国务院委派，国家计委和外经贸部组织考察组，对港澳实地调研。考察组回京后向中央提交《港澳经济考察报告》，提出：可借鉴港澳的经验，把靠近港澳的广东宝安、珠海划为出口基地，力争经过三五年努力，在内地建设具有相当水平的对外生产基地、加工基地和吸引港澳同胞的游览区。

1978 年 4 月 19 日，邓小平在出席中央政治局会议讨论《今后八年发展对外贸易，增加外汇收入的规划要点》时指出："广东搞出口基地，要进口饲料，应该支持，试一试也好嘛。"

1979 年 1 月 31 日，中共中央、国务院决定在广东蛇口建立全国第一个对外开放工业区——蛇口工业区。

1979 年 2 月，吴南生到汕头传达十一届三中全会会议精神，产生了在汕头举办出口加工区的设想。吴南生通过电报向习仲勋、杨尚昆作了汇报。3 月 3 日，广东省委召开常委会，吴南生提出：三中全会的精神是解放思想，我提议广东应当拿出一个地方对外开放。最好从汕头开始，可以在汕头建一个像台湾搞的那样的出口加工区。习仲勋当即表示："要搞，全省都搞，除了重要侨乡汕头外，毗邻香港澳门的宝安、珠海也可以同时搞。"他要求先拿出个意见，4 月，他到北京参加中央工作会议时，带去上报中央。

1979 年 4 月，在中央工作会议期间，习仲勋代表广东省委正式向中央提出对广东实行特殊政策、灵活措施以及创办贸易合作区的建议。

邓小平非常赞同广东富有新意的设想。当他听说贸易合作区的名称定不下来，大家意见不一致时，就说："就叫特区嘛，过去陕甘宁就是特区。中央没有钱，可以给些政策，你们自己去搞，杀出一条血路来！"

根据邓小平的提议，中央工作会议作出决定。同年 7 月 15 日，中共中央、国务院批转广东和福建省委关于对外经济活动实行特殊政策和灵活措施的两个报告。1980 年，采纳了广东省的建议，把"出口特区"改名为具有更丰富内涵的"经济特区"。同年，广东、福建两省利用地处沿海、毗邻港澳、交通便利的特点，吸收国际上自由贸易区和出口加工区的经验，在深圳、珠海、汕头、厦门划出一定地区，建立了经济特区。8 月 26 日，五届全国人大常委会第十五次会议批准《广东省经济特区条例》。

1981 年 5 月 27 日—6 月 14 日，国务院在北京召开广东、福建两省和经济特区工作会议。7 月 19 日，中共中央、国务院批转这次会议纪要。会议在统一认识的基础上，制定了适合特区性质和要求的

10 项政策措施。

经济特区实行的特殊经济政策和管理体制，概括起来：一是建设资金以引进外资为主，所有制结构为多种形式共存，产业结构以工业为主，产品以出口外销为主。二是特区的经济活动，在国家宏观指导下以市场调节为主。三是管理体制有更大的自主权，在投资项目审批、外贸、企业经营等方面都给予优惠待遇。四是对来特区投资的外商，在税收、土地使用、出入境等方面实行优惠政策和灵活措施。

经济特区处在中国对外开放战略格局的前哨阵地，成为中国改革开放的窗口和试验场。特区的设立为国内进一步改革开放、扩大对外经济交流起到了极为重要的作用。

短短几年工夫，特区建设就取得了重要成就。深圳这个昔日的边陲小镇迅速发展成初具规模的现代化城市，成为国内外关注的改革开放热土。

1984 年 1 月 24 日至 2 月 15 日，邓小平先后视察了深圳、珠海、厦门 3 个经济特区，对特区建设的成就给予了充分肯定。视察回京后，他对中央几位负责人谈话，明确指出："我们建立经济特区，实行开放政策，有个指导思想要明确，就是不是收，而是放。""除现在的特区之外，可以考虑再开放几个港口城市，如大连、青岛。这些地方不叫特区，但可以实行特区的某些政策。""特区是个窗口，是技术的窗口，管理的窗口，知识的窗口，也是对外政策的窗口。"[①]

在邓小平的倡议下，是年 5 月 4 日，中共中央、国务院作出进一步开放的决定，开放大连、秦皇岛、天津、烟台、青岛、连云港、南通、上海、宁波、温州、福州、广州、湛江、北海 14 个沿海港口城市，并扩大这些地方经济管理权限，对外商投资实行类似经济特区的政策。

---

① 《邓小平文选》第三卷，人民出版社 1993 年版，第 51—52 页。

1985 年 2 月，中共中央、国务院又决定开放长江三角洲、珠江三角洲和闽南厦漳泉三角地区。随后开放环渤海地区和海南岛，1988年决定将海南岛改制为海南省，办成全国最大的经济特区。1990 年 4月，中央正式批准开发开放浦东，在浦东实行经济技术开发区和某些经济特区的政策。

1992 年邓小平南方谈话之后，全国又掀起了新一轮对外开放的热潮。从而，在全国范围内基本形成了"经济特区—沿海开放城市—沿海经济开发区—沿江和内陆开放城市—沿边开放城市"的全方位对外开放格局。到 1993 年，全国对外开放地带总面积达 50 万平方公里，包括 339 个县市，3.2 亿人口。

2009 年 5 月 27 日，国务院批准《深圳市综合配套改革总体方案》，将深圳定位为"一区四市"：全国综合配套改革试验区、全国经济中心城市、国家创新型城市、国际化城市和中国特色社会主义示范市。

2010 年，国务院批准深圳经济特区范围扩大到全市，深圳正式迈进大特区时代。

2010 年 5 月，在中央新疆工作会议上，中央正式批准霍尔果斯、喀什设立经济特区。

2012 年，前海成为我国金融业对外开放试验示范窗口。

40 多年来，除了深圳、珠海、汕头、厦门、海南 5 大综合性经济特区和上海浦东、天津滨海两个新区以外，还先后建立了 54 个国家级高新区、15 个保税区、62 个出口加工区、9 个保税物流园区、13 个保税港区和 9 个综合保税区，几乎囊括了经济特区的所有主要模式。

实践证明，建立经济特区的思想和决策是完全正确的。它不仅使这些地区的经济得到快速发展，而且在推进对外开放，引进境外资金、先进技术及管理经验，建立社会主义市场经济体制等方面，发挥了窗口的作用、试验的作用和排头兵的作用。

2018年7月12日，《粤港澳大湾区发展规划纲要》印发，深圳被列为区域发展核心引擎的4个中心城市之一。

2019年8月9日，中共中央、国务院印发《关于支持深圳建设中国特色社会主义先行示范区的意见》。

2020年10月14日，习近平在深圳经济特区建立40周年庆祝大会上讲话，总结经济特区改革开放、创新发展积累的10条宝贵经验，强调深圳要建设好中国特色社会主义先行示范区，创建社会主义现代化强国的城市范例，提高贯彻落实新发展理念能力和水平。

四、开发开放浦东

开发开放浦东，是20世纪90年代初，中共中央、国务院决策、上海市组织实施的一项国家战略。

浦东是指黄浦江以东、长江口西南、川杨河以北紧邻上海外滩的一块三角形地区，面积约350平方公里。这是一片具有巨大发展潜力的土地。早在20世纪初，孙中山和国民党政府中的有识之士，曾提出过开发浦东的设想，但都没有付诸实施。

从1984年起，国务院和上海市政府提出：要振兴上海，重点是向杭州湾和长江南北两翼展开，创造条件开发浦东，筹划新区建设，并制定了《上海经济发展战略汇报提纲》。1986年4月，在江泽民主持下，上海市政府提出了开发浦东的初步方案，并向中央上报了《上海市城市规划方案汇报的提纲》。1987年6月，市政府成立浦东新区中外联合咨询小组。

1988年以后，在党中央的支持下，上海加快了浦东开发开放的可行性研究。1990年初，朱镕基向邓小平提出开发浦东的战略设想，得到重视和支持。2月，上海市委、市政府正式向党中央、国务院上报《关于开发浦东的请示》，提出了浦东开发开放的基本构想。

邓小平对浦东开发非常重视。1990年3月初，在同几位中央负责同志谈话时，邓小平指出："机会要抓住，决策要及时，要研究一下哪些地方条件更好，可以更广大地开源。比如抓上海，就算一个大措施。上海是我们的王牌，把上海搞起来是一条捷径。"[①]

在邓小平的推动下，国务院两次委派邹家华、姚依林率队到上海作实地考察和进行专题研究，并召开国务院会议和政治局会议讨论。经过充分调查研究和论证，党中央、国务院于1990年4月正式批准开发开放浦东，在浦东实行经济技术开发区和某些经济特区的政策。4月18日，李鹏在出席上海大众汽车有限公司成立5周年大会时，代表党中央、国务院宣布同意加快浦东开发的决定，同时指出：开发浦东，开放浦东，是中央为深化改革、扩大开放而作出的又一个重大部署，对于上海和全国都是一件具有重要战略意义的事情。

1990年4月30日，上海市政府宣布开发浦东的10项优惠政策与措施。同年9月10日，上海市宣布了新区的9项具体政策规定。同月，国务院批准了上海市政府开发开放浦东新区的具体政策规定。浦东开发开放进入实质性启动阶段。

浦东开发开放启动之后，有实力的跨国公司、中外金融机构纷纷踏上这片改革开放的热土，外商投资逐年增加。一个外向型、多功能、现代化的新城区开始奇迹般地崛起，带动了全上海以及长江三角洲和整个长江流域经济的新飞跃。浦东由此成为新上海的象征，也成为20世纪90年代中国改革开放取得显著成就的重要标志。

2007年，十七大把自由贸易区建设上升为国家战略；2012年的

---

① 《邓小平文选》第三卷，人民出版社1993年版，第355页。

十八大提出要加快实施自由贸易区战略。在此背景下，2013年上半年，商务部、上海市政府会同国务院有关部门拟定《中国（上海）自由贸易试验区总体方案（草案）》，上报国务院审批。2013年7月3日，国务院常务会议讨论并原则通过该方案草案。2013年8月22日，党中央、国务院决定设立中国（上海）自由贸易试验区，涵盖四片区。2014年12月28日，国务院决定扩展中国（上海）自由贸易试验区区域范围，涵盖七片区：外高桥保税区、外高桥保税物流园区、洋山保税港区、上海浦东机场综合保税区、金桥出口加工区、张江高科技园区、陆家嘴金融贸易区，总面积120.72平方公里。

　　设立自贸区把浦东开发开放推向了一个新阶段。按照国务院对自贸试验区"继续积极大胆闯、大胆试、自主改""探索不停步、深耕试验区"的要求，上海自贸区深化完善以负面清单管理为核心的投资管理制度、以贸易便利化为重点的贸易监管制度、以资本项目可兑换和金融服务业开放为目标的金融创新制度、以政府职能转变为核心的事中事后监管制度，形成与国际投资贸易通行规则相衔接的制度创新体系，充分发挥金融贸易、先进制造、科技创新等重点功能承载区的辐射带动作用，力争建设成为开放度最高的投资贸易便利、货币兑换自由、监管高效便捷、法制环境规范的自由贸易园区。

　　2020年11月12日，习近平在浦东开发开放30周年庆祝大会上讲话强调，浦东要努力成为更高水平改革开放的开路先锋、全面建设社会主义现代化国家的排头兵、彰显"四个自信"的实践范例，更好向世界展示中国理念、中国精神、中国道路。2021年4月23日，中共中央、国务院印发《关于支持浦东新区高水平改革开放打造社会主义现代化建设引领区的意见》。

五、海南建省和经济特区

1988 年 4 月 13 日，七届全国人大一次会议通过了国务院提出的关于设立海南省和建立海南经济特区的议案。这是中国对外开放的一个重大举措。

海南，简称"琼"。海南岛是现今中国仅次于台湾岛的中国第二大岛。1950 年后，海南的建置为行政区，一直隶属广东省。

20 世纪 80 年代初，在开放深圳、珠海、汕头、厦门 4 个经济特区的同时，中央开始考虑海南岛的开发开放问题。1980 年 6 月 30 日至 7 月 11 日，国务院在北京召开了海南岛问题座谈会，并形成会议纪要，决定加速海南岛的开发与建设，标志海南建岛方针实现了从国防前哨转而成为开放前沿的重大转变，结束了海南长期封闭的历史。

1982 年 12 月，在 4 个经济特区走上正轨之际，中共中央、国务院决定进一步研究海南岛的开放开发问题。1983 年 2 月，时任中央书记处书记谷牧到海南岛调研。4 月 1 日，中共中央、国务院批转《关于加快海南岛开发建设问题讨论纪要》，并发出通知，决定加快海南岛的开发建设，明确提出"放权"思想，从 8 个方面给海南在对外经济合作方面以较大的自主权，并指示中央各有关部门采取积极态度，从人、财、物方面给海南岛以必要的直接支持。

1984 年 2 月 24 日，邓小平在视察深圳、珠海等经济特区回京后指出："我们还要开发海南岛，如果能把海南岛的经济迅速发展起来，那就是很大的胜利。"他提出了用 20 年时间把海南岛的经济发展到台湾的水平的设想。

1984 年 5 月，六届全国人大二次会议审议了国务院关于成立海南行政区人民政府的议案，决定成立副省级的海南行政区人民政府。由此，海南经济社会发展迎来第一次高潮。

1986 年 2 月 5 日至 14 日，国务院领导深入海南岛的两市、8 县考察，同当地干部群众一起商讨开发海南的方针政策。

1986 年 8 月，中央同意海南在国家计划中单列户头，赋予海南相当于省级的经济管理权限。

1987 年 6 月 12 日，邓小平在会见南斯拉夫客人时提出，"我们正在搞一个更大的特区，这就是海南岛经济特区"。"海南岛好好发展起来，是很了不起的。"

同年 9 月 26 日，中共中央、国务院发出《关于建立海南省及其筹建工作的通知》，对建省问题的一些原则问题做出规定和部署，将给海南省更多的自主权，规定更为优惠的政策，使海南省成为我国最大的经济特区。为此成立海南建省筹备组。

1988 年 4 月 13 日，七届全国人大一次会议通过了国务院提出的议案，批准设立海南省，撤销海南行政区，海南省人民政府驻海口市。

海南经济特区，是中国 5 个经济特区（海南、深圳、厦门、珠海、汕头）中面积最大的经济特区和唯一的省级经济特区。海南经济特区的范围为海南本岛。

海南省的行政区域包括海南岛和西沙群岛、南沙群岛、中沙群岛的岛礁及其海域。全省陆地总面积 3.54 万平方公里，其中海南岛陆地面积 3.39 万平方公里，海域面积约 200 万平方公里。

1988 年 4 月 14 日，国务院转批《关于海南岛进一步对外开放加快经济开发建设的座谈会纪要》。4 月 26 日，海南省委省政府正式挂牌。5 月 4 日，国务院发布了《关于鼓励投资开发海南岛的规定》。从此，海南省和海南经济特区揭开了扩大开放、深化改革、加快发展的新的一页。

2007 年 9 月 24 日，国务院正式批准在洋浦设立我国第四个保税港区，也是华南地区唯一的一个保税港区。

2009 年 12 月 31 日，国务院发布《关于推进海南国际旅游岛建设发展的若干意见》，并将国际旅游岛建设上升为国家战略。

2012 年 6 月 21 日，国务院批准撤销西沙群岛、南沙群岛、中沙群岛办事处，建立地级三沙市，政府驻西沙永兴岛。

2015 年 6 月，习近平主持召开中央深改组第十三次会议，同意将海南作为全国第一个以省域为单位开展"多规合一"改革试点省份。当年 9 月，《海南省总体规划纲要》发布，整合六大空间规划的统筹，确保海南发展"一张蓝图干到底"。

30 年来，在党中央坚强领导和全国大力支持下，海南经济特区坚持锐意改革，勇于突破传统经济体制束缚，经济社会发展取得了令人瞩目的成绩。1987 年，海南地区生产总值仅有 57.28 亿元，地方财政收入不到 3 个亿。到 2017 年，海南地区生产总值达到 4462.5 亿元，人均地区生产总值 7179 美元，地方一般公共预算收入 674 亿元，地区生产总值、人均生产总值、地方财政收入分别增长 21.8 倍、14.3 倍、226.8 倍，现代服务业、热带农业、新型工业迅速成长，交通、电力、水利、通信等基础设施日趋完备。改革开放取得重要突破，在农垦体制改革、"多规合一"改革、省直管市县的行政管理体制改革、航权开放等方面走在全国前列。国际交流合作空前扩大，成功举办了 18 届博鳌亚洲论坛年会。在全国率先建设生态省，大气和水体质量保持领先水平。人民生活明显改善，教育、卫生、文化等社会事业加快发展，城乡面貌发生深刻变化。

经过 30 年不懈努力，海南已从一个边陲海岛发展成为我国改革开放的重要窗口。

2018 年 4 月 11 日，中共中央、国务院印发《关于支持海南全面深化改革开放的指导意见》，赋予海南经济特区改革开放新使命，建设自由贸易试验区和中国特色自由贸易港。

2018 年 4 月 13 日，习近平在庆祝海南建省办经济特区 30 周年大会上发表重要讲话，充分肯定经济特区建设的历史功绩，并郑重宣布，党中央决定支持海南全岛建设自由贸易试验区，支持海南逐步探索、稳步推进中国特色自由贸易港建设，分步骤、分阶段建立自由贸易港政策和制度体系。海南要着力打造全面深化改革开放试验区、国家生态文明试验区、国际旅游消费中心、国家重大战略服务保障区，形成更高层次改革开放新格局。

2018 年 9 月 24 日，国务院印发《中国（海南）自由贸易试验区总体方案》。2019 年 11 月 8 日、9 日，海南自由贸易港建设总体方案专家座谈会和推进海南全面深化改革开放领导小组专题会议在海口举行。2020 年 3 月 20 日，中共中央、国务院印发《海南自由贸易港建设总体方案》。

2021 年 6 月 10 日，十三届全国人大常委会第二十九次会议通过《中华人民共和国海南自由贸易港法》。

2023 年，海南全省生产总值为 7551.18 亿元。

六、加入世界贸易组织

改革开放以来，中国对外开放的大门越开越大。加入世界贸易组织（World Trade Organization，简称 WTO），就是中国进一步向世界开放和融入世界经济体系的重要步骤和重要标志。

世界贸易组织是与世界银行、国际货币基金组织并列的现今全球最具广泛性的三大国际经济组织之一，其前身为关税与贸易总协定（GATT）。中国曾为 GATT 的 23 个创始缔约国之一，由于历史的原因，中国一度失去了这一地位，与关贸总协定之间的正式关系长期中断。

改革开放的发展，把与世界建立正常的经济贸易关系提上了日程。中国加入世贸组织有利有弊。为了国家的长远利益，中国不能置身其外。围绕加入世贸组织问题，中国进行了长达15年的谈判。

1984年1月，中国正式成为关贸总协定下属的国际纺织品贸易协议的成员。1986年7月11日，中国政府向世界关税及贸易总协定总干事提交关于恢复中国在关贸总协定缔约国地位的申请，并准备就此问题同关贸总协定缔约各方进行谈判。

1994年4月，中国同其他122个缔约方一道，签署了《乌拉圭回合谈判结果最后文件》和《建立世界贸易组织协议》。在之后的首次中国复关谈判中，鉴于世界贸易组织将成立，中国代表团表示希望成为世贸组织的创始成员国。然而，由于一些西方国家的反对，中国未能就这一问题与其他缔约国达成协议，因而，未能实现复关的目标。

1995年，世贸组织取代关贸总协定，中国复关谈判也转为入世谈判。

在加入世贸组织的谈判过程中，中国始终坚持三个原则：第一，中国加入世贸组织是中国经济发展和改革开放的需要，同样世贸组织也需要中国，没有十几亿人口的中国参加，世贸组织是不完整的，也不利于世界经济的发展；第二，中国是一个发展中国家，社会生产力还不发达，只能以发展中国家的条件加入世贸组织；第三，中国加入世贸组织，权利和义务一定要平衡。

1997年8月，中国与新西兰签署了世贸组织市场准入谈判的双边协议，新西兰成为第一个与中国结束双边谈判的西方国家。1999年11月，中美两国就中国加入世贸组织问题达成双边协议，这是中国进入世贸组织的关键性一步。2000年5月，中国与欧盟就中国加入世贸组织问题达成双边协议。2001年9月，中国与墨西哥结束了关于中国加入世贸组织的双边谈判,至此,全部完成了与世贸组织成员的双边市场准入谈判。

2001年11月10日,在卡塔尔首都多哈举行的世界贸易组织第四届部长级会议,以全体协商一致的方式,审议并通过了中国加入世贸组织的决定,标志着中国长达15年的复关和加入世贸组织进程的结束。11日,中国代表团团长向世贸组织总干事穆尔递交江泽民签署的《中国加入世贸组织批准书》,并签署《中国加入世贸组织议定书》。在中国政府代表签署议定书,递交批准书30天之后,即同年12月11日,中国正式加入世界贸易组织,成为第143个成员。19日,龙永图等6名中国政府代表首次以正式成员身份出席世贸组织总理事会。

加入世贸组织,是具有历史意义的一件大事,充分展示了中国顺应经济全球化潮流、主动参与国际竞争与合作的积极姿态,标志着中国对外开放事业进入一个新的阶段。中国加入世贸组织与改革开放和建设社会主义市场经济体制的目标是一致的。加入世贸组织,为中国赢得了更加良好的国际环境,有力地扩大了对外开放,促进了经济体制改革和经济结构的战略性调整,有利于增强中国经济发展活力和国际竞争力,总体上符合中国的利益需要。加入世贸组织也给中国政府和企业带来挑战,对政府加快转换职能,依法行政,企业提高技术水平,加快结构调整,提高企业管理水平提出了新要求。

加入世贸组织后,中国严格遵守世贸组织规则,认真履行所作出的承诺,与世贸组织其他成员一道,为多边贸易体系和世界经济贸易的发展作出了贡献。

到2013年,中国成为世界第一货物贸易大国,中国货物进出口总额为4.16万亿美元,其中出口额2.21万亿美元,进口额1.95万亿美元。

中国坚定推动建设开放型世界经济。到 2023 年，中国已经成为 140 多个国家和地区的主要贸易伙伴，同 28 个国家和地区签署了 21 个自贸协定。高质量实施《区域全面经济伙伴关系协定》，积极推进加入《全面与进步跨太平洋伙伴关系协定》和《数字经济伙伴关系协定》，扩大面向全球的高标准自由贸易区网络。推动人民币国际化，提升金融标准和国际化水平，更好实现中国和其他国家利益融合。

加入世贸组织后，还留有一个中国市场经济地位的问题。西方国家迄今还抓住这个问题做文章。中国仍在努力争取之中。

七、互利共赢的开放战略

互利共赢是中国对外开放的基本特点和战略方向，是中国坚持走和平发展道路的理性选择。

经过 40 多年的改革开放，中国已经日益紧密地与外部世界联系在一起。中国与世界双方的依存度都达到了相当的水准。中国实行的，不是单向取利的开放战略，而是互利共赢的开放战略。

十六届五中全会在关于"十一五"规划的建议中首先明确提出：实行互利共赢的开放战略，统筹国内发展和对外开放，不断提高对外开放水平，增强在扩大开放条件下促进发展的能力。

坚持互利共赢的开放战略，就是既通过对外开放实现自身发展，又通过自身发展促进地区和世界共同发展。这是一种积极的开放观，有利于扩大同各方的利益汇合点，在国际交往中实现双赢、共赢，有利于推动建设持久和平、共同繁荣的和谐世界，有利于推动建设人类命运共同体，既有利自身，也有利各方。

十七大确认："中国将始终不渝奉行互利共赢的开放战略。"具体的立场和政策是："继续以自己的发展促进地区和世界共同发展，扩大同各方利益的汇合点，在实现本国发展的同时兼顾对方特别是发展中国家的正当关切。""继续按照通行的国际经贸规则，扩大市场准入，依法保护合作者权益。""支持国际社会帮助发展中国家增强自主发展能力、改善民生，缩小南北差距。""支持完善国际贸易和金融体制，推进贸易和投资自由化便利化，通过磋商协作妥善处理经贸摩擦。""中国决不做损人利己、以邻为壑的事情。"

十七届五中全会在关于"十二五"规划的建议中要求，实施互利共赢的开放战略，进一步提高对外开放水平，与国际社会共同应对全球性挑战、共同分享发展机遇。

十八大进一步重申和强调，中国将始终不渝地奉行互利共赢的开放战略，通过深化合作促进世界经济强劲、可持续、平衡增长，从而使这一战略更加成熟和完善。为此，要适应经济全球化新形势，实行更加积极主动的开放战略，完善互利共赢、多元平衡、安全高效的开放型经济体系。包括形成以技术、品牌、质量、服务为核心的出口竞争新优势，提高利用外资综合优势和总体效益，加快实施自由贸易区战略，推动同周边国家互联互通。

改革开放40多年来，中国经济社会持续快速发展的一条重要经验，就是始终坚持互利共赢的开放战略，主动迎接经济全球化挑战，不断扩大对外开放的广度、深度、力度。通过开放既实现自身发展，也为其他国家提供发展机遇、促进共同发展，既给中国人民带来实惠，也为世界人民提供机遇。

十九大进一步指出："必须统筹国内国际两个大局，始终不渝走和平发展道路、奉行互利共赢的开放战略，坚持正确义利观，树立共同、综合、合作、可持续的新安全观，谋求开放创新、包容互惠的发展前景，促进和而不同、兼收并蓄的文明交流，构筑尊崇自然、绿色发展的生态体系，始终做世界和平的建设者、全球发展的贡献者、国际秩序的维护者。"十九大还把这些原则和要求列入坚持和发展中国特色社会主义的基本方略中。

十八大以来的 10 多年中，中国致力推进高水平对外开放，坚持以开放促改革、促发展、促创新，推动建设开放型世界经济，开拓了广阔发展空间，实现了与世界各国互利共赢。加快推进自由贸易试验区、海南自由贸易港建设，成为 140 多个国家和地区的主要贸易伙伴，货物贸易总额居世界第一，吸引外资和对外投资居世界前列，共建"一带一路"成为深受欢迎的国际公共产品和国际合作平台。稳步扩大规则、规制、管理、标准等制度型开放。实施外商投资法及相关配套法规、新版《鼓励外商投资产业目录》等，持续缩减外资准入负面清单。

中国的开放发展，为其他国家提供了广阔市场；中国开展对外投资合作，促进了当地经济增长和就业；中国积极参与国际分工，推动全球资源配置更加合理；中国出口产品品质优良，满足了国际市场需求；中国人足迹遍布全球，促进了中外交流互鉴。

中国坚持合作共赢、共同发展，积极开展国际交流合作，同世界粮食计划署、联合国开发计划署、儿童基金会、难民署、世界卫生组织、红十字国际委员会等近 20 个国际组织开展合作，在埃塞俄比亚、巴基斯坦、尼日利亚等近 60 个国家实施了 130 多个项目，聚焦"小而美、惠民生"，涵盖减贫、粮食安全、抗疫、气候变化等领域，受益人数超过 3000 万人。积极推动并全面落实二十国集团缓债倡议，在二十国集团缓债倡议中贡献最大，同 19 个非洲国家签署缓债协议或达成缓债共识，帮助非洲减缓债务压力。

八、"一带一路"

"一带一路"，是"丝绸之路经济带"和"21世纪海上丝绸之路"的简称，是依靠中国与有关国家既有的双多边机制，借助既有的、行之有效的区域合作平台，旨在借用古代"丝绸之路"的历史符号，高举和平发展的旗帜，主动发展与沿线国家的经济合作伙伴关系，共同打造政治互信、经济融合、文化包容的利益共同体、命运共同体和责任共同体，努力实现政策沟通、道路联通、贸易畅通、货币流通和民心相通。

丝绸之路是起始于古代中国，连接亚洲、非洲和欧洲的古代商业贸易路线。最初的作用是运输中国古代出产的丝绸、瓷器等商品，后来成为东方与西方之间在经济、政治、文化等诸多方面进行交流的主要道路。从运输方式上，丝绸之路主要分为陆上丝绸之路和海上丝绸之路。

2013年9月，习近平访问哈萨克斯坦。7日，他在纳扎尔巴耶夫大学发表演讲时表示：为了使各国经济联系更加紧密、相互合作更加深入、发展空间更加广阔，我们可以用创新的合作模式。共同建设"丝绸之路经济带"，以点带面，从线到片，逐步形成区域大合作。

不到1个月后的10月3日，习近平在印尼国会发表演讲时又表示：中国愿同东盟国家加强海上合作，使用好中国政府设立的中国—东盟海上合作基金，发展好海洋合作伙伴关系，共同建设"21世纪海上丝绸之路"。

"一带一路"的倡议由此提出。

提出"一带一路"倡议，是在新的历史起点上，作为世界经济增长火车头的中国将自身的产能优势、技术与资金优势、经验与模式优势转化为市场与合作优势，实行全方位开放的一大创新。推进"一带一路"建设，既是中国扩大和深化对外开放的需要，也是加强与亚欧非及世界各国互利合作的需要。通过共建"一带一路"，中国主动向西推广中国优质产能和比较优势产业，将使沿途、沿岸国家首先获益，也改变了历史上中亚等丝绸之路沿途地带只是作为东西方贸易、文化交流的过道而成为发展"洼地"的面貌。

提出"一带一路"倡议，也是顺应世界多极化、经济全球化、文化多样化、社会信息化的潮流，秉持开放的区域合作精神，致力于维护全球自由贸易体系和开放型世界经济的重大举措。通过共建"一带一路"，可以促进经济要素有序自由流动、资源高效配置和市场深度融合，推动沿线各国实现经济政策协调，开展更大范围、更高水平、更深层次的区域合作，共同打造开放、包容、均衡、普惠的区域经济合作架构。

"一带一路"强调共商、共建、共享原则，超越了当年的"马歇尔计划"，也超越了以往中国的对外援助和"走出去"战略，给21世纪的国际合作带来新的理念。实施"一带一路"倡议，符合国际社会的根本利益，彰显人类社会的共同理想和美好追求，是国际合作以及全球治理新模式的积极探索，将为世界和平发展增添新的正能量。

2014年12月2日，中共中央、国务院印发《丝绸之路经济带和21世纪海上丝绸之路建设战略规划》，对推进"一带一路"建设工作作出全面部署。2015年3月，国家发展改革委、外交部、商务部经国务院授权发布《推动共建丝绸之路经济带和21世纪海上丝绸之路的愿景与行动》，全面阐述了"一带一路"倡议的内涵。

"一带一路"的框架是，根据"一带一路"走向，陆上依托国际大通道，以沿线中心城市为支撑，以重点经贸产业园区为合作平台，共同打造新亚欧大陆桥、中蒙俄、中国—中亚—西亚、中国—中南半岛等国际经济合作走廊；海上以重点港口为节点，共同建设通畅安全高效的运输大通道。中巴、孟中印缅两个经济走廊与推进"一带一路"建设关联紧密，要进一步推动合作，取得更大进展。

2017年5月14日至15日，中国在北京成功地举办了"一带一路"国际合作高峰论坛。这是"一带一路"框架下最高规格的国际活动，也是中华人民共和国成立以来由中国首倡、中国主办的层级最高、规模最大的多边外交活动。来自29个国家的国家元首、政府首脑与会，来自130多个国家和70多个国际组织的1500多名代表参会，覆盖了五大洲各大区域。会议通过《"一带一路"国际合作高峰论坛圆桌峰会联合公报》，并发表"一带一路"国际合作高峰论坛成果清单。

在高峰论坛上，习近平指出，要牢牢坚持共商、共建、共享，让政策沟通、设施联通、贸易畅通、资金融通、民心相通成为共同努力的目标，将"一带一路"建成和平、繁荣、开放、创新、文明之路。各国领导人普遍对习近平的讲话作出积极回应。圆桌峰会联合公报也将有关理念纳入其中，充分体现出广泛的国际共识。

"一带一路"建设恪守联合国宪章的宗旨和原则。遵守和平共处五项原则，即尊重各国主权和领土完整、互不侵犯、互不干涉内政、和平共处、平等互利。

"一带一路"建设坚持四个原则：一是开放合作，二是和谐包容，三是市场运作，四是互利共赢。

"一带一路"建设以政策沟通、设施联通、贸易畅通、资金融通、民心相通为主要内容，重点加强多方面的合作。

"一带一路"的愿景是建成和平之路、繁荣之路、开放之路、创新之路、文明之路。

2019年4月25日至27日，中国政府在北京成功主办了第二届"一带一路"国际合作高峰论坛。论坛主题为"共建'一带一路'，开创美好未来"。

论坛期间，举行高峰论坛开幕式、领导人圆桌峰会、高级别会议、12 场分论坛和 1 场企业家大会。包括中国在内，38 个国家的元首和政府首脑以及联合国秘书长和国际货币基金组织总裁共 40 位领导人出席圆桌峰会。来自 150 个国家、92 个国际组织的 6000 余名外宾参加了论坛。习近平出席高峰论坛开幕式并发表主旨演讲，全程主持圆桌峰会，同与会各国领导人举行了双边会见。

圆桌峰会一致通过了联合公报，就高质量共建"一带一路"达成了广泛共识。各方达成了 283 项务实成果，签署了 640 多亿美元的项目合作协议。

2020 年 6 月 18 日，习近平向"一带一路"国际合作高级别视频会议发表书面致辞，强调要把"一带一路"打造成团结应对挑战的合作之路、维护人民健康安全的健康之路、促进经济社会恢复的复苏之路、释放发展潜力的增长之路。

2021 年 11 月 19 日，习近平在第三次"一带一路"建设座谈会上强调，要以高标准、可持续、惠民生为目标，推动共建"一带一路"高质量发展不断取得新成效。

到 2021 年，中国同"一带一路"沿线国家货物贸易额累计近 11 万亿美元，对沿线国家直接投资累计 1640 亿美元。

根据 2023 年中国白皮书介绍，共建"一带一路"倡议提出 10 年来，政策沟通不断深化，截至 2023 年 7 月，全球超过 3/4 的国家和 30 多个国际组织签署合作文件。设施联通不断加强，"六廊六路多国多港"的互联互通架构基本形成，以新亚欧大陆桥等经济走廊为引领，以中欧班列、陆海新通道等大通道和信息高速路为骨架，以铁路、港口、管网等为依托的陆、海、天、网"四位一体"互联互通布局不断完善。贸易畅通不断提升，民心相通也不断促进。

中巴经济走廊启动 10 年来为巴基斯坦经济社会发展注入强劲动能，中老铁路实现了老挝人民"变陆锁国为陆联国"的夙愿，雅万高铁成为东南亚国家首条实现 350 公里时速的铁路，蒙内铁路拉动了当地经济增长超过 2 个百分点，马拉维 600 眼水井成为润泽当地 15 万民众的"幸福井"，中欧班列助力中国与欧洲双向奔赴，"鲁班工坊"帮助塔吉克斯坦等国家年轻人掌握了职业技能，健康、绿色、数字、创新等领域合作蓬勃发展。

九、自由贸易区

中国扩大对外开放、提高对外开放水平的一个战略举措，是建立自由贸易区。

自由贸易区，是指由国家指定的交易贸易区，主权国家或地区在其关境内外，划出特定的区域，准许外国商品豁免关税、自由进出。实质上是采取自由港政策的关税隔离区，是一种比世贸组织相关规定更加优惠的贸易安排。狭义仅指提供区内加工出口所需原料等货物的进口豁免关税的地区，类似出口加工区。广义还包括自由港和转口贸易区。

中国自由贸易区是指在国境内关外设立的，以优惠税收和海关特殊监管政策为主要手段，以贸易自由化、便利化为主要目的的多功能经济性特区。原则上是指在没有海关"干预"的情况下允许货物进口、制造、再出口。

自由贸易区从自由港发展而来。通常设在港口的港区或邻近港口地区，尤以经济发达国家居多。20 世纪 60 年代后期，一些发展中国家利用这一形式，并建成特殊工业区，发展成出口加工区。20 世纪 80 年代开始，许多国家的自由贸易区向高技术、知识和资本密集型发展，形成"科技型自由贸易区"。自由贸易区范围现已遍及各大洲，是区域经济一体化的主要形式之一。

中国内地第一个保税区是 1990 年国务院批准设立的上海外高桥保税区。

十七大把自由贸易区建设上升为国家战略，十八大提出要加快实施自由贸易区战略。十八届三中全会提出要以周边为基础加快实施自由贸易区战略，形成面向全球的高标准自由贸易区网络。

2007 年 12 月，中国天津东疆保税港区一期封关后，天津就将自由贸易港区作为自己未来的发展方向，并提上议事日程。

2013 年上半年，商务部、上海市人民政府会同国务院有关部门，拟定《中国（上海）自由贸易试验区总体方案（草案）》，上报国务院审批。2013 年 7 月 3 日，国务院常务会议讨论并原则通过该方案草案。2013 年 8 月，国务院正式批准设立上海自由贸易试验区。2015 年 4 月 20 日，扩展中国（上海）自由贸易试验区实施范围。

上海自由贸易试验区运行以后，取得较好效果，得到广泛好评。中央决定继续实施一系列深化改革举措，把上海自贸区成功经验逐步推广至全国。

2014 年 12 月 28 日，全国人大常委会授权国务院在中国（广东）自由贸易试验区、中国（天津）自由贸易试验区、中国（福建）自由贸易试验区以及中国（上海）自由贸易试验区扩展区域暂时调整有关法律规定。

2015 年 3 月 24 日，中央政治局审议通过广东（三大片区：广州南沙自贸区、深圳蛇口自贸区、珠海横琴自贸区）、天津、福建自由贸易试验区总体方案、进一步深化上海自由贸易试验区改革开放方案。

2015 年 4 月 20 日，国务院批复成立中国（广东）自由贸易试验区、中国（天津）自由贸易试验区、中国（福建）自由贸易试验区。

2017 年 3 月 31 日，国务院批复成立中国（辽宁）自由贸易试验区、中国（浙江）自由贸易试验区、中国（河南）自由贸易试验区、中国（湖北）自由贸易试验区、中国（重庆）自由贸易试验区、中国（四川）自由贸易试验区、中国（陕西）自由贸易试验区。

2018 年 4 月 13 日，习近平在庆祝海南建省办经济特区 30 周年大会上郑重宣布，党中央决定支持海南全岛建设中国（海南）自由贸易试验区。

2018 年 10 月 16 日，国务院批复同意设立中国（海南）自由贸易试验区。

2019 年 8 月 2 日，国务院印发《中国（山东）、（江苏）、（广西）、（河北）、（云南）、（黑龙江）自由贸易试验区总体方案》，批复同意设立中国（山东）自由贸易试验区、中国（江苏）自由贸易试验区、中国（广西）自由贸易试验区、中国（河北）自由贸易试验区、中国（云南）自由贸易试验区、中国（黑龙江）自由贸易试验区。

2020 年 3 月 20 日，中共中央、国务院印发了《海南自由贸易港建设总体方案》，并发出通知。

2020 年 8 月 30 日，国务院印发《中国（北京）、（湖南）、（安徽）自由贸易试验区总体方案》，批复同意设立中国（北京）自由贸易试验区、中国（湖南）自由贸易试验区、中国（安徽）自由贸易试验区。同时，批准扩展中国（浙江）自由贸易试验区。

2023 年 10 月 21 日，国务院印发《中国（新疆）自由贸易试验区总体方案》，设立中国（新疆）自由贸易试验区。

至此，我国先后部署设立 22 个自由贸易试验区，形成覆盖东西南北中的试点格局。

除了这类国内自贸区建设外，我国还建立了与国际或海外合作的各种形式的自贸区，涉及几十个国家和地区。

2021年，国务院印发《关于推进自由贸易试验区贸易投资便利化改革创新的若干措施》。

建立自由贸易区是中国全力打造中国经济升级版的重要举措，其核心是营造一个符合国际惯例的、对内外投资都具有国际竞争力的国际商业环境，是顺应全球经贸发展新趋势、更加积极主动对外开放的重大举措。其力度和意义堪与20世纪80年代建立深圳特区和20世纪90年代开发浦东相媲美。这些自由贸易区紧扣制度创新这一核心，进一步对接高标准国际经贸规则，在更广领域、更大范围形成各具特色、各有侧重的开放格局，发挥着推动全面深化改革、扩大高标准开放的重要作用。

第十一章

国家防务和军队

一、中国人民解放军

中国人民解放军，简称"人民解放军""解放军"，是中华人民共和国最主要的武装力量。

大革命时期，中国共产党与国民党合作创建革命军队。很多共产党员进入黄埔军校，并在国民革命军中担任很多政治部门的领导职务。1925年底，中共中央建立军事部。北伐战争中，中国共产党几乎负责所有国民革命军的政治工作，也掌握了叶挺独立团等一部分军队。另在一些城市建立了工人纠察队，在一些农村建立了农民武装。

1927年，蒋介石发动四一二反革命政变，实行所谓的清党，大肆屠杀共产党人。中国共产党考虑建立自己独立的武装。8月1日，发动南昌起义，打响了武装反抗国民党反动派的第一枪。1927年8月1日便成为中国人民解放军建军的日子。

1927年8月7日，中共中央召开八七会议，确立实行土地革命和武装起义的方针。从1927年秋至1928年春，中国共产党先后发动了100多次武装起义。这些起义的部队，最初叫国民革命军，1927年8月以后，陆续改叫工农革命军。1928年5月以后，陆续改称中国工农红军，简称红军。

1927年秋收起义失败后，毛泽东率领部队创建了井冈山革命根据地，随后又到赣南、闽西一带，创建了中央革命根据地。红军的力量迅速发展。通过三湾改编、古田会议决议，军队自身建设得到加强。

红军部队在全国创建了一系列革命根据地，并展开反"围剿"斗争。1934年第五次反"围剿"失败之后，实行战略大转移，史称长征，到达陕北。

1937 年 7 月 7 日，抗日战争全面爆发，国共第二次合作。经过长征到达北方的红军主力部队于 8 月 25 日改编为国民革命军第八路军，简称八路军，1937 年 9 月 11 日改称第十八集团军，但仍习称八路军。活动在南方 8 省 14 个地区的红军游击队，于 1937 年 10 月 2 日改编为国民革命军陆军新编第四军，简称新四军。此外还有一度规模很大的东北抗日联军、坚持华南敌后抗日的东江纵队等广东人民抗日武装、长期坚持在海南岛的琼崖游击队等。中国共产党领导下的抗日武装对抗日战争的胜利作出了巨大贡献。

抗日战争胜利后，大批部队进入东北。1945 年 10 月 31 日和东北抗日联军等组成东北人民自治军，1946 年 1 月 14 日改称东北民主联军。

1945 年抗战胜利后，在中共中央、中央军委和新华社报道中，陆续使用"解放军""人民解放军""中国人民解放军"的称谓，但各部队使用不统一。

1946 年，解放战争爆发，解放区各部队由八路军、新四军、东北民主联军等陆续改称人民解放军，编成了五大野战军。

1948 年 11 月 1 日，根据中共中央政治局九月会议的精神，中央军委发出通令，对全军的组织编制、番号作了统一规定。人民解放军分为野战部队、地方部队和游击部队 3 类。野战部队的野战军分为 4 个，以地名区分，即中国人民解放军西北野战军（第一野战军）、中原野战军（第二野战军）、华东野战军（第三野战军）、东北野战军（第四野战军）；各步兵兵团、军、师、团，各骑兵师、团，各炮兵师、团等，一律冠以中国人民解放军的称谓。

从此，中国人民解放军的称谓一直沿用至今。

在解放战争中，人民解放军基本消灭了国民党在大陆的军队，为中国共产党夺取全国政权发挥了历史性作用。

中华人民共和国成立初期，人民解放军承担了肃清国民党残余部队、维护新政权、抗美援朝等任务，并相继组建了海军、空军、防空军、公安军和炮兵、装甲兵、工程兵、铁道兵等军兵种。随着朝鲜战争的结束，许多建制部队集体复员或转业到地方支援经济建设和屯垦戍边。

20 世纪 50 年代前期，解放军进入全面正规化、现代化建设时期。

1954 年 9 月 28 日，中共中央政治局作出《关于成立党的军事委员会的决议》。毛泽东任中共中央军事委员会主席。

1954 年 11 月 9 日，国防部颁布《中国人民解放军薪金、津贴暂行办法》，自 1955 年 1 月起开始实行。长期实行的供给制为军官薪金制所代替。

1955 年 7 月 30 日，《中华人民共和国兵役法》公布。从 1956 年开始，中国人民解放军由志愿兵役制改为义务兵役制。

1955 年 9 月，中国人民解放军开始实行军衔制度。

人民解放军于 1959 年平息了西藏分裂分子的武装叛乱；1962 年 10 月至 11 月对入侵我国边境的印度军队进行了自卫反击作战；1965 年 8 月在东南海域成功实施了"八六海战"；从 1965 年 6 月开始，派出防空、工程、铁道和后勤保障等部队，支援越南抗美战争。

"文化大革命"期间，解放军执行"三支两军"（支左、支农、支工、军管、军训）任务，在当时混乱状况下对稳定局势起到了积极作用。解放军参加大三线建设。1966 年 7 月组建第二炮兵即战略导弹部队。

改革开放后，中国人民解放军的建设进入新的历史时期。

1981 年 9 月 19 日，邓小平在检阅华北某地举行军事演习的人民解放军部队时提出，必须把我军建设成为一支强大的现代化、正规化的革命军队。

1982 年，中央军委正式作出组建预备役部队的决定。1983 年 5 月，第一支预备役部队诞生。

1983 年 4 月 5 日，中国人民武装警察部队总部成立。

1984 年 10 月 1 日，首都举行国庆 35 周年阅兵仪式和群众游行。邓小平检阅受阅部队。

1988 年 4 月 27 日，中央军委颁发《中国人民解放军文职干部暂行条例》。

从 1988 年 8 月 1 日起，文职干部制度在全军正式施行。

1988 年 10 月 1 日，人民解放军正式实行新的军衔制度。12 月，武警部队实行警官警衔制度。

1997 年 7 月 1 日，解放军驻香港部队进驻香港；1999 年 12 月 20 日，驻澳门部队进驻澳门。

2008 年 12 月 26 日，中国人民解放军海军舰艇编队赴亚丁湾、索马里海域执行护航任务。

十八大以来，军队国防建设迈开新的步伐。2013 年 3 月 11 日，习近平提出，建设一支听党指挥、能打胜仗、作风优良的人民军队，是党在新形势下的强军目标。

2015 年 11 月，中央军委召开深化国防和军队改革会议。2016 年 1 月 1 日，中央军委印发《关于深化国防和军队改革的意见》，国防和军队体制实行重大改革。中央军委按照"军委管总、战区主战、军种主建"的布局，调整总部体制。军队规模由 230 万逐步减至 200 万。

目前，人民解放军现役部队由陆军、海军、空军、火箭军等军种，军事航天部队、网络空间部队、信息支援部队、联勤保障部队等兵种组成。

中国共产党对军队实行绝对领导。中国人民解放军的最高军事机关是中央军委，即中国共产党中央军事委员会、中华人民共和国中央军事委员会。现任主席习近平。中央军委实行主席负责制。

二、军衔制、薪金制和义务兵役制

军衔制、薪金制和义务兵役制，是从 20 世纪 50 年代在军队和国防建设中开始实行的三大重要制度。

1954 年 12 月，中央军委召开扩大会议，就全国实行义务兵役制、军队实行军衔制、军官实行薪金制进行讨论。

1955 年 1 月起，根据 1954 年 11 月 9 日国防部颁布的《中国人民解放军薪金、津贴暂行办法》，全军干部由供给制改为薪金制。

1955 年 2 月，全国人大常委会审议通过《中国人民解放军军官服役条例》，规定从 1956 年开始，中国人民解放军由志愿兵役制改为义务兵役制。7 月，一届全国人大二次会议审议通过《中华人民共和国兵役法》，规定在全国实行义务兵役制度。

1955 年 9 月 23 日，一届全国人大常委会第二十二次会议决定对中国人民解放军在中国人民革命战争时期的有功人员，在人民解放战争时期直接领导国民党军队起义的有功人员，对人民解放战争的有功人员以及对和平解放西藏地区的有功人员，分别授予一级八一勋章、一级独立自由勋章和一级解放勋章。

1955 年 9 月，中国人民解放军开始实行军衔制度。9 月 23 日，一届全国人大常委会第二十二次会议通过决议，决定授予对创建和领导人民武装力量、领导战役军团作战、立有卓越功勋的高级将领朱德、彭德怀、林彪、刘伯承、贺龙、陈毅、罗荣桓、徐向前、聂荣臻、叶剑英以中华人民共和国元帅军衔。

另根据国务院的决定，授予粟裕、徐海东、黄克诚、陈赓、谭政、萧劲光、张云逸、罗瑞卿、王树声、许光达以大将军衔，对其他将领分别授予上将、中将、少将军衔。

9月27日，在北京隆重举行授予元帅军衔及勋章典礼，同日，国务院举行授予将官军衔和勋章典礼。毛泽东、周恩来分别将中华人民共和国元帅军衔、将官军衔及勋章正式授予有关人员。

首次授衔，共授予元帅10名、大将10名、上将55名、中将175名、少将800名。加上补授和晋升，到1965年取消军衔制度时止，共授予上将57名、中将177名、少将1360名。1955年10月1日，全军开始佩戴军衔肩章、符号。

1965年5月1日，三届全国人大常委会第九次会议通过《关于取消中国人民解放军军衔制度的决定》，此后的20余年里，没有设置和授予军衔。

20世纪80年代，中共中央开始考虑重新实施军衔制。1987年12月30日，中央军委常务会决定在1988年国庆节前实行新的军衔制。

1988年7月1日，七届全国人大常委会第二次会议通过《中国人民解放军军官军衔条例》，人民解放军实行新的军衔制。12月17日，《中国人民武装警察部队实行警官警衔制度的具体办法》发布，武警部队实行警官警衔制度。

1988年实行的军衔制初设为6等17级，1993年将士兵军衔由3等6级增设为3等9级，1994年取消一级上将衔，1999年将士兵军衔由3等9级精简为2等8级，2009年又改为2等9级。现行军衔分为5等19级。

在实行新军衔制的同时，1988年7月1日，七届全国人大常委会第二次会议还审议通过中央军委《关于确认1955年至1965年期间授予的军官军衔》的议案，对 1955 年至 1965 年期间授予的军官军衔予以确认，表明"55 式军衔"作为个人荣誉至今仍然有效。

截至 2009 年 7 月 20 日，共有 118 名高级军官武警警官被授予上将军衔警衔。自 1955 年首次实行军衔制和 1988 年实行新的军衔制以来，被授予上将军衔警衔的高级军官武警警官共有 175 人次。此后，又不断授予了军衔、警衔。

人民解放军实行军衔制、薪金制、义务兵役制三大制度，对于克服单纯志愿兵役制度的某些不利因素，保证全军高度集中统一和提高工作效益，推进军队正规化、现代化建设，具有重要意义。

三、历次裁军

裁减军队员额，是第二次世界大战结束之后，特别是进入和平与发展时代之后世界各国的总趋势。

在不同的历史条件下，根据国际国内形势发展的需要，中国人民解放军进行了多次裁军，有的裁减规模很大。

第一次：计划将军队总数由 550 万压缩到 400 万，但未能实现。

中华人民共和国成立之时，解放军的总员额达到 550 万人，基本上是以步兵为主体的陆军。空军、海军刚刚组建，技术兵种也很少。由于解放战争结束，1950 年 4 月，中央决定将全军总员额由 550 万减至 400 万。

但由于抗美援朝战争爆发，精简工作未能继续进行，军队又进行了扩编，到 1951 年 12 月总人数增加到 627 万，是解放军历史上兵力最多的时期。

第二次：627 万减至 400 万。

1951 年底，国内大规模剿匪作战已取得决定性胜利，抗美援朝战争已转入阵地防御作战阶段，出现了比较稳定的形势。随着国内建设的发展和整体局势的稳定，中革军委决定于 1952 年对解放军进行大规模精简整编。精简工作至年底结束，全军总人数降为 400 万余人。

第三次：减至 320 万。

朝鲜停战和国内大规模的剿匪作战基本结束后，1953 年 8 月 28 日，中共中央、中革军委决定对解放军再次精简整编。精简工作到 1955 年底结束。全军兵力精简到约 320 多万人。

第四次：降为 240 万。

1956 年 9 月，八大决定，降低军政费用占国家财政开支的比重。1957 年 1 月，中央军委召开扩大会议，确定全军总人数再裁减 1/3。这次精简工作从 1957 年开始到 1958 年底结束，全军总人数降为 240 万。在陆军减少的同时，海、空军和特种兵得到加强，占到全军总人数的 32%。

第五次：裁军计划夭折。

20 世纪六七十年代，基于对国际形势的判断，实行准备早打、大打、打核战争的方针，军队数量再次大幅度上升。1975 年，解放军总人数高达 610 万。1975 年 6 月至 7 月，邓小平对军队实行整顿。为了解决比例失调和部队臃肿问题，中央军委决定 3 年内将军队减少 60 万人。但是随着"反击右倾翻案风"运动在全国展开，这次裁军夭折。

第六次：继续完成精简整编任务。

1980 年 3 月 12 日，邓小平在中央军委常委扩大会议上作题为《精简军队，提高战斗力》的讲话，指出：现在军队要"消肿"。中央军委决定大力精简机关，压缩非战斗人员和保障部队。8 月 15 日，中共中央颁布实施精简方案，裁并了各级机关的重叠机构，撤销了省军区独立师，部分野战军步兵师改为简编师。

第七次：军队总员额减至 400 余万。

1982 年 9 月，中央军委下发精简方案，将军委炮兵、装甲兵、工程兵机关改为总参下辖的炮兵部、装甲兵部、工程兵部；军区直属的炮兵、坦克和野战工兵部队，大部划归陆军的军内建制；将铁道兵并入铁道部；基建工程兵集体转业到国务院有关部门和所驻省、自治区、直辖市。军队总员额减至 400 余万人。

第八次：裁减员额百万，被称为"百万大裁军"。

1985 年 5 月 23 日至 6 月 6 日，中央军委在北京召开扩大会议。6 月 4 日，邓小平郑重宣布：中国人民解放军将减少员额 100 万。7 月 11 日，中共中央、中央军委批准转发了军队精简方案。从 1985 年下半年开始，按照先机关，后部队、院校和保障单位的顺序，自上而下组织实施了百万大裁军。主要任务之一是压缩军队总员额，到 1987 年，百万大裁军的浩大工程基本完成，全军总人数减少 100 万，解放军总员额为 300 万人。

与裁军同步，陆军航空兵部队、电子对抗部队等新兵种，以及预备役部队相继成立。陆军中技术兵种比例首次超过步兵，人民军队迈出由摩托化向机械化转型的关键一步。

通过这次大裁军，人民解放军朝着机构精干、指挥灵便、反应快速、提高效率、增强战斗力的目标迈出了坚实的一步。

第九次：裁减员额 50 万。

1997 年 9 月，十五大报告提出，在 80 年代裁军 100 万的基础上，将在 3 年内再裁军 50 万。到 1999 年底，裁军 50 万的任务完成。

第十次：裁减员额 20 万。

2003 年 9 月，中共中央、中央军委决定，2005 年前再裁减 20 万，使军队总规模降至 230 万。

第十一次：裁减员额 30 万。

2015 年 9 月 3 日，习近平在纪念中国人民抗日战争暨世界反法西斯战争胜利 70 周年阅兵式上，宣布中国将裁军 30 万。这一计划完成后，军队规模保持在 200 万人左右。

四、建设一支强大的现代化、正规化的革命军队

中国共产党领导的人民军队是社会主义祖国的保卫者和建设社会主义的重要力量。人民解放军在中国革命建设的历程中，发挥了巨大的作用。1981 年 9 月，邓小平根据改革开放和现代化建设的新形势提出："必须把我军建设成为一支强大的现代化、正规化的革命军队。"

1990 年 12 月 1 日，江泽民在全军军事工作会议上提出"政治合格、军事过硬、作风优良、纪律严明、保障有力"的军队建设"五句话"总要求。

1993 年 1 月 13 日至 19 日，中央军委扩大会议制定新时期积极防御的军事战略方针，要求把军事斗争准备的基点放在打赢现代技术特别是高技术条件下的局部战争上。

1995 年 12 月，中央军委提出实施科技强军战略，强调依靠科技进步提高军队建设质量，逐步实现由数量规模型向质量效能型、人力密集型向科技密集型的转变。

1997 年 12 月，江泽民在中央军委扩大会议上提出，打赢未来高技术战争，保持人民军队的性质、本色和作风，是新时期军队建设的两个历史性课题。解决好"打得赢""不变质"这两个历史性课题，是部队一切工作的出发点和落脚点。

1999 年 12 月，中央军委扩大会议决定，积极推进中国特色军事变革。核心和方向是建设信息化军队，打赢信息化战争；发展道路是

以机械化为基础、以信息化为主导，实现军队现代化跨越式发展；重要原则是坚持一切从国情军情出发，走自己的路，始终不渝地坚持人民军队的政治优势。

2004年12月24日，胡锦涛在中央军委扩大会议上讲话，对新世纪新阶段人民解放军的历史使命提出新要求：为中国共产党巩固执政地位提供重要的力量保证，为维护国家发展的重要战略机遇期提供坚强的安全保障，为维护国家利益提供有力的战略支撑，为维护世界和平与促进共同发展发挥重要作用。

2008年3月10日，胡锦涛出席十一届全国人大一次会议解放军代表团全体会议时指出，富国和强军都是中国现代化建设的战略任务，是发展中国特色社会主义、实现中华民族伟大复兴的重要基石。要走出一条中国特色军民融合式发展路子。

2010年12月，胡锦涛在军队有关会议上提出，以推动国防和军队建设科学发展为主题，以加快转变战斗力生成模式为主线，不断增强有效履行新世纪新阶段军队历史使命能力，为全面建设小康社会提供重要力量支撑和坚强安全保障。

2013年3月11日，习近平出席十二届全国人大一次会议解放军代表团全体会议时指出，建设一支听党指挥、能打胜仗、作风优良的人民军队，是党在新形势下的强军目标。

此后，习近平对军队和国防建设提出了一系列要求，形成了系统的习近平强军思想。要求加强党对人民军队的绝对领导，坚持政治建军、改革强军、科技强军、人才强军、依法治军，建设一支听党指挥、能打胜仗、作风优良的人民军队，把人民军队建设成为世界一流军队，切实保障人民解放军有效履行新时代人民军队使命任务，充分发挥人民解放军在巩固国防、保卫祖国和参加社会主义现代化建设中的作用。

五、中国的航空母舰

航空母舰，简称"航母"，是一种以舰载机为作战武器的大型水面舰艇，可以供舰载机起飞和降落，通常拥有巨大的飞行甲板和舰岛。按动力装置可分为核动力航空母舰和常规动力航空母舰。

航空母舰发展至今，已成为世界上最庞大、最复杂、威力最强的武器之一，是一个国家综合国力的象征。依靠航空母舰，一个国家可以在远离其国土的地方、不依靠当地机场施加军事压力和进行作战。

建造中国自己的航母，是几代中国海军人的梦想。中华人民共和国成立后，由于科技、工业水平较低，战略上实行近岸防御体系，一直未能将建造航母提上日程。但党和国家领导人都曾表达过建造航母的梦想。

1970 年，刘华清主持完成了题为《关于建造航母问题的初步意见》的报告。之后，有关方面对航母进行了一系列研究论证工作，但由于"文化大革命"的干扰，当时研制的设想未能实现。

1980 年，刘华清率中国军事技术代表团访问美国，首次登上美国航空母舰。80 年代，对航母的研究和论证工作再次开展起来。

1995 年 5 月，乌克兰准备出售一艘苏联在黑海造船厂建造的未完工的航空母舰瓦良格号。刘华清指示总参、海军和中国船舶总公司迅速调研论证，提出可行性报告。1998 年，驻港中资机构创律集团通过竞标，以 2000 万美元的代价买下被拆掉了所有装备和设施的瓦良格号，拟将其改造成一个大型海上综合旅游设施。1999 年 7 月，瓦良格号船体由拖船牵引，开始了拉向中国的漫长航程。在通过土耳其控制的博斯普鲁斯海峡时，受到阻拦。几经长时间交涉谈判，得以通过。2002 年 3 月 3 日，瓦良格号抵达大连。

2005 年 4 月 26 日，瓦良格号船体被拖进大连造船厂的干船坞，开始进行更改安装及继续建造。到 2008 年底，中国国防部开始披露有关航母的信息。2011 年 7 月 27 日，国防部新闻发言人耿雁生表示，中国有关部门正在综合考虑各方面因素，认真研究航空母舰的发展问题。建造航空母舰十分复杂，中国正利用一艘废旧的航空母舰平台进行改造，用于科研试验和训练。

2011 年 8 月 10 日，改造后的瓦良格号驶离大连港，开始首次试航。到 2012 年 9 月 14 日，共进行了 10 次海试。

这艘在瓦良格号船体上进行改造和建设的中国第一艘航空母舰被正式命名为"辽宁舰"。2012 年 9 月 25 日，辽宁舰（16 号舰）正式交付中国人民解放军海军。胡锦涛出席交接入列仪式并登舰视察，温家宝宣读中共中央、国务院、中央军委贺电。2013 年 2 月 27 日上午，辽宁舰首次靠泊青岛某军港。

2013 年 11 月，辽宁舰从青岛赴中国南海展开为期 47 天的海上综合演练。这是自冷战结束以来除美国海军外西太平洋地区最大的单国海上兵力集结演练，标志着辽宁号航空母舰开始具备海上编队战斗群能力。

2018 年 4 月 12 日，辽宁舰编队亮相南海大阅兵。

辽宁舰入列以来，按照计划有序组织了包括远海作战运用演练在内的一系列综合演练，有效检验了航母编队综合攻防体系的建立和保持。航母编队训练向远海作战运用深化拓展，已经初步形成了体系作战能力。

继辽宁舰之后，中国开始了设计建造国产航空母舰的进程。

2013 年 11 月，中国第二艘航空母舰，也是中国第一艘完全自主研发制造的国产航母开工。2015 年 3 月开始坞内建造。2017 年 4 月 26 日上午 9 时，在中国船舶重工集团公司大连造船厂举行下水仪式，标志着中国自主设计建造航空母舰取得重大阶段性成果。

2019 年 12 月 17 日，中国第一艘国产航空母舰正式交付海军，入列仪式在海南三亚某军港举行。经中央军委批准，中国第一艘国产航母命名为"中国人民解放军海军山东舰"，舷号为"17"，标志着中国海军正式迎来中国国产航母时代。中国史无前例地拥有两个航母编队。除美国、英国之外，中国成为世界上第三个拥有双航母编队的国家。

山东舰是中国第一艘完全自主设计、自主建造、自主配套的中国国产航空母舰，由大连船舶重工集团有限公司建造，参研、参建、参试单位多达 532 家。山东舰突破了船体结构、动力核心设备这两项制约中国航母事业发展的重大技术瓶颈，以及发电机组、综合电力系统、节能减排装置等船舶动力产品设计建造关键技术。这意味着中国正式掌握了现代航母建造技术。

在山东舰的研制过程中，中国形成了完整的航母建造、试验和工艺体系，积极探索并建立了航母现代化造船模式。在总结辽宁舰续建经验基础上，进一步形成了航母系统工程组织管理体系，完善了涵盖建造、质量、安全、保密等方面的管理制度，培养了一大批从事航母研制、建造、试验及管理的专业人才队伍。

中国第三艘航空母舰是福建舰，是中国完全自主设计建造的首艘弹射型航空母舰，采用平直通长飞行甲板，配置电磁弹射和阻拦装置，满载排水量 8 万余吨。由中国船舶集团有限公司江南造船厂研制。

2022 年 6 月 17 日，经中央军委批准，中国第三艘航空母舰命名为"中国人民解放军海军福建舰"，舷号为"18"。下水仪式于当天在江南造船厂举行。此后，按计划开展系泊试验和航行试验。

2024 年 5 月 8 日下午，福建舰圆满完成为期 8 天的首次航行试验任务，顺利返回江南造船厂码头。试航期间，福建舰完成了动力、电力等系统设备一系列测试，达到了预期效果。下一步，该舰将按既定计划开展后续试验工作。

六、阅兵仪式

阅兵式是对武装力量进行检阅的仪式。通常在国家重大节日、迎送国宾和军队出征、凯旋、校阅、授旗、授奖、大型军事演习时举行，用以庆祝、致敬，展示部队成就，鼓舞军民士气。阅兵包括阅兵式和分列式，有时只进行一项。阅兵式是阅兵者从受阅部队队列前通过，进行检阅。分列式是受阅部队列队从检阅台前通过，接受阅兵者检阅。

1931 年 11 月 7 日，中华苏维埃共和国临时中央政府在江西瑞金成立。为示庆祝，举行了隆重的开国大典。第一项程序就是阅兵仪式。红军战士和赤卫队员分 4 路纵队健步行进。毛泽东、朱德等乘马检阅了受阅部队，亲自率领受阅部队宣誓。这次阅兵式非常简单，但算是人民军队历史上的第一次阅兵。

1949 年 3 月 25 日，毛泽东和中共中央机关进入北平。当天下午，毛泽东、朱德、刘少奇、周恩来、任弼时、林伯渠到达西苑机场。首先与 160 多位民主人士相见，然后举行阅兵仪式。受阅部队由第四野战军的 3 个步兵团，1 个摩托化团，2 个炮兵团，1 个坦克营及英雄模范功臣代表连以上干部组成，刘亚楼任阅兵总指挥。毛泽东等人检阅部队。受检阅的高射炮、榴弹炮、重炮等，全是得之国民党部队的美式武器。

1949 年 10 月 1 日下午，根据中国人民政治协商会议的决定，在天安门广场举行开国大典，大典内容包括中华人民共和国的第一次阅兵。按照事先制定的《阅兵典礼方案》，阅兵按阅兵式、分列式的程序进行。受阅部队以天安门城楼为中心，按序列在东、西长安街列队，接受朱德总司令的检阅。然后，受阅部队依次由东向西通过天安门城楼前，接受毛泽东等党和国家领导人的检阅。这一阅兵路线延续至今。受阅部队由陆、海、空三军组成，共1.64万余人。受阅的除了其他武器装备外，还有军马2344匹。阅兵历时2个半小时，第一次展示了新中国武装力量的阵容。

1950年，举行第一个国庆阅兵，受阅部队24209人。朱德总司令乘车检阅部队后，宣读了解放军总部给全国武装部队和民兵的命令，随后进行了武装部队分列式检阅。

随后一直到1959年，每年国庆节都在天安门广场举行阅兵仪式，每一次阅兵都有一些特点。

1951年的国庆阅兵，一批身经百战和功勋卓著的解放军高级指挥员以军事学院学员的身份参加了阅兵式，并走在受阅部队的最前面；一些新兵种纷纷亮相，包括伞兵部队、火箭炮部队、防空兵部队等；民兵大队第一次出现在国庆阅兵式上，他们是华北老解放区民兵的代表，都是战斗英雄和工作模范。

1952年的国庆阅兵，公安部队和少数民族民兵大队首次参加阅兵式和分列式。

1953年是第一个五年计划开始后的首次国庆阅兵。

1954年国庆阅兵，受阅部队的武器装备基本上是苏式的，标志着我军武器装备发生了重大变化。受阅部队由陆海空诸军兵种编成，反映了解放军的发展壮大。

1955年是实行军衔制后的首次国庆阅兵。受阅部队身穿55式军服，佩戴肩章、领章，军容严整地通过天安门广场。受浓云影响，受阅飞机延迟原定起飞时间，后与群众游行队伍同时通过天安门广场。

1956年的国庆阅兵，是在大雨中举行的。

1957 年是中华人民共和国成立后第九次国庆阅兵。此前的 1957 年 1 月，中央军委扩大会议通过了《关于裁减军队数量加强质量的决定》。反映在阅兵上，受阅总人数比往年减少，但外国来宾最多。应邀来访的 50 多个国家的外宾、各国驻华使节和外交官员，以及在华外国专家等观看了阅兵式。

1958 年是民兵方队规模空前的国庆阅兵。由工人、农民、学生组成的众多民兵方队出现在受阅队伍中。基干民兵方队由来自太行山、白洋淀等革命根据地的民兵战斗英雄组成。

1959 年是第一次"逢十"的国庆阅兵，受阅部队身着新式军服，佩戴军衔。与 5 周年国庆阅兵相比，取消了骑兵、三轮摩托车方队。受阅武器装备国产化程度大大提高，我国自行制造的"五九式"主战坦克和"红旗牌"检阅车首次亮相。

随后从 1960 年到 1983 年，都没有举行国庆阅兵。

1981 年 9 月 14 日，在华北某地举行中华人民共和国成立以来规模最大的一次军事演习。实兵演习结束后，于 9 月 19 日举行了盛大的阅兵式、分列式。这是十一届三中全会后的首次大阅兵。

1984 年，举行庆祝中华人民共和国成立 35 周年的盛大庆典。邓小平乘坐红旗牌黑色敞篷轿车检阅部队，第一次喊出"同志们好！""同志们辛苦了！"的口号。这次受阅武器装备的科技含量大大提升，全部 28 种武器中有 19 种是新装备，有的装备已具有世界先进水平。中国战略导弹部队首次参加阅兵。

1999 年，首都各界庆祝中华人民共和国成立 50 周年大会在天安门广场举行。江泽民检阅受阅部队。改革开放新时期诞生的陆军航空兵、海军陆战队、武警特警、预备役等部队第一次汇入受阅大军。受阅的 42 种装备，90% 以上是新装备，绝大部分是自行设计和生产的，高科技武器装备开始成为解放军的主战武器。

2009 年 4 月 23 日，庆祝人民海军成立 60 周年海上阅兵在青岛举行。胡锦涛检阅由中国海军和多国海军组成的舰艇编队，并会见参加活动的 29 国海军代表团团长。

10 月 1 日，首都各界庆祝中华人民共和国成立 60 周年大会在天安门广场举行。胡锦涛检阅受阅部队。阅兵展示的 52 型主要装备，全部是国产装备，近 90% 是首次参阅。参阅飞机有 12 种 15 型，涵盖空军、海军和陆军航空兵现役主战机型。

2007 年 6 月 30 日和 2012 年 6 月 29 日，胡锦涛先后两次到香港昂船洲海军基地，均检阅了中国人民解放军驻香港部队。

2015 年 9 月 3 日，纪念中国人民抗日战争暨世界反法西斯战争胜利 70 周年大会在天安门广场举行。习近平发表讲话，强调正义必胜，和平必胜，人民必胜。在随后举行的阅兵仪式上，习近平检阅受阅部队。这是中国第一次以阅兵形式纪念抗战胜利，也是中华人民共和国成立后第一次在非国庆节举行大规模阅兵。

2017 年 7 月 30 日上午 9 时，在朱日和训练基地举行阅兵。这是庆祝中国人民解放军建军 90 周年的纪念活动之一，是党和国家领导人首次在野战化条件下亲临沙场检阅部队，是首次在八一建军节举行的专项阅兵，也是军队国防体制改革后的全新亮相。内蒙古朱日和训练基地阅兵是继 1981 年华北军事大演习阅兵后，时隔 36 年再次在天安门以外的地区举行大规模阅兵。

2018 年 4 月 12 日，中央军委在南海海域举行海上阅兵，习近平乘坐 173 长沙号驱逐舰检阅了各型舰艇，其中包括辽宁号航空母舰编队。

2019 年 4 月 23 日，庆祝人民海军成立 70 周年海上阅兵活动在青岛举行。习近平检阅分成潜艇群、驱逐舰群、护卫舰群、登陆舰群、辅助舰群、航母群的 32 艘中国战舰以及受阅飞机。其他 13 国海军的

18 艘舰艇参加阅兵活动。来自 61 个国家的海军代表团团长齐聚检阅舰参加检阅。

2019 年 10 月 1 日，首都各界在天安门广场举行庆祝中华人民共和国成立 70 周年大会，习近平发表重要讲话。同时，举行了第十五次国庆阅兵。由人民解放军、武警部队和民兵预备役部队约 15000 名官兵、580 台（套）装备组成的 15 个徒步方队、32 个装备方队；陆、海、空航空兵 160 余架战机，组成 12 个空中梯队，参加阅兵仪式，接受习近平检阅。随后举行了群众游行。

2021 年 7 月 1 日上午 8 时，庆祝中国共产党成立 100 周年大会在北京天安门广场隆重举行，各界代表 7 万余人参加。庆典没有举行阅兵式，但 7 时 55 分许，中国人民解放军 71 架战机飞向天安门广场。空中护旗梯队 5 架直升机分别悬挂中国共产党党旗和写有"伟大的中国共产党万岁""伟大的中国人民万岁""伟大的中华人民共和国万岁""全国各族人民大团结万岁"的条幅迎风向前。随后，直升机、战斗机分别组成"100""71"字样掠过长空，15 架歼 −20 飞机组成 3 个梯队呼啸而过，教练机拉出 10 道彩烟，为庆典拉开了序幕。

七、国防和军队改革

十八大以来，中共中央、中央军委提出一系列重大方针原则，作出一系列重大决策部署，统筹加强军队革命化、现代化、正规化建设，深化国防和军队改革。

2014 年 3 月 15 日，中央军委深化国防和军队改革领导小组召开第一次全体会议。习近平强调，要坚持用强军目标审视改革、以强军目标引领改革、围绕强军目标推进改革，确保深化国防和军队改革工作起好步、开好局。

2015 年 11 月 23 日，中央军委印发《领导指挥体制改革实施方案》。

2015 年 11 月 24 日至 26 日，中央军委改革工作会议举行。习近平强调，要全面实施改革强军战略，坚定不移走中国特色强军之路，建设同我国国际地位相称、同国家安全和发展利益相适应的巩固国防和强大军队。

2015 年 11 月 28 日，中央军委印发《关于深化国防和军队改革的意见》。

《意见》强调，深化国防和军队改革要坚持以下基本原则：坚持正确政治方向，坚持向打仗聚焦，坚持创新驱动，坚持体系设计，坚持法治思维，坚持积极稳妥。

《意见》指出，深化国防和军队改革总体目标是，牢牢把握"军委管总、战区主战、军种主建"的原则，以领导管理体制、联合作战指挥体制改革为重点，协调推进规模结构、政策制度和军民融合深度发展改革。2020 年前，在领导管理体制、联合作战指挥体制改革上取得突破性进展，在优化规模结构、完善政策制度、推动军民融合深度发展等方面改革上取得重要成果，努力构建能够打赢信息化战争、有效履行使命任务的中国特色现代军事力量体系，进一步完善中国特色社会主义军事制度。

《意见》明确了领导管理体制、联合作战指挥体制、军队规模结构、部队编成、新型军事人才培养、政策制度、军民融合发展、武装警察部队指挥管理体制和力量结构、军事法治体系等方面的主要任务。

按照总体目标要求，2015 年，重点组织实施领导管理体制、联合作战指挥体制改革；2016 年，组织实施军队规模结构和作战力量体系、院校、武警部队改革，基本完成阶段性改革任务；2017 年至

2020 年，对相关领域改革作进一步调整、优化和完善，持续推进各领域改革。政策制度和军民融合深度发展改革，成熟一项推进一项。

此后，习近平先后签发中央军委命令，调整组建军委机关各部门，组建各战区机关、陆军机关、各战区陆军机关、战略支援部队机关，调整组建战区海军、战区空军机关，组建中央军委纪律检查委员会派驻纪检组，组织实施海军、空军、火箭军、武警部队机关整编，组建武汉联勤保障基地及 5 个联勤保障中心，调整组建 13 个集团军、海军陆战队，调整组建新的军事科学院、国防大学、国防科技大学和其他军队院校、科研机构、训练机构。

2015 年 12 月 31 日，中国人民解放军陆军领导机构、火箭军、战略支援部队成立大会举行。习近平向陆军、火箭军、战略支援部队授予军旗并致训词，强调要努力建设一支强大的现代化新型陆军、一支强大的现代化火箭军、一支强大的现代化战略支援部队。

2016 年 1 月 11 日，习近平接见调整组建后的军委机关各部门负责同志，强调要讲政治、谋打赢、搞服务、作表率，努力建设"四铁"军委机关。这次军委机关调整，把原来的总参谋部、总政治部、总后勤部、总装备部 4 个总部改为 15 个职能部门。

2 月 1 日，中国人民解放军战区成立大会举行。习近平向东部战区、南部战区、西部战区、北部战区、中部战区授予军旗并发布训令，命令各战区毫不动摇听党指挥，聚精会神钻研打仗，高效指挥联合作战，随时准备领兵打仗。

2 月 29 日，全军按新的领导指挥体制运行，实现了军队领导指挥体制历史性变革。

12 月 2 日至 3 日，中央军委军队规模结构和力量编成改革工作会议举行。习近平强调，要推动我军由数量规模型向质量效能型、由人力密集型向科技密集型转变，部队编成向充实、合成、多能、灵活方向发展，构建能够打赢信息化战争、有效履行使命任务的中国特色现代军事力量体系。

2017 年 4 月 18 日，习近平接见全军新调整组建 84 个军级单位主官并对各单位发布训令，强调要坚持政治建军、改革强军、依法治军，聚焦能打仗、打胜仗推进各项工作，聚精会神锻造召之即来、来之能战、战之必胜的精兵劲旅。

7 月 19 日，新调整组建的军事科学院、国防大学、国防科技大学成立大会暨军队院校、科研机构、训练机构主要领导座谈会举行。习近平向军事科学院、国防大学、国防科技大学授军旗、致训词，强调要建设世界一流的军事科研机构、综合性联合指挥大学、高等教育院校。

2017 年的十九大总结 5 年来的工作和成就，充分肯定"国防和军队改革取得历史性突破"。

2017 年 11 月 2 日，十九大刚刚结束，中央军委就印发《关于全面深入贯彻军委主席负责制的意见》，强调要全面贯彻习近平强军思想，全面贯彻党对军队绝对领导的根本原则和制度，从政治上、思想上、组织上、制度上、作风上为贯彻军委主席负责制提供坚强保证。11 月 3 日，习近平视察军委联合作战指挥中心，指出军队是要准备打仗的，军委必须懂打仗、善谋略、会指挥，军委工作一开始就要把备战打仗的指挥棒立起来。

2017 年 12 月 14 日，中共中央作出《关于调整中国人民武装警察部队领导指挥体制的决定》。自 2018 年 1 月 1 日零时起，武警部队由党中央、中央军委集中统一领导，归中央军委建制，不再列国务院序列。2018 年 1 月 10 日，习近平向武警部队授旗并致训词。

2017 年 12 月 22 日，习近平在中央军委扩大会议上阐明新时代党的强军思想，提出人民军队新时代使命任务：为巩固中国共产党领导和我国社会主义制度提供战略支撑，为捍卫国家主权、统一、领土完整提供战略支撑，为维护我国海外利益提供战略支撑，为促进世界和平与发展提供战略支撑。

2018 年 8 月 17 日至 19 日，中央军委党的建设会议举行。9 月 1 日，中央军委作出《关于加强新时代军队党的建设的决定》。

2020 年 6 月 14 日，中共中央作出《关于调整预备役部队领导体制的决定》。自 2020 年 7 月 1 日零时起，预备役部队全面纳入军队领导指挥体系，由军地双重领导调整为党中央、中央军委集中统一领导。

2021 年 3 月 9 日，习近平出席十三届全国人大四次会议解放军和武警部队代表团全体会议并讲话，强调要聚焦实现建军一百年奋斗目标，紧紧围绕我军建设"十四五"规划布局谋划和推进工作。

2024 年 4 月 19 日，中国人民解放军信息支援部队正式成立。根据中央军委决定，新组建的信息支援部队由中央军委直接领导指挥，同时撤销战略支援部队番号，相应调整军事航天部队、网络空间部队领导管理关系。

第十二章

国家统一

一、"一国两制"

1949 年 10 月 1 日中华人民共和国的成立，标志着中华民族的历史开始了一个新纪元。但是，由于种种复杂的原因，香港和澳门没有收回，台湾则被国民党当局占据，祖国统一大业尚未最后完成。

完成祖国统一大业，是中华民族的根本利益所在，是全中国人民包括台湾同胞、港澳同胞和海外侨胞的共同愿望。统一是中国历史发展的主流。反对分裂，坚持统一，是中华民族自古以来就有的传统。

中国共产党人始终把国家统一作为一个重要的目标。恢复行使对香港、澳门的主权，实现海峡两岸的统一，一直是中国共产党人和一切炎黄子孙的共同心愿。问题是用什么方式才能早日实现祖国统一的大业。

20 世纪 50 年代中期，周恩来代表中国政府表示，中国人民解放台湾有两种可能的方式，即战争的方式与和平的方式，中国人民愿意在可能的条件下，争取用和平方式解放台湾。此后，毛泽东等进一步提出搞第三次国共合作，两党对等谈判，台湾作为中国政府管辖下的自治区实行高度自治，台湾的社会改革可以从缓并协商解决等主张。这些主张虽然由于国际环境和国内因素的制约未能付诸实践，但对后来"一国两制"构想的形成起了很大的启迪作用，是"一国两制"理论的思想来源和理论准备。

20 世纪 70 年代末 80 年代初，国际国内形势都发生了很大的变化，和平统一祖国有了新的有利条件。1979 年元旦，全国人大常委会发表《告台湾同胞书》，宣布了和平统一祖国的大政方针，并建议两岸恢复通商、通邮、通航。当年 1 月 30 日，邓小平在访美期间指出，我们不再使用"解放台湾"的提法，只要实现祖国统一，我们将尊重台湾的现实和现行制度。

1981 年 9 月底，叶剑英发表《关于台湾回归祖国实现和平统一的方针政策》，具体阐述了实现祖国统一的九条方针。1982 年 1 月 11 日，邓小平将这些思想概括升华，指出："这实际上就是'一个国家、两种制度'。在国家统一的大前提下，国家主体实行社会主义制度，台湾实行资本主义制度。"[①] 这是邓小平第一次明确地提出"一个国家、两种制度"的概念。

"一国两制"构想的提出是从解决台湾问题开始的，但首先运用于解决香港问题。从 1981 年初开始，根据邓小平的指示，中央有关部门对香港问题进行研究讨论，明确提出"解决香港回归祖国唯一可行的基本方针是邓小平提出的'一国两制'的构想"。1982 年，中央有关部门起草完成了关于 1997 年后对香港的基本方针政策的报告，形成了以"一国两制"方针为核心的 12 条基本方针政策，确定了"一国两制"的基本内容。

1982 年 9 月，邓小平在会见英国首相撒切尔夫人时，按照"一国两制"的方针，阐明了中国政府解决香港问题的立场。当年 12 月通过的《中华人民共和国宪法》，增加了设立特别行政区的规定，为"一国两制"的实施提供了法律依据。

1983 年 6 月 26 日，根据中央政治局讨论的意见，邓小平在会见美籍华人杨力宇教授时，就台湾问题提出了"六点办法"，指出："祖国统一后，台湾特别行政区可以有自己的独立性，可以实行同大陆不同的制度。"[②] 1984 年 2 月，邓小平在会见美国学者时进一步明确

---

① 《台湾问题与中国的统一》，《人民日报》1993 年 9 月 1 日。
② 《邓小平文选》第三卷，人民出版社 1993 年版，第 30 页。

指出："统一后，台湾仍搞它的资本主义，大陆搞社会主义，但是是一个统一的中国。一个中国，两种制度。香港问题也是这样，一个中国，两种制度。"① 这是第一次出现"一个中国，两种制度"的表述。同年 5 月 15 日，六届全国人大二次会议上的《政府工作报告》公开使用了"一个国家，两种制度"的用语。

随着改革开放和现代化建设的发展，祖国和平统一的进程步入新的阶段。"一国两制"构想不断丰富发展，并付诸实践。1995 年 1 月 30 日，江泽民对发展两岸关系，推进和平统一进程提出八项主张。2008 年 12 月 31 日，胡锦涛全面阐述两岸关系和平发展重要思想，就推动两岸关系和平发展提出了六点意见。

十八大以来，以习近平同志为核心的党中央，站在新时代的高度，全面贯彻"一国两制"方针，推进祖国和平统一进程。十九大把"坚持'一国两制'和推进祖国统一"作为坚持和发展中国特色社会主义的基本方略之一。强调确保"一国两制"方针不会变、不动摇，"一国两制"实践不变形、不走样。坚持一个中国原则和"九二共识"，推动两岸关系和平发展。

"一国两制"构想的基本内容是：在祖国统一的前提下，国家的主体坚持社会主义制度，同时台湾、香港、澳门保持原有的资本主义制度和生活方式长期不变。具体有以下几点：

第一，一个中国。即坚持世界上只有一个中国，台湾、香港、澳门都是中国的一部分。中国的主权和领土完整不容分割。在国际上代表全中国人民的唯一合法政府，只能是中华人民共和国政府。一个中国，是"一国两制"的核心。

第二，两制并存。在一个中国的前提下，大陆的社会主义制度和台湾、香港、澳门的资本主义制度，实行长期共存，共同发展。祖国

---

① 《邓小平文选》第三卷，人民出版社 1993 年版，第 49 页。

统一后，台湾、香港、澳门的现行社会、经济制度不变，生活方式不变，同外国经济、文化关系不变。诸如私人财产、房屋、土地、企业所有权、合法继承权等，一律受法律保护。

第三，高度自治。祖国和平统一后，依法在台湾、香港、澳门设立特别行政区。特别行政区行使地方政府的权力，享有高度的自治权，包括行政管理权、立法权、独立的司法权和终审权。对台湾特别行政区的政策更为宽松，允许继续保留军队。

第四，和平谈判。通过接触和谈判，以和平的方式实现祖国的统一，是全体中国人民的共同心愿。为结束敌对状态，实现和平统一，两岸应尽早接触谈判。但中国政府无义务对任何图谋分裂中国的行动，作出放弃使用武力的承诺。

第五，长期不变。用"一国两制"的办法来实现祖国的和平统一，不是权宜之计，不是短时打算，而是要长期坚持的基本方针和政策。"一国两制"是在实现祖国和平统一的过程中以及祖国和平统一后，保持香港、澳门、台湾的繁荣与稳定，促进中国发展和民族振兴的基本保证。

"一国两制"是一个完整的概念，"一国"是实行"两制"的前提和基础，"两制"从属和派生于"一国"，并统一于"一国"之内。

2019年12月20日，习近平总结澳门"一国两制"成功实践的经验，强调要始终坚定"一国两制"制度自信；始终准确把握"一国两制"正确方向；始终强化"一国两制"使命担当；始终筑牢"一国两制"社会政治基础。

2022年7月1日，习近平结合香港的实践，强调指出，"一国两制"是经过实践反复检验了的，符合国家、民族根本利益，符合香港、澳门根本利益，得到14亿多祖国人民鼎力支持，得到香港、澳门居民一致拥护，也得到国际社会普遍赞同。这样的好制度，没有任何理由改变，必须长期坚持。

二十大充分肯定并坚定强调："'一国两制'是中国特色社会主义的伟大创举，是香港、澳门回归后保持长期繁荣稳定的最佳制度安排，必须长期坚持。"围绕"坚持和完善'一国两制'，推进祖国统一"[①]，二十大作出了进一步部署。

按照二十大精神，必须全面准确、坚定不移贯彻"一国两制"方针，必须坚持落实中央全面管治权和保障特别行政区高度自治权相统一，必须坚定落实"爱国者治港""爱国者治澳"原则，必须坚持依法治港治澳，必须发挥香港、澳门的优势和特点，必须支持香港、澳门发展经济、改善民生、破解经济社会发展中的深层次矛盾和问题，必须形成更广泛的国内外支持"一国两制"的统一战线。

二、两岸关系

台湾自古以来就是中国的领土。1895 年，清政府因在甲午战争中惨败，被迫将台湾割让给日本。抗日战争期间，中国政府向国际社会郑重声明要收复台湾。1943 年 12 月 1 日，中、英、美三国首脑在《开罗宣言》中庄严宣布：要使日本所窃取于中国之领土，例如满洲、台湾、澎湖群岛等归还中国。1945 年 7 月 26 日，《中美英三国促令日本投降之波茨坦公告》重申，开罗宣言之条件必将实施。日本战败后，日本委派的台湾总督向中国投降。自此，台湾和澎湖等岛屿不仅在法律上而且在事实上恢复成为中国领土的一部分。在解放战争即将取得全国胜利的时候，国民党集团逃往台湾，海峡两岸形成了暂时的分裂对峙局面。

中华人民共和国成立后，中国人民解放军继续清除占据东南沿海

---

① 《习近平著作选读》第一卷，人民出版社 2023 年版，第 47 页。

的国民党残余势力。1955 年 5 月，根据国内外形势变化，周恩来代表中央公开提出了和平解放台湾的主张。1958 年 8 月 23 日，中国人民解放军发起金门炮战。毛泽东逐步形成祖国统一新的构想，即周恩来概括的"一纲四目"。"一纲"即台湾必须统一于中国。"四目"为：（1）台湾回归祖国后，除外交必须统一于中央外，所有军政大权、人事安排等悉委于蒋（介石）；（2）所有军政及建设经费不足之数，悉由中央拨付；（3）台湾的社会改革可以从缓，必俟条件成熟并征得蒋之同意后进行；（4）互约不派特务，不做破坏对方团结之举。

20 世纪 70 年代末，国内国际形势发生重大变化。1978 年 12 月，在美国同意中国提出的与台湾当局"断交""废约（美蒋防御条约）"和从台湾撤军的要求的前提下，中美两国发表建交公报，宣布自 1979 年 1 月 1 日起互相承认并建立外交关系，美国"承认中华人民共和国政府是中国的唯一合法政府"，"承认中国的立场，即只有一个中国，台湾是中国的一部分"。

在这样的背景下，邓小平创造性地提出了"一国两制"的构想。1979 年元旦，全国人大常委会发表《告台湾同胞书》，郑重宣示争取祖国和平统一的大政方针。1981 年 9 月 30 日，叶剑英对新华社记者发表谈话，进一步阐述了台湾回归祖国、实现和平统一的九条方针政策。1983 年 6 月 26 日，邓小平会见美籍华人学者时，进一步阐述了实现台湾和祖国大陆和平统一的构想。

经过对台工作实践，特别是解决香港问题、澳门问题的实践，中共和中国政府确立了"和平统一、一国两制"的基本方针及其完整的政策体系。其基本内容是：（1）核心是坚持一个中国原则。（2）在祖国统一的前提下，大陆实行社会主义制度，台湾保持原有的社会制度长期不变。（3）两岸统一以后，台湾作为特别行政区，享有不同于其他省、区、市的高度自治权。（4）坚持和平统一，但不承诺放弃使用武力。（5）解决台湾问题，寄希望于台湾当局，更寄希望于台湾人民。（6）争取通过谈判实现和平统一。（7）积极促进两岸直接"三通"和各项交流，为和平统一创造条件。（8）坚决反对任何"台湾独立"分裂图谋。（9）解决台湾问题是中国的内政，坚决反对外国势力插手和干涉。（10）解决台湾问题、实现祖国统一，归根结底靠大陆的发展，把自己的事情办好。

面对大陆方面和平统一的呼吁，台湾国民党当局 1980 年提出"不接触、不谈判、不妥协"的"三不"政策。但在台湾民众和社会舆论压力下，1987 年，国民党当局有条件开放台湾民众赴大陆探亲。长达 38 年之久的两岸隔绝状态被打破。因应两岸交往需要，1990年、1991 年，两岸分别成立得到授权的民间团体——台湾方面的海峡交流基金会、大陆方面的海峡两岸关系协会。1992 年，两会达成"各自以口头方式表述海峡两岸均坚持一个中国原则"的共识（2000年后被称为"九二共识"），确立了商谈的共同政治基础。1993 年，两会领导人在新加坡举行首次会谈，签署四项协议，标志着两岸关系迈出历史性的重要一步。

但是，1988 年接任台湾当局领导人的李登辉开始背弃一个中国原则，进行制造"两个中国""一中一台"的分裂活动，支持和纵容"台独"分裂势力发展，导致两岸关系中坚持还是背弃一个中国原则、统一还是分裂的斗争加剧。

党和国家坚持"和平统一、一国两制"的基本方针，努力推进对台工作。1995 年 1 月 30 日，江泽民发表《为促进祖国统一大业的完成而继续奋斗》的重要讲话，提出发展两岸关系、推进祖国和平统一进程的八项主张：（1）坚持一个中国原则是实现和平统一的基础和前提。（2）对台湾同外国发展民间性经济、文化关系不持异议，但反对台湾以搞"两个中国""一中一台"为目的的所谓"扩大国际生存空间"的活动。（3）进行海峡两岸和平统一谈判。两岸和平统一谈判可以分步骤进行，第一步可以谈"在一个中国的原则下，正式结束两岸敌对状态"。（4）努力实现和平统一，但不承诺放弃使用武力。（5）大力发展两岸经济交流与合作，加速实现两岸直接"三通"。（6）两岸同胞要共同继承和发扬中华文化的优秀传统。（7）充分尊重台湾同胞的生活方式和当家作主的愿望，保护台湾同胞的一切正当权益。（8）双方领导人以适当身份互访。

对于李登辉进行分裂祖国的活动，大陆方面进行了坚决斗争，充分显示了维护国家主权和领土完整的坚定决心，沉重打击了"台独"分裂势力。

2000 年陈水扁上台后，顽固坚持"台独"立场，拒不承认"九二共识"，逐步推动"台独"活动升级。

对陈水扁当局的"台独"冒险，大陆方面进行了坚决斗争。2005 年3 月 14 日，十届全国人大三次会议高票通过《反分裂国家法》。4 月，中共中央和胡锦涛邀请中国国民党主席连战来访，国共两党领导人进行了 60 年来的首次会谈，共同发布了"两岸和平发展共同愿景"，确立了坚持"九二共识"、反对"台独"是国共两党交往的共同政治基础，提出了推动两岸关系发展的重要主张，掀开了国共两党关系新的一页，也对两岸关系发展产生重大的积极影响。大陆方面还主动实施一系列惠及广大台湾民众的政策措施，受到台湾同胞普遍欢迎和高度肯定。

经过坚决斗争和有效工作，大陆方面取得反"台独"斗争的重大胜利，维护了国家主权和领土完整，维护了我国发展的重要战略机遇期，也为推动两岸关系实现历史性转折奠定了基础。2008 年 5 月以后，两岸关系实现了历史性转折，取得一系列突破性进展和重要成果，开创了和平发展的新局面。

十六大以后，党和国家在领导反"台独"斗争和推动两岸关系发展的过程中，推进对台工作的理论创新和实践创新。2008年12月31日，胡锦涛发表《携手推动两岸关系和平发展，同心实现中华民族伟大复兴》的重要讲话，首次全面系统阐述了两岸关系和平发展重要思想，并提出推动两岸关系和平发展的六点意见：恪守一个中国，增进政治互信；推进经济合作，促进共同发展；弘扬中华文化，加强精神纽带；加强人员往来，扩大各界交流；维护国家主权，协商涉外事务；结束敌对状态，达成和平协议。两岸关系和平发展重要思想丰富和发展了中央对台工作的大政方针，具有重大和深远的意义。

十八大以后，党和国家继往开来，在新的历史起点上进一步推进对台工作，推动两岸关系和平发展。对台工作继续坚持"和平统一、一国两制"方针，坚持发展两岸关系、推进祖国和平统一进程的八项主张，全面贯彻两岸关系和平发展重要思想，不断巩固和深化两岸关系和平发展的政治、经济、文化、社会基础，为和平统一创造更充分的条件。

2014年5月7日，习近平在会见亲民党主席宋楚瑜一行时强调，两岸关系和平发展是两岸同胞顺应历史潮流作出的共同选择。我们推动两岸关系和平发展的方针政策不会改变，促进两岸交流合作、互利共赢的务实举措不会放弃，团结台湾同胞共同奋斗的真诚热情不会减弱，制止"台独"分裂图谋的坚强意志不会动摇。

2015年11月7日，习近平同台湾方面领导人马英九在新加坡会面，就进一步推进两岸关系和平发展交换意见。双方认为应该继续坚持"九二共识"、巩固共同政治基础，坚定走和平发展道路，深化两岸交流合作，增进两岸同胞福祉，共谋中华民族伟大复兴。这是1949年以来两岸领导人首次会面。

2019年1月2日，在《告台湾同胞书》发表40周年纪念会上，习近平发表重要讲话，回顾两岸关系 70 年的历程，强调指出，台湾是中国一部分、两岸同属一个中国的历史和法理事实，是任何人任何势力都无法改变的。两岸同胞都是中国人，血浓于水、守望相助的天然情感和民族认同，是任何人任何势力都无法改变的。台海形势走向和平稳定、两岸关系向前发展的时代潮流，是任何人任何势力都无法阻挡的。国家强大、民族复兴、两岸统一的历史大势，更是任何人任何势力都无法阻挡的。习近平进一步提出了推动两岸关系和平发展、推进祖国和平统一进程的五点主张：第一，携手推动民族复兴，实现和平统一目标。第二，探索"两制"台湾方案，丰富和平统一实践。第三，坚持一个中国原则，维护和平统一前景。第四，深化两岸融合发展，夯实和平统一基础。第五，实现同胞心灵契合，增进和平统一认同。

解决台湾问题、实现祖国完全统一，是全体中华儿女的共同责任，是中华民族走向伟大复兴的历史必然。全体中华儿女携手努力，就一定能在实现中华民族伟大复兴进程中完成祖国统一大业。

二十大重申："解决台湾问题、实现祖国完全统一，是党矢志不渝的历史任务，是全体中华儿女的共同愿望，是实现中华民族伟大复兴的必然要求。"同时强调："坚持贯彻新时代党解决台湾问题的总体方略，牢牢把握两岸关系主导权和主动权，坚定不移推进祖国统一大业。"①

把新时代党解决台湾问题的总体方略落实到对台工作各方面全过程，要把握历史主动，坚定推进祖国统一进程；增进人民福祉，深化两岸各领域融合发展；发扬斗争精神，坚决粉碎"台独"分裂和外来干涉图谋；促进团结奋斗，携手共创祖国统一、民族复兴历史伟业。

---

① 《习近平著作选读》第一卷，人民出版社 2023 年版，第 48 页。

三、香港回归

"一国两制"的构想，已经在解决香港澳门问题上付诸实践，并取得了巨大的成功。

香港地区由香港岛、九龙以及"新界"组成。香港自古以来就是中国的领土。19 世纪，英国发动两次鸦片战争，武装占领了香港岛，分别于 1842 年 8 月、1860 年 12 月、1898 年 6 月通过 3 个不平等条约，强行割让或租借了整个香港地区。

中华人民共和国成立后，我国政府对香港问题的基本立场是：香港是中国的领土，不承认帝国主义强加的 3 个不平等条约；对于这一历史遗留下来的问题，将在条件成熟的时候通过谈判和平解决；未解决之前维持现状。中华人民共和国成立之初，出于打破帝国主义的经济封锁，保留港澳地区作为国际通道的考虑，没有立即收回香港，而是采取了"长期打算、充分利用"的方针。

20 世纪 70 年代末以后，和平与发展成为时代的主题。中国共产党和中国政府把完成祖国统一大业的任务提上了日程。1982 年 9 月，邓小平在同英国首相撒切尔夫人的谈话中，明确表达了中国对香港问题的基本立场。

自 1982 年起，中国政府与英国政府就香港问题开始了反复的交涉和谈判。1984 年 12 月 19 日，中英双方正式签署了关于香港问题的联合声明，宣布：中华人民共和国于 1997 年 7 月 1 日对香港恢复行使主权，英国政府将在同日把香港交还给中国；中华人民共和国将根据宪法第三十一条规定，在香港设立直辖于中央政府的香港特别行政区，同时保持香港的制度和生活方式不变。

从 1985 年开始，全国人大着手起草《中华人民共和国香港特别行政区基本法》。经反复商讨、修改和广泛征求意见，于 1990 年 4

月由七届全国人大三次会议正式批准。

联合声明生效以后，香港进入过渡期。按照"以我为主，两手准备"的方针，党和国家加紧对香港恢复行使主权和筹建香港特别行政区的各项准备工作。1993 年 7 月，成立了香港特别行政区筹备委员会预备工作委员会。1996 年 1 月，成立了香港特别行政区筹备委员会。随后，组建了香港特别行政区第一届政府推选委员会。1996 年 12 月 11 日，推举产生了第一任行政长官。12 月 21 日，产生了临时立法会。此外还为香港的顺利回归做了其他大量的准备工作。

1997 年 6 月 30 日午夜至 7 月 1 日凌晨，中英两国政府举行了香港政权交接仪式，中华人民共和国国旗和香港特别行政区区旗在香港升起，江泽民庄严宣告："中国对香港恢复行使主权。中华人民共和国香港特别行政区正式成立。"香港回归后，中国政府将坚定不移地执行"一国两制"、"港人治港"、高度自治的基本方针，保持香港原有的社会、经济制度和生活方式不变，法律基本不变。香港特别行政区首任行政长官董建华、特区第一届政府 23 名主要官员、第一届行政会议 14 名成员、临时立法会 59 名议员、终审法院常设法官、高等法院 36 名法官分批宣誓就职。中国人民解放军驻港部队也于 7 月 1 日零时开始履行香港防务职责。

2003 年 6 月 29 日、9 月 29 日，中央政府同香港特别行政区政府在香港签署《内地与香港关于建立更紧密经贸关系的安排》及附件。10 月 17 日，中央政府同澳门特别行政区政府在澳门签署《内地与澳门关于建立更紧密经贸关系的安排》。内地与香港、澳门之间正式建立自由贸易关系，经贸交流与合作进入新阶段。

2007 年 12 月 29 日，十届全国人大常委会第三十一次会议通过《关于香港特别行政区 2012 年行政长官和立法会产生办法及有关普选问题的决定》。

2010 年 8 月 28 日，十一届全国人大常委会第十六次会议通过《关于批准〈中华人民共和国香港特别行政区基本法附件一香港特别行政区行政长官的产生办法修正案〉的决定》，对《中华人民共和国香港特别行政区基本法附件二香港特别行政区立法会的产生办法和表决程序修正案》予以备案。

2012 年 7 月 1 日，胡锦涛出席庆祝香港回归祖国 15 周年大会暨香港特别行政区第四届政府就职典礼并讲话，强调中央政府实行"一国两制"、"港人治港"、高度自治方针将毫不动摇，全力支持香港特别行政区行政长官和政府依法施政将毫不动摇，同香港各界人士一道维护和促进香港长期繁荣稳定将毫不动摇。他还向香港特别行政区新一届政府和社会各界提出 4 点希望。

2014 年 8 月 31 日，十二届全国人大常委会第十次会议通过《关于香港特别行政区行政长官普选问题和 2016 年立法会产生办法的决定》。

2014 年 11 月 17 日，上海与香港股票市场交易互联互通机制"沪港通"正式启动。2016 年 12 月 5 日，深圳与香港股票市场交易互联互通机制"深港通"正式启动。2017 年 7 月 3 日，内地与香港债券市场互联互通合作机制"债券通"上线试运行。

2015 年 11 月 27 日、28 日，《〈内地与香港关于建立更紧密经贸关系的安排〉服务贸易协议》《〈内地与澳门关于建立更紧密经贸关系的安排〉服务贸易协议》分别签署，标志内地与香港、澳门服务贸易自由化基本实现。

2016 年 11 月 7 日，十二届全国人大常委会第二十四次会议通过《关于〈中华人民共和国香港特别行政区基本法〉第一百零四条的解释》。

2017 年 6 月 29 日至 7 月 1 日，习近平出席庆祝香港回归祖国 20

周年大会暨香港特别行政区第五届政府就职典礼。习近平强调，中央贯彻"一国两制"方针坚持两点，一是坚定不移，不会变、不动摇；二是全面准确，确保"一国两制"在香港的实践不走样、不变形，始终沿着正确方向前进。今后更好在香港落实"一国两制"，要始终准确把握"一国"和"两制"的关系，始终依照宪法和基本法办事，始终聚焦发展这个第一要务，始终维护和谐稳定的社会环境。

2018 年 10 月 23 日，港珠澳大桥开通仪式在广东珠海举行，习近平出席仪式并宣布大桥正式开通。大桥总长 55 公里，是连接香港、珠海和澳门的超大型跨海通道。大桥的开通，将进一步密切香港与内地的关系。

2019 年 6 月以来，针对香港爆发"修例风波"，以习近平同志为核心的党中央采取一系列举措，止暴制乱，恢复秩序。2020 年 5 月 28 日，十三届全国人大三次会议通过《关于建立健全香港特别行政区维护国家安全的法律制度和执行机制的决定》。6 月 30 日，十三届全国人大常委会第二十次会议通过《中华人民共和国香港特别行政区维护国家安全法》，并将其列入香港特别行政区基本法附件三，对香港特别行政区维护国家安全制度机制作出法律化、规范化、明晰化的具体安排。7 月，香港特别行政区维护国家安全委员会、中央人民政府驻香港特别行政区维护国家安全公署相继成立。

2021 年 3 月 11 日，十三届全国人大四次会议通过《关于完善香港特别行政区选举制度的决定》。

2021 年 3 月 30 日，十三届全国人大常委会第二十七次会议通过修订后的《中华人民共和国香港特别行政区基本法附件一香港特别行政区行政长官的产生办法》和《中华人民共和国香港特别行政区基本法附件二香港特别行政区立法会的产生办法和表决程序》。

2022 年 7 月 1 日，习近平出席庆祝香港回归祖国 25 周年大会暨香港特别行政区第六届政府就职典礼。习近平强调，"一国两制"实践在香港取得举世公认的成功。"一国两制"是经过实践反复检验了的，符合国家、民族根本利益，符合香港、澳门根本利益，得到 14 亿多祖国人民鼎力支持，得到香港、澳门居民一致拥护，也得到国际社会普遍赞同。这样的好制度，没有任何理由改变，必须长期坚持。

四、澳门回归

1840 年鸦片战争后，葡萄牙乘中国战败之机侵占了约 18 平方公里的澳门地区，1887 年迫使中国先后签订两个条约，获得了对澳门地区的永驻管理权。

中英关于香港问题的联合声明签署后不久，邓小平在会见葡萄牙总统埃亚内斯时指出，中葡之间没有吵架的问题，只存在一个澳门问题，这个问题在两国建交时已经达成谅解，只要双方友好磋商，是不难解决的。

邓小平认为，澳门与香港一样都实行"一国两制"的方针，而且 50 年不变。50 年以后更没有变的必要。

此后，中葡两国政府经过近两年的谈判，妥善解决了澳门回归祖国的问题，于 1987 年签署了中葡关于澳门问题的联合声明。声明宣布：中国将于 1999 年 12 月 20 日在澳门恢复行使主权并设立澳门特别行政区，实行高度自治和"澳人治澳"；澳门现行的社会、经济制度不变，生活方式不变，法律基本不变；葡萄牙和其他国家在澳门的经济利益将得到照顾，在澳门的葡后裔居民的利益将依法得到保护。

随后，成立了有各方代表人士参加的澳门特别行政区基本法起草委员会，经过 4 年多的努力，形成了《中华人民共和国澳门特别行政区基本法》，并于 1993 年 3 月 31 日由八届全国人大一次会议正式通

过，定于 1999 年 12 月 20 日实施。至此，按照"一国两制"的构想
澳门回归祖国也取得了重大进展。

1999 年 12 月 19 日午夜至 20 日凌晨，中葡两国政府举行澳门政
权交接仪式。中华人民共和国国旗和澳门特别行政区区旗在澳门升
起。江泽民发表讲话。澳门特别行政区行政长官何厚铧、澳门特别行
政区政府主要官员、立法会主席、终审法院院长、检察院检察长以及
澳门特别行政区行政会 10 名委员、立法会 23 名议员、各级法院 23
名法官、检察院 23 名检察官分批宣誓就职。20 日 13 时整，中国人
民解放军驻澳门部队顺利进驻澳门。

2009 年 6 月 24 日，国务院常务会议通过《横琴总体发展规
划》，决定将横琴纳入珠海经济特区范围，逐步把横琴建设成为"一
国两制"下探索粤港澳合作新模式的示范区、深化改革开放和科技创
新的先行区、促进珠江口西岸地区产业升级的新平台。27 日，十一
届全国人大常委会第九次会议通过《关于授权澳门特别行政区对设在
横琴岛的澳门大学新校区实施管辖的决定》。

2009 年 12 月 20 日，胡锦涛出席庆祝澳门回归祖国 10 周年大会
暨澳门特别行政区第三届政府就职典礼并讲话，强调必须全面准确理
解和贯彻"一国两制"方针，严格依照澳门基本法办事，集中精力推
动发展，坚持维护社会和谐稳定，着力培养各类人才。

2010 年 11 月 13 日至 14 日，中国—葡语国家经贸合作论坛第三
届部长级会议在澳门举行。温家宝出席开幕式并发表主旨演讲。

2012 年 6 月 30 日，十一届全国人大常委会第二十七次会议通过
《关于批准〈中华人民共和国澳门特别行政区基本法附件一澳门特别
行政区行政长官的产生办法修正案〉的决定》，对《中华人民共和国
澳门特别行政区基本法附件二澳门特别行政区立法会的产生办法修正
案》予以备案。

2014 年 12 月 19 日至 20 日，习近平出席庆祝澳门回归祖国 15 周年大会暨澳门特别行政区第四届政府就职典礼。习近平强调，继续推进"一国两制"事业，必须牢牢把握"一国两制"的根本宗旨，共同维护国家主权、安全、发展利益，保持香港、澳门长期繁荣稳定；必须坚持依法治港、依法治澳，依法保障"一国两制"实践；必须把坚持一国原则和尊重两制差异、维护中央权力和保障特别行政区高度自治权、发挥祖国内地坚强后盾作用和提高港澳自身竞争力有机结合起来，任何时候都不能偏废。

2019 年 12 月 3 日，纪念澳门特别行政区基本法实施 20 周年座谈会举行，栗战书讲话。

2019 年 12 月 20 日，习近平出席庆祝澳门回归祖国 20 周年大会暨澳门特别行政区第五届政府就职典礼并讲话指出，总结澳门"一国两制"成功实践，可以获得 4 点重要经验：始终坚定"一国两制"制度自信；始终准确把握"一国两制"正确方向；始终强化"一国两制"使命担当；始终筑牢"一国两制"社会政治基础。

第十三章

国家对外关系

一、外交关系

外交关系，是指国家为了实现对外政策，通过外交活动而与其他国际法主体交往而形成的关系。其形式多种多样，包括正式外交关系、不完全的外交关系、非正式外交关系，还有多种形式的民间外交。正式外交关系是完全的外交关系，主要体现为双方互相派驻外交使节。正式外交关系是正常的外交关系，最为常见。

国际法意义上的外交关系，主要是指国家之间通过互访、谈判、缔结条约、互派常驻外交代表机构、参加国际会议和国际组织等方式进行交往所形成的关系。

正式外交关系也称为正常的外交关系，以双方互派常驻使节为主要特征。半外交关系也称为不完全的外交关系，以双方互派代办级外交使节为主要特征。非正式外交关系，特征是两个没有正式建交的国家直接进行外交谈判，并互设某种联络机构保持相互接触。

国家间正式外交关系的建立，通常是通过互设使馆来实现的。国家之间也可通过直接接触、签订条约和换文的方式，建立外交关系。

除了国家间的外交关系外，还有各种形式的民间外交、公共外交、城市外交等。按领域划分，有政务外交、经济外交、文化外交、科技外交、军事外交等。

中华人民共和国成立以来，长期坚持和平共处五项原则，积极发展与不同类型国家的外交关系。维护世界和平，促进共同发展，是中国外交政策的宗旨；和平共处五项原则是中国外交政策的基本准则；独立自主是中国外交的基本立场；维护中国的主权、安全和发展利益，促进世界的和平与发展，是中国外交的基本目标。加强同第三世界国家的团结与合作是中国对外政策的基本立足点；实行对外开放，加强国际交往，是中国的基本国策。

2017 年十九大确认的新时代坚持和发展中国特色社会主义基本方略之一是：坚持推动构建人类命运共同体。中国人民的梦想同各国人民的梦想息息相通，实现中国梦离不开和平的国际环境和稳定的国际秩序。必须统筹国内国际两个大局，始终不渝走和平发展道路、奉行互利共赢的开放战略，坚持正确义利观，树立共同、综合、合作、可持续的新安全观，谋求开放创新、包容互惠的发展前景，促进和而不同、兼收并蓄的文明交流，构筑尊崇自然、绿色发展的生态体系，始终做世界和平的建设者、全球发展的贡献者、国际秩序的维护者。

十九大明确宣布：中国将高举和平、发展、合作、共赢的旗帜，恪守维护世界和平、促进共同发展的外交政策宗旨，坚定不移在和平共处五项原则基础上发展同各国的友好合作，推动建设相互尊重、公平正义、合作共赢的新型国际关系。

中国积极发展全球伙伴关系，扩大同各国的利益交汇点，推进大国协调和合作，构建总体稳定、均衡发展的大国关系框架，按照亲诚惠容理念和与邻为善、以邻为伴周边外交方针深化同周边国家关系，秉持正确义利观和真实亲诚理念加强同发展中国家团结合作。加强同各国政党和政治组织的交流合作，推进人大、政协、军队、地方、人民团体等的对外交往。

截至 2024 年 1 月，中华人民共和国与 183 个国家建立了外交关系。

二、和平共处五项原则

和平共处五项原则,内容为:互相尊重主权和领土完整、互不侵犯、互不干涉内政、平等互利、和平共处,是中国同印度、缅甸于1954年共同倡导的。

印度和缅甸是中国的近邻。两国与中国社会制度不同,且有许多历史遗留下的悬而未决的问题。1953年12月31日至1954年4月29日,中国政府同印度政府派遣的代表团就两国在中国西藏地区的关系问题在北京进行谈判。

1953年12月31日,周恩来在接见印度政府代表团时,首次完整地提出了和平共处五项原则,即:互相尊重领土主权(在亚非会议上改为互相尊重主权和领土完整)、互不侵犯、互不干涉内政、平等互惠(在中印、中缅联合声明中改为平等互利)和和平共处。这些原则得到印度方面的赞同,双方一致同意在这些原则的指导下进行谈判。

1954年4月29日,中印双方达成协议,签订《关于中国西藏地方和印度之间的通商和交通协定》及有关换文。该《协定》在序言中把和平共处五项原则定为指导两国关系的原则。和平共处五项原则作为一个整体,首次在国际条约上成为国际关系的指导原则。

1954年6月25日至29日,在日内瓦会议休会期间,周恩来应邀访问印度和缅甸。访印期间,周恩来利用各种场合阐述中国的对外政策与和平共处五项原则的作用。他指出,中华人民共和国对东南亚的政策是和平共处,我们要把这一政策贯彻下去;世界各国不分大小强弱,不论其社会制度如何,是可以和平共处的;革命不能输出,一个国家内人民表现的共同意志也不应容许外来干涉。

在与印度总理尼赫鲁会谈时,尼赫鲁提议双方在会谈后发表一个联合声明,周恩来表示同意,并请尼赫鲁起草。经双方磋商后发表的

《中印两国总理联合声明》载入了和平共处五项原则，并指出："这些原则不仅适用于各国之间，而且适用于一般国际关系之中"，"在亚洲及世界各地存在着不同的社会制度和政治制度。然而，如果接受上述各项原则并按照这些原则办事……这些国家就能和平共处并相互友好。这就会缓和目前存在于世界上的紧张局势，并有助于创造和平的气氛"。①

随后，在访问缅甸期间，周恩来又与吴努签署了《中缅两国总理联合声明》，双方同意和平共处五项原则是指导中缅关系的原则，并共同倡议将和平共处五项原则作为指导一般国际关系的原则。

和平共处五项原则虽然首先是为处理与亚洲民族独立国家的关系而提出的，但是在日内瓦会议关于印支问题的谈判进入关键阶段时公之于世，因而格外引人注目，并迅即引起重大国际反响。

日内瓦会议后，曾任英国首相的英国工党领袖艾德礼、印度总理尼赫鲁、缅甸总理吴努等相继访华。这是第一批访问中国的非社会主义国家的领导人。毛泽东在会见这些外国客人时多次谈到和平共处五项原则。他说：我们认为，五项原则是一个长期方针，不是为了临时应付。这五项原则适合我国的情况，我国需要长期的和平环境。五项原则也适合亚洲、非洲绝大多数国家的情况。还说：和平共处五项原则应推广到所有国家关系中去。不同的制度是可以和平共处的，社会主义可以同资本主义、帝国主义、封建王国共处，只需要一个条件，就是双方愿意共处。他特别指出："这也包括美国在内，希望美国也采取和平共处的政策。"②

在 1955 年的万隆会议上，周恩来提出求同存异方针。万隆会议通过的处理国际关系的十项原则，是和平共处五项原则的引申和发

---

① 《中印两国总理联合声明》，《人民日报》1954 年 6 月 29 日。
② 《毛泽东文集》第六卷，人民出版社 1999 年版，第 341 页。

展。和平共处五项原则自 1953 年底提出后，其文字几经斟酌，直至 1955 年万隆会议才最后确定。

1956 年，在波兰和匈牙利事件发生后，中国政府于 11 月 1 日发表声明，指出社会主义国家之间的关系更应该建立在和平共处五项原则之上。这样，和平共处五项原则的应用范围进一步扩大，不仅被用于处理与不同社会制度国家的关系，也被用于处理同社会主义各国的关系。

1957 年，毛泽东在莫斯科向全世界庄严宣告，中国坚决主张一切国家实行和平共处五项原则。1963 年底至 1964 年初，周恩来出访亚洲、非洲和欧洲 14 个国家时，提出了中国经济援助的八项原则，把五项原则扩展到经济领域。

1974 年，邓小平在联大特别会议上再次强调国家之间的政治和经济关系都应建立在和平共处五项原则的基础上。1988 年，邓小平又率先明确提出以五项原则为准则建立国际政治经济新秩序。

经过半个多世纪的实践检验，和平共处五项原则不仅成为中国对外政策的基石，也逐渐被国际社会普遍接受。

2014 年 6 月 28 日，和平共处五项原则发表 60 周年纪念大会在北京举行。习近平发表主旨讲话，强调要弘扬和平共处五项原则，建设合作共赢美好世界。

2024 年 6 月 28 日，和平共处五项原则发表 70 周年纪念大会在北京举行。习近平发表重要讲话，强调要弘扬和平共处五项原则，携手构建人类命运共同体。

三、恢复中华人民共和国在联合国的合法席位

中国是 1945 年成立的联合国的创始会员国，也是联合国安全理事会五个常任理事国之一。1949 年中华人民共和国成立后，这一席

位仍由已经在大陆战败而逃往台湾的国民党政府占据。围绕这一席位问题，中华人民共和国政府进行了长期不懈的努力和斗争。

中华人民共和国成立后，周恩来总理兼外长多次致电联合国秘书长和联大主席，申明中华人民共和国政府是代表中国人民的唯一合法政府，要求把已经根本不能代表中国的国民党集团非法代表驱逐出联合国，并容许中华人民共和国政府的代表参加联合国的工作。但是，这一要求遭到了主要来自美国的竭力阻挠。

从 1950 年起，美国操纵表决机器，以各种借口，阻止联合国第五届至第十五届大会讨论中国代表权问题。随着国际形势的发展、中国国际地位的提高和联合国内亚非拉成员国的增加，到 1960 年，美国拒绝讨论中国代表权问题的提案在表决时仅能获得微弱多数。

1961 年，第十六届联合国大会决定将中国代表权问题列入联大议程，这是一个重要突破。美国又设置新的障碍，屡次将恢复中国代表权的问题列为必须由 2/3 多数票通过方能解决的所谓"重要问题"。到 1970 年第二十五届联合国大会，投票的结果，支持驱逐国民党集团"代表"的已有 51 票，反对的仅 47 票。这是联合国大会表决恢复中国席位问题时赞成票第一次超过反对票。

1971 年第二十六届联合国大会召开前，美国政府不但与日本佐藤政府再次向联大提出"重要问题"案，而且提出所谓"双重代表权"案，即接纳中华人民共和国的代表入联合国，但保留"中华民国"的代表权。中国外交部于 8 月 20 日发表声明严正指出，恢复中华人民共和国在联合国的合法权利，和把蒋介石集团驱逐出联合国，这是一个问题不可分割的两个方面。中国决不允许在联合国出现"两个中国"或"一中一台"的局面。

第二十六届联合国大会开幕后，自 10 月 18 日起，就恢复中国席位问题展开激烈的辩论。25 日，大会就提交讨论的 3 个有关中国席位的提案进行表决。结果，首先以 59 票反对，55 票赞成，15 票弃权否决了美、日等 22 国提出的所谓"重要问题"提案。台湾当局派出的所谓"外交部长"见大势已去，被迫宣布"中华民国"代表团不再参加联合国大会的任何议程，随即离开会场。

随后，大会表决阿尔巴尼亚、阿尔及利亚等 23 国提出的要求恢复中华人民共和国在联合国的一切合法权利，并立即把台湾当局的"代表"从联合国及其所属一切机构中驱逐出去的提案。这个提案以 76 票赞成、35 票反对、17 票弃权的压倒性多数通过。这就是联合国历史上著名的联大第 2758 号决议，它从政治上、法律上、程序上彻底解决了中国在联合国的代表权问题。由于该决议的通过，"双重代表权"提案遂成为废案。

合众社报道："赞成中国参加的各国代表……他们全部站起，高高举起双手向四周欢呼，会场充满兴奋的龙卷风。""中国是在自己不在场的情况下，受到联大总部过半数的祝福。"

1971 年 11 月 15 日，以外交部副部长乔冠华为团长、黄华为副团长的中国代表团首次出现在联合国大会上，受到大多数国家代表极其热烈的欢迎。乔冠华在大会上讲话，代表中国政府对为恢复中国在联合国的合法权利进行了不懈努力的众多友好国家表示衷心的感谢，并全面阐述了中国政府在一系列重大问题上的原则立场。11 月 23 日，中国代表首次出席安理会会议。从此，作为联合国安理会常任理事国之一的中国，在联合国组织内为实现联合国宪章的宗旨、维护世界和平、加强各国友好合作、促进人类进步事业作出自己不懈的努力。

恢复中华人民共和国在联合国的合法席位，这是中国外交的一次重大突破，是世界上一切爱好和平和主持正义的国家共同努力的结果，具有极为深远的意义。

2021 年 10 月 25 日，中华人民共和国恢复联合国合法席位 50 周年纪念会议举行。习近平讲话强调，中国将坚持走和平发展之路、改革开放之路、多边主义之路，呼吁各国弘扬全人类共同价值，践行真正的多边主义，携手构建人类命运共同体。

四、三个世界理论和"一条线"战略

20 世纪 70 年代，国际形势发生重大变化。美苏两个超级大国的军事力量对比朝着有利于苏联的方向发展。美国由于长期对外扩张，特别是陷入侵越战争的泥潭中，实力遭到削弱，霸权地位受到挑战。而苏联则乘机加紧扩充军备，并倚仗其膨胀起来的军事实力对外扩张，对中国也造成不小威胁。

1973 年 2 月，毛泽东在同第四次访华的美国国务卿基辛格谈话时，首先提出了关于"一条线""一大片"的战略设想，即建立一条从日本经过欧洲一直到美国的统一战线，以抗衡当时霸权主义野心日益膨胀的苏联。毛泽东说，只要目标相同，我们不损害你们，你们也不损害我们，共同对付苏联霸权主义。希望美国跟欧洲和日本加强合作，要搞一条横线，就是美国、日本、中国、巴基斯坦、伊朗、土耳其、欧洲。

经过一段时间的观察与思考，毛泽东于 1974 年 2 月在同赞比亚总统卡翁达谈话时，首次提出关于"三个世界"划分的战略思想。这一思想的基本点是：美国、苏联是第一世界；亚非拉和其他地区的发展中国家是第三世界；处于这两者之间的发达国家是第二世界。

毛泽东说，这三个世界互相联系又互相矛盾。美苏两个超级大国都想以这样或那样的方式把发展中国家置于它们各自的控制之下，同时还要欺负实力不如它们的发达国家。处于超级大国和发展中国家之间的一些发达国家，既对第三世界国家保持着各种不同形态的殖民主义关系，又在不同程度上受着这个或那个超级大国的控制、威胁和欺负。而广大的发展中国家，都是以前的殖民地或半殖民地，它们在取得独立以后，都还面临着肃清殖民主义残余势力，发展民族经济，巩固民族独立的历史任务。

根据这一划分，中国作为第三世界的一员，要加强同广大第三世界国家的团结，争取第二世界国家，联合反对超级大国的控制和压迫；在与第一世界美苏两个超级大国的霸权主义展开斗争时，注意联合威胁较小的一方，集中力量反对更加危险的苏联霸权主义。

1974 年 4 月 6 日，邓小平率中国代表团出席联合国大会第六届特别会议。10 日，邓小平在大会发言中，全面阐述了毛泽东关于"三个世界"的思想和中国的对外政策。他指出，目前世界上各种政治力量经过长期的较量和斗争，发生了急剧的分化和改组。"从国际关系的变化来看，现在的世界实际上存在着互相联系又互相矛盾的三个方面，三个世界。美国、苏联是第一世界。亚非拉发展中国家和其他地区发展中国家是第三世界。处于这两者之间的发达国家是第二世界。"中国是一个社会主义国家，也是一个发展中国家，中国属于第三世界。中国政府和人民坚决支持一切被压迫人民和被压迫民族的正义斗争。中国现在不是，将来也不做超级大国。

毛泽东关于"三个世界"划分的战略思想，指导了"文化大革命"后期中国的外交工作。在当时的历史条件下，对反对超级大国的霸权主义和战争威胁，努力建立和发展同第三世界各国以及其他类型国家的友好合作关系，继续推动中美两国关系正常化的进程，发挥过重要作用。

五、独立自主的和平外交政策

进入改革开放历史新时期之后，国际国内形势都发生了重大变化。为给中国的改革开放和现代化建设争取一个有利的国际环境，邓小平提出了处理对外关系的一系列重要原则，确定了独立自主的和平外交战略和政策。

世界的变化首先是时代主题的变化。邓小平把握战略全局，对时代发展的潮流和国际形势的走向作出了科学的分析和判断，提出了和平和发展是当今世界两大问题的著名论断，指出："现在世界上真正大的问题，带全球性的战略问题，一个是和平问题，一个是经济问题或者说发展问题。"①

在此基础上，党和国家提出了独立自主的和平外交政策。1979年9月29日，叶剑英在庆祝中华人民共和国成立30周年大会上指出："我们的现代化建设需要有一个和平的国际环境。我们将继续在和平共处五项原则的基础上，同一切国家保持和发展友好关系，发展经济、技术和文化交流，争取对我国建设事业的合作。"②1980年，邓小平在《目前的形势和任务》中提出三大任务，指出："我们的对外政策，就本国来说，是要寻求一个和平的环境来实现四个现代化。这不是假话，是真话。这不仅是符合中国人民的利益，也是符合世界人民利益的一件大事。"

1982年，十二大强调："坚持独立自主的对外政策"。"我们坚持执行独立自主的对外政策，同我们履行维护世界和平、促进人类进步的崇高的国际义务是一致的。"

1986年1月，胡耀邦在中央机关干部大会上列举了十一届三中全会以来党中央9个方面的重大决策，其中之一，就是"调整对外方针，坚定地奉行独立自主的和平外交政策"。

坚持独立自主的和平外交政策，就是"不参加任何集团。同谁都

---

① 《邓小平文选》第三卷，人民出版社1993年版，第105页。
② 《三中全会以来重要文献选编》（上），中央文献出版社2011年版，第214页。

来往，同谁都交朋友"①。完全依据自己的利益、原则和判断决定对外政策，全方位地同各个国家搞好关系，对世界上的各个大国，不亲谁疏谁。谁对就支持，谁错就批评。坚持讲公道话，办公道事。"这种独立自主的外交政策，最有利于世界和平"②，最有利于我们坚持原则，维护自己的利益，避免卷入集团政治的旋涡，使我们能在错综复杂的国际政治舞台上保持最大的行动自由，能在必要的时候最大限度地发挥自己的影响。所以，邓小平说，这个政策我们要坚持到底。

维护世界和平，是中国对外政策的基本目标。世界上有许多争端，要根据新情况、新问题，提出新办法。中国主张用谈判方式解决国际争端。反对军备竞赛，主张根据公正、合理、全面、均衡的原则，有效地裁减军备。在处理国际事务中，要严格遵守联合国宪章和公认的国际关系准则，不应诉诸武力或以武力相威胁。

坚持独立自主的对外政策，必然要求维护自己国家的主权和安全。"国家的主权、国家的安全要始终放在第一位……任何违反国际关系准则的行动，中国人民永远不会接受，也不会在压力下屈服。"③

处理国与国的关系，主要应基于国家利益而不是社会制度和意识形态。社会制度和意识形态的差别不应成为发展相互关系的障碍。中国愿意超越这种差别，在和平共处五项原则的基础上发展与世界各国的友好关系。④

1989年以后，国际局势发生急剧变动。苏联解体、东欧剧变，两极格局被打破，中国所处的国际环境发生重大变化。在这重要的历史关头，邓小平高瞻远瞩地提出冷静观察、稳住阵脚、沉着应付、决不当头、韬光养晦、有所作为的方针，不仅为中国从容应对严峻复杂的

---

① 《邓小平文选》第三卷，人民出版社1993年版，第162页。
② 《邓小平文选》第三卷，人民出版社1993年版，第156页。
③ 《邓小平文选》第三卷，人民出版社1993年版，第348页。
④ 参见《邓小平文选》第三卷，人民出版社1993年版，第330页。

国际局面指明了方向，而且为改革开放进入一个新的发展阶段奠定了思想基础。

十四大以后，党和国家坚持独立自主的和平外交政策，维护世界和平与促进共同发展。始终把国家的主权和安全放在第一位。在和平共处五项原则的基础上，同各国发展友好合作关系，反对霸权主义和强权政治，推动建立公正合理的国际政治经济新秩序。按照相互尊重、求同存异的精神处理国际事务，尊重世界多样性，促进国际关系民主化，争取和平的国际环境和良好的周边环境，取得了显著成就。

进入 21 世纪后，党和国家进一步提出和平发展道路，强调中国将始终不渝走和平发展道路。十七大总结对外工作的成就是："全方位外交取得重大进展。坚持独立自主的和平外交政策，各项外交工作积极开展，同各国的交流合作广泛加强，在国际事务中发挥重要建设性作用，为全面建设小康社会争取了良好国际环境。"

十八大重申："中国将始终不渝走和平发展道路，坚定奉行独立自主的和平外交政策。"

十九大再次强调："中国坚定奉行独立自主的和平外交政策"。

二十大在重申"中国坚定奉行独立自主的和平外交政策"时强调，中国始终根据事情本身的是非曲直决定自己的立场和政策，维护国际关系基本准则，维护国际公平正义。中国尊重各国主权和领土完整，坚持国家不分大小、强弱、贫富一律平等，尊重各国人民自主选择的发展道路和社会制度，坚决反对一切形式的霸权主义和强权政治，反对冷战思维，反对干涉别国内政，反对搞双重标准。中国奉行防御性的国防政策，中国的发展是世界和平力量的增长，无论发展到什么程度，中国永远不称霸、永远不搞扩张。[①]

---

① 《习近平著作选读》第一卷，人民出版社 2023 年版，第 49—50 页。

六、中国特色大国外交

中国特色大国外交，是以习近平同志为核心的党中央统筹国内国际两个大局，基于国内外新形势新任务而提出的战略思想和外交方针。

十八大以来，面对纷繁复杂的国际形势，以习近平同志为核心的党中央深刻思考并洞察人类前途命运以及中国和世界发展大势，积极推进外交理论和实践创新，提出了一系列新理念新思想新战略，走出了一条中国特色大国外交新路。

2014年11月28日，习近平在中央外事工作会议上指出："中国必须有自己特色的大国外交。"

2016年3月，十二届全国人大四次会议上的《政府工作报告》提出，我们将继续高举和平、发展、合作、共赢的旗帜，践行中国特色大国外交理念，维护国家主权、安全、发展利益。"中国特色大国外交"首次被明确写入《政府工作报告》。

十九大报告进一步阐释了中国特色大国外交的内涵，明确中国特色大国外交要推动构建新型国际关系，推动构建人类命运共同体。

面对世界大发展大变革大调整的复杂形势，各国人民要同心协力，共同构建人类命运共同体，共同建设持久和平、普遍安全、共同繁荣、开放包容、清洁美丽的世界。在国际事务中要相互尊重，平等协商，坚决摒弃冷战思维和强权政治，走对话而不对抗、结伴而不结盟的国与国交往新路。要尊重世界文明多样性，以文明交流超越文明隔阂、文明互鉴超越文明冲突、文明共存超越文明优越。

中国特色大国外交，要求牢牢把握服务民族复兴、促进人类进步这条主线，推动构建人类命运共同体，坚定维护国家主权、安全、发展利益，积极参与引领全球治理体系改革，打造更加完善的全球伙伴关系网络，努力开创中国特色大国外交新局面。

推进中国特色大国外交，要求坚持统筹国内国际两个大局，坚持战略自信和保持战略定力，坚持推进外交理论和实践创新，坚持战略谋划和全球布局，坚持捍卫国家核心和重大利益，坚持合作共赢和义利相兼，坚持底线思维和风险意识。

实施中国特色大国外交，包含 6 个重点：高举构建人类命运共同体旗帜，推动全球治理体系朝着更加公正合理的方向发展；坚持共商共建共享，推动"一带一路"建设走实走深、行稳致远，推动对外开放迈上新台阶；运筹好大国关系，推动构建总体稳定、均衡发展的大国关系框架；做好周边外交工作，推动周边环境更加友好、更加有利；深化同发展中国家团结合作，推动形成携手共进、共同发展新局面；深入推动中国同世界深入交流、互学互鉴。

共建"一带一路"倡议是中国特色大国外交的重中之重。推动建设"丝绸之路经济带"和"21 世纪海上丝绸之路"，就是要搭建新的国际合作平台，开辟人类社会走向命运共同体的现实路径。

建立和发展全方位多层次全球伙伴关系，是中国特色大国外交的努力方向。大国关系在国际关系体系中具有重要的意义，因而，中国特色大国外交，一直致力推进大国协调和合作，构建总体稳定、均衡发展的大国关系框架，不断为变幻莫测的中美新型大国关系注入新动力，推动中俄战略协作伙伴关系不断迈上新台阶，坚持共同打造中欧和平、增长、改革、文明"四大伙伴关系"，深化周边关系营造睦邻友好环境，永远做发展中国家的可靠朋友和真诚伙伴，高举多边主义旗帜，引领建设新型国际关系。

十八大以来，按照中国特色大国外交，党和国家冷静应对国际形势发生的复杂深刻变化，妥善处理由此带来的新困难、新挑战，坚定维护国家利益，深入拓展友好合作，积极展现大国担当，推动中国外交取得了一系列重要进展和成果。

中国特色大国外交开创了新局面。G20 杭州峰会、"一带一路"国际合作高峰论坛等一系列主场外交让中国走近世界舞台中央；"构建人类命运共同体"载入联合国决议，中国倡议成为国际共识；共建"一带一路"倡议从愿景走向现实，"中国方案"转化为世界行动。全方位、多层次、立体化的外交新布局，成功驾驭和形成了为中国发展营造良好外部条件的国际环境，也为世界和平与发展贡献了中国智慧、作出了中国贡献。

二十大报告两次使用了"中国特色大国外交"这一专用术语。强调中国坚持在和平共处五项原则基础上同各国发展友好合作，推动构建新型国际关系，深化拓展平等、开放、合作的全球伙伴关系，致力于扩大同各国利益的汇合点。促进大国协调和良性互动，推动构建和平共处、总体稳定、均衡发展的大国关系格局。坚持亲诚惠容和与邻为善、以邻为伴周边外交方针，深化同周边国家友好互信和利益融合。秉持真实亲诚理念和正确义利观加强同发展中国家团结合作，维护发展中国家共同利益。[①]

七、政党外交

政党，是各国国家政权和政治生活的主导力量，也是国际社会中一种非国家的行为主体。积极开展政党外交，对于建立和发展健康的国际关系，具有特殊的意义。中国共产党作为执政党，政党外交是国家总体外交的重要组成部分。

如何正确处理党与党之间的关系，是国际共产主义运动的一个大问题，100 多年来，各国共产党、工人党在如何处理党际关系问题上

---

① 《习近平著作选读》第一卷，人民出版社 2023 年版，第 50 页。

走过了曲折的道路。中国共产党自身也有过许多经验教训，邓小平作为国际共产主义运动的老战士，曾经经历过国际共运中的许多重大事件，因此对处理党际关系的经验教训有深刻的了解。十一届三中全会以后，在恢复和发展同外国政党关系的过程中，邓小平冷静地思考过去，也思考未来，从不同角度阐发了如何处理党际关系的重要思想，明确指出："各国的事情，一定要尊重各国的党、各国的人民，由他们自己去寻找道路，去探索，去解决问题，不能由别的党充当老子党，去发号施令。我们反对人家对我们发号施令，我们也决不能对人家发号施令。这应该成为一条重要的原则。"①

　　根据邓小平的这些思想，中国共产党形成了建立党与党之间新型关系的四项原则。十二大报告指出："我们党坚持在马克思主义的基础上，按照独立自主、完全平等、互相尊重、互不干涉内部事务的原则，发展同各国共产党和其他工人阶级政党的关系。"

　　按照这四项原则，各个国家党与党之间的关系是平等的。各国的事情，一定要尊重各国的党、各国的人民，由他们自己去寻找道路，去探索，去解决问题，不能由别的党充当"老子党"去发号施令。各国党应当互相尊重。各国党由于处境不同而产生的对形势和任务的不同看法，不应妨碍党际关系的发展，更不应该成为指责别国党、干涉别国党内部事务的理由。

　　后来，中国共产党又把这四项原则扩大运用于同各种类型外国党的关系上，主张党际关系不以社会制度和意识形态的异同为条件。只要愿意遵循四项原则，我们都愿意同他们进行接触、交往和对话。

　　按照这些原则，中国共产党顺利解决了与很多党的历史遗留问题，恢复了党与党之间的友好关系。在此基础上，大力发展党与党之间的交流和友好关系，进而明确提出了政党外交的理念和任务，取得

---

① 《邓小平文选》第二卷，人民出版社 1994 年版，第 319 页。

了显著的成果。

中国共产党积极开展政党外交，目的是为中国的现代化建设争取和平的国际环境，促进中国同世界各国在和平共处五项原则基础上的国家关系健康、稳定地发展，为维护世界和平、推动经济发展、促进人类进步作出应有的贡献。

中国共产党积极同一切愿与中国共产党交往的各国政党发展新型的党际交流与合作关系。先后同世界上 600 多个各种类型的政党和组织建立了不同形式的联系和交往，形成了全方位、多层次、宽领域的政党外交新格局。它们当中既有执政党、参政党，也有重要的在野党和与中国没有外交关系的国家的政党；既有共产党和工人党，也有社会党、工党和保守党；既有欧、日等发达国家政党，也有亚、非、拉广大发展中国家的政党。中国共产党与社会党国际、基民党国际等政党国际组织也都有联系。

通过不同形式、不同层次、不同渠道的友好交往，中国共产党与各种不同类型的政党就共同关心的各种问题坦诚深入地交换意见。既谈双边关系，也谈国际问题；既探讨兴邦立国之道，也交流建党治党之策。这种以相互尊重、求同存异为基础的对话和交流，不仅有助于加深彼此的了解、友谊与合作，推动整个国家关系的全面发展，而且对世界和平、发展和进步也发挥了重要作用。

近年来，政党外交更加活跃。2017 年 11 月 30 日至 12 月 3 日，中国共产党首次成功举办了"中国共产党与世界政党高层对话会"，来自世界 120 多个国家近 300 个政党和政治组织的领导人共 600 多名中外代表出席了对话会。各方一致通过《北京倡议》。这是中国共产党为世界各国人民建立的具有广泛代表性和国际影响力的高端政治对话平台，极大地促进了中国同世界各国人民和政党的对话和交流合作、加强了人文往来和民间友好。

在对话会上，习近平发表题为《携手建设更加美好的世界》的主旨演讲，在阐明构建人类命运共同体政党责任的同时，提出了许多政党政治与政党外交的新理念，特别是提出建立新型政党关系的倡议，标志着当代中国政党外交进入新时代、达到新境界。

2021 年 7 月，中国共产党与世界政党领导人峰会在中国共产党成立 100 周年之际以视频连线方式成功举行，21 位担任国家元首或政府首脑的政党领导人以及其他具有重要影响力的政党领袖和政党国际组织负责人发言，来自 160 多个国家的 500 多个政党和政治组织的领导人、逾万名政党和各界代表共襄盛会，习近平围绕加强政党合作、共谋人民幸福提出中共主张。

中国共产党建党百年之际，600 多个外国政党和政治组织等发来1500 多封贺电贺信。

八、推动构建人类命运共同体

2017 年 12 月 9 日，"汉语盘点 2017"活动年度候选字词正式出炉，"人类命运共同体"入围；12 月 21 日，当选"汉语盘点 2017"年度国际词。"人类命运共同体"一词的当选，反映了世界历史发展的新趋势，也是以一种特殊的形式表达了对十八大以来推动构建人类命运共同体理念和实践的认同和肯定。

人类只有一个地球，各国共处一个世界，不论人们身处何国、信仰如何、是否愿意，实际上已经处在一个命运共同体中。经济全球化让"地球村"越来越小，社会信息化让世界越来越平。不同国家和地区已是你中有我、我中有你，一荣俱荣、一损俱损。1997 年亚洲金融危机、2008 年国际金融危机、恐怖主义的蔓延、互联网的迅猛发展、全球气候变暖等等，都使全球的相互依存具有了更加深刻的内涵。面对这些危机、机遇和挑战，国际社会只能用"同舟共济""互利共赢"来应对。

2011年，《中国的和平发展》白皮书提出，要以"命运共同体"的新视角，寻求人类共同利益和共同价值的新内涵。

2013年3月，习近平在莫斯科国际关系学院首次向国际社会提出命运共同体理念。

2015年9月，习近平在联合国发表《携手构建合作共赢新伙伴，同心打造人类命运共同体》的演讲，向国际社会全面阐述了人类命运共同体"五位一体"的内涵，呼吁国际社会继承和弘扬联合国宪章宗旨和原则，构建以合作共赢为核心的新型国际关系，打造人类命运共同体。

几年中，中国政府和领导人通过重要国际组织、系列主场外交、多边峰会等不同层面，在全球范围内积极倡导构建人类命运共同体。从国与国双边的命运共同体，到区域内的命运共同体，到人类命运共同体，党和国家领导人在国际国内重要场合100多次谈及人类命运共同体，就人类命运共同体的内涵、实践路径、路线图等做了详细阐述。

2017年1月，习近平在联合国日内瓦总部发表题为《共同构建人类命运共同体》的演讲，指出构建人类命运共同体，关键在行动，国际社会要从伙伴关系、安全格局、经济发展、文明交流、生态建设等方面作出努力。

2017年10月18日，十九大报告指出，坚持和平发展道路，推动构建人类命运共同体。人类命运共同体的概念还被写进了新修改的党章。

2018年3月11日，十三届全国人大一次会议通过的宪法修正案，将宪法序言第十二自然段中"发展同各国的外交关系和经济、文化的交流"修改为"发展同各国的外交关系和经济、文化交流，推动构建人类命运共同体"。

人类命运共同体理念内涵丰富，涉及政治、安全、经济、环境等诸多领域。政治上，它提倡各国之间应形成平等相待、互商互谅的伙伴关系。安全上，提倡各国应不断为共同安全而努力。经济上，积极推动共同发展与合作共赢。文化上，坚持相互尊重、兼收并蓄和开放包容。

人类命运共同体意识超越种族、文化、国家与意识形态的界限，为思考人类未来提供了全新的视角，为推动世界和平发展给出了一个理性可行的行动方案。

推动构建人类命运共同体，成为新时代中国特色大国外交的生动实践。按照"推动构建人类命运共同体"的战略思想，中国积极构建全方位、多层次和立体化的全球伙伴关系网。十八大至十九大的五年内，习近平28次踏出国门，出访足迹遍及五大洲的50多个国家；中国同100个左右的国家和国际组织建立了不同形式的伙伴关系，实现了对世界各个地区、不同类型国家的全覆盖。从致力于构建新型国际关系到不断拓展全球伙伴关系网络，从亲诚惠容的周边外交理念到真实亲诚的对非工作方针，再到共建"一带一路"倡议……中国不仅坚持走和平发展道路，更以互利共赢的实际行动为构建人类命运共同体注入中国智慧，贡献中国力量。

2018年，从年初的博鳌亚洲论坛年会到上海合作组织峰会，从中非合作论坛北京峰会到中国国际进口博览会，四大主场活动各具特色又彼此呼应，共同构成构建人类命运共同体的生动实践。

人类命运共同体理念作为一份思考人类未来的"中国方略"，获得了广泛的国际认同。在中国政府和领导人的积极努力下，人类命运共同体理念得到了国际社会越来越多的认可与赞扬。

2017 年 2 月，联合国社会发展委员会第 55 届会议"呼吁国际社会本着合作共赢和构建人类命运共同体的精神"，这是"构建人类命运共同体"理念首次写入联合国决议。3 月，在联合国人权理事会第 34 次会议上，通过关于"经济、社会、文化权利"和"粮食权"两个决议，明确表示要"构建人类命运共同体"。"巴基斯坦不断充实巴中命运共同体内涵"，"非洲应该向亚洲国家学习并同亚洲国家合作，努力建设命运共同体"，"联合国愿同中国共同推进世界和平与发展事业，实现构建人类命运共同体的伟大理想"。

2019 年 5 月 15 日至 22 日，首届亚洲文明对话大会在北京举行。习近平在开幕式上发表《深化文明交流互鉴，共建亚洲命运共同体》的主旨演讲，呼吁坚持相互尊重、平等相待，美人之美、美美与共，开放包容、互学互鉴，与时俱进、创新发展，共同创造亚洲文明和世界文明的美好未来。

2020 年 9 月 21 日至 10 月 1 日，习近平以视频方式出席联合国成立 75 周年系列高级别会议。9 月 21 日，出席联合国成立 75 周年纪念峰会并发表讲话，强调后疫情时代联合国应主持公道、厉行法治、促进合作、聚焦行动。

2021 年 1 月 25 日，习近平以视频方式出席世界经济论坛"达沃斯议程"对话会，并发表《让多边主义的火炬照亮人类前行之路》的特别致辞，提出我们要解决好这个时代面临的四大课题，解决问题的出路是维护和践行多边主义，推动构建人类命运共同体。

2021 年 4 月 22 日，习近平以视频方式出席领导人气候峰会，并发表《共同构建人与自然生命共同体》的讲话，首次全面系统阐释构建人与自然生命共同体理念，强调要坚持人与自然和谐共生，坚持绿色发展，坚持系统治理，坚持以人为本，坚持多边主义，坚持共同但有区别的责任原则。

中国把人类命运共同体理念进一步扩展到多个领域。面对新冠疫情，提出构建人类卫生健康共同体；面对网络空间治理，提出构建网络空间命运共同体；面对核安全全球治理，提出打造核安全命运共同体；面对日益复杂的海上问题，提出构建海洋命运共同体；面对全球气候挑战，先后提出构建人与自然生命共同体、地球生命共同体。

按照构建人类命运共同体理念，中国先后提出并推动落实"三大全球倡议"。

提出全球发展倡议，主持召开全球发展高层对话会，提出落实倡议的 32 项重要举措。目前已有 100 多个国家和国际组织支持全球发展倡议，70 多个国家参与在联合国成立的"全球发展倡议之友小组"。

提出全球安全倡议，2023 年 2 月，正式发布《全球安全倡议概念文件》。30 多年来，中国已派出维和人员 5 万余人次，赴 20 多个国家和地区参加联合国维和行动，成为联合国维和的关键力量。中方累计派出 45 批 100 余艘次舰艇在亚丁湾、索马里海域为 7000 余艘中外船只护航。

提出全球文明倡议，共同倡导尊重世界文明多样性，共同倡导弘扬全人类共同价值，共同倡导重视文明传承和创新，共同倡导加强国际人文交流合作。截至 2023 年 9 月，中国举办了 30 余个大型文化和旅游年（节）。